中山大学中国语言文学系百年系庆丛书
中山大学中国语言文学系　编

中山大学中国语言文学百年学科史

彭玉平　王瑸　主编

 中山大学出版社
·广州·

版权所有　翻印必究

图书在版编目（CIP）数据

中山大学中国语言文学百年学科史/彭玉平，王玙主编. -- 广州：中山大学出版社，2024.10. -- （中山大学中国语言文学系百年系庆丛书）. ISBN 978-7-306-08193-3

Ⅰ. H1-12；I206-12

中国国家版本馆 CIP 数据核字第 2024DL3313 号

ZHONGSHAN DAXUE ZHONGGUO YUYAN WENXUE BAINIAN XUEKESHI

出 版 人：	王天琪
策划编辑：	李海东
责任编辑：	李海东
封面设计：	曾　斌
责任校对：	赵　婷
责任技编：	靳晓虹
出版发行：	中山大学出版社
电　　话：	编辑部 020-84110776，84113349，84111997，84110779
	发行部 020-84111998，84111981，84111160
地　　址：	广州市新港西路 135 号
邮　　编：	510275　传　真：020-84036565
网　　址：	http://www.zsup.com.cn　E-mail：zdcbs@mail.sysu.edu.cn
印 刷 者：	恒美印务（广州）有限公司
规　　格：	787mm×1092mm　1/16　22.5 印张　420 千字
版次印次：	2024 年 10 月第 1 版　2024 年 10 月第 1 次印刷
定　　价：	88.00 元

如发现本书因印装质量影响阅读，请与出版社发行部联系调换

谨以此书献给中山大学一百周年华诞

（1924 — 2024）

中山大学中国语言文学系百年系庆丛书

编委会

主　任　彭玉平　王　玎

编　委（按姓氏笔画排序）

　　　　王　玎　王霄冰　吴承学　张　均　张奕琳

　　　　陈伟武　陈斯鹏　范　劲　范常喜　罗　成

　　　　郭丽娜　黄仕忠　彭玉平　程相占　谢有顺

　　　　谢金华

中山大学中国语言文学系百年系庆丛书

总　序

从 1924 年孙中山先生创立国立广东大学（后先后易名"国立中山大学""中山大学"）至今，已风雨兼程走过了波澜壮阔的一百年。这一百年，中山大学与人类文明和国家发展同呼吸、共命运，见证了世纪风云，也成就了自己在世界高等教育史上的重要地位。中国语言文学系与中山大学同龄，百年中文与百年中大，相向而行，彼此辉映，共同成长。或许可以这样说，在中国的一流综合性大学中，如果没有一流的中文系，至少是不完整的。因为设立中文系不仅是建设中文学科的需要，更是任何一所大学建设自身文化所依托和支撑的主要基础。一所有理想与信仰的大学，除了埋首搞科研，还得抬头看星辰。在埋首与抬头之间，极目千里，完成大学立德树人的根本任务。

一个大学的百年，意味着一种深厚的学术文化积淀，意味着名师大家的代代相传，意味着优秀人才的层出不穷，也意味着学科专业的不断发展和壮大。百年是一个大学重要的发展契机，如何在回顾历史中沉淀宝贵的资源，在展望未来中激发充足的活力，就是一个院系理当思考的重要问题。正是本着这样的目的，我们组织编写了这套"中山大学中国语言文学系百年系庆丛书"，以期鉴往知今，行稳致远。这套丛书共六种：

《中山大学中国语言文学百年学科史》（彭玉平、王玚主编）

《中山大学中国语言文学系百年论文选》（文学卷）（彭玉平、张均主编）

《中山大学中国语言文学系百年论文选》（语言文字卷）（彭玉平、范常喜主编）

《中山大学中国语言文学系名师记》（彭玉平、罗成主编）

《从未远走的青春——校友回忆录》（王玚、谢金华主编；郑飞、吴昊琳

副主编）

《正青春——优秀中文学子风采录》（王琤、谢金华主编；郑飞、吴昊琳副主编）

这六种书大体承载着百年中文的光荣和曾经的梦想。《中山大学中国语言文学百年学科史》是对过往百年若干二级学科以及属下有影响的三级学科的历史梳理与特色总结。在中文学科，此间的古文字学、戏曲学、词学、文体学等堪称名闻遐迩，而中国文学批评史学科更发轫于此，在一定程度上引领了此后批评史学科的发展。一个一级学科，如果能有四五个学术亮点，成为国内外关注的焦点，则其影响和传承也就自然形成。而国内最早的语言学系在这里开设，也足见此间学科开拓的实力与魄力。梳理百年学科发展历史，有的代有传承，格局大张；有的后出转精，新人耳目。当然也有肇端甚好，中间却稍有停留的现象。如鲁迅1927年来此任教，打开了新文学的局面，但随着八个月后他北上上海，此间新文学的热情便不免一时黯淡了下来。但无论属于哪一种情况，只要在百年学科史上留有雪泥鸿爪，便是值得书写的一页。

百年学科发展，当然要以科研为主干。作为"中国语言文学系"，文学与语言构成学科的两个基本板块。而百年之中，名师大家前后相继，蔚成一脉，将他们的重要论文汇为一编，既可见学术格局与学术源流，也可见学人风采与整体气象。这就是编选《中山大学中国语言文学系百年论文选》"文学卷"与"语言文字卷"的原因。因为百年人物众多，论文更是繁富，此二卷只是就具有一定开拓性与影响力的文章，择录若干汇集成编。因为篇幅所限，有些老师的大作未能入选，有些虽然入选，但也可能非本人最为认同之文章。大约他人选编与自己选编，眼界虽或有重合，而差异也应该是绝对的。好在我们这两卷论文选，只是带有纪念性质，并非截然以此作为此间百年学术研究之标杆，这是需要特别说明的。

在百年中文历史上，中国语言文学系先后出现过不少名师大家，他们构成了中国语言文学学科的脊梁。一个学科的影响力，在很大程度上依赖于耕耘在这个学科的著名学者的研究高度与群体力量。这些在百年间熠熠生辉的名师群像，他们的学术思想与学术成果有待专门的研究，而他们在课堂内外的人格力量，在语言行为上的迷人风采，同样是这个学科富有生机的一部分。这是我们编纂《中山大学中国语言文学系名师记》的原因所在。所谓名师记，并非对某一名师作全面通透的学术评价，而是在与学术、教学若即若离之间展现出来的人格光辉和感人故事。这些故事或许是很个人化的，但因为真实而切近，而具备特殊的魅力。如果说，两种论文选略见学者之专攻，名师记则以生活剪影的方式生动记录老师们的一言一行。两种生活，两种风采，彼此堪称相得益彰。

立德树人是大学永恒的使命与责任，或者说，衡量一所大学的办学质量，是否能不断锻造学生健全而向上的精神人格、端正而从容的人生态度，就是一项非常重要的指标。名师大家的学术水平，从本质上来说，要落实到人才培养的层面，也才具有更为深广高远的意义。而所谓立德树人，并非以功成名就为主要指标，在平凡中坚守，在困境中不屈，在优裕中不沉沦，在高名中不忘形，关怀历史、民族、国家和未来，敬畏天地、自然、山川与万物，这就是大写的人。这是我们编辑《从未远走的青春——校友回忆录》《正青春——优秀中文学子风采录》二书的初衷所在。前者记录已经毕业学生的青春时光，后者记录当下在读学生的生活点滴。其实"从未远走的青春"便是"正青春"，现在每有校友回来，一句频率很高的话语就是"归来仍是少年"，说的就是青春情怀在离开校园后，依然珍藏如初的意思。其实，学生毕业后走向社会，经受的考验远非"少年"两字可以形容，其中之艰辛、苦涩甚至屈辱，恐怕也在所难免。但无论面对怎样的情况，社会人更多的只能是自行承受与自我解脱。两相对勘，大学生活之简单就更容易成为一种珍贵的记忆。这也许可以看作是校友回校最简单也是最重要的动力。因为无论面对怎样的世界，简单总是永恒的追求。

但我们在编完这套丛书之后，深深感到，希望以六种书来串联百年中文历史的想法，还是过于朴素了，因为历史远比我们接触到的、感受到的和想象到的丰富。不遑说历史的维度本身就十分繁复，即在同一维度中，变化也十分多端。这是我们虽然试图走近历史，却也一直心存敬畏的原因所在。但既躬逢百年系庆，我们也理当放下包袱，竭尽全力，为这百年的光荣与梦想奉献一点力量。也许在下一个百年结束之时，回看这一百年留下的历史痕迹与点滴记忆，则每一种书卷，每一个页码，每一个字迹，也许都包含着异常丰富的情感密码。诚如此，我们的努力，一切都是值得的。感谢过往一百年的峥嵘岁月，致敬每一个中大中文人。

彭玉平

2024 年 9 月 23 日

目 录

序 ······ 彭玉平 I

中国文学批评学科史 ······ 1

一、陈钟凡及其创立中国文学批评史学科的学术基础 ······ 3
二、陈钟凡的近代眼光与中国文学批评史学科体系之初建 ······ 5
三、朱自清评陈钟凡之批评史 ······ 9
四、方孝岳与《中国文学批评》 ······ 13
五、方孝岳的"活看"与批评本能 ······ 15
六、诗史互证与比较研究 ······ 17
七、从诗文评到诗文集 ······ 18
八、批评原理与批评学之关系 ······ 22
九、余论：学术名著与入门书 ······ 27

民俗学学科史 ······ 29

一、20世纪20—30年代的中山大学民俗学会：从"民间文艺"到"民间文化" ······ 31
二、20世纪40—70年代：建设民间文艺学 ······ 47
三、20世纪70年代至今：民间文艺学与民俗学并重 ······ 59

古文字学学科史 … 69
　　一、学科源流 … 71
　　二、代表性学者和作品 … 84
　　三、学科特色 … 90
　　四、学科未来展望 … 95

词学学科史 … 101
　　一、与校同生，渐趋专精 … 103
　　二、教学互补，古今转型 … 110
　　三、国运更新，我辈钟情 … 117
　　四、转向词论，仍重声情 … 125
　　五、预流集成，乘时振兴 … 131
　　结语　百年如晤，一脉相承 … 140

戏曲学科史 … 143
　　一、学科源流 … 145
　　二、代表人物与著作 … 158
　　三、学科特色 … 162
　　四、学科展望 … 165

语言学学科史 … 169
　　一、学科源流 … 171
　　二、标志性人物和作品 … 172
　　三、机构组织与刊物 … 175
　　四、学科特色与展望 … 190

文艺学学科史 … 195
　　一、学科源流 … 197
　　二、学科特色 … 198
　　三、人才培养 … 216

比较文学与世界文学学科史 　219
　　一、学科源流 　221
　　二、比较文学与世界文学专业教师及成果 　222
　　三、学科特色 　238
　　四、展望 　242

现当代文学学科史 　245
　　一、学科的发生：兴起于新旧文学的缝隙之中 　247
　　二、新学科的建立：曲折前行 　254
　　三、新时期、新发展 　258
　　四、新起点、高品质 　264
　　五、奋进新时代，任重而道远 　270

古代文体学学科史 　279
　　一、学术队伍建设 　281
　　二、以项目推动学术研究 　282
　　三、举办学术会议，加强合作交流 　284
　　四、研究成果与学术贡献 　285

附　录 　295
　　附录一：2009—2023 年入选国家级科研项目一览表 　295
　　附录二：2009—2023 年发表一类论文一览表 　311
　　附录三：2009—2023 年出版重要著作一览表 　327
　　附录四：2009—2024 年学术成果获奖一览表 　335
　　附录五：2007—2024 年入选国家重大人才工程、国家"万人计划"、
　　　　　　广东省珠江学者特聘教授一览表 　341

后　记　　　　　　　　　　　　　　　　　　　　　　　彭玉平 342

序

2024 年适逢中山大学和中国语言文学系的双重百年，其意义自然不同凡响。一个院系，一个学科，经历了百年的风雨历程，有的沉淀下来而成学科主干，有的如枝叶一般随风飘逝，其间雪泥鸿爪，总有一些值得总结的地方，这就是这本学科史撰述的背景所在。

在世界范围内的大学，校史一百年不算长，但也绝对不算短。何况说中山大学建校一百年，用的是十分质朴的计算方法，如果仿效有的高校，把这个百年历史延长数十年真是一点问题也没有。不过，这似乎不符合中山大学朴实求真的品格了。

1924 年，中山先生创立国立广东大学，"中文"学科便应时而生，彼时学科分类虽不如今天之科学，但在民俗学、中国文学批评史等学科，却是引领当时风气的存在。如国内第一部《中国文学批评史》便完成于陈钟凡担任国立广东大学文科学长期间；民俗学、语言学与历史学的融合发展，也是在这里肇端；1927 年初，鲁迅从厦门来到广州，担任文学系主任兼学校教务主任，中山大学的现当代文学学科，因此有了一个闪亮的开场；容庚、商承祚的加盟，此间古文字学科从此名震四方；王起、董每戡则奠定了此间全国古代戏曲研究学术重镇的地位；1946 年，王力、岑麒祥等在中山大学创办了国内第一个语言学系，从此汉语言文字学、语言学与应用语言学等的研究，就赓续发展，生生不息；等等。

百年学科进程，有的代有传承，自成峰峦，如古文字学、戏曲学、词学等；有的不是直线发展，而是在发展中不断催生新的学科生长点，如古代诗文与批评史研究，到了 20 世纪 90 年代，就逐渐形成了以文体学为核心的新领域；有的发展稍晚一点，但也很快形成了自己的特色，如比较文学与世界文学、文艺学学科等。

学科发展自有其内在规律，有的始终在象牙塔内，精雕细琢着学科的历史；有的则关怀现实、服务当下，书写着自己恢弘的时代篇章；有的则在学科交叉融合中，呈现出新的现代气象。但无论是哪一种情况，中山大学的中文学科始终踏实而勤奋地开拓着学科的疆域，致力于学科的体系性发展。

就像中山大学十分朴实一样，中山大学中文学科也同样朴实。在这里虚夸之风没有市场，怪诞之气无法立足。牢牢把握学科本体，及时更新学科内涵，时刻追踪学科前沿，与中国中文学科同频共振，与世界人文交流对话，一直是此间学科努力的方向。不能忘怀过往一百年为此间学科发展做出卓越贡献的前辈学者，满怀希望未来一百年为中文学科赓续命脉的后来人。过往的一百年，我们一直在稳健前行；未来的一百年，我们也必将乘风向前，继续谱写新的学科篇章。

彭玉平
2024 年 9 月 18 日

中国文学批评学科史

近代以来的岭南，凭借海洋优势，而成为中西交流的前沿。岭南学人在近代中国文化的建构中，担当着十分重要的角色。一些虽非著籍岭南但这一时期生活或工作在岭南的学者也同样为岭南文化的形成和发展产生了重要作用。康有为、黄遵宪、梁启超等是前者的代表，原籍江苏的陈钟凡则属于后者中的佼佼者。中国文学批评史学科能够得以形成，当然与晚清以来中西文学思想的交融和学科观念的变化有关，特别是与晚清以来中国文学史的编撰风气有关。但作为一门学科的形成，尚需要有"豪杰之士"登高而呼的前瞻性眼光、创建学科的自觉意识和建立学科布局的学术能力。对于中国文学批评史学科而言，陈钟凡就是这样的"豪杰之士"，由其撰写的第一部《中国文学批评史》1927年由中华书局出版，标志着中国文学批评史学科的正式形成，并初步创建了学科的学术布局，具有重要的学科奠基意义。陈钟凡是在中山大学任教期间撰成此书的，所以说中国文学批评史学科诞生于岭南、诞生于中山大学，盖无不可也。

一、陈钟凡及其创立中国文学批评史学科的学术基础

陈钟凡（1888—1982），又名中凡，字觉元，号斠玄，江苏盐城人。由于新中国成立后陈钟凡一直在南京大学任教，所以中国文学批评史学科史的发端也往往只追溯到南京大学或此前的金陵大学。实际上这第一部中国文学批评史著作，从"论世"的角度来说，正应归于中山大学的名下。陈钟凡从1917年开始担任北京大学文科补习班的国文教员，1920年转任北京女高师教席，1922年赴南京东南大学任教。1924年11月，孙中山创立广东大学，同年12月，陈钟凡应广东大学校长邹鲁之聘，任文科学长兼教授，1925年底离穗返宁，1926年2月应聘金陵大学国学系教授兼系主任。此后即主要在南京、上海两地高校任教。但其间犹有两次在中山大学任教的经历：一次是1932年3—8月间，因到广州筹办暨南大学临时分校，而在中山大学兼课；一次是1934年8月至1935年7月应聘为中山大学教授。综其一生，陈钟凡除短期兼课外，两度应聘中山大学，而其应聘的时段正是中国文学批评史学科从启蒙到迅速发展的关键时期。他首开风气的《中国文学批评史》著作，正是在中山大学完成的。据《广东大学周刊》第二十八号（1925年10月26日）《文科朝会记》记录的"陈中凡学长报告"云："……拙著《中国文学批评史》，年内皆可成书。"陈钟凡是1925年底离开中山大学的，所以有理由相信：他在1924年底至1925年底在中山大学任教的这一年，正是他的

《中国文学批评史》构思和写作的关键时期。他在1925年10月份的发言中，非常肯定地说他的《中国文学批评史》"年内皆可成书"，则其时书稿的撰写当已处于收尾阶段（此后当然有可能继续修订）。明乎陈钟凡的《中国文学批评史》与中山大学如此密切的关系，则追溯学科的肇端之地，地居岭南的中山大学自然是不容忽略的。

陈钟凡之所以能成为"中国文学批评史"学科的开创者，与他兼治思想史和文学史的治学特点有关。而这种治学特点又明显受到家族学术的影响。他的祖父陈松岩善治《毛诗》，著《诗说》二卷，王先谦称其"精思绝诣"，与高邮王念孙父子堪相翕应。[①] 他的叔父陈玉树曾任江苏盐城尚志书院山长和南京三江师范学堂教务长，著有《毛诗异文笺》《后乐堂诗文集》等。陈钟凡1899—1903年一直从叔父读书五年，自称"幼侍函丈，略闻经旨"[②]，受叔父的影响至深。他经学的功底大约就是在这段时间初步积累的。他1909年考入南京两江师范学堂后，读的虽是公共课程，但对佛学和哲学别有兴趣，周末常到金陵刻经处听讲佛学。1914年考取北京大学的"中国哲学门"，正可以视为其早年濡染叔父经学和两江师范期间对佛学初步涉猎的结果。北京大学教员中黄侃和陈石遗等经学名家的讲授，使得陈钟凡的经学修养得到了系统提高，他的同乡朋友称其"示课艺治经之法，纲领既宣，条理秩然"[③]，正是得益于这种长期的修习之功，这也奠定了他后来治学的基本路径。

由经入子，大约是治旧学的必由之路。陈钟凡在北京大学求学和任教期间，即已多涉猎子部。1919年他连续在《国民》杂志发表《老子学说略》和《庄子学说略》，以佛学解老庄，颇得时誉。同年，北京大学创办《国故》月刊，陈钟凡又将他的《诸子通谊》在上面连载。而由子部转向集部，则与吴梅的启迪之功分不开。1921年8月，陈钟凡应聘南京东南大学国文系主任兼教授后，由于著名词曲家吴梅南下讲授词曲，研究文学在东南大学蔚成风气。这也影响到陈钟凡治学开始从经史之学向文学方向转变。他在应聘中山大学后所做的首次演说就是《唐诗之修辞学》。1928年应聘暨南大学后，即主要担任散文和文学史课程的教学。他这一时期出版的《中国韵文通论》《周秦文学》《汉魏六朝文学》等，就是他专力文学研究的主要成果。除了文学研究外，陈钟凡的诗文创作也在这一时期趋于成熟，同人唱和、散文创作

[①] 陈中凡：《先叔父惕庵府君行述》，载姚柯夫编著：《陈中凡年谱》，书目文献出版社1989年版，第2页。

[②] 参见陈中凡《先叔父惕庵府君行述》，载姚柯夫编著：《陈中凡年谱》，第5页。

[③] 姚柯夫编著：《陈中凡年谱》，第11页。

都呈现出异常活跃的局面，他的《清晖山馆散文集》以及后来合诗文于一体的《清晖集》即堪称代表。陈钟凡这种从哲学到文学、从文学研究到文学创作的知识和学术格局，是他能从思想的角度整理古代文学批评的一个重要学术基础。

陈钟凡对于中西（包括中日）文化的交流不仅在观念上持宏通的态度，而且在行动中是较早介入的学者之一。早在1914年他入读北京大学"中国哲学门"时，在首届23名学生中，就有一名日籍学生野满四郎，彼此之间的交流自是可能。1923年他在东南大学任教期间，与日本学人大村西崖、神田信畅相互通信。其时西方的史学观念正由日本而经中国留学生传入中国，对当时学者的治学理念产生了强烈的影响。"近世科学，首重体系，诚要诀也。"① 所以陈钟凡能够从体系的角度来建构中国古代文学批评的发展历史，正是有这种新学的背景在内。他自称他的《中国文学批评史》在方法论上"以远西学说，持较诸夏"②，可以看出他以新的西学理论和方法来研究中国学术的自觉意识。其前三章界定文、文学、文学批评之概念，即是在综合勘察中西有关理论之后而做出的。而在其《中国文学批评史》最后附录的参考文献中，数部日人著作如铃木虎雄《中国诗论史》等都位居其中，可见得西方、日本的史学观念和史学著作体例对陈钟凡所造成的影响。

二、陈钟凡的近代眼光与中国文学批评史学科体系之初建

参诸陈钟凡的学术经历以及当时中西学术思想、学科观念，我们可以大致明白陈钟凡何以能成为中国文学批评史学科的创建者了。虽然在晚清、民国之际，对中国文学批评专人专著的研究已经时常见诸报刊，但创立学科的意识却一直较为单薄。这与19世纪后期即开始建构的中国文学史学科及中国文学史教材的编撰之风，形成了一种明显的反差。1927年，陈钟凡的《中国文学批评史》出版，不仅将此前的散漫的研究整合起来，而且统一于中国文学批评史的学科之下，在传统文学领域，形成了中国文学批评史与中国文学史双水并流的态势，陈钟凡与有功焉。

陈钟凡的学科建构意识是十分清晰的，其中的一个直接诱因是西方"文

---

① 姚柯夫编著：《陈中凡年谱》，第11页。
② 陈钟凡著：《中国文学批评史》，中华书局1927年版，第5页。本章以下所引该书文字，仅在引文后括注页码。

学评论"作为学科的确立。陈钟凡说:"文学评论,远西自希腊学者亚里斯多德以来,讫于今日,已成独立之学科矣。"(9页)学科的体系性是陈钟凡最为关注的,他反观中国的文学批评,或短章碎论,如陆机《文赋》等;或限于一代,如《宋书·谢灵运传论》等;至于大量诗话、词话,更是"概无统系可寻"(9页)。这种著述方式和学理逻辑上的散漫,直接刺激了陈钟凡,所以陈钟凡说:"兹捃摭宏纲,觇其辜较,著之于篇,并考其评论之准的焉。爰分八期述之。"(9页)所以,理出发展线索、比较思想异同、提炼各家文学主张,就成为这部批评史的主要内容。为了使中国文学批评史的学科建构能建立在一个较为科学的基础之上,陈钟凡吸收了不少当时的研究成果,力争在一个比较厚实的学术基础上来确立学科的内涵。如第一章讨论文学的义界,先厘析"文"的本义及歧义,再讨论历代对"文学"义界的不同看法及近世对"文学"一词的新论;第二章"文学批平",也是先分析"批平"之意义,再讨论批评之派别。两章初具,才接续第三章"中国文学批平史总述",然后从第四至第十二章大体按照朝代分周秦、两汉、魏晋、宋齐梁陈、北朝、隋唐、两宋、元明、清代九个时期,分而论之。而且文体涉及诗词曲赋和散文等多种,作为学科的理论基础和历史框架都大体搭建起来,在一部初步建立的学科教程中,能达到如此自觉的地步,这当然是值得称赞的。

"以远西学说,持较诸夏"(5页)是陈著的学术基础和基本方法所在。当代中国的研究成果、西方流行的学术经典,都成为陈钟凡取以裁断的理论依据。陈钟凡此书的文献价值也值得一说。在陈钟凡之前,中国文学批评文献散存各处,要一一抉发出来并予以董理,本是一件艰难的工作。郭绍虞曾说:"五四时期,当开始着手进行文论研究时,我们的研究对象仅限于搜集文论的资料。由于中国古代文论很少集成专书而大多散见于书信序跋之中,我们不能不从大量古籍中去披沙拣金把文论的材料搜集起来,这项工作整整占去了十年的时间。"① 稍具系统的文学批评文献汇集要到20世纪30年代中期才出现,如李华卿选编的《中国历代文学理论》1934年由神州国光社出版;叶楚伧主编、王焕镳编注、胡伦清校订的《中国文学批评论文集》1936年由中正书局出版;许文雨的《文论讲疏》1937年由中正书局出版。但这些文献汇集(包括讲疏的文献)总体数量仍显薄弱,所选篇幅不多,遗漏当然就更多了。但陈著对于中国文学批评史的主要人物和主要著作大体涉及,并做了初步评述。在文献取材上,除了《四库全书总目》所收录的诗文评类之

---

① 郭绍虞:《关于古代文学理论研究中的几个问题》,载郭绍虞著:《照隅室古典文学论集》(下编),上海古籍出版社1983年版,第452页。

外，对于散落于各文集中的序跋文字，也收罗颇多。再则注重从创作中提炼相关的理论回评创作，也是陈著的一大特色。第九章"隋唐批评史"在杜甫一节之下，不仅重点分析了杜甫的《戏为六绝句》，而且将其诗集中凡涉及的诗人如高适、岑参、王维、孟浩然、贺知章、张九龄、贾至、薛华、薛据、孟云卿、苏源明、郑虔、李邕等一一勾稽出来，这都是颇费力气的事，从中可以见出陈钟凡对批评文献的用力之勤。除文学文献之外，还兼及史书中的文学传论，如《晋书·文苑传叙》《梁书·文学传叙》《陈书·文学传叙》《北史·文苑传叙》《周史·王褒庾信传赞》等，都一一论列，而对于史学家刘知幾的《史通》，更是从史体、叙事、用晦、词藻、摹拟、言语六个方面详加分析，其突破文学区域、注重文史批评互通的特色，在书中是相当突出的。

陈钟凡裁断史实，多持一种近代眼光。所谓近代眼光，是就陈钟凡对当时学术研究成果的斟酌取舍而言的。除了在各章之后列有不少当时或稍前学者的研究文献之外，陈著的不少裁断其实是借鉴了时人的观点的，只是隐约其中，难以明辨而已。如第十章"两宋批评史"的"词平"部分虽只评述王灼《碧鸡漫志》、张炎《词源》和沈义父《乐府指迷》三种，但却颇能吸收当时的词学研究成果。譬如《乐府指迷》言及填词的炼句下语，最是紧要，举了要以"红雨""刘郎"代桃，以"章台""灞岸"代柳等例，反对"说破"。陈钟凡在引述这一节文字后说："则以涂饰为工，不知意精语妙，则无须代语。若以此为避俗，则类书字典可供涂抹，不必致意神理矣。"（119—120页）陈钟凡的这一番议论其实正是本于王国维《人间词话》。《人间词话》第34、35则云：

> 词忌用替代字。美成《解语花》之"桂华流瓦"，境界极妙，惜以"桂华"二字代"月"耳。梦窗以下，则用代字更多。其所以然者，非意不足，则语不妙也。盖意足则不暇代，语妙则不必代。此少游之"小楼连苑"、"绣毂雕鞍"，所以为东坡所讥也。（初刊本第34则，第416页）

> 沈伯时《乐府指迷》云："说桃不可直说桃，须用'红雨'、'刘郎'等字。咏柳不可直说破柳，须用'章台'、'灞岸'等字。"若惟恐人不用代字者。果以是为工，则古今类书具在，又安用词为耶？宜其为《提要》所讥也。（初刊本第35则，第416页）

把王国维的这两则词话与陈钟凡的评述对勘，不仅意思相同，甚者连话语都是相似的。联想陈著末尾所附参考文献中列有王国维之《宋元戏曲史》《人间词话》《曲录》等书目，则陈钟凡对王国维观点之借鉴自然是昭然可见的。

这在整个20世纪三四十年代，王国维都未能厕身于诸种《中国文学批评史》的情况下，陈钟凡这部最早的批评史反而将王国维著述列为参考文献，并在具体分析时参照其观点，堪称最早认识到王国维在中国文学批评史之地位的人物，尤其是在撰述此书时王国维尚健在的情况下，能有此认识殊属不易。因为从俞平伯标点《人间词话》由朴社出版的1926年2月到陈著出版的1927年2月之间，不过一年而已，如果去掉其中在出版社的正常运作时间，也大概只有半年多一点。这一时期《人间词话》的研究尚未起步，而陈钟凡已然关注及此。在王国维之外，陈钟凡在参考文献一栏还列有刘师培、章炳麟、黄侃、胡光炜、范文澜等人之著述，而日本学者的著述如盐谷温之《中国文学概论讲话》、儿岛献吉之《中国文学考》、铃木虎雄之《中国诗论史》等。其对当代著述关切之敏锐，可见一斑。而这正是陈钟凡得以形成其近代学术眼光的基础之一。

对某一时代的文学批评，陈钟凡虽然多个案阐释，但也时而以简约的语言归纳一时代的文学批评特色。如"周秦批平史"一章结尾，陈钟凡概括这一时期批评文学之"准的"为两点："施于礼义，求其无邪"；"合于乐歌，贵乎中声"。虽然这两点被陈钟凡认为是"儒家之偏见"（14页），但应该说对儒家文学批评特色的概括是颇为准确的。再如以魏晋为文学的自觉时代，现在已成通识，而陈钟凡在初创的批评史著作中就已经持这种看法了。第六章"魏晋批平史"开端即云："建安以还，文士辈出，论文之风，亦丕著于斯时。"（22页）结尾复云："中国论文之有专著也，始于魏晋。时人论文，既知区分体制，为比较分析的研寻；又能注重才性。盖彼等确认文章有独立之价值，故能尽扫陈言，独标真谛，故谓中国文论起于建安以后可也。"（31页）把汉末建安作为中国文论的"丕著"之时，其内涵正是与"自觉"的意思相近的。这种判断当然需要对中国文学批评发展的历史有了一个全面考量以后才能得出。无疑地，陈钟凡堪称后来认同魏晋为文学批评的自觉时代的先驱者①，这一点似乎在学术史一直没有得到足够的重视，应该重新唤醒这

---

① 陈钟凡此说可能受到日本学者铃木虎雄《中国诗论史》的影响。铃木在《中国诗论史·著者序》中云："在中国文学的悠久历史中，真正的评论产生于魏晋以降。"（第1页）并认为六朝是中国文论的第一个繁荣时期。在第二篇"魏晋南北朝时代的文学论"中，第一章即名为"魏代——中国文学的自觉期"。其云："通观自孔子以来直至汉末，基本上没有离开道德论的文学观……如果照此自然发展，那么到魏代以后，并不一定能够产生从文学自身看其存在价值的思想。因此，我认为，魏的时代是中国文学的自觉时代。"并认为曹丕《典论》一书具有"评论之道即自此而盛"的标志性意义。（参见《中国诗论史》，第37页）不过铃木并未对此进行细致的分析，陈钟凡继此而做了新的论证。

一份记忆了。

在个案研究上,陈著也颇多锐识。譬如对于孔子"兴观群怨"之说,陈钟凡认为:"盖兴与怨所以自慰,观群所以感人。"(10页)这一解释确实新人耳目,将诗歌创作自慰和感人两种宗旨都抉发出来,这不仅有学理上的依据,而且将文学的作用与作家个体情感结合起来。这对于此前简单化地认为先秦诗歌多抒发群体感情,以志统情,其实是一种突破。杜甫对六朝文学的态度,也是一个有争议的问题。陈钟凡在杜甫一节中勾勒出杜甫对前朝和同代诗人的评价文字,发现杜甫经常以"沈鲍""江鲍""鲍谢"等相况,这说明杜甫的一种兼收并蓄的诗学特点,一方面推崇六朝,同时对于本朝陈子昂、张九龄、李白等的复古主张也"未尝稍加贬斥"(81页)。陈钟凡的这一种评定在至今的各种批评史中,基本是被接受下来了。则陈钟凡的不少学术判断固能经受住时间的考验。

因为"历史的批评"受到陈钟凡的特别重视,所以这"中国文学批评史"不仅体现在各朝代文学批评的承续上,也体现在对中国文学批评范畴、概念的厘析上。譬如"文气"问题是中国文学批评史上的核心范畴之一,陈钟凡在分析曹丕《典论·论文》"文以气为主"一节时,特别指出曹丕所谓文气是指作者"才性","为后来阳刚、阴柔说之所本"(24页),而唐宋文论如韩愈《答李翊书》等提及的文气,主要是指"语势"(93页)。陈钟凡的解说当然不够全面,但主体判断是准确的,特别是对两者内涵之差异的分析,颇契合实际。

总之,陈著大体梳理了中国文学批评的发展历史,将散漫的评说统一到学科的语境当中,初步建构了中国文学批评史的学科体系。对于中国文学批评的历史分期、重要批评家批评著作,做了简要的分析叙说,其融通中西而形成的近代眼光,使他的不少学术判断至今仍具有一定的生命力。

三、朱自清评陈钟凡之批评史

朱自清曾在《评郭绍虞〈中国文学批评史〉上卷》中有一节文字涉及陈钟凡此书。他说:"那似乎随手掇拾而成,并非精心结撰。取材只是人所熟知的一些东西,说解也只是顺文敷衍,毫无新意,所以不为人所重。"[1] 朱自清可能更多的是以1934年出版的郭著批评史去衡量七年前出版的这本旧书

---

[1] 朱自清著:《朱自清古典文学论文集》,上海古籍出版社2009年版,第540页。

了，不免有抑扬过甚之处。① 其实细读之下，陈钟凡对批评文献又何尝是"随手掇拾而成"的？全书又何尝"毫无新意"？而对中国文学批评体系的建构虽有这样那样的不足，但否定陈钟凡"精心结撰"的著述态度，恐怕也是有失公正的。再者，说陈著"不为人所重"，也出语轻率了。实际上，从1927年至1940年这13年间，陈钟凡的这本批评史就有六版之多，若果然是人人皆弃的一部书，是无法解释陈著的一版再版而至六版之多的。②

但朱自清的这种感觉还是影响到一些学者对批评史界的总体看法。朱自清后来将自己围绕着"诗言志"话题的四篇论文汇成《诗言志辨》一书。③朱光潜在评述此书时说："近三十年来中国学者很出了一些文学批评史的书籍。这些著述大半以时代为中心，把每时代的文艺主张和见解就散见于当时文献中的七拼八凑地集拢起来，作一个平铺的叙述。……许多文学批评史都只是一些没有真知灼见的材料书。而且就材料而言，它们也是陈陈相因，不完不备，甚至断章取义，来附和作者的歪曲的见解。……许多文学批评史就失败在这种和盘托出的企图上面。"④ 朱光潜与朱自清私交甚契，我很怀疑他的这一番过激的见解或多或少是受了朱自清过激批评陈钟凡所著批评史的影响。

与朱自清的观点不太协调的是，早期的批评史研究者大多认同陈钟凡的创立学科之功，也坦承自己的撰述曾受到陈钟凡的影响和启发。1927年，陈钟凡的批评史出版之年，郭绍虞才开始搜集文学批评方面的文献材料，并发

---

① 朱自清后来对于陈钟凡《中国文学批评史》的学科创立之功，也是有一定程度的认同。他在《诗言志辨·序》中说："……这里特别要提出的是，在中国的文学批评称为'诗文评'的，也升了格成为文学的一类。陈钟凡先生的《中国文学批评史》仅后于《宋元戏曲史》，但到郭绍虞先生的那一本出来，才引起一般的注意，虽然那还只是上卷书。"（朱自清著：《朱自清古典文学论文集》，第187页）

② 参见彭玉平、吴承学《中国文学批评史研究的回顾与展望》，《中国社会科学》1997年第5期。

③ 朱自清在20世纪40年代中期在当时的国立西南联合大学，曾开设过"中国文学批评研究"课程，不以历史发展为序，而以专题研究为目，分四个部分：第一章"言志与缘情"，侧重从内容角度梳理传统的诗文价值观；第二章"模拟"，侧重在形式方面的主要理论；第三章"文笔"，侧重文体分类及其来源的辨析；第四章"品目"，辨析历代表明文学价值的德性词的分类。朱自清当年的讲稿由刘晶雯整理后，以《朱自清中国文学批评研究讲义》为书名，2004年由天津古籍出版社出版。朱自清的专题研究模式对于深化中国文学批评史的研究确多启迪意义。

④ 朱光潜：《朱佩弦先生的〈诗言志辨〉》，《周论》第2卷第7期，1948年8月，转引自朱光潜著《朱光潜全集》第9卷，安徽教育出版社1993年版，第493—494页。

表《中国文学批评史上之"神"、"气"说》《文学观念与其含义之变迁》等文章。郭绍虞晚年回忆自己的批评史研究，曾深情回忆起陈钟凡先生的启迪之功。他说：

> ……后来在大学里讲中国文学史，开始注意到文学批评的问题，但是也没有在这方面作较多的研究，不过多少注意到这方面的某些问题而已。那时看到中华书局出版的陈中凡先生的《中国文学批评史》，我就根据此书在大学中开设此课。陈先生此时在东南大学任教，本是我久所敬仰的前辈，所以我的研究中国文学批评史完全是受陈先生的启发。陈先生的学问很博，他在这方面开辟了门径之后，又在其他方面建立了许多新的园地，似乎在这方面反而变得不大注意了。可是在我，饮水思源，始终难忘陈先生的启迪。①

郭绍虞在文中分析了自己研究中国文学批评史的两个原因，而陈钟凡的启迪即是第一个原因，并曾将陈著作为自己讲授中国文学批评史的参考用书。1934年罗根泽的《中国文学批评史》（周秦汉魏南北朝）出版，1942年罗根泽在初版重印序言中即云："陈钟凡、郭绍虞两先生《中国文学批评史》……皆曾参阅"；1957年为新版所作序言中又说："在我编写此书以前，已有陈钟凡、郭绍虞两先生的两部中国文学批评史……我皆曾参阅，得到很多启发。"② 朱东润从事批评研究晚于郭绍虞，但早于罗根泽，他在《中国文学批评史大纲·自序》中也说："在我的初稿写成以前，陈钟凡先生的《中国文学批评史》已经出版了；在初稿完成以后，郭绍虞先生的和罗根泽先生的《中国文学批评史》也陆续出版。此外还看到许多关于中国文学批评的著作。诸位先生治学的热忱和撰述的价值，深刻地引起我的钦服。"③ 这些批评史界内的认同当然更值得关注。实际上朱自清在20世纪40年代著文评价罗根泽、朱东润等人的批评史著作，曾回顾此前的批评史研究史说："我们这二十来年里，文学批评史却差不多要追上了文学史。这也许因为我们正在开始一个新的批评时代，一个从新估定一切价值的时代，要从新估定一切价值，就得认识传统里的种种价值，以及种种评价的标准，于是乎研究中国文学的

---

① 郭绍虞：《我怎样研究中国文学批评史的》，载郭绍虞著：《照隅室杂著》，上海古籍出版社1986年版，第434页。
② 罗根泽著：《中国文学批评史》之《旧序》《新版序》，上海古籍出版社1984年版。
③ 朱东润著：《中国文学批评史大纲》，上海古籍出版社1983年版，自序第2页。

人有些就将兴趣和精力放在文学批评史上。"① 谈到批评史"追上"文学史的问题，陈钟凡作为批评史学科第一个起跑的人，其重要性当然是不言而喻的。

当然，作为初创的一部《中国文学批评史》，其不足之处自然很多。如章节安排上，有不少欠合理之处，第七章"宋齐梁陈批平史"与第八章"北朝批平史"，其实可以合编为"南北朝批平史"。因为其他各朝皆依朝代次序而列，此两章所写时代大致同时，只是有南北地域之差别，分章而论，反错乱其例了，再说"北朝批平史"除了"引说"之外，所论也仅颜之推一人而已。章与章之间，虽不必强求比例平衡，但过于悬殊，也殊失立章之义。如第三章"中国文学批评史总述"才200余字，不过是以下分朝述论批评史的一节"引言"而已。其实第一章"文学之义界"、第二章"文学批平"、第三章"中国文学批平史总述"，合为一章三节，则章节之间既富有学理，也在形式上大体达致平衡了。

在文献上，此书的抉发之功自然不能抹杀；但在文献梳理上，则尚颇多堆砌材料之处，甚者引录材料而不置一词，则"研究"之名，也有名实难符之处。如第十章"两宋批平史"的"诗平"部分，将《四库提要》著录宋人诗话34种及诗文评类存目中著录的10种诗话悉数列出，而实际所论仅张戒《岁寒堂诗话》、严羽《沧浪诗话》等六种；即其所论《沧浪诗话》部分，亦多为节录原文，至分析文字才百余字，类似于诗话提要而已。宋代诗话中所反映出来的整体诗学思想，则不遑综论。"词平"部分节录李清照《词论》，仅以"然推倒一时，意在自矜名贵，其旨可见也"（121页）一句匆匆作结，对其中所蕴含的词史发展、诗词之辨及尊体理论疏于言说。② 凡此，在陈著中是较为常见的，即使略加论说，也类似观点撮要，至对中国文学批评史发展的内在规律、各朝代的整体特色的分析，都不免存有较多不足，更多的是一种对历代批评文献的归类整理和初步叙说。

陈钟凡早年随叔父陈玉树读书，"略闻经旨"，在读两江师范学堂期间，又比较系统地听讲过佛学，后来更入读北京大学的"中国哲学门"，具备良好的哲学功底。然而在《中国文学批评史》中，对于经学以及诸子与文学批评的关系却未见论列，这应该说是个遗憾。又此书既以"中国文学批评史"为名，而书中各章节名凡涉"批评"二字处，皆以"批平"代替，也属无

---

① 朱自清：《诗文评的发展》，载朱自清著：《朱自清古典文学论文集》，第544页。
② 陈钟凡引述文献而评述简单之例，确实很多，但这种情况在后来诸家的批评史著作中也是同样存在的。如罗根泽引述李清照《词论》几及全篇，但评说只有一句："都是偏于以音乐的观点立论，虽然也不忽略文学。"（罗根泽著：《中国文学批评史》，第251页）

谓。"文学批评"一词虽系西译而来，而中国古代之文学批评也多称为"诗文评"，则"评"字一字，固可贯通中西，若新设一"批平"之词，则中西两途皆失之矣。

就陈钟凡的《中国文学批评史》而言，他自己就已认识到草创的艰难和粗疏原就难免，"虽多令人不满，言之滋愧"。但他同时也认为："吾人作事，盖时时不满，时时有希望，故日在进程之中，不致画地而止也。"① 这是陈钟凡有能力有勇气创设中国文学批评史学科的原因所在。所以要寻找陈著的不足，无乃太易。但其实我们更应关注的是他的开创之功，其对批评文献的初步辑录和评述，使后来的批评史研究者有了一个大致的方向，其对批评体系的架构虽然尚欠缺充足的学理，但为后续的补证奠定了基础。② 肇端的邃密是可想望而不可苛求的，我们对于陈钟凡此著倒不以其简陋而轻视之，反而是怀着一份深深的敬意的。

四、方孝岳与《中国文学批评》

方孝岳曾长期在中山大学任教。方孝岳（1897—1973），名时乔，字孝岳，③ 以字行。安徽桐城人，或称其为清代散文桐城派嫡系后裔④。其父方槃君为知名诗人和书法家，其岳父为近代古文名家马其昶。方孝岳幼承庭训，独好文史之学。1918年毕业于上海圣约翰大学。曾任北京大学（预科）讲师，上海商务印书馆编辑，华北大学、东北大学、中山大学教授等。其中于1932—1938年、1948—1971年两度任教于中山大学，前后长达30余年。方孝岳治学多门，在法学、文学、经学、音韵学、汉语史等领域不仅开辟蹊径，而且卓有建树。1921年和1923年在日本东京大学修习法律期间，他即编译了《大陆近代法律思想小史》（上、下册）；30年代前期专研中国文学和文

---

① 参见姚柯夫编著《陈中凡年谱》，第21页。
② 蒋述卓等著：《二十世纪中国古代文论学术研究史》即云："说到影响，作为第一本，陈著确实为后出转精的郭绍虞、罗根泽等人的著作所遮盖，但也不至于像朱自清先生所说完全'不为人所重'。"（北京大学出版社2005年版，第38页）
③ 方先生也曾一度用过"乘"的名和"御骒"的字，但其后废去不用。
④ 此说参见宣阁（即刘麟生）《中国文学批评·跋》。但方先生哲嗣舒芜著《我非方苞之后》《平凡女性的尊严》等文即指出，桐城素有三方：桂林方、鲁谼方、会宫方。三"方"同姓不同宗。方苞是桂林方，方孝岳先生则是鲁谼方。本章所用方孝岳《中国文学批评》版本，为1985年北京中国书店据1936年世界书局版之影印本，系刘麟生主编之《中国文学八论》第7种。本章引用方著，只标页码。

学批评，撰成《中国文学批评》《中国散文概论》二书，均收入刘麟生主编的"中国文学丛书"中；40年代以后则致力于经学研究，先后出版了《春秋三传考证》《左传通论》《尚书今语》三书，方孝岳的经学研究兼重音韵、训诂、义理，解决了许多历史遗留问题；50年代后期，全国高等院校院系大调整，王力、岑麒祥调北京大学，方孝岳因为教学需要而改研汉语史等学科，他以古代音韵学为核心，系统钻研了《广韵》《切韵》等韵书，分类编辑著述了《广韵声类表》《广韵韵图》《广韵便览》《广韵又音谱》《广韵研究导论》《集韵说文音》等著作，其中《广韵韵图》一书，注反切于韵图之中，明确显示反切的声母和韵母类别，运用等韵门法研究《广韵》，是研读《广韵》者重要的参考读物①。他的《汉语语音史概要》一书完成于1962年，也是汉语语音史研究方面的重要著作。② 虽然说音韵之学"绝无通解"③，但方孝岳的音韵学研究，无疑是朝着"通解"的方向在迈进。

在20世纪中国文学批评学术史上，方孝岳的《中国文学批评》是不可忽略的一本，该书与郭绍虞和罗根泽的批评史同在1934年出版，以此而共同形成了中国文学批评史研究的第一个高峰。郭绍虞和罗根泽几乎终身从事于批评史的研究，所以其批评史研究的业绩得到了学术界的公认。而方孝岳在《中国文学批评》出版后，几乎停止了相关的研究，后来又转向经学和音韵学等研究，所以对方孝岳在中国文学批评史方面的建树，在20世纪中国文学批评学术史上并没有得到足够的重视，更遑论专门的研究了。但我们细绎这本《中国文学批评》，无论在批评史料的开掘和批评原理的勾勒，还是在对批评现象的评判和批评体系的建构方面，方孝岳都有不少先着一鞭、直中肯綮的地方，也因此使这本看上去薄薄而似乎并不起眼的著作，带上了厚实而凝重的色彩，并透示出独特的才胆识力的气息。

方孝岳的《中国文学批评》大概构思动笔于1932年，至1934年初已全部完稿，历时近两年。④ 原书在"导言"以下分上、中、下三卷，先秦（一至六）为卷上，两汉魏晋南北朝为卷中（七至十八），唐以下为卷下（十九

---

① 参见罗伟豪《音韵学研究中的创新——读方孝岳先生遗著〈广韵韵图〉》，《中山大学学报》1990年第3期。
② 关于方孝岳的著述情况，可参考李新魁《方孝岳先生的治学方法》，《学术研究》1983年第1期。
③ 陈寅恪著：《金明馆丛稿二编》，上海古籍出版社1980年版，第267页。
④ 宣阁《中国文学批评·跋》作于1934年1月27日，在跋中，他说："两年前，孝岳答应我们做《中国文学批评》……"

至四十五）。但在 1936 年世界书局的排印本中，三卷的分法就已失去影踪，未知何故。中国书店 1985 年影印世界书局本，自然也是一仍其旧。1986 年三联书店重版此书，又恢复了卷上、卷中、卷下的分法，但宣阁（刘麟生）的跋文却弃之而未收①。此书不仅见解深刻，而且取材能开辟新域②，尤其是方孝岳贯穿在书中的开阔视界在当时的学术界令人瞩目，他说：“百年以来，一切社会上思想或制度的变迁，都不是单纯的任何一国国内的问题。”"'海通以还'，中西思想之互照，成为必然的结果。"（159 页）这种跨国界、全球化的学术观念，使他在对中国古代文学批评中的一些理论或范畴定位时，能够更到位、更精确。

五、方孝岳的"活看"与批评本能

近代西学东渐，中国学人在涉猎西方学术严谨科学的特性后，再来返观中国古典学术，往往有我不如人的感叹，对中国古代文学批评的特殊形式，不是从民族特性上去体察和勘查，而是一味鄙薄国学。方孝岳一方面认为中国古代的"论文的书"，都是"兴到而言"，但正是这种"兴会上的事体"才流露了真实的感情和思想，"凡是赏鉴一国文学，我以为都是藉助这些真情所露兴会所到没有背景的批评为最好"（《导言》，2 页）。方孝岳把"兴到而言"的中国文学批评的特色看作一种文学批评的经典，他的这部《中国文学批评》在研究方法上便以"兴到而言"为基本取则，注重研究者的"活看"与自身的批评本能。

史实还原中的"活看"与历史评判中研究者自我批评潜能的激活，是方孝岳十分重视的。对于如何理解或解读古典文论，或许是"兴到之言"难免来去无端，所以方孝岳主张：“我们对于一切言论，都应当从四方八面来活看才好。"（4 页）各种文学批评之发生，都各有主客观方面的机缘，正如朱自清所说："各时代的环境决定各时代的正确标准，我们也是各还其本来面

---

① 舒芜《中国文学批评·重印缘起》曾提及删跋的原因说："原有刘麟生先生的一篇跋，我父亲生前有一次谈起过，现在我遵照他的意思删去。"（方孝岳著：《中国文学批评》，生活·读书·新知三联书店 1986 年版，第 9 页）

② 舒芜《中国文学批评·重印缘起》曾引述"几位师友"之语云："此书不以材料胜，而以见解胜，以内行胜。"（方孝岳著：《中国文学批评》，第 7 页）

目的好。"① 以当代的标准来衡量古人，自然就难得公允了。如钟嵘《诗品》批评沈约的声律理论，并不是对理论本身的彻底否定，而是认为沈约太把声律当回事，以致淹没了真性情，所以严格意义上来说，钟嵘不是反对声律，而是反对过分讲究声律而已。再如方孝岳从《青箱杂记》和《归田录》两则记述晏殊对于"富贵"话题的观点，来说明"只有天怀淡泊超然于实境之外的人，才可以安享富贵，领略富贵的趣味"（67 页）。但何以在晏殊的时代能将"富贵"作为一个学术话题而引申出来呢？方孝岳这样分析说："本来宋朝到这时候，政治上是很清明的；自从太祖重书生，文人的际遇，也算古今第一。好像钱若水、杨亿、王珪、宋庠、晏殊这班人，都是文章知遇，身登台阁，声华很盛。耳濡目染，自然都是富贵欢愉之事。"（66 页）特别是王珪、韩琦等人更以作富贵诗而得名，这是第一层"活看"。而又何以晏殊能从风趣的角度来欣赏富贵，王珪等人却不能呢？这里面就涉及个人襟怀气质的不同了，方孝岳援引了《宋史》晏殊本传中说他"虽处富贵，奉养如寒士，樽酒相对，欢如也"来说明"神存富贵，始轻黄金"的道理。所以，以一时代文人的际遇来说明"富贵"话题产生的必然性，又以晏殊的个性来说明晏殊审美观的独特性，两层"活看"，确实将这一话题导向了深入。这个"活看"的方法把握到了中国古代文学批评的命脉所在，活的文论当然生存在活的理解中，所以"活看"真是对中国文学批评深造有得之论。其实不唯研究中国文学批评需要"活看"，研治其他古典学术，例也当如此。昔陈寅恪在《冯友兰中国哲学史上册审查报告》中曾说："对于古人之学说，应具了解之同情，方可下笔。盖古人著书立说，皆有所为而发。故其所处之环境，所受之背景，非完全明了，则其学说不易评论。"② 陈寅恪"了解之同情"的治学理念与方孝岳的"活看"说，堪称不谋而合。

"活看"是为了最大程度地予研究对象以真实的还原。而在方孝岳的观念中，这种真实的还原只是立论之基础，并非终极之目的，治史应该是一种史实描述与治史者自我裁断的有机结合。方孝岳一直强调人人都有一种批评的本能，当然对于文学批评本身，也不可失了这种批评的本能，治史者自身的思想才是一部历史著作的个性和闪光点所在。所以方孝岳直言："我们所需要于批评家者，正是恰恰到他能代达能点化而止；不是执着他人的批评而

---

① 朱自清：《评郭绍虞〈中国文学批评史〉上卷》，载朱自清著：《朱自清古典文学论文集》，第 541 页。

② 陈寅恪著：《金明馆丛稿二编》，第 247 页。

忘了我们自己也能批评的本能。换一句话说，不过是借他们的帮助，来引起自己的思想罢了。专听人家的批评，不管他于心安不安，或者听人家一句批评，不能触类旁通引出自己许多批评来；又或者听了人对于某种文学的批评，就自以为可以完全认识那种文学而不肯用一点脑筋去自己研究；这几种人都是自失其本能，把工具当作目的了。"所以"凡是研究文学批评的人，随时顾到自己的批评本能，那才是上上等"。（5 页）所以文学批评史的研究境界，视研究者本人的素养而呈现出来。宣阁在《中国文学批评·跋》中引用安诺德的"好的文学批评，本身就是文学批评"的话来说"这本《中国文学批评》，同时也是方孝岳氏的文学批评"（160 页），这话头的基础便是方孝岳由批评本能而激发出来的时时散布在书中的益人神智的批评话语。从这一角度来说，方孝岳的这本《中国文学批评》列入"上上等"，也是可以的。如他一方面肯定王夫之对《三百篇》辞理的推求，堪称"精卓"；但另一方面也时时提醒读者对王夫之的推求不要死守，"无论如何，都不可把自己的灵机锢闭不用"（130 页）。他论方回《瀛奎律髓》的一章，就几乎是在与纪昀在《四库全书总目》中对方回此书的"提要"做激烈的对话，方孝岳对方回的维护——或者说是了解之同情，确实可以反衬出纪昀立论的偏颇。在辨明理论史实的同时，方先生自己批评的本能也酣畅地表现在里面了。

六、诗史互证与比较研究

重视诗史互证，也是方孝岳这本批评史的一个重要特色。他说："诗与史的关系很密切。读诗而不读史，对于事实的环境，不能深知，就不能深得诗旨。但史是直叙事实；诗是因事实环境深有感触而发表情感，使人读着如身历其境。所以读史又兼读诗，就更可以对于当时的事实，有深刻的印象。这种诗史相通之义，无论读后来何代的诗，都应该知道。"（11—12 页）方孝岳注意到在传统的批评方式中，有一种专说本事的，如唐代孟棨的《本事诗》、宋代杨绘的《本事词》等。方孝岳认为这种方式体制由《左传》开端，中经《毛诗序》发挥，而逐渐形成一新的传统。他在《左传的诗本事》一章，指出当时赋诗的两种基本形式：一为引现成的诗以明自己的志；一为自己作诗以明自己的心迹。其中后一种即初具"本事"的色彩。《左传》的作者左丘明本是史官，但《左传》一书又时时说到诗本事，则"本事"的批评方式其实是由来已久的了。方孝岳在书中举了《左传·隐公三年》"卫庄公娶于齐东宫得臣之妹曰庄姜，美而无子，卫人所为赋《硕人》也"之事，以及闵公二年"狄人伐卫……遂灭卫。卫之遗民……立戴公以庐于曹。许穆夫人赋《载驰》。齐侯使公子无亏帅车三百乘,甲士三千人,以戍曹"之事,来分别说明《诗经》中《硕人》和《载驰》二诗的本事,诗、史互证,确实能更好地把握诗的要义。方孝岳说:"读史到此,应将《硕人》那首诗参看一番,然后对于那时的情况和许多曲折的内容,更可以了然了。这岂不是示人以诗与史相通的要义吗?岂不是最好的诗本事吗?"(12页)确实,对于一些叙事色彩比较浓厚的诗歌,参诸史实,将文外之意做了抉发,对诗歌的解读显然要更为到位。以前研究文学批评的人,由于这类本事著作的理论性不强,往往也就不予重视,方孝岳的识力在这些地方又得到了体现。不过诗史互证,方孝岳也并非要据为定说,譬如他引用刘勰所说的"正始仙心,江左玄风,宋初山水",以及唐代王维、孟浩然的山水诗,白居易的闲适诗之类,方孝岳就认为:"这些诗,实在都不能一一求其本事。如果一定要求本事,就不无拘泥之过。这也是后来的诗轶出三百篇范围以外之一点。"(62页)

比较的方法和梳理相关理论的流脉,是在方孝岳此书中时时可以感受和寓目到的。作为一门以理论为特色的学科,理论本身往往并不存在着绝对的是与非,有的理论的建立带有一定的偶然性,则这种是非之间的不稳定就更为常见。方孝岳除了注意尽量在特定的语境中还原其理论的特定内涵之外,更注意通过相似或相关理论的对勘比较,来凸显其合理性。譬如方回的《瀛奎律髓》和高棅的《唐诗品汇》都是建立在对宋诗特性的判断的基础上的,但方回是在基本维护的前提下予以修正,高棅则是在基本否定的基础上进行转向,两个批评家,两种思维模式,两种学术判断,简单地肯定和否定都将使理论的内涵有所缺失。方孝岳在缕析各自理论后,如此比较说:"方回《瀛奎律髓》正和高棅的书,立在相反的地方,方回专以诗的内容情事为类别,而所讨论的,多是诗外的人事和文字的技术,不是从外面涵泳诗的体制音调,宋人家法略可代表。但他和高棅这书,实在可以互为医药。高棅的好处,是有功于唐音,亦暗合三百篇的书式……自高棅此书出,明朝诗人又承流不返,大家虚拟揣摹,不见性情,但见虚壳,不见骨格,但见浮声;方回的书,对于这种流弊,未尝不是救药。"(107页)无论是宋人家法,还是唐人音调,其理论的正偏确实是要在这种比较中得出结论的。

七、从诗文评到诗文集

朱自清在为郭绍虞《中国文学批评史》(上卷)写的书评里,即提出文学批评史的研究除了关注传统的"诗文评"外,也应该关注诗文集、笔记、史书。其实方孝岳的《中国文学批评》在这方面正是实践着这样一种取材的方法,对"总集"的关注已是方著的重要特色①,他对《尚书》《左传》等史书,《青箱杂记》《归田录》等笔记的涉及,不仅钩玄,而且提要,同样是可圈可点的。

方孝岳本人的研究兼及文学史和批评史,文学史方面的著述除了《中国散文概论》之外,还有《关于"屈原""天问"》②等重要论文。他的《中国文学批评》在确立批评史的价值方面,就特别重视通过对批评史的梳理来鉴照文学史的发展面目,他在《导言》中说:"我们现在把一个国家古今来的文学批评,拿来做整个的研究,其目的在于使人藉这些批评而认识一国文学的真面。批评和文学本身是一贯的,看这一国文人所讲究所爱憎所推敲的是些什么,比较起来,就读这一国的文学作品,似乎容易认识这一点。"(2页)同样,研究文学批评,目光便不能不关注文学创作。方孝岳说:"我们研究一国的文学批评,第一要注意文学批评和文学作品的本身有互相影响的关系……第二要注意的,就是文学批评和文学作品本身的风气,又可以互相推动。"(2—3页)方孝岳打了一个形象的比方:文学作品好像是食料,文学批评好像是消化的胃口。胃口有偏嗜,所以文学批评的眼光也就各有区别。

因为注重文学创作与文学批评之间的互动关系,所以在文学批评史的取材上,方孝岳大力提倡总集的价值和意义,体现出非同寻常的学术锐识。此前或当时的批评史研究更多是关注《四库全书总目》中的"诗文评"类里面的著作,但这并非古代文学批评的早期形态,尤其是就其影响来说,甚至还不是主流形态。而《隋书·经籍志》"总集"类中收录的挚虞的《文章流别集》、萧统的《昭明文选》和刘勰的《文心雕龙》、钟嵘《诗品》等书,客观上昭示我们:"凡是辑录诗文的总集,都应该归在批评学之内。"其原因有二:一、"选录诗文的人,都各人显出一种鉴别去取的眼光,这正是具体的批评之表现";二、"总集之为批评学,还在诗文评专书发生之先"。(4页)方孝岳的这两点眼光,真是有大过人处,衡诸中国文学批评的实际,可谓契若针芥。所以方孝岳提出,中国批评学的正式祖范应是挚虞的《文章流别

---

① 张伯伟《一部颇有识力的中国文学批评史》说:"《中国文学批评》的篇幅不大,但并不意味着该书在材料的挖掘与运用上没有自己的特色……方先生的《中国文学批评》则进一步将范围扩大到了总集,并且予以高度的重视与评价,为中国文学批评的研究提示了新的材料来源。"(《中国社会科学》1987年第6期,第196页)

② 方孝岳:《关于"屈原""天问"》,《中山大学学报》1955年创刊号。

集》,其分类编选的体例和推源溯流的批评方法,都开后来文学批评之法门。从"势力影响"方面来说,"总集的势力,又远在诗文评专书之上。像《文心雕龙》《诗品》这种囊括大典的论断,虽然是人人所推戴,但是事实上实在不曾推动某一时的作风。像《文选》,像《瀛奎律髓》,像《唐宋八家文钞》,这些书就不同了;他们都曾经各演出一番长远的势力,都曾经拿各人自己特殊的眼光,推动一时代的诗文风气。所以'总集'在批评学史中,实占着很重要的部分,这一层我们不可不注意。"(4页)"其实有许多诗话文话,都是前人随便当作闲谈而写的,至于严立各人批评的规模,往往都在选录诗文的时候,才锱铢称量出来。"(4页)方孝岳的这种锐见,不仅使他本人的批评史著作,在当时具有不可替代的地位,同时也为后来的批评史研究指引了一条正确的康庄大道,使原本较为注重"诗文评"著作内部的理论演绎扩展为文学创作、文学选本与批评专书多路并进、彼此参证的研究局面。宣阁在《中国文学批评·跋》中说:"至于材料方面,作者能于诗选、文选和论诗绝句中,字里行间,抽出许多妙论,也是极合理性的方法。"(160页)确是中心有感之言。方孝岳不仅在书中为《文章流别集》《文选》《瀛奎律髓》都列了专章,更有"宋朝几部代表古文家的文学论的总集"专章,分别就吕祖谦的《古文关键》、楼昉的《崇古文诀》、真德秀的《文章正宗》、谢枋得的《文章轨范》等,对其古文思想特别是与理学的关系做了简明扼要的分析,至其立论牵涉而及的选本就更多了。特别是对于《文选》和《瀛奎律髓》二书,方孝岳堪称情有独钟。他对萧统正面提出"以能文为本"的主张,极致赞同,认为"把文学当作欣赏玩悦用的,不必当作道德事功上实用的东西,这种观念,是因他而建立了"(42页)。又对萧统不拘传统而揭出"时义"二字,也认为是对挚虞、任昉拘泥传统体制的一种超越,有着"深远的眼光",体现了文学发展的自然法则。在论《文选》一节的结尾,方孝岳带有抒情意味地说:"我们试想想看,假如没有《文选》这部书,我国文学界,是何等的黯淡。要正式认识中国文学,还有那一部书比《文选》更可以做中心的标准么?"(45页)而在不足18万字的全书中,给《瀛奎律髓》的篇幅即长达1万余字,其心中所重,确乎是可以看出来的。① 所以在方孝岳看来,诗文选本,无论是按文体分,如《文选》,或者按事类分,如《瀛奎律

---

① 1947年,郭绍虞在其《中国文学批评史》下卷中论述到方回一节时特地指出:"惟近人方孝岳所著《中国文学批评》一书,较能阐述虚谷论诗之旨。而此书也以这一章为较佳。"

髓》，或者按人来区分，都各有各的精彩。"以人为类的选法，可以见一个人的精采；以体为类的选法，能见一体之流别；至如欲观内容之指事抒情和各人心手异同之处，那末，这种以事类为别的选法，也未尝无功。"（87页）

因为古代并无严格意义上的专职批评家，以作家的立场来客串批评就成为常有的情形，兼之"批评和文学本身是一贯的"（2页），文学批评史本来就是由文学批评与文学创作的互动而形成的，所以方孝岳在呼吁批评史研究界重点关注总集的同时，也呼吁关注诗文集，隔岸观火的批评家总不如身历创作过程的批评家来得真切自然。他说："各大家的诗文集里，往往有不少精心结撰的论文之言；以作家的眼孔，论作家的文章，对于其中甘苦之情，更能说得透彻。"（5页）从现在的学术观念来看，方孝岳的这个观点不仅略显陈旧，而且在20世纪的批评史研究过程中就被实施过了的。但在1934年——可能更早一点时间，能够把目光从一般的"诗文评"转移到"诗文集"，还是相当前沿的学术思维。起码在此前六七年出版的陈钟凡的《中国文学批评史》，尚无这种明晰的意识。以此而言，方孝岳在批评材料的开掘上又发现了一方更为开阔的领域。在《陆机文赋注重文心的修养》一章中，方孝岳说："文学本也是很玄妙的。陆机当六朝的初叶文学领域日渐美观的时候，自己又是太康文坛的健将，以大作家的手来雕刻文心，其价值之精贵，可想而知。况且他作这篇文章，看他自己的小序，分明是对于文章的内心经过沉思苦练而产出的结果。"（38页）这真有点像司马相如论赋"斯乃得之于内，不可得而传"，创作的感受是无法替代的。晚唐标举味外味的司空图，在其著名的《与李生论诗书》中，在提出"辨味"理论后，列举的便是自己的诗句，以作例证。韩愈《答李翊书》讲写作古文的途径，更多的是结合自己的创作经验来谈。方孝岳在分析元好问诗学思想时，一方面揭示其强调北人悲歌慷慨之风的特点；另一方面结合元好问自己的诗歌创作"雄壮之中，仍有温润之美"（99页）的特色，来说明其理论的主次之分。换个角度来说，批评家的批评也有很多是在深入被批评作品的创作情景中才总结出来的，所以纯粹客观的批评家几乎是不存在的——而且是不必要的。方孝岳在论金圣叹一章中说："普通人对于批评家的观念，总以为批评家都是站在旁观的地位，作客观的批评。其实不然。杜甫说：'文章千古事，得失寸心知。'虽然作者的寸心，不是别人可以完全知道，但如果想对于一个作品加以批评，至少也要设身处地，替作者多多设想一下。否则，作者的心理，和读者的心理，两不相关，隔岸观火，如何能够说得中肯呢？告诉我们这种批评原理的人，莫善于明末清初的金圣叹。"（150页）这话真是概括得不错。金圣叹批点

《西厢记》说："我真不知作《西厢》者之初心，其果如是否耶？设其果如是，谓之今日始见《西厢记》可，设其果不如是，谓之前日久见《西厢记》，今日又适见别一《西厢记》可。"金圣叹的这一节话似乎有些"绕"，但方孝岳说："他这些话，虽然说得好像很奇怪，但也实在是告人要把自己的心思和作者的心思凑泊到一起。"（154页）这种"了解之同情"其实正是建立在古代批评家兼有作家身份这个基础之上的，如果失去了这一基础，则"设身处地"本身也变得不可靠了。这些既是中国文学批评史的一般现象，也是追寻中国古代文论特征的一个重要方面，方孝岳特别提出这一种方法，是深契批评史实际的。

八、批评原理与批评学之关系

朱自清曾说，要把"中国文学批评史"建成大家所能接受的一门独立的"学问"，其困难有二：其一在于开掘收集资料之不易，其二在于建立一个"新系统"之艰难。而后者之难犹在前者之上。① 方著开掘资料之成就已见上述，而其建立"新系统"之努力，则犹待发明。

在方著出版之前七年，已有陈钟凡的《中国文学批评史》先行梓行问世，但材料上的"掇拾而成"和说解上的"顺文敷衍"，使"体系"的概念尚显得相当蒙昧。郭绍虞的批评史以文学批评与学术思想的结合为基本方法来建立自己的体系，但就像郭著自序里面所说的，郭著体例上或以家分，或以人分，或以时代分，或以文体分，或以问题分，这种过于随意的分法虽然以"思想背景的不同"作为依据，毕竟使体系的逻辑性受到影响。罗根泽的批评史合编年体、纪事本末体、纪传体为一体而创立一种"综合体"，其实是难以兼顾各体的。方著的体系性在体例上即已显出一种特别的识力，他自称"以史的线索为经，以横推各家的义蕴为纬"（5页），实际上是大体以史的线索为序而排列各家的意蕴而已，统一齐整的批评原理成为全书的骨架，而"史"的线索只是一种隐形的存在而已。

与中国古代文学批评著作特别是诗话词话类著作，往往采用随笔札记的方式，在著作形式上确实予人以零散而欠缺体系的印象相似，方孝岳的《中国文学批评》在形式上的涣散也是客观存在的。但形式的涣散不等于内在结

---

① 参见朱自清《评郭绍虞〈中国文学批评史〉上卷》，载朱自清著：《朱自清古典文学论文集》，第539—540页。

构的涣散，方孝岳立足圆心、辐射历史的内在理路还是清晰可见的。如果要在《中国文学批评》中找出一个关键词的话，我们以为非"批评原理"莫属，而批评原理恰恰是逼近中国古代文论的核心层面的问题。方孝岳这种单刀直入、直抵心源的研究方法，使他在梳理中国文学批评发展历史的同时，把中国古代文学理论的精华也过滤了出来，批评原理的历史发展流脉在事实层面上构成了中国古代文论的隐性体系。六朝及此后批评家的批评原理的抽绎，自然是梳理批评史的主要工作，但方先生同时也认为，即便是"古时经典，本非专门的文学书；也没有专门文学批评家。但是经典的话，含义甚多，我们现在拿文学眼光抽出几句来讲，也未尝不可以得很好的批评原理"（13页）。其笼圈条贯全书的孔门诗教和赋家之心，方先生追源溯流，都是从"非专门的文学书"中开辟话头的。因为注重批评原理的提炼，方孝岳可能故意淡化了朝代的意识和文体的观念。在《中国文学批评》中，方孝岳虽然也有不少辨别文体体制的话语，但方孝岳的本意并非以辨别体制为目的，而是通过对各种文体与各家批评原理的分析梳理，来建构文学批评学的体系。方孝岳明确说："我这书不是讨论专门的戏曲学或小说学，也不是讨论专门的诗学或散文骈文学，本书的目的，是要从批评学方面，讨论各家的批评原理"（155页），以"批评学"来统率各文体和各朝代。换言之，从单一文体角度的立论并不是终极目的，兼顾众体、不囿一体的泛文体理论体系，才是方先生努力追求的。方孝岳在论《典论·论文》一节曾说："孔子的六诗四始之分，为文章辨体的作始者。魏文帝这种辨体裁的看法，也下开陆机、挚虞、刘勰一班人的思路。但古时的文章分体，是不拘于形貌的。那时一切，既以根本思想为主，当然对于无论什么文章，都在根本上批评，所谓分体，可以说是就抽象的作用上分的。"（36页）这是所谓古代的情形，《典论·论文》开文体形貌之分的先河，这与文学的自觉、文体的繁富是有着直接对应的关系的。而严羽《沧浪诗话》说："作诗正须辨尽诸家体制，然后不为旁门所惑。"[①] 则同样也是有着充足的理论背景的。譬如对于赋体文学，方孝岳在一一分析扬雄和司马相如等人的观点后说："赋这件东西，是一种很伟大的文学，上结《诗》《骚》之局，从'六义'中专抽出'赋'之一义来建立他的体裁，可以算是写实文学之大观……他的真价值，在于典丽裔皇深刻物象。"（30页）对于以"温柔敦厚"的立场来臧否赋体，予以了澄清。方先

[①] （宋）严羽：《答出继叔临安吴景仙书》，《沧浪诗话校释》附录，人民文学出版社2005年版，第252页。

生著作本身似乎并没有从形式上体现出这种体系的特点来，但其书的基本思想却是一直连贯的。譬如辞赋家的"心法"与孔门的诗教，便时时在他的书中成为一种直接的对照。他对于清代的金圣叹、李渔、袁枚等，便都认为是隐承了"心法"，而沈德潜、翁方纲则是诗教的光大者。大约偏重性情和艺术的人，方先生都归入"心法"一脉，而重视思想和内容的，则视为"诗教"的承袭者。这种两分法当然不免显得简单，但主流倒确乎是不错的。方先生勾勒出来的"批评原理"其实在此书的目录中已经可以看得很清楚了。为说明批评原理与批评体系的关系，我这里不避繁琐，把他的目录列在下面，以给读者一种直接而深切的观照。

一、尚书中最早的诗的欣赏谈，二、周礼分别诗的品类，三、吴季札的诗史观，四、左传的诗本事，五、古时对于理论文和"行人"辞令的批评，六、孔门的诗教，七、三百篇后骚赋代兴的时候的批评，八、司马相如论赋家之心，九、扬雄与文章法度，一〇、扬雄桓谭的文章不朽观，一一、王充论创作的文学，一二、魏文帝典论里的文气说，一三、陆机文赋注重文心的修养，一四、挚虞的流别论，一五、昭明文选发挥文学的"时义"，一六、沈约的声律和文章三易，一七、发挥"文德"之伟大是刘勰的大功，一八、单刀直入开唐宋以后论诗的风气的诗品，一九、从治世之音说到王通删诗，二〇、别裁伪体的杜甫，二一、蓄道德而后能文章是韩愈眼中的根本标准，二二、白居易的讽谕观和张为的诗人主客图，二三、可以略见晚唐人的才调观的本事诗和才调集，二四、标举味外之味的司空图，二五、西昆家所欣赏的是"寓意深妙清峭感怆"，二六、晏殊对于富贵风趣的批评，二七、欧阳修文外求文的论调，二八、欧阳修和梅圣俞同心爱赏"深远闲谈"的作风，二九、邵康节的忘情论，三〇、宋人眼中老杜的诗律和江西宗派图，三一、宋朝几部代表古文家的文学论的总集，三二、针对江西派的沧浪诗话，三三、瀛奎律髓里所说的"高格"，三四、元遗山以北人悲歌慷慨之风救南人之失，三五、宋濂论"摹仿"和高棅的"别体制审音律"，三六、李东阳所谈的"格调"和前后七子所醉心的"才"，三七、唐顺之的"本色"论和归有光的史记评点，三八、竟陵派所求的"幽情单绪"和陈眉公的"品外"观，三九、钱谦益宗奉杜甫的"排比铺陈"，四〇、王船山推求"兴观群怨"的名理，四一、王渔洋"取性情归之神韵"，四二、清初"清真雅正"的标准和方望溪的"义法论"，四三、金圣叹论"才子"李笠翁说明小说戏曲家的"赋家之心"，四四、随园风月中的"性灵"，

四五、眼力和眼界的相对论。

　　在这个目录里面,我们看不到明晰的历史朝代沿革的进程,甚至连某一朝代的文论概述也付之阙如。我们从章节标题里看到的只是一个一个鲜活的理论,这一个一个批评的原理,不仅各自呈现出各个批评家的眼光来,更是构成中国文学批评史发展的一种精神脉络。如其论王夫之说:"他论诗,一切拿'兴观群怨'那四个字为主眼,以为无论什么作品,如果不能使人看了有所兴感,那种作品,就不足置论。"(127页)所以在这一章的标题上,果然就将"兴观群怨"四个字作为基本的批评原理昭示出来。又说:"渔洋一生结穴之论,就是推重王孟以及韦柳,以清澄妙远的神韵为宗。"(132页)所以"神韵"二字便自然成了王士禛的基本批评原理了。此外,如把"义法"和"音节高神气必高"分别作为桐城派方苞和刘大櫆最可注意的批评原理,等等,都是遵循着同一的著述理路。从著述形式上来说,也许这种不分朝代的单拈直通的原理不免显得涣散,但精神体系却有一种内在的关联——何况还有一统摄万绪的"导言"在。方孝岳在"导言"中即已明确指出:"我国的文学批评学,可以说向来已经成了一个系统。"(4页)这个系统,方孝岳没有明晰地总括出来,这个遗憾我们当然不用讳言,但有心的读者,还是可以从他这本书里面读出这一系统来。他在《导言》中认为文学批评与文学作品之间的错综互动,就形成一国的文学批评史,即已带有"系统"的色彩。就断代的文学批评来说,在章节设置上,虽然不能直接地看到,但他通过章节与章节之间的承传而自然表现出来,有时更以简要的"点化"来突出某一朝代或某一时期的文学批评的主流状貌。方孝岳此书往往把主要的精力放在铺垫厚实的学术基础上,而将这最后总结、收束和创造的功夫留给了读者,这或许是他在呈现自我批评本能的同时,也有要激发读者的批评本能的意图在吧。其书不以"史"为名,根源当亦在于此。

　　如果再进而论之,方孝岳的这种对中国文学批评原理和体系的抽绎,还有更大的企图,那就是建立"比较文学批评学"。他在《中国文学批评》煞尾的一章,便直陈他的这一理念。他说:"近代的文学批评,我们最应该注意的,就是那些标新领异的见解,其余的颠倒唐宋,翻覆元明,都是'朝华已披'了。百年以来,一切社会上思想或制度的变迁,都不是单纯的任何一国国内的问题;而且自来文学批评家的眼光,或广或狭,或伸或缩,都似乎和文学出品的范围互为因果,眼中所看到的作品愈多,范围愈广,他的眼光,也从而推广。所以'海通以还',中西思想之互照,成为必然的结果。"(159页)这真是有远见的看法,学术体制和话语的国际化作为一种潮流,确实是不可阻挡的。大约正是鉴于这种发展的眼光，方孝岳对于五四以来的新文学运动，持一种肯定的态度，因为中国的新文学运动在思想上对西方的"借照"确乎是有迹可寻的，如胡适等人提出的国语文学与西方的文、言一致，提倡平民文学与西方的阶级思想都可以找到一种显在的对应。方孝岳在考察了这段刚刚逝去的历史后说："这种错综至赜的眼光，已经不是循着一个国家的思想线索所能讨论。'比较文学批评学'，正是我们此后工作上应该转身的方向。"（159页）我们处于方孝岳发表此言的七十余年后的今天，再来细思方先生的这段话，也不能不为这种充满学术胆魄的前瞻意识而感到惊讶和赞叹。如今，科学研究的全球化与国际性已成为一种认识的基点，比较文学和比较文艺学作为一门学科，也已经取得了自身的地位，其中对中国古代文学批评的取资，也是昭然可见的。宣阁在《中国文学批评·跋》中评论方著"眼高而手也高"，洵非虚誉。确实，西方的思想不仅不可回避，而且可以说，如果没有西方的学科分类意识，作为学科的"中国文学批评史"恐怕还要在传统经、史、子、集中"集部"的"诗文评"中彷徨甚至沉睡。

但从另一角度来说，方孝岳对于中西文学思想比较互照之展望，也是有一定的前提的。这个前提在他发表在《新青年》第三卷第二号的《我之改良文学观》中有清晰的表述。他认为这种互照是以对中西文学的正确认知为前提的，知其异同，才能明确改良的基本方向，所以一味地固守中国传统，或者一味地以西律中，都不为他所取。这与后来朱自清的观点堪称不谋而合。朱自清在为郭绍虞的《中国文学批评史》上卷写的书评中即已指出："现在学术界的趋势，往往以西方观念（如'文学批评'）为范围去选择中国的问题；姑无论将来是好是坏，这已经是不可避免的事实。但进一步，直用西方的分类来安插中国材料，却很审慎。"① 陈寅恪在《冯友兰中国哲学史下册审查报告》中也说："其真能于思想上自成系统，有所创获者，必须一方面吸收输入外来之学说，一方面不忘本来民族之地位。"② 这代表了在西学潮流来势汹涌之时，一些学者的理性态度。方孝岳对于西方文学思想的接纳是毫不犹豫的，但同时在价值评判上又是极为审慎的。就这本《中国文学批评》而言，方孝岳的目的在于厘清中国文学批评的原貌，以为中西文学思想的融合奠定基础，所以他只是在煞尾的一节才把自己的展望提出来。在方孝岳之前，即已有这方面的倡议。如刘永济在1922年写成的《文学论》中即已提出

---

① 朱自清著：《朱自清古典文学论文集》，第541页。
② 陈寅恪著：《金明馆丛稿二编》，第252页。

"参稽外籍，比附旧说"①的研究方法问题；杨鸿烈著于1924年的《中国诗学大纲》也已在实践的层面上"援引欧美诗学家研究所得的一般诗学原理，来解决中国诗里的许多困难问题"②；在1927年出版的陈钟凡的批评史里，也同样提出了"以远西学说，持较诸夏"的基本方法。在此背景下来考量方孝岳的展望，可以看到方孝岳不是仅仅在方法上来进行中西的"互照"，而是要由这种方法的"互照"来达成新学科的建立，其学术眼光显然要更为深远了。所以方孝岳在"导言"里直言：他的这部《中国文学批评》"不过是个引子"，还有待于"更邃密的劳力"，才能将文学批评的研究整体推向前进，但他的方法是不妨"略略参考一下"的。

九、余论：学术名著与入门书

在梳理20世纪中国文学批评史学术史的著作里，方孝岳虽然时时被提起，但也只是被提起而已，系统而深度的研究却一直付之阙如。③ 在1934年所出的三种批评史中，郭著至北宋而止，罗著写到南北朝时期，方孝岳则几乎是写到他生活的时期，是陈钟凡之后的第二部批评通史，而且观点脱俗，自出裁断，同时也不带有盲目的新派的做法，自自然然，活活泼泼，把古人的文心和自己的文心交融在一起。"在评论上，非深得其旨之论不写，非深造自得之语不说"④，其学术个性不仅在以前的陈著中找不到相似的地方，即在后来纷纭而作的十多种批评史中，也是个性独出的，而且这种个性独出，不只是观点方面，就是其叙述风格的亲切从容，也时时在读者的心里泛着涟漪。老诗人陈迩冬先生自称一生受泽于钱基博《现代中国文学史》和方孝岳

---

① 刘永济著：《文学论·自序》，太平洋印刷公司1924年版，第1页。
② 杨鸿烈著：《中国诗学大纲·自序》，商务印书馆1928年版，第1页。
③ 李新魁《方孝岳先生的研究业绩》曾有对这本书不到1500字的例证性说明（《学术研究》1994年第1期）；蒋述卓等著的《二十世纪中国古代文论学术研究史》（北京大学出版社2005年版）将方孝岳与朱东润、傅庚生合为一节，其中论述方孝岳的文字约三页半，与介绍陈钟凡的六页、郭绍虞的八页、朱东润的四页相比，其地位也可略见；黄霖主编、黄念然执笔的《20世纪中国古代文学研究史》（文论卷）因为体例的原因，也没有对方孝岳的中国文学批评史研究业绩予以系统研究（东方出版中心2006年版）；彭玉平此前与吴承学合作的《中国文学批评史研究的回顾与展望》一文，也只是简单提及（《中国社会科学》1997年第5期）。倒是张伯伟《一部颇有识力的中国文学批评史》一文，对方孝岳此著的特点和地位予以了较高评价（《中国社会科学》1987年第6期）。
④ 邱世友：《考证辞章一例收，桐城文理竟风流——方孝岳教授二三事》，载邱世友著：《水明楼续集》，中山大学出版社2007年版，第260页。

《中国文学批评》，其《追诔方孝岳先生并题其〈桯櫃集〉遗稿》二律其二云："文学批评史，先生早启予。服膺卅载久，胜读十年书。"① 这是说出来的声音，那些类似的没有说出来的声音就应该更多了。诚如有学者所说："并不一定要大部头的著作才能够入学术名著之列，而学术名著可以同时是入门书。"② 方孝岳的这本薄薄的《中国文学批评》正是这样的一本兼有学术名著与入门书特点的书。

---

① 转引自舒芜《七十二年后的重印》，《读书》2006 年第 6 期。
② 舒芜：《七十二年后的重印》。

民俗学学科史

回顾中国现代民俗学的发展史，中山大学在民俗学事业的传播、发展中做出了突出的贡献。继发端于北京大学的歌谣运动之后，中国现代民俗学史在20世纪20年代后期有一个重要的"中大时期"，擎起了中国民俗学的大旗，这一时期的一系列民俗学研究活动，被认为是"中国现代民俗学科确立的标志"。① 但是，关于中山大学对民俗学的贡献，在许多民俗学学科史著作中也仅限于上述的"中大时期"。实际上，中山大学民俗学的发展历程，与中国民俗学的历史演进是紧密联系在一起的，长期以来，它既与学科发展的主流共振，又具有自身的独特性，从这一角度来说，学界对后来中山大学民俗学发展及其贡献的评估还不够充分。重新梳理中山大学民俗学学科的发展史，目的不只是再度肯定中山大学在民俗学发展史上的地位和作用，更在于以中山大学的民俗学学科发展历程作为整个中国现代民俗学的一个缩影，来重新审视和理解民俗学学科走过的百年历程，并反思民俗学在"文艺"与"文化"两种不同研究路径中的转换与摆动。

一、20世纪20—30年代的中山大学民俗学会：从"民间文艺"到"民间文化"

作为具有现代学科意义的中国民俗学，其开端是1918年北京大学发起的歌谣征集运动，1922年12月17日《歌谣》周刊的创立，揭开了中国民俗学史上的第一页。1926年，由于北京政局动荡，以及北京大学办学经费短缺拖欠教授薪资，《歌谣》周刊于6月底停刊，鲁迅、顾颉刚、江绍原、容肇祖、董作宾等一批学者南下，把民俗学研究的火种从北京带到了广州的中山大学。1927年8月中山大学成立语言历史学研究所，此后又成立中山大学民俗学会，并先后创办《民间文艺》《民俗》等刊物，出版中山大学民俗学会丛书，中山大学的民俗学甫一开创就成为当时民俗学研究的中心。在此，本文将从出版刊物、学术共同体建设、重要人物与成就、对民俗学运动的影响等方面来介绍这一时期中山大学民俗学事业的发展。

（一）出版刊物

1927年10月，顾颉刚就任中山大学史学系主任，10月16日与傅斯年商议出版刊物，议定与余永梁、罗常培、商承祚等编辑《国立中山大学语言历

---

① 钟敬文主编：《民俗学概论》（第2版），高等教育出版社2010年版，第323页。

史学研究所周刊》，与杨振声、杜定友等编辑《图书馆周刊》，钟敬文、董作宾编辑《歌谣周刊》。① 从中可以看出，顾颉刚的想法是在中山大学接续此前北京大学歌谣研究会和风俗调查会的薪火。待到出刊时，原定的刊物名称从《歌谣》改为《民间文艺》（周刊）。② 《民间文艺》与《国立中山大学语言历史学研究所周刊》同为 1927 年 11 月 1 日创刊出版。《民间文艺》到 1928 年 1 月 10 日为止，一共出了 12 期，主要是发表各地的故事、传说、歌谣、谜语、谚语、趣事等民间文学作品，但是当时没有得到社会上的较多关注。③ 据杨成志统计，这 12 期《民间文艺》共刊载故事 13 篇，传说 14 篇，歌谣 37 首，谚语 2 条，通讯 3 则，研究 11 篇。④ 董作宾在《民间文艺》发刊后仅一个月就因母病回乡，此后真正承担编辑任务的只有钟敬文一人。此外，《国立中山大学语言历史学研究所周刊》也刊载了不少民俗学的文章，其中第 11 期和 12 期合刊为"民俗学专号"。

《民间文艺》在第 12 期之后停刊，改为《民俗》周刊，于 1928 年 3 月 21 日发刊，共发行 123 期，于 1933 年 6 月 13 日停刊。其中，第 1 期到第 24 期，由钟敬文负责编辑；从 1928 年 9 月 19 日之第 25 期起，容肇祖接手负责编辑；1930 年 1 月容肇祖离开中山大学后，第 92 期起由刘万章负责编辑，到 1930 年 4 月 30 日出第 110 期后刘万章被辞退，《民俗》周刊停刊；1932 年容肇祖重返中山大学任教，1933 年 3 月 21 日出第 111 期，并补出第 100 期，当年 6 月出到第 123 期，《民俗》周刊最终因为容肇祖再次被迫离开中山大学而停止。⑤ 据杨成志统计，在这 123 期中，共刊发故事 180 篇，传说 112 篇，歌谣 160 首，谜语 38 则，谚语 9 条，民间趣事 27 则，风俗 130 则，信仰 37 则，研究 300 多篇，通讯 26 则。⑥ 另外，还出了一批专号："山海经研究专号""传说专号""故事专号""祝英台故事专号""王昭君专号""谜语专号""槟榔专号""清明专号""中秋节专号""旧历年专号""妙峰山进香专号""广东民族概论专号""蛋户专号"，两期"歌谣专号"和四期"神的

---

① 顾潮编：《顾颉刚年谱》，中国社会科学出版社 1993 年版，第 144 页。
② 刘锡诚著：《二十世纪中国民间文学学术史》，中国文联出版社 2014 年版，第 349 页。
③ 施爱东著：《倡立一门新学科：中国现代民俗学的鼓吹、经营与中落》，中国社会科学出版社 2011 年版，第 47 页。
④ 杨成志著：《杨成志民俗学译述与研究》，高等教育出版社 1989 年版，第 216 页。
⑤ 王文宝著：《中国民俗学发展史》，辽宁大学出版社 1987 年版，第 77 页。
⑥ 杨成志著：《杨成志民俗学译述与研究》，第 217 页。

专号"。从题材分类来看，《民俗》周刊虽然拓展到各类信仰、节日等民俗生活，但民间文学方面的内容还是占多数；从内容来看，以民俗和民间文学材料为主，研究文章的比重不大。其中，比较重要的文章包括何思敬的《民俗学的问题》、顾颉刚《孟姜女故事研究集自序》、杨成志《民俗学问题格》、钟敬文《数年来民俗学工作的小结账》、顾颉刚《圣贤文化与民众文化》、赵景深《中国民间故事型式发端》、钟敬文《中国印欧民间故事之相似》、容肇祖《北大歌谣研究会及风俗调查会的经过》、陈锡襄《风俗学试探》、清水《中国民间故事的比较》、容肇祖《迷信与传说自序》、娄子匡《民俗学的分类》等。①

除了先后发行《民间文艺》和《民俗》两份期刊外，这一时期还以中山大学民俗学会名义编辑出版了民俗丛书。顾颉刚反思了北京大学时期强调搜集资料而忽视编印资料的教训，组织编印搜集到的民俗资料。他在给民俗学会丛书写的《弁言》中做了一个比方，要开垦民俗研究这块以前被忽视的沃壤，就不得不去修缮工具和进行应用工具的训练，编印民俗材料就相当于种田造林的锄头、犁耙，相当于割禾剪果的镰刀、剪子、筐篓、绳索。无论是刊发《民间文艺》周刊，或是出版民俗丛书，都是要发表已经获取的材料，为民俗研究事业打好基础。② 他在给谢云声所著《闽歌甲集》的序中说道：

> 凡是一种学问的建立总需要有丰富的材料。有了丰富的材料方才可以引起人家的研究兴味，也方才可以使得人家研究时有所凭藉。学问会得一天比一天进步，并不是后人比前人聪明，乃是后人比前人的凭藉加厚。
>
> ……　……
>
> 我最悲伤的，北京大学自从成立歌谣研究会以来，至今十年，收到的歌谣谚语有二万余首，故事和风俗调查有数千篇，但以经费不充足的缘故，没有印出来。凡是不到北京大学的人便没有看见的机会，有了同没有一样！
>
> ……　……
>
> 我因为有了这几次的创痕和怅念，所以到了中山大学之后发起民俗学会，就主张把收到的材料多多刊印，使得中山大学所藏的材料成为学术界中公有的材料。在学术界中这种的材料丰富，自然会得引起许多人

---

① 王文宝著：《中国民俗学发展史》，第77—78页。
② 顾颉刚著：《顾颉刚全集·顾颉刚民俗论文集》卷二，第568—569页。

的研究的兴味来。即使我们这个团体遭逢不幸，但这些初露面的材料靠了印刷的传播是不会灭亡的了，这些种子散播出去，将来也许成为长林丰草呢！①

中山大学民俗学会编辑出版的民俗丛书，根据叶春生、施爱东等人的考定，一共是37种39册（顾颉刚的《孟姜女故事研究集》分为三册出版），出版时间为1928年3月到1930年5月。这套丛书中，民间文学和民俗资料集占多数，比较重要的研究性著（译）作有顾颉刚等《孟姜女故事研究集》（1—3册）、顾颉刚《妙峰山》、杨成志和钟敬文译《印欧民间故事型式表》、钟敬文《民间文艺丛话》和《楚辞中的神话和传说》、杨成志译《民俗学问题格》、崔载阳《初民心理与各种社会制度之起源》、容肇祖《迷信与传说》、赵景深《民间故事丛话》、钱南扬《谜史》等，在中国民俗学史上都占有重要地位。

（二）学术共同体建设与人才培养

中山大学还成立了我国第一个以"民俗学会"命名的学术组织，即"中山大学语言历史学研究所民俗学会"。民俗学会的成立时间，学界曾认为是与《民间文艺》发刊同一时间，即1927年11月1日。不少治民俗学史的学者都曾采用此说法，如刘锡诚写道："《民间文艺》发刊之日，也就是在顾颉刚的发起下语言历史学研究所民俗学会成立之时。"② 王文宝也在其著作中认为"顾颉刚等于一九二七年十一月，发起成立了民俗学会"③。但是，在钟敬文的回忆中，"大约在1927年末中山大学文学院的一些教师就开始民俗学活动了。但开头还没有'民俗学会'的名称。……中大民俗学会的成立，大约应当在1928年春，似乎没有开过什么正式的成立会。"④ 据施爱东的考证推测，民俗学会的成立约在1928年3月。⑤ 1929年1月出版的《国立中山大学语言历史学研究所年报》中刊载了《民俗学会简章》：

---

① 顾颉刚著：《顾颉刚全集·顾颉刚民俗论文集》卷一，中华书局2010年版，第354—355页。
② 刘锡诚著：《二十世纪中国民间文学学术史》，第348页。
③ 王文宝著：《中国民俗学发展史》，第57页。
④ 钟敬文著：《钟敬文全集》第一卷第一册，高等教育出版社2018年版，第88—89页。
⑤ 施爱东著：《倡立一门新学科：中国现代民俗学的鼓吹、经营与中落》，第45页。

一，本会定名为国立中山大学语言历史学研究所民俗学会。

二，本会以调查，搜集，及研究本国之各地方，各种族的民俗为宗旨。一切关于民间的风俗，习惯，信仰，思想，行为，艺术等皆在调查，搜集，研究之列。

三，凡赞同本会宗旨并愿意协助本会进行者皆得为会员。

四，本会设主席一人，处理一切会务，有审定定期刊物，及丛书编印之权。

五，本会搜集所得之物品，及一切材料，在风俗品物陈列室陈列之。

六，举行开会及派员调查等事项，由主席商同研究所主任定之。

七，对于国内外同性质团体之互相联络，由主席召集会议决定之。

八，本简章如有未尽事宜，得于本会会议时提出修改之。①

民俗学会初由顾颉刚主持，但在1928年底之前，都没有设立主席，也没有开展开会、发展会员、团体联络等工作。经顾颉刚于1928年12月致函向校长推荐，得校长批复后，容肇祖大约在1929年1月成为民俗学会第一任主席。② 到1929年1月为止，民俗学会有正式会员61人，其中本校教职员27人，本校学生12人，校外人士22人，名单如下：

本校教职员：傅斯年、顾颉刚、董作宾（1927年12月离校）、容肇祖、陈锡襄、钟敬文（1928年8月离校）、余永梁、黄仲琴、庄泽宣、崔载阳、李贯英、马太玄（1928年10月离校）、何思敬、刘奇峰、辛树帜、刘万章、刘朝阳、杨成志、商承祚、任国荣、石汉声、夏廷棫、魏应麒、林树槐、吴伯明、王永泉、姚逸之。

本校学生：黎光明、何定生、李建青、何时雨、黄昌祚、张乾昌、张兆瑾、陈槃、李荫光、刘培之、林离、赵简子。

校外会员：张清水、钱南扬、叶国庆、谢云声、娄子匡、胡张政、刘乾初、黄诏年、罗香林、王翼之、叶德均、萧汉、招北恩、崔盈科、丘峻、赵梦梅、陈家瑞、周振鹤、韦承祖、容媛、邓尔雅、徐麦秋。③

在杨成志的《民俗学会的经过及出版物目录一览》中，还记录了校外会

---

① 《民俗学会简章》，载国立中山大学语言历史学研究所编：《国立中山大学语言历史学研究所周刊全编》第四册，国家图书馆出版社2011年版，第422页。

② 施爱东著：《倡立一门新学科：中国现代民俗学的鼓吹、经营与中落》，第52页。

③ 《民俗学会一年来的经过》，载国立中山大学语言历史学研究所编：《国立中山大学语言历史学研究所周刊全编》第四册，第538—539页。

员袁洪铭、翁国梁、温仇史等人。①

民俗学会的工作计划，一共九项，见于顾颉刚、余永梁为中山大学语言历史学研究所草拟的工作计划书之中，作为该所语言、历史、考古、民俗四大板块之一，内容包括：

一，作两粤各地系统的风俗调查；
二，西南各小民族材料之征集；
三，征求他省风俗，宗教，医药，歌谣，故事等材料；
四，风俗模型之制造；
五，钞辑纸上之风俗材料；
六，编制小说，戏剧，歌曲提要；
七，编印民俗学丛书及图片；
八，扩充风俗物品陈列室为历史博物馆民俗部；
九，养成民俗学人才。②

在学术共同体建设和人才培养方面，民俗学会除了发展会员之外，值得一提的是还开办了我国民俗学史上首次"民俗学传习班"。据中山大学语言历史学研究所的《本所大事记》记载，1928年3月26日，"民俗学会决开设民俗学研究班"；27日，公布民俗学传习班章程，并在本所的第一次会议上决定"招生开设民俗班，暂定额为二十人"；4月23日，民俗传习班开始上课，计有学生罗烈群、许流芬、甄达、黎文辅、马景曾、李永依、李全佳、何时雨、梁孔滚、韦承祖、程宓祥、李履庵、简文献、文庆新、李杰、陈宝善、阮怡然、胡达、周强汉、冯骥、罗禹培、李健汉等，共二十二人。③ 修业期共三个月，开设的课程包括：民俗学概论（何思敬）、民间文学与教育（庄泽宣）、民俗学与心理学（汪敬熙）、民俗心理（崔载阳）、希腊的神话（刘奇峰）、整理传说的方法（顾颉刚）、中印民间故事的比较（马太玄）、关于中国风俗材料书籍的介绍（马太玄）、收集风俗材料的方法（陈锡襄）、北京大学歌谣研究会及风俗调查会的经过（容肇祖）、殷周风俗断片（余永

---

① 杨成志著：《杨成志民俗学译述与研究》，第121—122页。
② 顾颉刚、余永梁：《本所计划书》之四·民俗，载国立中山大学语言历史学研究所编：《国立中山大学语言历史学研究所周刊全编》第四册，第430—432页。
③ 《本所大事记》，载国立中山大学语言历史学研究所编：《国立中山大学语言历史学研究所周刊全编》第四册，第435—437页。

梁)、歌谣概论(钟敬文)。①

另外,并没有积极参与民俗学会工作的江绍原,以礼俗迷信方面的研究成绩在民俗学领域占有重要地位。他于1927年上半年在中山大学开设"迷信研究"课程,是目前有实据可查的我国现代民俗学史上最早开设的民俗学专门课程。关于是谁最早开设民俗学课程,学界曾有张竞生在北京大学开设"风俗学"、董作宾1925年在福州开讲"歌谣概论"等说法,但没有充分可信的证据。王文宝在整理江绍原遗物时发现了中山大学1927年6月"迷信研究"课程的七份试卷,是目前发现的最早的民俗学课程试卷。2001年12月,王文宝将此七份试卷捐赠给中山大学民俗研究中心。②

(三) 前期的代表人物

施爱东在回顾中山大学民俗学运动时界分了三个时期,并标定了各个时期的核心人物:前期是顾颉刚、钟敬文,中期是容肇祖,后期为杨成志。毫无疑问,顾颉刚是中山大学民俗学运动中的核心人物。③

顾颉刚最为著名的学术成就是其在《古史辨》中提出的"层累造史"说,这也是顾颉刚进行民俗研究的一个基本立足点。他在1926年春写《古史辨》第一册《自序》时,为了举例论证研究古史的方法而将其之前搜集到的有关孟姜女的故事分时分地呈现叙述,写了3万多字,后来把这一部分抽出来单独发表,亦即后来他在中山大学时期整理出版的《孟姜女故事研究集》(国立中山大学语言历史学研究所、中山大学民俗学会1928—1929年)。施爱东不无正确地指出,顾颉刚对民俗学抱了一种非常矛盾的心态:一方面,他坚定地认为民俗学是一门大有前途的学问,不断地为民俗学鼓呼;另一方面,他并没有把民间文学或民俗学作为自己的安身立命之本。④ 他的民俗研究,其实是为了给他的"层累造史"之说找例证、做注脚,而他本人,自始至终都是一个历史学家,而非专攻民俗学或民间文学。正如王煦华援引顾颉刚本人的话所总结的:他是由于"从戏剧和歌谣中得到研究古史的方法","想用了民俗学的材料去印证古史","解释古代的各种史话的意义",作为

---

① 《民俗学传习班招生章程》,载国立中山大学语言历史学研究所编:《国立中山大学语言历史学研究所周刊全编》第四册,第421页。
② 施爱东著:《倡立一门新学科:中国现代民俗学的鼓吹、经营与中落》,第39页。
③ 施爱东著:《倡立一门新学科:中国现代民俗学的鼓吹、经营与中落》,第174页。
④ 施爱东著:《倡立一门新学科:中国现代民俗学的鼓吹、经营与中落》,第187页。

"历史的研究的辅助"而研究民俗学及民间文学的。①

当然,这也并不影响顾颉刚在民俗学形成和发展中的巨大作用,他开创的故事学研究范式在中国民俗学和民间文学领域具有重要地位。钟敬文高度评价了顾颉刚对民俗学的贡献,他指出:"在本民族民俗学理论的独创性上,顾先生的文章是压卷的,他研究孟姜女传说,也是'五四'思潮的产物,但在民俗学上,他是走自己的路的。他在这方面的著作,是民族性与创造性相结合的产物,他们同样能够奠定中国现代民俗学的理论基础。"② 顾颉刚在研究传说演变的时候,运用其"层累造史"的观点,采用历史的、发展的观点去分析,首先是对材料的年代进行精当鉴别,然后依着故事的发展,把每一变异都放到特定的社会背景中,充分注意传说的每一次迁移和变化与其所处历史环境,如时代、地域、政治、风俗之间复杂而微妙的关系。③ 施爱东以孟姜女故事研究为中心,分析探讨了顾颉刚在民俗研究方面的策略与方法,他总结有七条:一是打破学科壁垒,以民俗材料印证古史,以治史方法带动民俗研究;二是奖掖后学,团队作战,以梯队的人才做梯队的学问;三是互通有无,尽可能多地占有专项课题的研究资料;四是以发展的眼光,站在时间的长河中考察故事的流变;五是考虑不同地区的风俗差异,从地域的分布上看故事的流变;六是从小学功夫入手,研究古籍材料;七是实地调查与古籍记载相印证。④

钟敬文 1927 年 9 月入职中山大学,担任中文系教务助理员。在有关民俗学会的各项工作中,钟敬文都是顾颉刚的重要助手。《民间文艺》于 1927 年 11 月 1 日开始出版,编辑为董作宾和钟敬文二人,仅一个月后董作宾因母病辞归,后来的编辑工作都是钟敬文独自承担。《民间文艺》改为《民俗》后,仍由钟敬文担任编辑,民俗传习班亦是由钟敬文主管。在繁杂的工作之余,钟敬文也在积极地搜集资料、撰写文章,其在《民俗》周刊上发表的《呆女婿故事探讨》(1928 年第 7 期)和《中国印欧民间故事之相似》(1928 年第 11—12 期)两篇文章,被刘锡诚评价为"最能体现此刊最高学术水准、最具学科意识的民间文学的研究文章",而且也是钟敬文本人在 20 世纪 20 年代,即离开中山大学到杭州另谋职务之前最有代表性的论文。⑤ 他和杨成志合作

---

① 参见顾颉刚著《顾颉刚全集·顾颉刚民俗论文集》卷一,前言第 1 页。
② 钟敬文著:《建立中国民俗学派》,黑龙江教育出版社 1999 年版,第 19 页。
③ 施爱东著:《倡立一门新学科:中国现代民俗学的鼓吹、经营与中落》,第 192 页。
④ 施爱东:《试析顾颉刚的民俗研究方法》,《民间文化》2000 年第 Z2 期。
⑤ 刘锡诚著:《二十世纪中国民间文学学术史》,第 359 页。

翻译的《印欧民间故事型式表》（国立中山大学语言历史学研究所、中山大学民俗学会 1928 年 3 月），是民俗丛书中付印的第一本，同时也是当时引介国外民俗学理论与方法的译作中较早的一本。在早期的民俗学运动中，钟敬文是极少数将民俗学作为终生追求的学者，为后来民俗学的复兴和发展保留了火种。令人叹惋的是，民俗丛书中的《吴歌乙集》（国立中山大学语言历史学研究所、中山大学民俗学会 1928 年 6 月），被指其中有"秽亵歌谣"，负责刊印丛书的钟敬文因此于 1928 年夏天被时任校长戴季陶辞退，这也使声势迅猛的中山大学民俗学运动遭受重创，《民俗》周刊一度面临夭折的危机。[①]

容肇祖 1927 年受聘于中山大学，担任预科国文教授兼哲学系中国哲学史讲师，是中山大学民俗学会的主要发起人之一。1928 年 9 月，容肇祖从云南结束调查返回广州之后，接手钟敬文的《民俗》周刊编辑工作，此外积极组织风俗物品的搜集整理。容肇祖的工作成绩被顾颉刚高度评价，并在其推荐下于 1929 年 1 月成为民俗学会第一任主席。1929 年顾颉刚北上燕京大学，容肇祖于 1930 年辞职转去岭南大学，民俗学会的工作逐渐陷于停顿。1932 年 7 月容肇祖又回到中山大学任教，在时任文史研究所（即原语言历史学研究所）主任朱希祖的劝说下，1933 年 3 月 21 日容肇祖复刊《民俗》；但由于学期结束时没有被学校续聘，容肇祖离开中山大学，《民俗》周刊亦再次停印。[②]

（四）民俗学会的余响

中山大学民俗学会在当时就影响广大，其辐射的范围已经超越中山大学本校而蔓向全国，其中一个表现就是民俗学会的会员们在各地设立起分会、印行刊物。虽然中山大学民俗学会没有延续太长的时间，但其各地分会以及后来分散到各地的会员所做的宣传活动都播撒了民俗学的种子。据施爱东统计，受到中山大学民俗学会影响的团体和相关刊物有：谢云声 1929 年在厦门组织的"民俗学社"，1930 年 1 月成为中山大学民俗学会的厦门分会，在《思明日报》发表附刊《民俗周刊》，刊行 50 期，并有故事专号、歌谣专号、风俗专号、月歌专号等，还编辑出版《福建民间故事》8 集、《泉州民间传

[①] 施爱东：《私情歌谣与〈吴歌乙集〉风波》，《民俗研究》2001 年第 3 期。
[②] 以上参见施爱东著《倡立一门新学科：中国现代民俗学的鼓吹、经营与中落》，第 239—247 页。

说》2 集、《郑成功传说》等；翁国梁在漳州主持"中山大学民俗学会漳州分会"，出版《民俗周刊》50 余期，丛书 7 种；魏应麒在福州成立"中山大学民俗学会福州分会"，在福州《民国日报》副刊上开设《民俗周刊》并出专号，"周刊共出 150 多期"；娄子匡在浙江鄞县成立"民间文艺研究会"，出版《民间故事》《歌谣》《谜语》《月光的歌》等小刊物数种，1930 年 5 月娄子匡还创设了一份《民俗旬刊》；广州《新民报》刊出《民俗旬刊》，该报发行量多达五六千份，因而旬刊影响也比较大；广东揭阳组织成立"民间文学会"，在《潮梅新报》上附刊《民间周刊》；林培庐在汕头主持"岭东民俗分会"，编辑《民俗周刊》（至少 98 期）、《民间周刊》（120 期）、《香港民俗旬刊》（至少 8 期）、《上海国风周刊》（至少 10 期），主要搜集岭东民俗；香港《新中日报》聘刘万章编辑副刊《民俗周刊》，登载华南民俗；娄子匡、钟敬文等人在杭州组织"中国民俗学会"，编印《民间文艺》周刊、《民俗周刊》（60 期后改为《民间周刊》）和《民俗学集镌》等；钱南扬在平湖主持刊行《民俗周刊》，1933 年 3 月 1 日创刊；绍兴和吴兴分别有《民俗周镌》。①

但是，中山大学民俗学会本身的发展却并不尽如人意：1928 年夏钟敬文因其经手付印的《吴歌乙集》中含有"秽亵歌谣"而被辞退；1929 年顾颉刚北上燕京大学；1930 年容肇祖离开中山大学后，刘万章接手《民俗周刊》编辑，各项工作举步维艰，三个月后亦被辞，《民俗周刊》停刊；此时，民俗学会改为语言历史学所民俗学组，何思敬接任主任，但所做工作不多；1932 年容肇祖短暂回中山大学任职数月后再度离开，复刊不久的《民俗周刊》再次停刊。整体来看，从 1930 年开始，中山大学民俗学会由于早期发起人各自离散，加上经费紧张，导致各项工作陷于困顿，中道衰落。直到 1935 年冬杨成志留法归国后，积极筹措，试图重振中山大学民俗学会，复办《民俗》杂志。他曾写道："去年秋末，我由欧返国，任职中大，教授人类学、考古学与民俗学诸课。觉得去国 4 年后，现在回来再检阅本会出版的丛书与周刊的材料，尝忆起当日民俗学会开始播种的一般同人的融洽，每起恋念！民俗周刊已停顿 3 年了，安可不设法恢复乎？我一方面想唤起中大同学对民俗学的注意，继续向前的研求精神；一方面又想召集一般曾在民俗园地里做

---

① 以上参见施爱东《倡立一门新学科：中国现代民俗学的鼓吹、经营与中落》，第 54—60 页。

过开掘工作的老农夫,再加一致的联络。"① 但是,杨成志出任民俗学会主席时,民俗学会数年前的中坚人物早已离散各地。因此,杨成志只能借助人类学研究的方法,培养了王兴瑞、江应樑等一批人类学专业学生作为重振中山大学民俗学事业的主力军。② 杨成志恢复《民俗》杂志,改为季刊,于1936年9月15日复刊。但是,《民俗》复刊后不久全面抗战即打响,季刊出了三期之后因战火影响而停止。中山大学1938年迁往云南澄江,1940年又迁到粤北坪石,直到1942年3月才恢复出版《民俗》第一卷第四期。这一阶段,钟敬文于1941年第二次到中山大学任教,协助编辑《民俗》季刊。1943年5月《民俗》第二卷第一、二期合刊出版;12月第二卷第三、四期合刊出版,这一期为钟敬文编。1944年秋,在坪石的中山大学再度被战火殃及,《民俗》共出版两卷八期后,在抗战烽火中结束。1945年中山大学文科研究所东迁梅县之后,民俗学会还曾组织粤东民俗志的调查和编纂。但学界通常认为,《民俗》季刊的终结,标志着中山大学民俗学会的落幕。

(五)从"文艺"到"文化"的过渡

中大时期民俗学运动在中国民俗学史上的地位和影响毋庸赘言,已得到民俗学界的公认。钟敬文先生在回顾这段历史时强调,"中大的民俗学会活动,是继承北大歌谣研究会、风俗调查会等的先踪,而在一些新的条件下加以扩大和发展的。这时期的活动在一些重要方面比起北大过去所做的内容更丰富,步子有所前进。"③ 具体来讲,它继承和发展了北京大学歌谣研究会所开拓的事业,同时在资料收集、理论研究方面都比北大时期向前跨进了一大步,而且研究方法上更加系统化、多样化,不仅采用传统的考据方法和比较方法,同时也开始吸收和运用西方人类学的理论和历史地理学派的方法。④ 刘锡诚评价说,由于北京大学风俗调查会成立存在的时间很短,还未及做出

---

① 杨成志著:《杨成志民俗学译述与研究》,第126页。此篇《民俗学会的经过及出版物目录一览》,原载中山大学研究院文科研究所《民俗》季刊第1卷第1期,1936年9月15日。

② 施爱东著:《倡立一门新学科:中国现代民俗学的鼓吹、经营与中落》,第118页。

③ 钟敬文著:《钟敬文全集》第三卷第一册,高等教育出版社2018年版,第190页。

④ 董晓萍:《中国现代民俗学运动的开端——中山大学民俗学会与钟敬文》,《社会科学辑刊》1991年第2期。

什么成绩，"民俗学的真正成为气候，自中山大学民俗学会始"。① 他的这一评价，与直江广治所言"从中山大学民俗学会成立后，中国民俗学研究才进入科学的轨道"② 相一致。中国现代民俗学发端于北京大学歌谣运动，但真正能够成为一门独立的现代学科，有赖于中山大学民俗学会的经营和努力。

在此，我们还想强调的是，中山大学民俗学会时期的民俗学运动对中国民俗学发展而言，还有一个重要意义就是：它在中国民俗学的形成时期就出现了第一次学科研究主题的转换，即从对"文艺"的研究扩展到对"文化"的研究上。对于这一点，刘锡诚已经做出过精当的论述："中山大学民俗学会及其主要成员，一开始就以范围狭窄为由，企图摆脱北大歌谣研究会的以歌谣、传说为研究对象的学科定位，而把风俗、信仰、社会制度等在内的民俗生活作为研究对象；即使对民间文学（故事、传说、歌谣、谚语等）的研究，也是力图摆脱北大歌谣研究会所标榜的文艺的研究，而侧重于民俗学的学术的研究。因此，中山大学民俗学会的存在，成为中国民间文学学术研究的一个转型时期。"③

具体来看，《民俗》虽然是从《民间文艺》改名而来，但其导向与此前已经有明显不同。《民间文艺》的发刊词是董作宾所作，他写道：

> 民间文艺，是平民文化的结晶品：我们要了解我们中国的民众心理、生活、语言、思想、习惯等等，不能不研究民间文艺；我们要欣赏活泼泼赤裸裸有生命的文学，不能不研究民间文艺；我们要改良社会，纠正民众的谬误的观念，指导民众以行为的标准，不能不研究民间文艺。因此，我们有三个目的：
>
> 第一是学术的：我们知道民间文艺的内涵丰富，有许许多多的重要材料，可以供给社会学、人类学、历史学、语言学、民俗学、宗教学、教育学、心理学各种学者的专门研究。
>
> 第二是文艺的：民间埋没过不少具有天才的无名文学家，他们有许多艳歌妙语、闲情逸事，不住的在流传着。我们倘能于采辑之后，加以整理，选出一部《民众文学丛编》来，以供大家欣赏，未尝不是文学坛坫上一面新鲜的旗帜呢。

---

① 刘锡诚著：《二十世纪中国民间文学学术史》，第367页。
② 直江广治著：《中国民俗文化》，王建朗等译，上海古籍出版社1991年版，第182页。
③ 刘锡诚著：《二十世纪中国民间文学学术史》，第367页。

第三是教育的：我们所搜辑的材料，既一面贡献给各项专门家去研究，一面精选编印纯文艺的作品；而一面又须审查它的内容，定一个去留的标准。我们感到"割股救亲"的愚孝，"奔丧守寡"的苦节，这些曲本唱书的教训，是二十世纪所不应有的；恐吓欺骗的母歌，刁骂丑讥的民谣，也在应当取缔之列。我们为社会和家庭教育计，对于民间文艺，不能不加以审查，定出标准，使它日益改善。

…… ……

……因为这是民族精神所寄托，这是平民文化的表现。我们为此而征集、发表、整理、研究中国全民族的各种文艺；这也就是本刊所负的唯一使命。

今天《民间文艺》第一次与读者相见了，我们要掬诚而恳切的要求读者给我们相当的助力，给我们充分的材料和重要的论文。这是我们所馨香祷祝、引领而望的！

最后我们要高呼我们的口号：

打破传统的腐化的贵族文艺的旧观念！

用研究学术的精神来探讨民间文艺！

用批评文艺的眼光来欣赏民间文艺！

用改良社会的手段来革新民间文艺！

热心民间文艺的同志团结起来！

提倡新颖而活泼的民间文艺！①

董作宾在北京时曾一度参与过《歌谣》周刊的编辑，他在《民间文艺》的发刊词里所讲的办刊方向，以及对民间文艺的认识，与周作人在《歌谣》周刊上发刊词里的阐述一脉相承。② 在董作宾眼里，《民间文艺》的直接功能是积累民间文艺的资料，这些资料将来应该用于"学术的""文艺的"和"教育的"三重目的。从这个角度来看便可以理解，为何在《民间文艺》上刊发的文章中资料意味要远大于学术研究的意味，能称之为研究文章的仅有数篇而已。③

从上述来看，董作宾对民间文艺的理解继承了北京大学歌谣运动的基本

---

① 董作宾：《为〈民间文艺〉敬告读者》，原载于《民间文艺》周刊创刊号，1927年11月1日。转引自刘锡诚著《二十世纪中国民间文学学术史》，第349—350页。

② 刘锡诚著：《二十世纪中国民间文学学术史》，第351页。

③ 刘锡诚著：《二十世纪中国民间文学学术史》，第349页；王文宝著：《中国民俗学发展史》，第75页。

理念。顾颉刚虽然希望接续北京大学歌谣运动的薪火，但他对民俗学的理解与周作人、董作宾等人有着不小的区别。《民俗》周刊的发刊词为顾颉刚所作：

> 本刊原名《民间文艺》，因放宽范围，收及宗教风俗材料，嫌原名不称，故易名《民俗》而重为发刊辞。
>
> 我们读尽了经史百家，得到的是什么印象？呵，是皇帝、士大夫、贞节妇女、僧道——这些圣贤们的故事和礼法！
>
> 人间社会只有这么一点么？呸，这说那里话！人间社会大得很，这仅占了很小的一部分而且大半是虚伪的！尚有一大部分是农夫、工匠、商贩、兵卒、妇女、游侠、优伶、娼妓、仆婢、堕民、罪犯、小孩……们，他们有无穷广大的生活，他们有热烈的情感，有直爽的性子，他们的生活除了模仿士大夫之外是真诚的！
>
> ……　……
>
> 这班小民永远低了头守着卑贱的本分吗？不，皇帝打倒了，士大夫们随着跌翻了，小民的地位却提高了；到了现在，他们自己的面目和心情都可以透露出来了！
>
> 我们秉着时代的使命，高声喊几句口号：
> 我们要站在民众的立场上来认识民众！
> 我们要探检各种民众的生活，民众的欲求，来认识整个的社会！
> 我们自己就是民众，应该各各体验自己的生活！
> 我们要把几千年埋没的民众艺术、民众信仰、民众习惯，一层一层地发掘出来！
> 我们要打破以圣贤为中心的历史，建设全民众的历史！①

与《民间文艺》同时创刊的《国立中山大学语言历史学研究所周刊》，其发刊词同样出自顾颉刚之手，其中讲道：

> 各种学问到了现在，都有他应循的轨道。这种轨道并不是学术界上的无理的权威，强迫人家去服从的；而是这数十百年来许多学者苦心孤诣地推求出来，凡是有理性的人去研究这项学问时不容得不遵从。我们生在此际，应该永远想着：这个时代是一个怎么样的时代？我们研究的

---

① 顾颉刚著：《顾颉刚全集·顾颉刚民俗论文集》卷二，中华书局2010年版，第570—571页。

学问有怎么大的范围？我们向那里寻材料？我们整理学问的材料应当用怎么样的方法？能够这样，我们自然可以在前人的工作之外开出无数条的新道路，不至拘守前法，不能进步。

……………………

现在国立第一中山大学设立语言历史学研究所，给予我们以研究工作，我们对于这个机关抱有很大的希望。我们要打破以前学术界的一切偶像，屏除以前学术界上的一切成见！我们要实地搜罗材料，到民众中寻方言，到古文化的遗址去发掘，到各种的人间社会去采风问俗，建设许多的新学问！我们要使中国的语言学者和历史学者的造诣达到现代学术界的水平线上，和全世界的学者通力合作！这一种刊物是达到我们希望的先导，我们祝颂他的生命的逐渐发展，他们成就的逐渐增高！

校内外的同志们，请给我们以助力和匡正！①

从民俗的内容对象上来看，顾颉刚强调的是"民众艺术、民众信仰、民众习惯"，远远超出董作宾所讲的歌谣、谜语、谚语、曲本、唱书、神话、童话、传说、故事、寓言、笑话等民间文学的范围。除了放宽范围之外，更重要的在于改变研究的方向。从研究目的上来看，顾颉刚本身是历史学家，对民俗研究的看法也是立足于一种史学的眼光，通过发掘民俗来建设新的学问，要关心平民的文化和生活，最终是要重新建构属于平民的、全民众的历史。

此外，刘锡诚还指出，从《民间文艺》到《民俗》的转变，不仅是关涉对象范围的变动，也与研究人员的成分、学术立场和观点密切相关，"北大时期歌谣研究会的骨干成员，大多来自文学，也有语言方面的，而中大时期参加进来的人员，已远非北大时期可比了。《民俗》周刊自创刊号起，与原来的《民间文艺》周刊相比，其面貌迥然有别。"② 对顾颉刚在《民俗》周刊发刊词里的呼吁，当时作为编辑的钟敬文还并不是很赞同。刘锡诚曾对顾颉刚和钟敬文关于民俗学的不同认识做过分析，他指出，在当时的钟敬文眼中，民俗学一方面是科学的，另一方面应该"饶着艺术的兴味"，所以他含蓄地批评顾颉刚所作的发刊词是"他用他历史学家的眼光写成的"，"不很与民俗学的正统的观念相符"。顾颉刚在为《福州歌谣甲集》所写的序中对此

---

① 顾颉刚著：《顾颉刚全集·宝树园文存》卷一，中华书局2010年版，第276页。
② 刘锡诚著：《二十世纪中国民间文学学术史》，第352页。

批评间接回应，强调从文学的立场观点从事歌谣研究证明是没有出路的。①实际上，钟敬文后来也逐渐地从"文艺"路径转向了"文化"路径。赵世瑜在回顾早期中国民俗学运动的思想史时也指出了这种过渡和转换。赵世瑜强调，钟敬文在研究初期，"研究的角度是文艺学的，这是当时'唯一的角度'。这是因为他从小就喜爱文学。"正是在中山大学的这个时期，研究角度开始发生交替，从文艺学"慢慢地转到民俗学方面来"。②钟敬文后来回忆时说道，"在学术观点上，这时初步知道应用人类学的理论，民间故事类型的比较研究方法，也在我的观察和写作略其作用。我已经逐步摆脱初期所接受的、用纯粹文学理论去看待歌谣、故事等的态度，开始注意民间文学的搜集、研究的社会实践意义。"③尤其在他赴日留学攻读文化史之后，其研究的"文化取向"更加明显。从这里我们也可以看到，钟敬文晚年倡导"民俗文化学"建设，在此时已经悄然埋下伏笔。钟敬文在《民俗》创刊号上刊登的《数年来民俗学工作的小结账》一文中，运用班恩女士《民俗学手册》中关于民俗"信仰与行动、习惯、故事歌谣及俗语"的三分类法，认为中大时期以前的我国现代民俗学在第三类即故事歌谣和俗语方面最富有成绩。张紫晨指出，与此不同的是，中大时期的民俗学开始侧重于前两类的研究，"这是对第一个时期工作的弥补，也是我国现代民俗学工作范围的扩大"④。刘锡诚站在民间文学本位上，将这一阶段民间文学的学术研究称为"向民俗学的转向"，认为中大时期逐渐形成了民间文学研究领域里的"民俗学派"。⑤

这一时期研究主题的转向，在杨成志留学归国后编印《民俗》季刊时更加明显。与顾颉刚运用中国传统的文史考据方法来研究民俗有所不同，杨成志对民俗学的接触和理解，更多是受到了西方理论的影响。他是较早译介国外民俗学理论方法的人，后来在法国留学时接受社会学人类学的训练，很明显的有着人类学倾向，而且他还是后来中山大学人类学系的创建者。他对民俗学的界定即是"人民传袭之一切信仰、制度、惯俗、风尚、艺术及口传文

---

① 刘锡诚著：《二十世纪中国民间文学学术史》，第353页。
② 赵世瑜著：《眼光向下的革命：中国现代民俗学思想史论：1918—1937》，北京师范大学出版社1999年版，第126—128页。
③ 钟敬文著：《钟敬文民间文学论集（上）》，上海文艺出版社1982年版，自序第5页。
④ 张紫晨著：《中国民俗和民俗学》，浙江人民出版社1985年版，第327页。
⑤ 刘锡诚著：《二十世纪中国民间文学学术史》，第348页。

学的民间文化共同态研究之科学也"①。杨成志对民俗学的理解贯穿于《民俗》季刊之中。张紫晨评价说，《民俗》季刊中"理论研究大大加强，研究也更加深入，调查范围明显向民族方面伸展"，包括对民俗学名称、概念、范围等基础理论的探讨，也包括对人类学理论的引介和应用，"《民俗》季刊对民俗学研究的巨大进展，比《民俗》周刊时期是大大地前进了"。② 当然，对民俗学而言，在此时开始出现人类学化的倾向。正如《民俗》季刊第五、六期合刊的《编余缀语》中所讲："本志虽然名称是'民俗'，但是实际上所负的任务却兼及一般民族事实的记述和探究。换一句话，本刊不但是民俗志、民俗学的期刊，而且是民族志、民族学的期刊。我们过去已经这样做了，现在和将来也要本着这种宗旨做去。因为这不单是所在地域的关系，也是学问研究上的便利或必要。"③ 施爱东在其著作中讲道："我们翻开复刊的《民俗》季刊，以杨成志为首的作者群所从事的所谓民俗研究，全是中国历史学派的人类学作业。杨成志显然在以他的人类学主张对民俗学进行全面改造。"他对杨成志主导下中山大学民俗学的人类学化颇有微词，并且延伸到对近些年来民俗学界重提"中国民俗学的人类学倾向"时，他以这一阶段民俗学的遭遇为据，称其为"饮鸩止渴"。④ 暂且搁置学科位置的争论，仅从中国民俗学的发展史上来看，从《民俗》周刊到《民俗》季刊，整个中山大学民俗学会的活动，都体现了中国民俗学研究主题和视角由"文艺"向"文化"的过渡和转换。

二、20 世纪 40—70 年代：建设民间文艺学

虽然从 1927 年到 1943 年间，中山大学民俗学会的活动已经呈现了我国民俗学研究从"文艺"向"文化"过渡的趋向，但随着历史发展，无论是整个中国民俗学的走向，还是中山大学民俗学的走向，都并没有沿着这个路径一直走下去。这一方面与个体学者的研究兴趣有关，同时也与整体的学术环境有关。在此主要呈现 1940—1980 年这 40 年间中山大学民俗学的动向，但实际上主要人物就只有两位，一是 1941—1947 年夏第二次执教中山大学的钟

---

① 杨成志著：《杨成志民俗学译述与研究》，第 179 页。
② 张紫晨著：《中国民俗学史》，第 789—790 页。
③ 钟敬文著：《钟敬文全集》第一卷第一册，第 202 页。
④ 施爱东著：《倡立一门新学科：中国现代民俗学的鼓吹、经营与中落》，第 331、353 页。

敬文，二是1951—1980年在中山大学任教的谭达先。这40年里，中山大学的民俗学出现了重归"文艺"的路径，具体来说：钟敬文再次执教中山大学时着重于诗歌和民间艺术，这与其在那个特定阶段的研究兴趣有关；谭达先则是吸取了新中国成立初期钟敬文关于民间文学（或称"人民口头创作"）研究的主要思想，从文学理路出发研究民间文学，这与这一阶段的整体环境氛围有关。

（一）钟敬文20世纪40年代对民间艺术研究的大力呼吁

以往民俗学界在讨论20世纪40年代的民俗学发展时，很多都以毛泽东同志发表《在延安文艺座谈会上的讲话》之后，西北地区的革命文艺工作者深入乡村生活，搜集整理民间文学作品作为这一时期的主流，对其他地区的民俗学工作论述得不多；在谈到这一时期中山大学的民俗学发展时，也多是讲杨成志复刊《民俗》季刊、钟敬文回到中山大学后协助编印等内容。如前文所讲，杨成志这一时期以民俗学名义开展的活动，实际上是服务于中山大学的人类学/民族学专业建设，民俗学逐渐默默无名。与此同时，钟敬文在这一阶段的工作很大程度上被学界忽略过去了。

钟敬文于1941年第二次到中山大学任教，他在自传中写道：

> 中山大学由云南澄江搬回粤北坪石开课。我就应该校中文系的聘，到那里任教了。开始任副教授，后任教授、文科研究所指导教授。我教的是"民间文学""文学概论""诗歌概论"等功课。在那里，我除了写作一些文艺短论，新旧诗之外，还编辑过《文艺集刊》《民俗》季刊等。①

在同一本书的《自序》中他还讲道：

> 我先后写做了一些长短不等的文章，如《略论格言式的文体》《风格论备忘》《我与诗》等文章；而《诗心》那个小册子的思想，在我的诗论上更多少是有代表性的（该书大部分文字，后来并入《诗论》中）。总之，这个时期，我的文艺思想一般已经定性，在性质上也逐渐趋于成熟。……这也许可以作为我的学术思想及其活动上，概括为第二个高峰

---

① 钟敬文著：《钟敬文学术论著自选集》，首都师范大学出版社1994年版，第761页。

期吧。①

钟敬文第二次到中山大学任教，档案材料上记载的其到职时间为 1940 年 12 月②，一直到 1947 年夏因国民党当局的压力而被校方再次辞退，"这年 7 月末，我判完研究生毕业的考卷之后，化妆离开广州城，到了港九。在共产党和民主党派共同办理的达德学院文学系任教。"③

按照高等教育出版社 2018 年版《钟敬文全集》（下表中简称《全集》）中标明的写作时间进行梳理，1940 年冬到 1947 年 7 月间钟敬文写作的所有文章如下表所示。

写作时间	题名	发表时间及在《全集》中的收录情况
1940 年	前进，艺术的新军——为韶关抗战画展作	《全集》第六卷，第 72—74 页
	应有的美——为刘仑君前后方素描展作	《全集》第六卷，第 66—68 页
1940 年冬	高尚的情操与艺术——序梁君的画集《血的收获》	《时代中国》1942 年第 6 卷第 2 期，《全集》第六卷，第 69—71 页
	与艺术工作者谈话——在一个文艺宣传队的留别会上的讲话	《全集》第六卷，第 58—62 页
	艺术的梦与现实	《全集》第六卷，第 63—65 页
1941 年	诗歌随笔两则	《新军》1941 年第 3 卷第 6 期，《全集》第八卷，第 311—313 页
1941 年 11 月	鲁迅的旧诗	《全集》第八卷，第 311—313 页
	关于拜伦——序陈秋子译《拜伦传》	《新建设》1943 年第 4 卷第 3—4 期，《全集》第十卷，第 243—247 页
1942 年	对于古典文学的兴味	《文艺春秋》1947 年第 5 卷第 8 期，《全集》第七卷，第 21—27 页
	抗战四年来的文学	《新建设》1941 年第 2 卷第 6—7 期，《全集》第八卷，第 25—66 页

---

① 钟敬文著：《钟敬文学术论著自选集》，第 9 页。
② 《国立中山大学教员钟敬文的履历表》，1941 年 5 月 15 日，中山大学档案馆藏，案卷档号 020-003-0109-109。
③ 钟敬文著：《钟敬文学术论著自选集》，第 761 页。

(续上表)

写作时间	题名	发表时间及在《全集》中的收录情况
1942 年	纪念泰戈尔	《诗创作》1942 年第 13 期,《全集》第十卷,第 3—6 页
	《诗心》自序	《艺文集刊》1942 年第 1 辑,《全集》第八卷,第 184—186 页
	诗心	《全集》第八卷,第 187—212 页
1941—1942 年	坪石随笔三则	《全集》第十一卷第一册,第 258—264 页
1943 年春	《民俗》(季刊)编余缀语	《民俗》(季刊)1943 年第 2 卷第 1—2 期,《全集》第六卷,第 78—80 页
1943 年夏	今天的文学与青年——序彭燕郊的散文集《敲土者》	《全集》第八卷,第 497—499 页
1943 年 10 月	《民俗》(季刊)编后缀语	《民俗》(季刊)1943 年第 2 卷第 3—4 期,《全集》第六卷,第 81—83 页
1943 年秋	被闲却的民间艺术	初写于 1934—1935 年,1943 年秋修改,《全集》第六卷,第 15—20 页
1944 年 11 月	略论格言式的文体——《寸铁集》自序	《民主世界》1946 年第 3 卷第 3 期,《全集》第八卷,第 340—346 页
1941—1944 年	寸铁	《新军》1941 年第 3 卷第 8—9 期,《全集》第十一卷第一册,第 265—279 页
1943—1944 年	诗和歌谣	《文讯》1947 年第 7 卷第 1 期,《全集》第二卷第一册,第 294—299 页
	歌谣史和诗歌史	《全集》第二卷第三册第 187—254 页
1945 年前后	诗的修业——给初学者的一封信	《全集》第八卷,第 314—320 页
1946 年	谈诗	《民主与文化》1946 年第 1 卷第 1 期,《全集》第八卷,第 321—328 页
1946 年春	纪念罗曼·罗兰先生	《新世纪》1946 年第 1 卷第 1 期,《全集》第十卷,229—232 页

（续上表）

写作时间	题名	发表时间及在《全集》中的收录情况
1946 年下半年	谈散文	《全集》第八卷，第 466—468 页
1946 年秋	抓住了艺术主要原理的人——符罗飞画稿序	《全集》第六卷，第 75—77 页
1946 年冬	诗的逻辑	《岭南学报》1947 年第 7 卷第 1 期，《全集》第八卷，第 329—339 页
20 世纪 40 年代前期	读书经验琐谈	《全集》第七卷，第 28—32 页
	文艺琐语	《全集》第八卷，第 49—57 页
	风格论备忘	《文艺春秋》1946 年第 3 卷第 6 期，《全集》第八卷，第 67—76 页
	谈艺录	《文艺春秋》1947 年第 4 卷第 5 期，《全集》第八卷，第 77—85 页
	《民族主义文学论》序	《全集》第八卷，第 86—88 页
20 世纪 40 年代中期	谈买书	《全集》第七卷，第 33—39 页

如钟敬文所言，他这一时期除了编辑《民俗》季刊之外，在民俗学方面着力不多，更多的是用心于诗学。但实际上，除了诗学之外，钟敬文在这一阶段还对艺术有着特别的兴趣，并大力倡导对民间艺术的研究。杨利慧在《钟敬文全集·民间艺术学卷》的《编后记》中系统分析和阐释了钟敬文的整体艺术观以及在生活文化的关联中理解考察民间艺术的思想，她指出，"在中国民间艺术学大厦的建设上，钟先生是最早为之规划蓝图、奠定基石，并毕生竭力推进其发展的先驱者和指导者之一。"①

钟敬文对民间艺术的基本认知是："民间艺术大都是中国人民所创造和品赏的艺术，同时是中华民族艺术的重要部分或重要源泉。"② 他强调，民间艺术不仅在中国民众的宗教生活上发挥着重要作用，同时广泛且深入地存在于民间一般的日常生活中。③ 民间艺术的价值概括起来有三点：其一，民间

---

① 杨利慧：《编后记》，载钟敬文著：《钟敬文全集》第六卷，高等教育出版社 2018 年版，第 219 页。
② 钟敬文著：《钟敬文全集》第六卷，第 60 页。
③ 钟敬文著：《钟敬文全集》第六卷，第 16—17 页。

艺术是民众生活实感的形象表现,其中充分体现了民众智慧的传统与创造①;其二,深入了解民间艺术,可以进一步阐明艺术理论和推进艺术实践,了解和参考民间艺术对于艺术家们创造有价值的新艺术产品而言是必要的②;其三,从学术意义上来讲,民间艺术可以作为研究历史艺术的重要资料,因为民间艺术中包含着承接过去时代的传统的东西,"这些在内容上、形式上,往往是前史时代或古史时代的遗留文化"③。因此,学者们应该积极观察、搜集和整理研究民间艺术。④

但是在钟敬文看来,当时民间艺术并没有得到知识界的足够关注,民间艺术在学术领域处于一种被闲却的状态。因此,他不遗余力地大声呼吁人们要提升对民间艺术的关注度。他在与抗战文艺宣传队的讲话中说道:"对于那些歌唱不完的民谣,触目可见的民画,到处表演和吹奏着的俗剧和俗乐,不要轻轻地放过!抓住一切的机会,把它观察搜集和研究,它将会使你们的艺术修养和艺术工作更加充实更加成功。"⑤ 对于学界,他也大声疾呼:"现在,国内知识界对于艺术的关心,不可说是很冷落了。……只是一件事,我们没有法子否认,即大家对于民间艺术的忽略。我们学术界断片地对于民间艺术的关心,绝不是全然没有。……但是,同时这又是何等为弱的事实!全国没有一个研究民间艺术的学会,自然更找不到一个搜罗民间艺术的陈列馆。在雨后春笋的出版物中,不容易看到一两册关于民间音乐、民间绘画等的著作——有系统的理论的或叙述的著作。没有人去给流传在各地的原始戏剧,做一番学术的考察、检讨。关于民间装饰、民间跳舞等研究论文,更是稀少得像凤毛麟角。总之,现代国内知识界人士对于民间艺术,是太过冷淡了——对于那些在过去、现在都跟大部分民众生活有深切关系的民间艺术是太过冷淡了!一句话,民间艺术,它不曾受到应该得着的重视!"⑥ 这篇写于1934—1935年的《被闲却的民间艺术》就已经在积极呼吁学界关注民间艺术,但似乎反响并不足够热烈,于是在1943年被重新拿出来刊发。钟敬文在文后写道:"以前不大被人注意的民间艺术——特别是当中的民间音乐、民间戏剧、民间跳舞等都被人们记录起来,讨论起来了,而且情形相当热闹。

---

① 钟敬文著:《钟敬文全集》第六卷,第17页。
② 钟敬文著:《钟敬文全集》第六卷,第18、60页。
③ 钟敬文著:《钟敬文全集》第六卷,第18页。
④ 钟敬文著:《钟敬文全集》第六卷,第19页。
⑤ 钟敬文著:《钟敬文全集》第六卷,第60页。
⑥ 钟敬文著:《钟敬文全集》第六卷,第15页。

这自然是值得我们大大拍掌的事情。可是，从事这种学术新工作的，多是那些救亡工作者和少数艺术界的专家，民俗学方面的同道却很少参加。而他们现在所做的，也还不过是个'初步'。我觉得关于这种工作，现在还是有继续加以号召的必要。所以，把这篇不完备的旧稿子，稍加点窜重新刊布出来，希望能够唤起更多学术界人士的主意，并去尝试这种值得尝试的工作。"① 不仅如此，钟敬文还在1943年5月和12月出版的《民俗》季刊上编发有关民间艺术的文章，并两次撰写编后语，苦口婆心地写道，"关于原始艺术的记述、研究，在国外学术界虽然不能不说是已有相当成果，但是，在我们的国家，这还是一种很生疏的学问。"② "民间艺术的搜集和探究，无疑是民俗学域内的一部分重要工作。过去的多数民俗学工作者，并不是完全忽略了这块天地，不过他们耕耘的地面太过有限罢了。他们只忙于收集歌谣，探讨故事，却没有多花精神去过问送灶的神马，娱神的社戏，庙里的菩萨塑像，道士的手足舞蹈，……而这些在民众的生活和心理的研究上，却至少具有和巫术仪式或故事类型相等的意义、价值。近年内，一般风气已经大大变化，民舞俗乐和土戏等，都受到人们的注意了。我们希望民俗学界和民族学界的同志们，在这方面能赶前一步。"③

需要指出的是，钟敬文有关民间艺术的思考，跨越了前后几十年的学术生涯，他在第二次执教中山大学时对民间艺术研究的倡导和呼吁远远不是他在这一领域的全部内容，但是，这一时期确实是他讨论民间文艺最集中的阶段之一。

（二）谭达先从文学出发的民间文学研究

在中山大学民俗学尤其是民间文学的发展历程中，谭达先应该算是一位承上启下、接续文脉的重要人物。不过，由于他后来移居海外，所以国内学界尤其是年青一代的学者对他了解不多。实际上，他在民间文学领域有着突出的成就，一生用笔甚勤，著作等身。

谭达先（1925—2008），广西玉林人，1946年考入中山大学中文系。1947年春季学期，谭达先修习了半年性的"民间文学"选修课，主讲人为钟敬文教授，每周授课三小时，主讲的内容是近现代民间文学。1950年毕业后

---

① 钟敬文著：《钟敬文全集》第六卷，第20页。
② 钟敬文著：《钟敬文全集》第六卷，第79页。
③ 钟敬文著：《钟敬文全集》第六卷，第81—82页。

在南海县佛山镇华英中学、广东省立执信女子中学各执教半年，1951年被聘为中山大学中文系助教。1952年起，担任胡毓寰教授给本科四年级学生开设的"民间文学"课程助教，11月按中文系的计划正式定向为研究中国民间文学。为了加强"民间文学"的师资力量，中文系转请中山大学向高等教育部申请，派谭达先赴民间文学进修班进修。1954年8月底到北京师范大学报到，原计划为一年，后来延长一年，1956年结业，呈交研究报告《玉林县哭嫁歌在人民生活的地位与作用》。谭达先回忆，在进修期间，他曾"细听钟老在四年级所讲'人民口头创作'课程，注意学科的大方向，是研究中国近现代自己的工农大众的口头文学，以全面理论带动各种体裁作品的分析，也可上溯古代，以汉族为主，旁及少数民族。探讨这种口头创作的成就与不足及其未来的发展方向"①。1956年9月回中山大学任教，其时胡毓寰教授已退休，由谭达先在二、三年级主讲"人民口头创作"，罗宜辉任助教。1958年春季学期，应广东师院中文系李显仁教授邀请，前去兼授"民间文学"课程。指导中山大学学生李文健以中山大学中文系民间文学研究组名义，编成《广东民间故事第二集》，于1959年由广东人民出版社出版。1958年7月，主编《广州工人大跃进歌谣选》（由广东人民出版社出版），首次取得搜集、整理、编选的经验。1958年7月8—21日，作为广东地区的研究人员代表参加北京召开的"全国民间文学工作者大会"，回校后被吸收为中国民间文艺研究会会员。1959年，由广东人民出版社出版《民间文学散论》和《民间童谣散论》。"文化大革命"期间受到冲击，先后下放劳动三年零八个月。1972年7月调回学校，工余苦读写成《革命故事写作知识》《中国相声艺术初探》《中国曲艺学》三部著作，校党委书记、副书记批示同意出版，但因各种原因未能面世。1976年1月起，将中国民间文学课题分解成专题专著形成系列，于1978年8月完成《中国民间文学理论丛书》，包括《中国神话研究》《中国民间寓言研究》《中国民间童话研究》《中国动物故事研究》《中国民间戏剧研究》《中国评书（评话）研究》《中国民间谜语研究》，约百万字；1979年1月完成《中国民间文学概论》，是前述一套丛书的总论。谭达先的岳父是印尼归侨，曾为香港私立小学教师。政策开放以后，1978年12月谭达先妻子赴香港定居，谭达先亦于1980年2月赴港定居，上述丛书书稿1980—1982年陆续在香港商务印书馆出版。赴港后，由于当时香港不承认谭达先在内地取得的学历和大学任教经历，谭达先于1982年4月起在香港大学

---

① 谭达先著：《寻梦：谭达先博士回忆录》，黑龙江人民出版社2010年版，第115页。

攻读硕士，1984年6月获硕士学位，学位论文为《中国婚嫁仪式歌谣研究》；其后又于1986年10月攻读博士，1991年1月获博士学位，学位论文为《民间文学与元代杂剧之关系》；期间先后在香港中文大学校外部、香港大学校外部、香港树仁学院、香港岭南学院任教。1991年底，辞去一切职务退休，随女儿移居澳大利亚。此后，还陆续编撰出版了《讲唱文学·元杂剧·民间文学》（台北贯雅文化1993年）、《中国传说概述》（台北贯雅文化1993年）、《中国四大传说新论》（台北贯雅文化1993年）、《中国描述性传说概论》（台北贯雅文化1993年）、《谭达先民间文学论文集》（中国友谊出版公司1993年）、《民间文学与元杂剧》（台北学生书局1994年）、《中国二千年民间故事史》（甘肃人民出版社2001年）、《中国的解释性传说》（商务印书馆2002年）、《澳门民间故事》（与段宝林合编，澳门历史学会2002年）、《论中国民间文学》（黑龙江人民出版社2003年）、《论港澳台民间文学》（黑龙江人民出版社2003年）、《澳门民间文学研究》（澳门文化局2003年）、《论中华民间文学》（黑龙江人民出版社2007年）、《海外华侨华人民间文学》（中国戏剧出版社2009年）等一系列著作，并多次参加海内外学术会议并开办讲座，影响广泛。① 罗永麟对谭达先的工作做了高度评价："在我国研究民间文学的同志中，我觉得要谈研究民间文学，据我所知，只有祁连休和你，才称得上民间文学研究的杰出专家。你全面，他专门。"② 由于其在海外华人华侨中对民间文学研究和传播所做的贡献，谭达先被誉为"中国民间文学海外传播大使"。③ 2008年3月1日因肝癌在澳大利亚悉尼去世。

在此，我们主要介绍谭达先在中山大学时期的一系列成果。1956年起，谭达先在中山大学中文系主讲"人民口头创作"课程，当时他自己拟定的课程大纲为：

> "绪论"、"民间文学的人民性与特征"、"民间文学在人民群众生活中的位置与作用"、"民间文学与作家文学的关系"，以上四章讲授理论为主，辅助作品说明之。
>
> "神话和传说"、"民间故事"（包括民间故事、动物故事、寓言、生活故事、笑话）、"民间歌谣"（包括儿歌）、"谚语、谜语"、"民间戏

---

① 以上关于谭达先的生平，参考了谭达先的自传（谭达先：《寻梦：谭达先博士回忆录》）以及钟伟今整理的谭达先年谱（谭达先著：《论中华民间文学》，黑龙江出版社2007年版，附录1，第546—564页）。

② 谭达先著：《寻梦：谭达先博士回忆录》，第565页。

③ 闫艳：《中国民间文学海外传播大使谭达先》，《民族艺林》2016第2期。

剧"，以上各章讲授理论与分析作品并举。

末章"1949年后的民间文学"，介绍民间文学的新发展。①

1959年秋季学期，"人民口头创作"课程改称"中国民间文学概论"，"绪论"之后加了两章："中国现代民间文学理论的初步形成"，介绍五四前后的民间文学工作概况与鲁迅、瞿秋白的民间文学主张及贡献；"当代民间文学理论的发展"，介绍了国家领袖的民间文学理论。然后是"民间文学的人民性与艺术特征"，以下依次讲授神话、传说、动物故事、寓言、生活故事、笑话、谚语、谜语、民间小戏、"大跃进"民歌等专章。② 据叶春生回忆，谭达先课程最大的特点是内容丰富详实，所讲内容皆有根有据；另外，每次上课他都带来一大摞书放在讲台上，课前课后任同学翻阅。③

1959年，由广东人民出版社出版的《民间文学散论》和《民间童话散论》，是新中国成立以后较早的民间文学领域研究性专著，后被苏联汉学家李福清以俄文推介。《民间文学散论》的序言中，对民间文学的范围和界限做了讨论。谭达先援引苏联学者的观点，认为"劳动人民的口头创作——主要包括工人、农民、手工业者的口头创作，才算是民间文学；自然，民间艺人和人民战士的许多口头创作，也应包括在内"④。他还讲道："劳动人民是历史的创造者……他们的口头创作，在内容上，有着健康、积极的思想感情，表现了民族的生活、斗争和愿望；在形式上，也具备着共同的艺术特点，如朴素、单纯、刚健、清新等。只有这样的作品，在任何历史时代里，才有真正代表广大劳动人民的资格。因此，按照这种意见来确定民间文学的范围界限，才算是公允和合理的。"⑤《民间文学散论》中讨论了汉民族民间童话的思想内容和几个典型人物、汉民族民间谚语的思想性和艺术性，分析了汉民族民间笑话以及民间情歌所表现的思想内容，另外还讨论了民间谜语研究的基本问题、人民口头创作的变动性特征。这本书中各个篇章的写作基本都遵循着一个套路：对某一种民间文学类别给出定义，分析其特征和产生的原因，对其内容进行分类，然后从思想性和艺术特色两方面入手来进行解读。对于思想性的讨论，他主要采用阶级观点，强调劳动人民的反阶级压迫、反封建

---

① 谭达先著：《寻梦：谭达先博士回忆录》，第130页。
② 谭达先著：《寻梦：谭达先博士回忆录》，第160页。
③ 叶春生口述、张寒月整理：《田野就是我们的课堂》，《民间文化论坛》2020年第5期。
④ 谭达先著：《民间文学散论》，广东人民出版社1959年版，第2—3页。
⑤ 谭达先著：《民间文学散论》，第3—4页。

精神和对美好生活的追求，强调民间文学作品中的人民性与现实主义精神；在艺术性的方面，主要侧重于文学修辞与表现手法的应用。这一特点在同年出版的另一本著作《民间童话散论》中表现得也非常突出：他用了三章来分析童谣是如何反映民间生活、反映劳动人民优秀思想品德、反映不平的社会现象与反对阶级压迫的，还有两章分析现代童谣以及农业"大跃进"童谣的思想内容；另外，他还用了四章的篇幅详细分析了童谣拟人化的表现手法和童谣中存在的重迭、反复、对答、排叙、比喻、对比、寓意、起兴、联想、夸张和幻想等艺术特色。

"只有流传于劳动人民当中、反映劳动人民积极健康思想内容的民间文学，才是真正的民间文学"这一观点，是谭达先民间文学研究的一个主要基调。他在 20 年后完成的《中国民间文学概论》中，同样坚持了这一看法。① 在这本书中，他介绍民间文学的特征包括集体性、口头性、变异性、匿名性、传统性。② 他分析的民间文学的思想内容包括三类：一是赞美优秀的品德，包括歌颂劳动可贵、肯定集体力量、强调学习重要、宣传爱国主义、提倡勤劳节俭；二是批评丑恶现象，包括揭露封建榨取、反抗政治压迫、质问社会不平、控诉包办婚姻、劝诫不良习染；三是介绍知识经验，包括风土人情、地理物产、科学常识、历史掌故等。③ 他还分析了民间文学的艺术特点、语言风格，民间文学与作家文学之间的分立与联系，民间文学在人民群众生活中的地位和作用，等等。另外，他还在丛书的另外数本专著中分门别类地对谜语、童话、戏剧、神话、寓言等做了详细介绍，写作套路基本如前。

如果我们把谭达先的这套书与 1980 年出版的钟敬文组织编写的教材《民间文学概论》做一个对比，可以发现，无论是对范围的界定，还是对特征的表述，乃至对民间文学思想内容的阐发，二者在内容上都具有高度的重合性，谭达先完成丛书书稿甚至还要在钟编版本之前。④ 但是，考虑到谭达先在 1947 年春和 1954—1956 年曾两度就学于钟敬文先生，以及比对《钟敬文全集》中收录的钟敬文大致在 1949 年在香港时期已经完成的《民间文学》书稿、1952 年起讲授"人民口头创作"课程的讲义，我们可以清晰地看到，谭

---

① 谭达先著：《中国民间文学概论》，贯雅文化事业有限公司 1992 年版，第 5 页。
② 谭达先著：《中国民间文学概论》，第 28 页。
③ 谭达先著：《中国民间文学概论》，第 62—111 页。
④ 根据上海文艺出版社 1980 年版《民间文学概论》中钟敬文所写《前言》可以看出，概论组织编写是在 1979 年 6—7 月完成各章简稿，编写人员中并没有谭达先，而谭著系列丛书在 1979 年 1 月即已完稿。

达先对民间文学的理解受到了钟敬文的深刻影响,其讨论的范围基本不超出钟敬文所搭建的整体框架。陈泳超在述评20世纪关于中国民间文学、俗文学概论与发展史著作时提及谭达先,他指出谭达先"对民间文学的要求①非常严格,甚至有使之过于狭窄之嫌。它代表了民间文学界一种比较有势力的看法","作者对民间文学的见解明显延续了中国内地1950年代以来的民间文学主要思潮"。②

事实的确如此,不过,谭达先在中大时期完成的这些著作,其实也可以看成这一阶段整个中国民俗学界的缩影。新中国成立以后,民俗学曾一度被视为"资产阶级学科"而被禁止,对民俗学的研究也萎缩到民间文学的领地之内。刘锡诚总结说,这一阶段民间文学理论的主要思潮是处于"阶级斗争格局下",受苏联影响较大,尤其是中国民间文艺研究会成立的文件和郭沫若等人的讲话,"无可置疑地确立了民间文艺是'人民的文学艺术'的概念和界说;确立了民间文学研究的基本方向——文艺的研究;确立了基本的研究方法——'吸取和发扬它的优秀部分,批判和抛弃它的落后部分'"。③ 整体而言,中国民俗学此时从之前的文化研究路径又开始回摆到文艺研究路径。谭达先的民间文学研究,基本上是从文学角度出发来进行分析和阐释的,可以视为正是受了这一阶段思想回潮的影响。不过,当钟敬文站在更高的位面上来重新阐述民俗学和民俗文化学的建设,亦即再次倡导对文化的研究时,谭达先作为20世纪50年代初毕业的大学生和钟敬文的早期弟子,却抱有不同看法,他始终坚持民间文学的本位,认为民间文学的研究就是应该从文艺的路径上去研究。他在与友人的信函中也曾援引学界同仁的观点委婉地批评钟敬文:

> 《民间文学论坛》2005年第5期潜明兹文章极佳,指出钟老师是民间文学一科的奠基者,后来(20世纪80年代)也是破坏者,他建议教育部(因他转入民俗学)撤销高校'民间文学'科目。我认为潜明兹说的是事实(王文宝也说过)。罗永麟先生说钟是以民间文学为资料治民俗学,是事实。钟是民俗学的奠基人,一门科学的专家,是以专著多、影响大,才成为专家(他混淆民俗学与民间文学),他对民间文学的专

---

① 即指"只有劳动人民的、反映积极健康思想内容的民间文学,才是真正的民间文学"这一观点。

② 陈泳超著:《中国民间文学研究的现代轨辙》,北京大学出版社2005年版,第296页。

③ 刘锡诚:《二十世纪中国民间文学学术史》,第629页。

书很少,不是专治民间文学的,潜的意见很对。……民间文学不能以民俗学取代之,钟师错误,于此可见。①

谭达先的批评也确实代表了一些学者的看法和观点,直到民间文学重新被列为中国语言文学下的二级学科之前,民俗学/民间文学界的学者们长期为民俗学与民间文学二者交叠复杂的关系和在学科体制中的暧昧的定位所困扰。但从整体来看,20世纪80年代以后的中国民俗学界,开始超越前一阶段的局限,在文艺研究路径的基础上,再次向文化研究摆动。具体到中山大学来看,叶春生及其后一批学者到今天为止的主要成绩,也正体现了这一特点。

三、20世纪70年代至今:民间文艺学与民俗学并重

叶春生是继谭达先之后中山大学民俗学发展的重要领军人物,在其带领下,中山大学的民俗学建设体现出自身的突出特色。由于叶春生做出的巨大贡献,中山大学的民俗学发展掀开了崭新一页,为后续的发展奠定了坚实的基础。与前两个阶段相承接,叶春生及其后的学者,随着20世纪80年代以后中国民俗学研究路径和范式的转换,积极推动民俗学从"文艺"研究到"文化"研究的第二次摆动,在积极把握学术前沿的同时,发展出了多样化的研究方向。在此,我们重点呈现叶春生立足于"区域"与"田野"的民俗学研究的贡献,及其引领下的中山大学民俗学的风格,并简要介绍当前中山大学中文系民俗学团队的研究取向和成绩。

(一)叶春生对中山大学民俗学学科建设的贡献②

叶春生(1939—2023),1959年考入中山大学中文系。谭达先就读中山大学中文系时,恰逢钟敬文二次执教中山大学,开设"民间文学"课程;叶春生就读时,谭达先已经从北京师范大学民间文学进修班进修结束,在中山大学开设"民间文学"课程。叶春生在大学就读期间,阅览了30年前中山大学民俗学会出版的《民俗》周刊,并从中找到民俗学会第一批会员招北恩的文章,招北恩正是他的表哥。叶春生从大学一年级开始就决心考民间文

---

① 谭达先致钟伟今的信,2006年3月14日,载朱轮编:《雪湖飞鸿:谭达先、钟伟今通信集》(内部资料),2021年编印,第287—288页。

② 这一小节内容,主要参考文献有:叶春生著:《进出蛮荒五十年》,花城出版社2016年版;施爱东:《民俗学家叶春生教授》,《广西民族学院学报》(社会科学版)2003年第1期;叶春生口述,张寒月整理:《田野就是我们的课堂》。

学的研究生,本科毕业论文题目为《歌头初探》。1964年,叶春生考入北京师范大学攻读民间文学专业的研究生,成为钟敬文"文革"前的最后一届研究生。① 1968年秋,叶春生被分配到山西临汾工作,后来辗转回到广东信宜做行政工作,1978年调入中山大学担任教师,也曾多次旁听谭达先给本科生开设的"民间文学"课。叶春生于1980年春季学期开始开设"民间文学"选修课,以其编写的《民间文学论纲》作为教材,这就是后来《简明民间文艺学教程》的雏形,该书出版后曾被多所高校作为民间文学教材。②

叶春生的学术思想以及杰出贡献,学界都曾有过讨论并给予高度评价。在这方面,王文宝、过伟、施爱东等学者都有过论述,叶先生本人也曾发表过回忆著作和文章。在此,我们根据众多学者的评价以及叶先生自己的著作,做简要的总结:叶春生对中山大学民俗学学科建设的主要贡献,主要体现在培养民俗学人才、出版专业刊物、成立研究机构;在学术思想上,他从民间文学出发,逐步拓展到区域民俗学研究,开创了独具特色的中国民俗学"岭南学派";在学术风格上,他继承中山大学民俗学的传统,一方面重视田野作业,另一方面提倡经世致用。可以说,叶春生先生以身作则,奠定了当下中山大学民俗学学科的风格特色,也影响了后辈学者。

其一,叶春生在中山大学工作20多年,积极推进学科点建设,培养了大批民俗学人才。谭达先1980年离开中山大学以后,叶春生就接手开设"民间文学"课程,并于1993年起招收民间文学研究生,给研究生开设"民间文学概论"和"经典作家论民间文学"课程;1999年开始,叶春生招收民间文学方向的博士生;2003年,中文系偕同人类学系共同申报"民俗学(含中国民间文学)"博士点,获得教育部批准,成为第九批学位授权学科专业博士点。叶春生先后培养了50多名博士、硕士研究生,其中相当一部分活跃在当前的民俗学与民间文学领域中,成为推动民俗学发展的重要力量。

其二,叶春生克服艰难条件,创办学术期刊,继承中山大学民俗学的传统,重印并接续《中山大学民俗学丛书》。1986年,叶春生用自己在中文系刊授中心任职的酬金,自费设立"振兴中山大学民俗奖"。从1986年7月开始,整理学生们优秀的民间文学作业,请钟敬文题写书名,编印成《民俗》辑刊,分别于1986年、1987年、1998年、2000年、2001年印行了五辑,获得学界的称赞。2001年起,中山大学民俗研究中心成立后,主办《民俗学

---

① 叶春生著:《进出蛮荒五十年》,第14—15页。
② 叶春生口述,张寒月整理:《田野就是我们的课堂》。

刊》，于 2001 年 11 月出刊，初期是通过叶春生的个人影响力向社会支持者筹募出版资金，到 2005 年 6 月出第 8 辑之后改为《中国非物质文化遗产》，由中文系划拨资金，中山大学出版社支持出版。从此开始，专业期刊建设逐步走向正规，印行 4 辑以后于 2006 年 12 月停刊。2007 年 11 月《文化遗产》正式发行，作为民俗学与非物质文化遗产研究领域的专业期刊，现为中文社会科学引文索引（CSSCI）来源期刊。除了推进期刊建设之外，叶春生还带领学生重刊了《中山大学民俗学丛书》，并在此基础上继续编印，绵延中山大学民俗学事业的传统。从 1928 年到 1930 年，中山大学民俗学会出版了一套丛书，但几十年间流离失散，后人难得见其全貌，叶春生组织学生广泛搜集，通过各种方式最终找齐当时出版的全部丛书，共 37 种 39 册，编印为《典藏民俗学丛书》（3 卷本）。不仅如此，叶春生还接续这一传统，继续印行《中山大学民俗丛书》。他在丛书序言中热情地写道：

> 今天，《中大民俗学丛书》又有续文。后人再写中国民俗学史的时候，《中大民俗学丛书》就不是 36 本了。我们从第 38 本开始，好兆头，按照传统民俗的理念，又生又发，生机无限，兴旺发达！……我们决心以先辈们开拓进取的精神、精细务实的作风，重新举起这面旗帜，为振兴中大民俗，也为中国民俗学贡献自己的一份力量。……民间文学有一类故事，可以讲一千零一夜甚至到永远，我们希望这套丛书也能薪火相传，此事绵绵无绝期，只有"序"，没有"跋"。

从 2001 年开始，《中山大学民俗学丛书》印行了《岭南民俗事典》（南方日报出版社 2001 年）、《现代社会与民俗文化传统》（黑龙江人民出版社 2002 年）、《俗眼向洋》（黑龙江人民出版社 2002 年）、《黄阁麒麟文化》（广东高等教育出版社 2002 年）、《悦城龙母文化》（黑龙江人民出版社 2003 年）、《区域民俗学》（黑龙江人民出版社 2004 年）、《中国麒麟文化》（广东旅游出版社 2004 年）、《罗浮山文化旅游：中国道教第七洞天》（黑龙江人民出版社 2005 年）、《全球化语境中的本土文化》（黑龙江人民出版社 2005 年）、《番禺飘色》（黑龙江人民出版社 2007 年）等一系列著作。

其三，叶春生指导学生筹组民俗学社团，并主持成立中山大学民俗研究中心。早在 1985 年，叶春生就指导学生组建"中山大学民俗学社"，积极扩大民俗学在学校中的影响力。2001 年，在叶春生教授的主持下，联合人类学系的民俗学团队力量，向学校申请组建"中山大学民俗研究中心"并顺利获批。叶春生在申请书中的陈述也体现了他对振兴中山大学民俗学事业的远大抱负：

团结各方面的力量，成立研究中心，吸纳社会各界资金扶助，振兴中大民俗研究事业，可说恰逢其时。

我校的民俗研究重在南方民俗的调查和研究上，这是自 1927 年中大民俗学会成立以来我校的优势项目。中心成立以后，无疑将进一步发挥该方向的优势，立足南方，加强理论研究和实地调查双重建设，从文化人类学的角度进行纵深研究，同时在横向上加强南北民俗的比较研究，由点及面，逐步将研究优势扩大到民俗学研究的各个领域，力争使中大成为北师大之外的另一民俗学研究中心，形成南北呼应的格局。①

其后，中山大学中文系整合古代戏曲与民俗研究等优势学科，2002 年在原来的基础上组建中山大学非物质文化遗产研究中心，2004 年 12 月被列为教育部人文社会科学重点研究基地，承担起非遗学及其相关专业如中国古代文学（戏曲史方向）、中国古典文献学（戏曲文献学）、民俗学等专业的硕士、博士研究生培养的任务。

（二）倡导区域民俗学

叶春生早期的研究方向在民间文学方面。自 20 世纪 90 年代以来，他在广东区域民俗文化的整理研究上做了大量工作，在研究岭南民俗文化的基础上，提倡区域民俗学的研究，也形成了独具特色的学术方向。

叶春生对区域民俗学的提倡，包括一套比较系统的表述，不仅对"区域民俗""区域民俗学"等概念做了定义，还介绍了区域民俗的性质、特点，明确了区域民俗学的问题意识、研究对象的范围以及研究方法等。所谓区域民俗，指的是"特定区域（如岭南、荆楚，关东）内由于人文地理的原因而形成的具有共同特点的民俗事象"，区域民俗学则是要"研究这些共同民俗事象的成因特征、功用、关系等"。② 区域民俗的性质包括区域性、独特性、微观性、神秘性等，在对这些性质的界说中，叶春生既强调了民俗文化在特定范围内的共性存在，又强调对微观差异的把握，同时还注意到区域民俗因其独特性而具有的标识性作用。③ 在对区域民俗特点的把握上，他强调从语言、行为、心理等不同层次上来进行理解。④ 叶春生提倡关注区域民俗，在

---

① 叶春生：《中山大学成立人文社会科学研究机构申请书——中山大学民俗研究中心》，2000 年 11 月 15 日，中山大学档案馆藏，案卷档号 3 - 2003 - KY1100 - 0019。
② 叶春生主编：《区域民俗学》，黑龙江人民出版社 2004 年版，第 2 页。
③ 叶春生主编：《区域民俗学》，第 3—5 页。
④ 叶春生主编：《区域民俗学》，第 5—8 页。

于他充分意识到了民俗的模式性特征，并探索出通过区域这一空间范围来把握民俗文化类型的研究路径，他也由此出发来呈现区域民俗学的问题意识："民俗文化的类型是一种民众共同创造、共同遵守的范式，在不同的地域、不同的群体中有不同的表现，造成这种现象的原因在于文化背景的差异，以及地域、时代、生活环境所铸造心理的不同，因而产生了不同的行为和审美价值取向。区域民俗学所研究的就是这些问题。"① 在界定区域民俗学的研究对象时，叶春生充分体现出他从民俗学学科整体站位上出发的眼光。他强调，区域民俗学要关注的内容包括三部分：一是区域内所有的民俗事象，尤其是该区域具有特色的标志性的民俗，应该"立体描绘，全方位展示它的风貌，追寻其来龙去脉，刨根问底，探索它的发展和走向"；二是整理前人对这些民俗事象的研究成果及评价，必须认真辨别对区域民俗事象的研究；三是关注区域民俗的开发和利用，重视民俗文化的现实功能。② 在研究方法上，区域民俗研究强调宏观微观并举：一是综合考察；二是比较分析与实证相结合；三是走马观花与驻点调查相结合；四是参与实践，从切身体验中理解区域民俗。③

就叶春生本人的学术研究来看，"岭南"是一个重要的关键词，他对岭南地区的民俗文化做了大量的搜集、整理和研究工作，编写出版了《岭南风俗录》（广东旅游出版社1988年）、《岭南杂俎》（广东高等教育出版社1989年）、《岭南民间文化》（广东高等教育出版社2000年）、《岭南民俗事典》（南方日报出版社2001年）、《岭南俗文学简史》（广东高等教育出版社2003年）等一系列著作。正是由于在这一领域的深入研究，叶春生以及团结于其周围的民俗学群体，被王文宝称为中国民俗学界的"岭南民俗学派"。

（三）重视田野作业，强调"经世致用"

叶春生非常重视田野作业，他强调，"民俗学是'走出来的学问'，光死读书还不行，必须到民间走走，见多识广，才能做好学问。走马观花式的'走走'也不行，必须深入下去，和民众同吃同住同劳动，才能真正达到观风察俗的目的。"④ 他在阐述区域民俗学的研究方法时也强调，"在走马观花了解面上的情况之后，最好能驻点调查，这是深入了解一个地区民俗文化所

---

① 叶春生主编：《区域民俗学》，第9页。
② 叶春生主编：《区域民俗学》，第9—16页。
③ 叶春生主编：《区域民俗学》，第16—21页。
④ 叶春生著：《进出蛮荒五十年》，第194页。

必须的。"① 他自己在归纳"岭南民俗学派"的研究特点时强调:"'岭南民俗学派'开展研究工作,最大的特征就是重视田野调查。"他进一步强调,"田野是民间文学知识的来源。……也就是说,民间文学不是书本上的教条理论,而是要你亲自去看,亲自走出来的学问。作为民俗学者,在开展田野调查时,一定要深入其中亲自体验,才能体会到其中真正的意义。我在北师大跟随钟敬文先生读书的时候,老师就特别强调田野调查,并一直将其作为学术信条教诲我们。"② 过伟曾在文章中称赞,"春生的研究,建立在扎实的田野调查上"③。

叶春生还特别强调民俗文化的"经世致用",强调发挥民俗文化的效用性。这一观点,在他为《民俗学刊》所写的发刊词和在《中山大学民俗丛书》的总序中已经充分地展现出来。在《民俗学刊》的发刊词中,他写道:

> 它(中山大学《民俗》周刊)要求我们去关注民众,贴近民生。去反映他们的心理、愿望、呼声,帮助他们提高文化,发展生产,改善生活,使民俗文化的发展与现代经济文化的发展并行不悖。④

叶春生认为,"就民俗学本身而言,它不只是一种学术,还是一种技能,在现代经济社会的发展中可以转化为生产力,可以在旅游经济的开发中创造巨大的经济价值。"⑤ 也正是出于这种关注民生、经世致用的精神,叶先生还关注民俗文化资源开发与旅游利用,出版了《岭南百粤的民俗与旅游》(旅游教育出版社 1996 年)等著作。

值得强调的是,叶春生这种立足田野、经世致用的学术风格,源于其继承和秉持了来自中山大学民俗学会时期的"民众精神"。他强调,"民俗作为民族文化的一部分,是与民众生活联系最紧密的,它是民众生活中经过千百年陶冶沉淀下来的当时的先进文化,最能体现一个民族、一个地区的民众精神和心理特点。因此民俗文化须得关注民众,去反映民众的心理、愿望、呼声,才能实现其意义。"⑥ 叶春生把这种精神传统上溯到中山大学民俗学会时期,他指出,"中大民俗学会同仁的精神工具,就是在封建文化禁锢下脱羁

---

① 叶春生主编:《区域民俗学》,第 19 页。
② 叶春生口述,张寒月整理:《田野就是我们的课堂》。
③ 过伟:《叶春生与岭南民俗》,《广东技术师范学院学报》2009 年第 1 期。
④ 叶春生主编:《现代社会与民俗文化传统》,黑龙江人民出版社 2002 年版,第 340 页。
⑤ 叶春生口述,张寒月整理:《田野就是我们的课堂》。
⑥ 叶春生口述,张寒月整理:《田野就是我们的课堂》。

而出的为广大民众呼喊的精神"①。他回顾这段学术史时也强调，要重新恢复并张大当初民俗学会的这种民众精神，"站在民众的立场上来认识民众，用民众的方法来开展民众的事业，以民众的感情反映民众的面貌，为建设民众的历史服务"②。过伟在其著作中刊载了叶春生在2009年2月18日所写的一个题词的照片，可以作为其学术研究的准确写照："走在田野上，步履要向前，眼睛要向下，长乐不知足，乐道不安贫"。③

（四）当前中文系民俗学学者的研究取向

目前，中文系民间文学与民俗学教研室的研究团队包括蒋明智、王霄冰、刘晓春等三位教授和王琴副教授，他们都属于目前活跃在国内民俗学与民间文学研究领域的中坚力量，并在持续地产出新的研究成果。现在远远未到对他们进行学术总结的时候，因此本文仅对他们的学术取向和研究成绩做简要介绍。

蒋明智是叶春生先生指导的第一届博士研究生，2002年获博士学位，长期专注于岭南文化和民间信仰研究，尤其是有关西江流域龙母文化的研究，著述多种，并在重要学术期刊上发表了一系列论文。近年来，研究兴趣主要集中在非物质文化遗产保护、文化认同等方面，对民俗文化和非物质文化遗产推进区域文化认同做了深入研究。主要学术兼职有中国西南民族研究学会常务理事、广东省民族宗教学会副会长、广东省和广州市非物质文化遗产保护工作委员会专家委员、广东高教学会书法专业委员会副理事长等，兼任国家社会科学基金、艺术学基金和教育部人文社会科学基金评审专家。专著有《悦城龙母文化探秘》（广东旅游出版社2011年）、《中国南海民俗风情文化辨（岭南沿海篇）》（广东经济出版社2013年）、《岭南民俗与技艺》（广东人民出版社2019年），合著《母仪龙德——肇庆悦城龙母文化》（南方日报出版社2004年），主编《悦城龙母文化》（黑龙江人民出版社2003年）、《龙母文化系列丛书》（新华出版社2018年）、《"非遗"保护与文化认同》（中山大学出版社2021年）、《岭南文化辞典·民俗卷》（广东人民出版社2022年），参与编写普通高等教育"十一五"国家级规划教材《民间文学教程》（华中师范大学出版社2009年）。"悦城龙母信仰研究系列论文"获广西第八

---

① 叶春生著：《叶春生民俗学论集》，上海文艺出版社2012年版，第3页。
② 叶春生著：《叶春生民俗学论集》，第4页。
③ 过伟著：《中华民间文学民俗学二十六名家》，重庆大学出版社2012年版，第548页。

次哲学社会科学研究优秀成果三等奖。主持的主要科研项目有：2003年国家社科基金青年项目"龙母传说和信仰研究"，2006年广东省高校人文社科重点研究基地重大项目"岭南春节游艺民俗的历史、现状及其保护对策"，2012年国家社科基金特别委托项目《中国节日志》子课题《龙母诞》，2013年国家出版基金项目、"十二五"国家重点图书出版规划《中国南海文化研究丛书》之《中国南海民俗风情文化辨（岭南沿海篇）》，2016年教育部重点研究基地重大项目"非物质文化遗产保护与粤港澳文化认同研究"等。

王霄冰曾留学日本、德国，海外经历丰富，在德国波恩大学攻读博士学位，主修汉学，副修民族学（文化人类学）和日本学，2003年获博士学位，主要研究方向为民俗学、非物质文化遗产保护等，研究成果众多，包括引介国外有关"民俗主义"的讨论、对文化记忆理论的探讨、对海外民俗文献的搜集和整理研究等。主要学术兼职有《文化遗产》（CSSCI）副主编、《民俗研究》（CSSCI）编委、《节日研究》编委、广东省非物质文化遗产保护工作专家委员会委员、中国民俗学会第十届理事会副会长。主要著作有专著《服饰与文化》（中国商业出版社1992年）、*Zwischen Moderne und Tradition*（德文，《在传统和现代之间：张承志评传》，Peter Land Publishing，2004）、《玛雅文字之谜》（上海古籍出版社2006年）、《南宗祭孔》（浙江人民出版社2008年），编著《文字、仪式与文化记忆》（民族出版社2007年）、《仪式与信仰——当代文化人类学新视野》（民族出版社2010年）、《广义文字学研究》（齐鲁出版社2009年）、《传统的复兴与发明》（知识产权出版社2011年）、《现代民俗学的视野与方法：民俗主义·本真性·公共民俗学·日常生活》（商务出版社2018年）、《非物质文化遗产保护标准研究资料汇编》（中山大学出版社2021年）、《燕影剧：晚清北京皮影戏唱本》（陕西师范大学出版总社2023年）和 *Time and Ritual in Early China*（英文，《中国古代的时间和仪式》，Harrassowitz，2009），主编"海外藏中国民俗文化珍稀文献"丛书18种。专著《南宗祭孔》荣获2007—2008年度衢州市哲学社会科学优秀成果著作类特别奖。曾获中山大学"2016年度科研业绩突出贡献个人奖"和"陕西师范大学出版总社2023年度突出贡献作者"奖。主持的主要科研项目有：2011年中山大学"百人计划"资助项目"民族国家语境下的文化遗产保护与合理利用——欧洲的理论和经验与中国的实践"，2011年国家广播电影电视总局部级社会科学研究项目"农村题材影视剧创作研究"，2012年教育部人文社会科学研究基地重大项目"非物质文化遗产保护与民间信仰"，2014年珠海市哲学社会科学"十二五"规划2014年度社会科学规划课题"唐家湾镇历史文化资源的保护开发与珠海城市人文空间的建构",2015年中国艺术研究院委托项目"人类非物质文化遗产'妈祖信俗'的保护与UNESCO《公约》精神",2016年教育部人文社会科学重点研究基地重大项目"非遗保护的中国标准研究",2016年国家社会科学基金重大项目"海外藏珍稀中国民俗文献与文物资料整理、研究暨数据库建设",2022年中国民间文艺家协会委托项目"中国民间文学大系出版工程2022年省级分卷编纂工作委托项目(理论卷·译介二分卷)"等。

刘晓春在北京师范大学师从钟敬文攻读博士研究生,1998年获博士学位,主要的研究方向为民俗学、民间文艺学、非物质文化遗产理论与实践研究,主要田野点为闽粤赣客家地区、珠江三角洲地区、黔东南少数民族地区等,注重从学术史脉络的回顾尤其是从经典著作反思民俗学问题,注重田野调查与理论思考相结合。主要学术兼职有《文化遗产》(CSSCI)副主编,《民俗研究》(CSSCI)编委,《民间文化论坛》编委,中国民俗学会第八、九届理事会副会长,中国民间文艺家协会理事,广东省民间文艺家协会第十届理事会主席,广东省和广州市非物质文化遗产保护专家委员会专家委员,《中国民间文学大系》民间歌谣组副组长,中国民间文学大系出版工程·广东卷专家委员会副主任委员等。主要著作有独著《仪式与象征的秩序:一个客家村落的历史、权力与记忆》(商务印书馆2003年)、《一个人的民间视野》(湖北人民出版社2006年)、《田野寂旅》(广西人民出版社2007年)、《风水生存》(广西人民出版社2007年)、《番禺民俗》(中山大学出版社2017年),合著《客家山歌》(浙江人民出版社2010年),译著《中国东南的宗族组织》(上海人民出版社2000年),主编《中国节日志·春节》(广东卷)(光明日报出版社2015年)、《中国民间文学大系·故事·广东·广府分卷》(中国文联出版社2023年)。其中,《仪式与象征的秩序》荣获第五届中国民间文艺山花奖二等奖和第七届广东省鲁迅文艺奖,《中国节日志·春节》(广东卷)荣获第十届广东省鲁迅文艺奖,《番禺民俗》荣获第十一届广东省鲁迅文艺奖。主持的主要科研项目有:2008年国家哲学社会科学基金一般项目"民俗与民族国家认同——社会转型时期中国民俗学理论的一种探讨",2010年国家社会科学基金重大委托项目《中国节日志》子课题《春节(广东卷)》,2011年教育部人文社会科学重点研究基地重大项目"非物质文化遗产生产性保护和产业化问题研究",2016年教育部人文社会科学重点研究基地重大项目"非物质文化遗产与民族地区城乡协调发展"等。

王琴是民间文学与民俗学教研室的青年教师,2017年获博士学位,主要研究领域为民间文学、民俗医疗、文化遗产,长期在少数民族地区开展田野调查。近年来,致力于探索瑶族口头文学文本与影像结合的民族志实践,发掘瑶族医学的本土概念和逻辑,关注文化遗产保护的新模式。在 CSSCI 等核心期刊上发表学术论文十余篇。主持的主要科研项目有:2019 年教育部人文社会科学研究青年项目"'意义中心'视角下粤北瑶族民俗医疗研究",2020 年国家社会科学基金青年项目"瑶族传统医学的疾病叙事研究"等。

简单来讲,在叶春生及其之后的中文系民俗学研究团队中,主要的研究取向已经从"文艺"研究的路径发展为民间文艺学与民俗学并重的研究路径。这也与近 20 年来中国民俗学界开始尝试推进学科研究范式转型、探索面向日常生活的现代民俗学的整体努力相一致。

最后,做一个简要的回顾。中山大学的民俗学事业有着辉煌的历史,中文系的民俗学学科与整个中国民俗学百年历程共振,研究路径经历了 20 世纪 30 年代到 40 年代从文艺向文化的过渡,然后在 20 世纪 50 年代到 70 年代底回摆到文艺研究路径,再到 20 世纪 80 年代以来第二次由文艺路径转换到文化路径。在研究路径的摆动中,我们也可以大致窥见整个中国民俗学波动发展的演进史。从这个意义上来讲,中山大学中文系的民俗学学科,就是中国民俗学发展史的一个具体映照。顾颉刚、钟敬文、容肇祖、杨成志、谭达先,以及叶春生,这些名字不仅被铭记在中山大学中文系民俗学学科史上,同时在整个中国民俗学史上都值得浓墨重彩地书写。同时,也让我们期待,新一代的民俗学研究团队,能够接续中山大学民俗学的传统,继续紧紧把握学术前沿的脉搏,继续光大中山大学的民俗学事业。

另外需要交代的一点是,与其他兄弟院校不同,中山大学的民俗学研究长期都是在中文系和人类学系"两条腿走路",中山大学民俗研究中心是中文系与人类学系共同申报,中山大学的民俗学博士学位点也是两系共同申报、各自培养学生。如果要追溯的话,这可以追回到杨成志那里,他是我国老一辈人类学/民族学家。中山大学人类学系的诸多教授,如陈启新、张寿祺、刘昭瑞、周大鸣、邓启耀等,在中山大学的民俗学发展过程中也都发挥了重要作用,只是我们划定了中山大学中文系的民俗学学科作为论述的范围,因而才对他们的工作和贡献未有涉及,他们杰出的工作,与中文系的民俗学团队一道,共同谱写着中山大学民俗学事业的新篇章。

古文字学学科史

一、学科源流

汉字是中华文化的主要载体,用汉字记录的文献是研究中国古代历史文化的重要材料,是打开各时代历史宝库的密钥。汉字源远而流长:从时间上说,汉字具有五千年的历史;从空间上来讲,汉字使用的区域除了中国本土,还包括朝鲜半岛、日本、越南等汉字文化圈以及海外华人华侨生活的区域。它是世界上几种最古老的文字中唯一流传下来,至今仍具有强大生命力的一种文字,也是当今世界上使用人口最多的一种文字,可以说是世界文字中"源"最远、"流"最长的一种文字。[①] 古文字即通行于两千年前先秦时期的古汉字,是汉字的源头和重要组成部分。古文字包括甲骨文、金文和战国文字,兼及古今文字过渡时期秦至汉初的小篆和保留篆书写法的篆隶等。古文字资料呈现于地下出土和历代相传的各种刻、铸或写的物质载体之上,是宝贵的一手材料,与传世文献均为认识古代社会的重要资料。[②] 部分古文字资料久藏地下,未经后人的篡改,保存着古人手书的真迹,具有无可争议的可靠性。[③]

新中国成立后,随着考古事业的蓬勃发展,各种古文字资料的新发现层出不穷。20世纪70年代以来更是呈井喷之势,品类繁多,如铜器、铁器、金器、银器、石刻、玉器、盟书、货币、玺印、封泥、陶文、骨器、简牍、漆器、缣帛文字等。仅出土楚简就已不下30批,总字数在13万字以上,是传世先秦典籍的重要补充,内容涉及经史子集、公私文书各方面,对于研究我国早期社会历史文化有不可替代的独特价值。新材料带来了新学问,"古文字与出土文献"已经成为当前反响热烈的学科方向,涉及语言学、文学、考古学、历史学、哲学、艺术学等多个学科,备受国际瞩目,如:甲骨文入选《世界记忆名录》;清华简《算表》获吉尼斯世界纪录,成为史上最早十进制乘法表;等等。新发现的古文字资料大多源于科学发掘,也有部分是从海外抢救回来的重要文物,时代是相对明确的。这一时期出土的古文字资料数量之多、内容之丰富、品类之齐全、分布之广泛,均为历代所不及。目前,上海博物馆藏战国楚竹书、清华大学藏战国竹简、安徽大学藏战国竹简、北

---

① 曾宪通、林志强著:《汉字源流》,中山大学出版社2011年版,第1页。
② 陈炜湛、唐钰明编著:《古文字学纲要》,中山大学出版社2009年版,第1—8页。
③ 曾宪通:《古文字资料的释读与训诂问题》,载曾宪通著:《曾宪通自选集》,中山大学出版社2017年版,第87页。

京大学藏秦简和西汉竹书、岳麓书院藏秦简牍等大宗简牍材料,以及仍层出不穷的散见甲骨文、新见青铜器铭文,这些材料都是学界正在着力研究的热点。

然而,这些具有极高研究价值的出土文献材料的破译和释读均依托于古文字学。没有古文字学专家的整理和释读,一切出土文献材料均无法被其他学科领域的研究者利用。故学者分别指出:"古文字研究本是文字学里最重要的一部分","古文字学与考古学、古代史、语言学、文献学都有密切联系,是一门成熟的,有自己的范围和方法的独立学科","古文字资料是一座有待深入发掘的宝库,而古文字学则是打开这座宝库的钥匙"。① 中山大学是古文字研究的重镇,古文字与出土文献研究一直是我校中文学科的一大特色,长年保持着整齐强劲的研究阵容和卓越的研究业绩,蜚声海内外学界。

(一) 源远流长——20世纪上半叶研究简述

1927年秋,时任中山大学教授、文科主任(文学院长)及历史、中文两系主任的傅斯年创办了中山大学语言历史学研究所,并于同年11月1日创刊《国立中山大学语言历史学研究所周刊》。② 其创刊之事由傅斯年、顾颉刚、钟敬文、罗常培等人议定,具体由余永梁、罗常培、商承祚、顾颉刚等人编辑。中山大学语言历史学研究所成立伊始,古文字研究便是重要的组成部分,所创刊物亦是古文字研究的重要活动平台。③ 著名古文字学家如王国维、马衡、徐中舒、胡光炜等均于《国立中山大学语言历史学研究所周刊》刊有古文字研究的相关论文。1928年夏,中央研究院成立;同年10月,历史语言研究所成立,《国立中央研究院历史语言研究所集刊》创刊。傅斯年于《历史语言研究所工作之旨趣》一文中指出:"凡能直接研究材料,便进步,凡间接的研究前人所研究或前人所创造之系统,而不繁丰细密的参照所包含的事实,便退步。上项正是所谓科学的研究,下项正是所谓书院学究的研究,在自然科学是这样,在语言学和历史学亦何尝不然?举例说,以《说文》为本体,为究竟,去作研究的文字学,是书院学究的作为,仅以《说文》为材料之一种,能充量的辨别着去用一切材料,如金文,甲骨文等,因而成就的

---

① 唐兰著:《古文字学导论》,齐鲁书社1981年版,第7页;李学勤著:《古文字学初阶》,中华书局1985年版,第3页;陈炜湛、唐钰明编著:《古文字学纲要》,第8页。
② 欧阳哲生编:《傅斯年文集》第七卷,中华书局2017年版,第549页。
③ 顾颉刚著:《顾颉刚全集·顾颉刚日记》卷二,中华书局2010年版,第95—96页。

文字学，乃是科学的研究。"① 此亦可视作此时期《国立中山大学语言历史学研究所周刊》与《国立中央研究院历史语言研究所集刊》所载古文字及相关文章的取向。《国立中山大学语言历史学研究所周刊》凡 132 期，其中古文字及相关研究的论文占有一定的比重。《国立中央研究院历史语言研究所集刊》第一本第一分于广州刊发，半数文章与古文字研究有关或利用了古文字资料进行研究，此亦足见当时研究之旨趣和风尚。1927 年起，陆续任职于中山大学的古文字学者有商承祚、董作宾、丁山、闻宥、吴三立、温廷敬等。

1921 年起，商承祚拜罗振玉为师研习古文字学，此后与同乡容庚一并入北京大学研究所国学门学习。容庚曾回忆与商承祚初见时的情景："初，余访罗振玉先生而归旅社，忽有电话至。余甚惊讶，询之，则罗氏弟子商承祚也。承祚从罗氏撰集《殷虚文字类编》，闻余有《金文编》之作，志趣相若，故亟谋一见。时余不谙国语，同操粤语，相见如故交，余入北大研究所，劝以同进，而少后于余。"② 容庚毕业后曾受到中山大学的聘请③，后选择任教于燕京大学，商承祚则任教于东南大学（今南京大学）。1928 年，商承祚受傅斯年、顾颉刚之邀，由东南大学赴中山大学任教授，并担任语言历史学研究所考古学会主席④，容庚亦为语言历史学研究所名誉顾问，同为顾问的还有邓尔雅、陈垣、谢英伯、何遂、赵元任、傅斯年等。⑤ 商承祚着眼于古文字考释兼及民俗、古文献研究，在《国立中山大学语言历史学研究所周刊》发表《释武》（1928 年第 20 期）、《殷虚文字用点之研究》和《立字质疑》（1930 年第 125—128 期）等文章，于《国立中央研究院历史语言研究所集刊》第一本第一分（1929 年）发表《释"朱"》一文。此外，《国立中山大学语言历史学研究所周刊》亦收录容、商二人关于《宝蕴楼彝器图录》的一组文章。商承祚回忆："民国十八年希白的《宝蕴楼彝器图录》出版，我在广州读到后，发现其中有些器物的时代可疑，遂成《评宝蕴楼彝器图录》一

---

① 傅斯年：《历史语言研究所工作之旨趣》，载国立中央研究院历史语言研究所编：《国立中央研究院历史语言研究所集刊》，第一本第一分，1929 年版，第 4 页。
② 容庚：《甲骨学概况》，载曾宪通编：《容庚文集》，中山大学出版社 2004 年版，第 11 页。
③ 容庚：《颂斋吉金图录》自序，载容庚编著：《颂斋吉金图录 颂斋吉金续录 海外吉金图录》，中华书局 2012 年版，第 16—17 页。
④ 商承祚：《古代彝器伪字研究》，载商志𩡝主编：《商承祚文集》，中山大学出版社 2004 年版，第 68 页。
⑤ 国立中山大学语言历史学研究所编：《国立中山大学语言历史学研究所周刊全编》第四册，国家图书馆出版社 2011 年版，第 577 页。

文，寄正希白，不久寄还，并附《答商承祚先生〈评宝蕴楼彝器图录〉》，我复跋其后，一并刊于民国十九年《中山大学语言历史学研究所周刊·百期纪念号》。粗看，我与希白一评一答，又是'跋'，反复论难，好像是'死对头'，殊不知我们是知己挚友，情谊非同一般。"① 容、商二人对中山大学古文字研究的学脉开创及中山大学古文字学学科的后续发展起到了重要作用，此段轶事亦是二人较早与中山大学的一段情缘。

1927年，丁山由鲁迅推荐至中山大学文学系担任教授。丁山于《四十自序》中谓："当夏，始获广州国立中山大学聘为国文系教授。余之教书匠生活，即于是开始。""讲授之暇，尝草成《文字学参考书目》及《清代六艺略》《切韵逸文考》《训诂学讲义》《文字学讲义》等。"② 丁山于《国立中山大学语言历史学研究所周刊》发表了十余篇古文字及历史研究论文，另于《国立中央研究院历史语言研究所集刊》发文数篇，内容涉及版本考辨、汉字起源、文字考释、人物传略、古史辩正等诸多方面，文章数量及所涉领域均极为可观，足见其治学路径之广博。1929年秋，闻宥自上海商务印书馆赴穗，历任中山大学文学院中国语言文学系副教授、教授。③ 闻宥着眼于文字学学理问题的研究，任职期间发表于《国立中山大学语言历史学研究所周刊》的《研究甲骨文字的两条新路》（1929年第100期）、《中国文字学是什么》（1929年第101期）、《中国文字之本质的研究》（1930年第125—128期）等文章，体现了对相关问题的思考。

1930年前后，中山大学校长邹鲁向省政府申请续办广东通志馆，并馆入中山大学。温廷敬受聘为广东通志馆总纂。④ 温廷敬编修方志之余，同时著有古文字相关论著，《经史金文证补》《金文正郭订释》均作于此时。前书利用经传与金文互证，评定古史是非并讨论诸史书之优劣；后书则主要考辨郭沫若金文研究中的相关观点，并对罗振玉、王国维、吴其昌等人的观点加以商榷。⑤ 温廷敬所作《虢羌钟铭释》一文发表于中山大学《历史学专刊》

---

① 商承祚：《我的大半生》，载商志馥主编：《商承祚文集》，第533页。
② 丁山：《四十自序》，《中国文化》2017年第1期，第307页。
③ 闻广、蒋秋华主编：《落照堂集存国人信札手迹》，"中央研究院"中国文哲研究所2013年版，第899页。
④ 温原：《温丹铭先生生平》，载温丹铭撰：《温丹铭先生诗文集》，天马出版有限公司2014年版，第593—594页；陈光烈：《故修职郎温丹铭先生传》，载温丹铭撰：《温丹铭先生诗文集》，第601页。
⑤ 温原：《温丹铭著作及编校辑佚书目简介》，载温丹铭撰：《温丹铭先生诗文集》，第606—607页。

1935年第1卷1期，考定编钟年代为周威烈王二十二年，已为学界所公认。1935年，年仅18岁的饶宗颐由温廷敬荐举，任中山大学广东通志馆艺文纂修。同年饶宗颐加入顾颉刚创立的禹贡学会。饶宗颐此时所作《广济桥志》《海阳山辨》等文章尚未涉及古文字，然却暗暗留下了与中山大学古文字研究团队的夙缘。① 此外，1948年杨树达亦两度受聘访学于中山大学，有一段短暂的教学经历。②

以上诸位学者任教中山大学的时间或有短长，然对中山大学的古文字研究有筚路蓝缕之功，奠定了中山大学古文字研究的历史基础，萌发并滋养了中山大学古文字研究学脉，一些古文字学者与中山大学自此结缘。尤以1927年至1930年前后蔚为大观，古文字学者或汇聚一堂，或以《国立中山大学语言历史学研究所周刊》为学术交流平台，彼时之中山大学可谓中国古文字研究之中心。

（二）培养学脉——20世纪下半叶研究简述

1946年起，容庚和商承祚先后从重庆和北京回到岭南，容庚任职于岭南大学，商承祚继续任职于中山大学。1952年，经过院系调整，容庚所在的岭南大学中文系并入了中山大学，此后容、商二人同在中山大学中文系任教。1956年，在容庚、商承祚、方孝岳的建议下，中山大学筹建古文字学研究室，中山大学的古文字研究自此迈入了全新的阶段。据曾宪通回忆："由于王国维先生于1923年在商承祚先生成名之作《殷虚文字类编》的'序'中提到当时最具实力的四位青年古文字学者中，斯时就有两位来到中山大学，故学术界曾一度流行过'中山大学居古文字研究的半壁江山'的说法。"③ 1956年中山大学古文字学研究室成立后，容庚、商承祚招收第一届古文字学副博士研究生，分别为夏渌、李瑾、马国权和缪锦安。1957年，商承祚《石刻篆文编》出版（科学出版社），次年容庚与张维持合作《殷周青铜器通论》出版（文物出版社）。1959年5月，容庚为增订《商周彝器通考》及教学需要，带领助手和四位副博士研究生北上实习考察，此外，历史系张维持、商

---

① 陈伟武：《选堂先生与中山大学之夙缘》，载《华学》编辑委员会编：《华学》第七辑，中山大学出版社2004年版，第3页。
② 杨逢彬：《杨树达先生学术年表》，载杨树达著：《汉书窥管》，商务印书馆2017年版，第743页。
③ 曾宪通：《忆容、商二老——二老与古文字学研究室的往事》，载陈伟武主编：《古文字论坛》第二辑，中西书局2016年版，第1页。此节多参此文，后不详注。

承祚的助教王子超和当时尚为本科生的曾宪通一同随行。① 同年 7 月底，曾宪通正式留校，担任容庚的助教和研究室秘书，并协助商承祚进行相关工作。此后几年，容庚、商承祚二人多次带领研究生及助手赴各地进行考察。1961 年，首批副博士研究生毕业；同年容、商二人联名招收四年制研究生杨五铭、孙稚雏、张振林，容庚招收四年制研究生刘雨。1962 年，容、商二人联名在北京大学、复旦大学、南开大学招收研究生，陈炜湛于此年应考入学。②

1965 年，国务院高等教育部批示成立中山大学古文字学研究室。这是我国高校第一个古文字研究的专门机构，当时研究室成员有容庚、商承祚、方孝岳、张维持、王子超和曾宪通，研究室主任由商承祚担任。③ 同年张振林、孙稚雏留校工作。1973 年底，陈炜湛自广西调回中山大学。此时中山大学的古文字研究团队由容、商二人带领，曾宪通、陈炜湛、张振林、孙稚雏等人迅速成长，成为中国古文字学界的一支重要力量。1977 年，黄光武调入中山大学古文字学研究室，负责资料室文献整理和日常管理工作。1978 年，我国恢复学位制，中山大学古文字学研究室成为首批具有硕士、博士学位授予权的学科点，属于汉语文字学二级学科（后并入汉语言文字学）。容、商二人合招六名古文字学研究生，分别为陈永正、陈抗、唐钰明、陈初生、张桂光和许伟建。1981 年，首届硕士研究生毕业。同年 11 月，国务院学位委员会批准容庚、商承祚为中山大学汉语言文字学首批博士生导师。后连续招收两届古文字学博士生，唐钰明于 1984 年入学，刘昭瑞于 1985 年入学。这其中许多容、商弟子在日后都成为知名古文字研究专家、语言学家、书法家。

以容、商为代表的中山大学古文字研究团队不仅在这一时期为祖国培育了一批优秀学者，团队的研究成果亦引人注目。容庚所著《金文编》的修订再版是工作重心之一。《金文编》于 1925 年由贻安堂印行，第一版有罗振玉、王国维、马衡、邓尔雅、沈兼士序及自序。1939 年二版有所增补，由商务印书馆出版。1959 年再次修订并由科学出版社出版了第三版，其《后记》

---

① 曾宪通、陈伟武：《溯源讨流，说文解字——曾宪通教授学术访谈》，《中山大学学报》2020 年第 2 期，第 2 页。

② 陈炜湛：《我如何研究古文字（甲骨文）》，载陈炜湛著：《三鉴斋杂著集》，中西书局 2016 年版，第 40 页。

③ 曾宪通：《古文字与汉语史论集》前言，载曾宪通主编：《古文字与汉语史论集》，中山大学出版社 2002 年版，第 1 页。

中有相关工作和增补内容的说明。① 此后，容庚并未停止对《金文编》的修订。1977年河北中山王墓发现大批青铜器和长篇铭文，商承祚前往参观并亲自施拓，容庚陆续将第三版《金文编》上所无的100多个字形补录到相关的位置上。《金文编》是容庚毕生的心血，容庚所作《金文编》（第三版批校本）及张振林、马国权协助而成的第四版《金文编》均可体现当时容庚的学术贡献。② 不难看出，自中山大学古文字学研究室筹建伊始，金文研究便是中山大学古文字研究团队的主要研究方向之一。

1961年，商承祚带领王子超、曾宪通赴河南考察信阳楚墓出土文物和楚简。1974年，商承祚、曾宪通赴北京沙滩红楼文物出版社整理银雀山汉墓竹简。1976年，陈炜湛、张振林和孙稚雏为荆州博物馆江陵凤凰山出土简牍作摹本，所作摹本后收入2012年中华书局出版《江陵凤凰山西汉简牍》一书中。1976年6月初，商承祚带领三人又赴湖北省博物馆摹校望山楚简。③ 中山大学古文字研究团队在商承祚的带领下积累了丰富的竹简整理经验，这些整理经验和相关研究成果集中体现在1975—1977年陆续印发的六期油印本《战国楚简研究》及1995年出版的《战国楚竹简汇编》（齐鲁书社）一书中。1957年冬，商承祚辗转从日本友人处获得湖南长沙出土战国楚帛书的黑白照片，此黑白照片在楚帛书的研究史上起到了转折性的作用。商承祚反复核校摹本并作《战国楚帛书述略》一文，刊于《文物》1964年第9期，开启了中山大学古文字研究团队楚帛书研究的学术传统。④

中山大学古文字研究团队活跃于学术界，对全国古文字研究的推进做出了较大的贡献，同时也对海内外古文字研究的交流起到了重要作用。1978年，中国古文字研究会成立大会在长春举行，这是在党的十一届三中全会之

---

① 容庚著：《金文编》，科学出版社1959年版，第29—30页；黄光武：《〈金文编〉诸版序言漫议》，载黄光武著：《秀华集——黄光武文史研究丛稿》，中山大学出版社2021年版，第14—25页。

② 容庚编著：《金文编》（第三版批校本），中华书局2012年；容庚编著，张振林、马国权摹补：《金文编》，中华书局1985年；陈伟武：《读〈金文编〉第三版批校本小记》，载陈伟武著：《愈愚斋磨牙二集——古文字与古文献研究丛稿》，中西书局2018年版，第1—9页。

③ 陈炜湛：《荆楚纪游》，载陈伟武主编：《古文字论坛》第三辑，中西书局2018年版，第18—41页。

④ 曾宪通：《商锡永先生与楚帛书之缘及其贡献》，载曾宪通著：《曾宪通自选集》，第291页。

前率先成立的第一个群众性学术团体,中山大学参会者均有提交会议论文①,后载于《古文字研究》第一辑。会议决定下届年会在广州举行并推举商承祚为理事会召集人。1979年11月30日—12月6日,第二届年会在广州流花宾馆举行,到会60余人,共收论文55篇。担任此次年会秘书长的曾宪通后来提到:"这次会议有两个显著的特点:一是老一辈的古文字学者到的最齐,除容庚、商承祚两位先生外,还有于省吾、徐中舒、顾铁符、周祖谟、孙常叙、胡厚宣、张政烺、朱德熙、沈之瑜、启功、张颔、罗福颐等十几位老先生,相聚一堂,盛况空前;二是开始有海外学者出席会议宣读论文,如香港中文大学的饶宗颐,香港大学的缪锦安和美国加州大学的周鸿翔等,都在会上发表高见。"②

1980年左右,中山大学古文字研究团队的第二代学人开始逐渐活跃于学术界,曾宪通的楚帛书和秦汉文字研究、陈炜湛的甲骨文研究、张振林和孙稚雏的金文研究均在学界享有盛名,有中山大学古文字研究"四大金刚"的美誉。是时,同任教于中山大学中文系的语言学家李新魁曾说:"古文字学家容庚教授和商承祚教授均驰名海内外,容、商二老门下有四大金刚,实力不俗。读中山大学文史哲专业,不学古文字,将会抱憾终生。"③ 四人受容、商二老耳濡目染并多次随二老外出考察,彼时为古文字学界后起之秀。

1979年后,曾宪通随饶宗颐多次外出考察,相关经历后有专著详载。④此后中山大学古文字研究团队与饶宗颐再续前缘,并深受饶宗颐治学理论和方法影响。曾宪通于1981年赴香港中文大学中国文化研究所与饶宗颐合作研究"楚地出土文献",1982年出版二人合著的《云梦秦简日书研究》(香港中文大学出版社),1985年出版二人合著的《楚帛书》(中华书局香港分局)和《随县曾侯乙墓钟磬铭辞研究》(香港中文大学出版社),1993年曾宪通又出版了专著《长沙楚帛书文字编》(中华书局),在学术界引起了较大反响。

中山大学古文字研究团队多次参与学术活动并发表论文。陈炜湛1987年出版《甲骨文简论》(上海古籍出版社),该书获广东省优秀社会科学研究成

---

① 详参《古文字研究》第一辑(中华书局1979年版)所录文章。
② 曾宪通:《忆容、商二老——二老与古文字学研究室的往事》,载陈伟武主编:《古文字论坛》第二辑,第10页。
③ 陈伟武:《今年中秋月全食——深切怀念李星桥先生》,载《李新魁教授纪念文集》编辑委员会:《李新魁教授纪念文集》,中华书局1998年版,第85页。
④ 曾宪通著:《选堂访古留影与饶学管窥》,花城出版社2013年版。

果学术著作三等奖；与唐钰明共同编著教材《古文字学纲要》于 1988 年出版（中山大学出版社），该书获广东省优秀社会科学研究成果学术著作二等奖，后于 2009 年修订出版第二版，并列入"十一五"国家级规划教材；1995 年出版《甲骨文田猎刻辞研究》（广西教育出版社）。此外，陈炜湛还著有《古文字趣谈》（花城出版社 1985 年）、《汉字古今谈》（语文出版社 1988 年）、《汉字古今谈续编》（语文出版社 1993 年）等。孙稚雏编著有《金文著录简目》（中华书局 1981 年）、《青铜器论文索引》（中华书局 1986 年）。前书获广东省优秀社会科学研究成果三等奖；后书所收部分论文信息后附有提要或按语，具有资料性和学术性的双重价值。张振林协助容庚完成了"六五计划"重点项目"《金文编》修订摹补"，对第四版《金文编》的出版做出了较大贡献。第四版《金文编》由中华书局 1985 年出版，获广东省社会科学研究成果一等奖、国家出版署图书二等奖、广东省高校社会科学科研成果一等奖。

1990 年，曾宪通被国务院学位委员会批准为汉语文字学专业博士生导师，其间曾兼任中山大学古文字学研究室主任、中文系系主任和人文科学学院院长等职务。1991 年，曾宪通招收第一届博士研究生陈伟武、郑刚，后陆续培养了黄文杰、谭步云、金恩柱（与李新魁合作指导）、郑荣芝（与李新魁合作指导）、吴辛丑、裴大泉、萧毅、杨泽生、林志强、赵立伟、陈斯鹏（与陈伟武合作指导），共 13 位博士研究生。其中，陈伟武、郑刚、黄文杰、谭步云、裴大泉、杨泽生、陈斯鹏均任职于中山大学。1986 年，国务院学位委员会批准张振林为汉语文字学专业博士生导师。1988 年，张振林招收第一届博士研究生赵平安，后陆续培养了陈双新、文术发、陈英杰、师玉梅、朱其智、大柴慎一郎、白冰、商艳涛、王晶、刘晓晖，共 11 位博士研究生。其中，朱其智任教于中山大学。这些博士研究生是中山大学古文字研究团队为学界输送的重要人才，目前大都活跃于古文字学界。

20 世纪下半叶，中山大学古文字研究团队在容、商二老的带领下逐渐壮大，为我国的文物保护、古文字学科发展、古文字本体研究及古文字人才培养发挥了重要作用。可以说，容、商二老正式开创了中山大学古文字研究的学脉；二老的弟子曾宪通、陈炜湛、张振林和孙稚雏等人传承并壮大了这股学脉；第三代学人受到中山大学古文字研究学脉滋养已经成才，并以自身的学术人生正在为中国古文字研究做出自己的贡献。

（三）踵事增华——21 世纪研究简述

1998 年，陈伟武自中山大学中国古文献研究所调任中山大学中文系。

1999年，中山大学成立古文字研究所，唐钰明任所长，陈伟武任副所长。同年，陈伟武所著《简帛兵学文献探论》出版（中山大学出版社）。2002年，曾宪通著作《曾宪通学术文集》出版（汕头大学出版社）。同年，曾宪通开始主持"古文字与出土文献研究丛书"的编写工作。曾宪通在丛书的序言中激励年轻学人："在新材料不断涌现的今天，正是年轻人生逢其时的大好机遇，时代的重任正历史地降落在新一代人的肩上。因此，要求年轻人在原有的基础上积极进取，勤于探索，勇于开拓，敢于站在前人的肩膀上，攀登新的高峰！"①这套丛书由中山大学出版社陆续出版了曾宪通《古文字与出土文献丛考》（2005年）、吴辛丑《简帛典籍异文研究》（2002年）、刘乐贤《马王堆天文书考释》（2004年）、陈斯鹏《简帛文献与文学考论》（2007年）、杨泽生《战国竹书研究》（2009年）、林志强《古本〈尚书〉文字研究》（2009年），共6部著作。

2003年，曾宪通以"出土战国文献字词集释"为题申请国家社会科学基金一般项目获得立项，中山大学古文字研究团队自此开启了长达15年的相关工作。此外，曾宪通笔耕不辍，从本世纪初开始陆续编著出版了《容庚文集》（中山大学出版社2004年）、《汉字源流》（与林志强合著，中山大学出版社2011年）、《选堂访古留影与饶学管窥》（花城出版社2013年）、《容庚杂著集》（中西书局2014年）、《曾宪通自选集》（中山大学出版社2017年）、《选堂书札》（中西书局2019年）。其中《汉字源流》被列入"十一五"国家级规划教材。《中山大学学报》编者曾言："曾宪通教授继容庚、商承祚等前辈学者之后，载道于身，施教于下，以淡泊勤恳的学风化育了中山大学古文字研究所的一代学人，对学派延续起到了重要的作用。"② 2015年曾宪通被评为广东省第二届优秀社会科学家，成为首位获此殊荣的古文字学者。

此外，黄文杰的专著《秦至汉初简帛文字研究》入选"国家社会科学基金成果文库"并于2008年出版（商务印书馆），是中山大学古文字研究团队第一本进入该文库的著作；黄文杰另于2015年出版《秦汉文字的整理与研究》（社会科学文献出版社）。刘昭瑞于2000年出版《宋代著录商周青铜器铭文笺证》（中山大学出版社），于2001年出版《汉魏石刻文字系年》（新文丰出版公司），于2006年出版《宋代著录石刻纂注》（国家图书馆出版社）。

---

① 曾宪通：《总序》，载曾宪通著：《古文字与出土文献丛考》，中山大学出版社2005年版，第4页。

② 曾宪通、陈伟武：《溯源讨流，说文解字——曾宪通教授学术访谈》，《中山大学学报》2020年第2期，第1页。

唐钰明于 2002 年出版《著名中年语言学家自选集·唐钰明卷》（安徽教育出版社）。陈伟武与林雅杰、亚兴合编《南越陶文录》于 2004 年出版（天津人民美术出版社）。郑刚于 2004 年出版《楚简孔子论说辨证》（汕头大学出版社）、《楚简道家文献辨证》（汕头大学出版社），于 2005 年出版《出土医药文献语言研究集》（汕头大学出版社）。谭步云于 2012 年陆续出版《商代青铜器铭文集目》（花木兰文化出版社 2012 年）、《古楚语词汇研究》（花木兰文化出版社 2015 年）、《甲骨文与商代礼制》（花木兰文化出版社 2015 年）、《多心斋学术文丛》（花木兰文化出版社 2022 年）。陈炜湛 2003 年起陆续出版《甲骨文论集》（上海古籍出版社 2003 年）、《陈炜湛语言文字论集》（上海古籍出版社 2005 年）、《三鉴斋甲骨文论集》（上海古籍出版社 2013 年）、《三鉴斋杂著集》（中西书局 2016 年）、《三鉴斋语言文字论集》（中山大学出版社 2022 年）。孙稚雏于 2018 年出版《孙稚雏学术丛稿》（中山大学出版社）。张振林于 2019 年出版《张振林学术文集》（中山大学出版社）。黄光武于 2021 年出版《秀华集——黄光武文史研究丛稿》（中山大学出版社）。

2001 年，陈伟武成为中山大学中国语言文学系博士生导师，2002 年招收了第一位博士研究生陈斯鹏（与曾宪通合作指导），此后陆续培养了李明晓、禤健聪、范常喜、秦晓华、田炜、刘杰、吴晓懿、王辉、陈送文、石小力、刘政学、柳洋、蔡一峰、梁鹤、陈晓聪、刘伟浠、刘凯先、林焕泽、李三梅共计 20 名博士研究生。2010 年，杨泽生成为中山大学中文系教授，于 2016 年起任博士生导师。陈斯鹏于 2012 年起任博士生导师，2014 年受聘为中山大学中文系教授。范常喜于 2016 年获博士生导师资格，2017 年受聘为中山大学中文系教授。田炜于 2017 年起受聘为中山大学中文系教授、博士生导师。陈斯鹏已培养博士研究生 7 名，分别为孙会强、李爱民、李美辰、翁明鹏、成万东、谢广普、陈哲。杨泽生培养博士 4 名，为杨鹏桦、张荣辉、陈子君、张飞。田炜培养博士生 2 名，为杨菁、蔡苑婷。范常喜培养博士生 1 名，为袁琳。这些博士研究生毕业后供职于清华大学、山东大学、中山大学、华南师范大学、湖南大学、广州大学、西南大学等多所高校，均已成为各校古文字研究的中坚力量。

2011 年，陈伟武任中山大学古文字研究所所长。2014 年带领中山大学古文字研究所成为高等学校创新能力提升计划（2011 计划）"出土文献与中国古代文明研究协同创新中心"核心协同单位之一，此平台是教育部第一个文科协同创新中心，当时代表了该领域最高研究水平。陈伟武又于 2016 年领导中山大学古文字与出土文献科研团队成为学校首批大科研团队建设资助对象。

陈伟武于2014年出版《愈愚斋磨牙集——古文字与汉语史研究丛稿》（中西书局），于2018年出版《愈愚斋磨牙二集——古文字与古文献研究丛稿》（中西书局），于2023年出版《愈愚斋杂俎》（中西书局）。其中《愈愚斋磨牙集——古文字与汉语史研究丛稿》获第八届高等学校科学研究优秀成果奖。

杨泽生著有《释"怒"》一文（《中山大学学报》2010年第6期），并获第十四届北京大学王力语言学奖二等奖、广东省哲学社会科学优秀成果二等奖。陈斯鹏的博士学位论文《战国简帛文学文献考论》获全国百篇优秀博士学位论文奖提名，2007年以《简帛文献与文学考论》为名出版（中山大学出版社）后，获中国大学出版社图书奖首届优秀学术著作奖一等奖等多项奖项；专著《楚系简帛中字形与音义关系研究》于2010年入选国家哲学社会科学成果文库（中国社会科学出版社2011年），后该书又获首届罗常培语言学奖一等奖、广东省哲学社会科学优秀成果奖一等奖、李方桂语言学论著奖特优奖；与石小力、苏清芳合编《新见金文字编》于2012年出版（福建人民出版社），获首届董治安先秦两汉文学与文献研究奖特等奖、广东省哲学社会科学优秀成果奖二等奖。范常喜于2016年出版专著《简帛探微》（中西书局），获第二届李学勤裘锡圭出土文献与中国古代文明研究青年奖二等奖；于2022年出版《出土文献名物考》（中华书局）。田炜于2010年起陆续出版专著《古玺探研》（华东师范大学出版社2010年）、《西周金文字词关系研究》（上海古籍出版社2016年）、《田炜印稿》（中西书局2018年），其中《西周金文字词关系研究》获第十八届中国社会科学院吕叔湘语言学奖一等奖、第二届李学勤裘锡圭出土文献与中国古代文明研究青年奖二等奖。

中山大学古文字研究新团队的实力亦受到了国家的肯定，陈伟武入选国家重大人才工程，陈斯鹏入选国家重大人才工程青年项目、"国家高层次人才特殊支持计划"青年拔尖人才、教育部"新世纪优秀人才支持计划"，范常喜入选国家重大人才工程青年项目，陈斯鹏、田炜入选广东省"青年文化英才工程"，陈斯鹏、范常喜入选广东省高等学校"千百十工程"。

2015年，中山大学古文字研究所学术集刊《古文字论坛》正式创刊，陈伟武任主编。目前已出版三辑，分别是"曾宪通教授八十庆寿专号""中山大学古文字研究室成立六十周年纪念专号"和"陈炜湛教授八十庆寿专号"，已经成为宣传和展示中山大学古文字研究的重要学术阵地。

2017年，陈伟武担任首席专家的国家社会科学基金重大项目"战国文字诂林及数据库建设"成功立项。该课题是大规模的战国文字研究与整理项目，是古文字学的一项重大基础性工程。课题的关键任务是完成《战国文字诂林》的编纂和首个"战国文字诂林数据库"的搭建，实现所有考释成果的数字化和信息化，最终建成战国文字大数据中心和研究平台。课题的完成对古文字学乃至整个人文科学的发展起到积极的推动作用，对弘扬中国优秀传统文化、振奋民族精神，增强文化自觉和文化自信，提升"中国学"的国际影响力都有实质意义。

2018年，曾宪通、陈伟武共同主编的大型工具书《出土战国文献字词集释》由中华书局正式出版。这是中山大学古文字研究团队历经十余年苦战的最终成果，是中山大学老中青三代学人耕耘15年而成的国内首部战国文字研究大型集释类工具书。全书凡16卷18册，总字数1100万余字，共收出土战国文献所见字、词条近8000个，按照《说文解字》顺序编排字头，并附有音序索引、笔画索引。该书是继《甲骨文字诂林》《金文诂林》等集成性工具书之后，第一部对战国文字考释成果进行全面收集、系统整理、精研按断的集成性著作。该书出版后受到学界的广泛关注，先后获"中华书局古籍学术类十佳图书奖""全国古籍出版社年度百佳图书一等奖""广东省第九届哲学社会科学优秀成果奖""中国出版政府奖提名奖""第三届宋云彬古籍整理奖图书奖""教育部第九届高等学校科学研究优秀成果奖"。《光明日报》《中国社会科学报》《南方都市报》等均有专文报道。中国古文字研究会会长、吉林大学吴振武教授在新书发布会评价该书的出版是"适时而至，应运而生"。中国文字学会会长、清华大学黄德宽教授在《中华读书报》撰文指出该书是"中国文字学的厚重新果实"。①

2020年，在教育部"强基计划"的重点支持和中山大学的缜密运筹之下，中山大学古文字研究团队结合自身学科传统和优势，设立"汉语言文学（古文字学方向）"专业，目前已招收强基班本科生40名。

为深入贯彻落实习近平总书记致甲骨文发现和研究120周年贺信精神，中央宣传部、教育部、国家语委、文化和旅游部、科技部、国家文物部、中国社会科学院、河南省人民政府于2020年11月16日联合印发《"古文字与中华文明传承发展工程"总体规划》，启动实施该工程。经古文字工程专家委员会遴选，12所高校科研院所和4家文博单位入选协同攻关创新平台组成单位，曾宪通受聘为古文字与中华文明传承发展工程专家委员会顾问，中山

---

① 黄德宽：《中国文字学的厚重新果实》，《中华读书报》2019年3月27日。

大学古文字研究团队入选为协同单位，陈伟武为中山大学古文字研究所平台建设项目总负责人，范常喜为项目联络人，杨泽生、陈斯鹏、田炜为平台主要骨干。

2021年，范常喜接任中山大学古文字研究所所长。是年，范常喜作为首席专家申报的国家社会科学基金重大项目"战国文字研究大数据云平台建设"获得立项。该课题将着力从学科建设和研究者需求角度出发，集成材料整理、文献阅读、文字输入、数据分析、学术交流、成果发布等功能需求，建成一站式、开放型的战国文字数据中心与研究平台，为古文字学、文献学、历史学、考古学等学科提供坚实可靠的研究基础与高效便捷的资料获取途径。此课题将对古文字学等"冷门绝学"的传承与发展、优秀传统文化的弘扬与现代化、中华文化价值引领力的提升与加强起到很好的助推作用。

2022年，陈斯鹏作为首席专家申报的国家社会科学基金重大项目"上古汉语字词关系史研究"获得立项。该课题旨在建构一部基于出土文献的上古汉语字词关系史，既注重现象描写，又着力理论探索。在现象描写方面，既考察不同时代常用字的记词职能与常用词的记录形式的纵向发展，又兼及二者在相同时代下不同地域的横向流变。在理论探索方面，既总结文字记录语言的原则与规律，又深挖词之用字与字之表词发生变化背后的语言演变、社会背景、国家政令、主观心理等方面的原因与理据。项目的实施，将有益于了解早期汉字的实质性历史，有益于树立正确的汉字性质观，有益于汉字学的理论建设，同时也将有助于上古文献疑难字词的释读。

步入21世纪，中山大学古文字研究团队继续秉承容、商二老"人一能之己百之，人十能之己千之"的精神，在古文字研究领域已经做出了较为卓越的成就。团队一直致力于古文字研究人才的培养，为学界输送了一大批优秀的"绝学"传承人。团队以古文字为传承和宣扬中华文化的媒介，参与塑造中华文化国际形象，积极投身于中华文化的传承与发扬、提升国家文化软实力的相关工作。中山大学古文字研究团队立足于老一辈所培养的学脉，结合时代新精神，踵事增华，正在续写着华丽的新篇章！

二、代表性学者和作品

（一）代表性学者及其代表著作、项目

容庚（1894—1983），原名肇庚，字希白，号颂斋，广东东莞人，我国

当代著名古文字学家、考古学家、书法篆刻家、书画鉴赏家、收藏家。1925年，北京大学研究所国学门研究生毕业，先后任教于北京大学、燕京大学，兼任《燕京学报》主编，倡导成立我国第一个考古学组织"考古学社"，并主持编辑出版《考古学社》社刊。1946年南归，任岭南大学教授。1952年起，任中山大学教授，兼任广东省文物管理委员会委员、第五届全国政协委员、广东省第四届政协常务委员、中国古文字研究会理事、中国考古学会名誉理事、广东省书法篆刻研究会主任。1981年被国务院批准为首批博士研究生导师。20世纪中国古文字研究领域顶尖学者，所著《金文编》《商周彝器通考》对金文研究具有典范性意义。另出版专著《秦汉金文录》、《颂斋述林》、《容庚学术著作全集》（中华书局2011年）等20余种。晚年将毕生心血所购藏的青铜器文物、书画碑帖千余件赠与广州市博物馆、广州市美术馆等，并将大量稀有图片资料、手稿赠与中山大学图书馆、中山大学古文字研究所等。与商承祚并称"容商二老"，是岭南古文字研究及中山大学古文字研究团队的奠基者之一。

商承祚（1902—1991），字锡永，号契斋，广东番禺人，我国当代著名古文字学家、考古学家、书法家。幼承家学，酷爱古器物及古文字。及长，拜罗振玉为师，治甲骨文、金文，1923年著成《殷虚文字类编》。由马衡介绍入北京大学研究所国学门为研究生，未毕业即受聘于东南大学任讲师，于1927年任中山大学教授。30—40年代，先后执教于北平女子师范大学、清华大学、北京大学、金陵大学、四川教育学院、重庆大学、重庆女子师范学院等院校，并从事考古及古文字研究。1948年秋，复任中山大学语言学系、中国文学系教授，致力于古文字学、楚文化等方面的研究。1981年被国务院批准为首批博士生导师。其重要著作除上述《殷虚文字类编》外，还有《殷契佚存》（金陵大学中国文化研究所1933年）、《十二家吉金图录》（金陵大学中国文化研究所1935年）、《长沙古物闻见记》（金陵大学中国文化研究所1938年）、《石刻篆文编》（科学出版社1957年）、《说文中之古文考》（上海古籍出版社1983年）、《先秦货币文编》（书目文献出版社1983年）、《战国楚竹简汇编》（齐鲁书社1995年）及《商承祚文集》（中山大学出版社2004年）等十余种。另有书法作品集《商承祚篆隶册》（岭南美术出版社1981年）、《商承祚秦隶册》、《商承祚书法集》（文物出版社2006年）行世。与容庚并称"容商二老"，是岭南古文字研究及中山大学古文字研究团队的创始者之一。

曾宪通（1935— ），广东潮安人，著名学者、古文字学家、广东省优秀社会科学家。1959 年毕业于中山大学中国语言文学系，留校任中山大学古文字学研究室助教，1985 年起任中山大学中文系教授，1990 年经国务院学位委员会批准为汉语文字学专业博士生导师，1992 年起享受国务院政府特殊津贴。曾任中山大学人文学院院长、中文系系主任、教育部高等学校中文学科第一届教学指导委员会委员、中国古文字研究会理事长、中国语言学会常务理事等。长期致力于古文字、出土文献、汉字学、文化学等方面的研究，著有《长沙楚帛书文字编》（中华书局 1993 年）、《楚地出土文献三种研究》（与饶宗颐合著，中华书局 1993 年）、《汉字源流》（与林志强合著，中山大学出版社 2011 年）、《曾宪通学术文集》（汕头大学出版社 2002 年）、《古文字与出土文献丛考》（中山大学出版社 2005 年）、《曾宪通自选集》（中山大学出版社 2017 年）等。著作曾获第一届广东省优秀出版物奖、教育部全国高校人文社会科学研究优秀成果二等奖。与陈伟武教授共同主编《出土战国文献字词集释》（中华书局 2018 年），该书获全国古籍出版社 2018 年度百佳图书一等奖。

陈炜湛（1938—　），江苏常熟人。1962 年毕业于复旦大学中文系，同年被广州中山大学中文系录取为研究生，从容庚、商承祚教授治古文字学，1966 年毕业。曾在广西河池地区从事新闻工作。1973 年冬奉调至广州中山大学中文系任教。1978 年任讲师，1983 年晋升为副教授，1985 年开始指导研究生，1991 年晋升为教授，自 1993 年起享受国务院政府特殊津贴。已出版著作有《古文字趣谈》（花城出版社 1985 年）、《甲骨文简论》（上海古籍出版社 1987 年）、《古文字学纲要》（与唐钰明合著，中山大学出版社 1988 年）、《汉字古今谈》（语文出版社 1988 年）、《汉字古今谈续编》（语文出版社 1993 年）、《甲骨文田猎刻辞研究》（广西教育出版社 1995 年）、《甲骨文论集》（上海古籍出版社 2003 年）、《陈炜湛语言文字论集》（上海古籍出版社 2005 年）、《三鉴斋甲骨文论集》（上海古籍出版社 2013 年）、《三鉴斋杂著集》（中西书局 2016 年）、《三鉴斋语言文字论集》（中山大学出版社 2022 年）等。《甲骨文简论》《古文字学纲要》二书分别于 1989 年、1994 年获广东省优秀社会科学研究成果学术著作三等奖、二等奖，《甲骨文田猎刻辞研究》一书于 1999 年获由香港中山大学高等学术研究中心基金会资助之中山大学老教师学术专著奖，论文《〈昭雪汉字百年冤案——安子介汉字科学体系〉评析》（《中山大学学报》1999 年第 1 期）于 2003 年获第三届广东省期刊优秀论文一等奖。

张振林（1939—　），广东兴宁人。1961 年 7 月中山大学中文系本科毕业，1965年四年制古文字学专业研究生毕业后，留校任助教。1975—1978年间，协助商承祚整理战国楚竹简。1978年起任讲师，协助容庚、商承祚二位老师指导研究生和进修教师，同时参与修订、摹写《金文编》的工作。1986年7月晋升为教授，同时获国务院学位委员会批准为汉语言文字学博士生指导教师。1992年10月起享受国务院政府特殊津贴。专业研究方向为古文字学和文字学。协助容庚先生晚年修订出版第四版《金文编》（中华书局1985年），该书1987年获广东省社会科学研究成果一等奖，1992年获新闻出版署颁发全国首届古籍整理图书奖二等奖，1995年获广东省高校社会科学科研成果一等奖。发表《中山靖王鸟篆壶铭之韵读》《试论铜器铭文形式上的时代标记》《毛公鼎考释》等数十篇论文，著有《张振林学术文集》（中山大学出版社2019年）。

孙稚雏（1938—　），湖南湘潭人。1965年8月于中山大学中文系古文字学专业研究生毕业，师从容庚先生研习金文。研究生毕业后留校工作，历任中山大学中文系讲师、副教授、教授等职。1992年11月晋升为教授。1988—1992年兼任广东省第六届政协委员，1993—1997年兼任广东省第七届政协委员、省政协常委，1998—2002年兼任第九届全国人大代表、广东省第九届人大常委会委员、民盟八届中央委员、广东省民盟副主委等职。主要从事中国古文字学、青铜器铭刻、《说文解字》及书法等课程的教学与研究，主要著作有《金文著录简目》（中华书局1981年）、《青铜器论文索引》（中华书局1986年）、《孙稚雏学术丛稿》（中山大学出版社2018年），发表论文《〈三代吉金文存〉辨正》《金文释读中一些问题的商讨》《铜器铭文汇释》等40余篇。《金文著录简目》曾获1983年广东省优秀社会科学研究成果三等奖。

陈伟武（1962—　），广东澄海人。1979年考入中山大学中文系，先后师从李新魁、潘允中、曾宪通，获学士（1983年）、硕士（1986年）、博士（1994年）学位。1986年留校，在中国古文献研究所工作，1998年调任中山大学中文系，2000年起任研究员，2003年起转聘为教授，1997—2006年先后多次赴香港访学，2011—2021年任中山大学古文字研究所所长。现为中山大学中国语言文学系教授，博士生导师，中山大学饶宗颐研究院执行院长，人文学部副主任，国家重大人才工程入选者，国家社会科学基金重大项目"战国文字诂林及数据库建设"首席专家，兼任中国语言学会理事、中国古文字研究会副会长、中国文字学会常务理事、澳门汉字学会副会长，中山大学学术集刊《古文字论坛》主编，澳门汉字学会学术集刊《说文论语》副主编。著有《简帛兵学文献探论》（中山大学出版社1999年）、《愈愚斋磨牙集

——古文字与汉语史研究丛稿》（中西书局2014年）、《愈愚斋磨牙二集——古文字与古文献研究丛稿》（中西书局2018年）、《愈愚斋杂俎》（中西书局2023年）、《南越陶文录》（与林雅杰、亚兴合编，天津人民美术出版社2004年），与曾宪通共同主编：《出土战国文献字词集释》（中华书局2018年）。论著获评第八届高等学校科学研究优秀成果奖、全国古籍出版社年度百佳图书一等奖、第五届中国出版政府奖提名奖等。在《中国语文》《古文字研究》《古汉语研究》等刊物发表论文百余篇。

杨泽生（1969— ），广东信宜人。1988年考入北京大学中文系古典文献专业，1992年考取该专业古文字学方向研究生，师从李家浩。1995年毕业后在佛山大学中文系工作8年，历任助教、讲师、副教授；其间在1999年考取中山大学中文系汉语言文字学专业博士研究生，师从曾宪通，2002年获博士学位。2003年8月调入中山大学中文系，先后任副教授、教授。现为中山大学教授、博士生导师，中山大学中华传统文化研究中心主任。主攻古文字学和出土文献，关注汉字应用与规范。著有《战国竹书研究》（中山大学出版社2009年），获中南地区大学出版社优秀专著一等奖。在《文物》《文史》《古文字研究》《古汉语研究》等刊物发表论文数十篇。论文《释"怒"》获第十四届北京大学王力语言学奖二等奖、广东省哲学社会科学优秀成果二等奖。

陈斯鹏（1977年— ），广东澄海人。2000年本科毕业于中山大学中文系，转为该系硕士研究生，师从陈伟武；2002年转博士研究生，师从曾宪通、陈伟武。2005年获文学博士学位，并留校任教。2005—2008年在复旦大学中文系博士后流动站，师从裘锡圭。现为中山大学中文系教授、博士生导师。主要学术兼职有中国文字学会理事、国际潮学研究会学术委员会委员等。入选首届教育部国家重大人才工程青年项目、"国家高层次人才特殊支持计划"第一批青年拔尖人才、教育部"新世纪优秀人才支持计划"、广东省首届"青年文化英才工程"。出版专著《简帛文献与文学考论》（中山大学出版社2007年）、《楚系简帛中字形与音义关系研究》（中国社会科学出版社2011年）、《新见金文字编》（与石小力、苏清芳合编，福建人民出版社2012年）、《卓庐古文字学丛稿》（中西书局2018年）。曾获全国百篇优秀博士学位论文奖提名。论著入选国家哲学社会科学成果文库，另获中国大学出版社图书奖首届优秀学术著作奖一等奖、罗常培语言学奖一等奖、广东省哲学社会科学优秀成果奖一等奖、李方桂语言学论著奖特优奖、首届董治安先秦两汉文学与文献研究奖特等奖等多项奖项。

范常喜（1978— ），山东平邑人。2007年于中山大学中文系获博士学位，导师为陈伟武，并于同年留校，担任中山大学国际汉语学院讲师。2011年晋升副教授，2017年晋升为教授、博士生导师。2008—2010年，入选广东省高等学校"千百十工程"第五批培养对象。2014年起，兼任出土文献与中国古代文明研究协同创新中心中山大学中心研究骨干。2016年4月起，兼任"中山大学古文字与出土文献科研团队"研究骨干。2021年起，任中山大学古文字研究所所长。现为中山大学中文系教授、博士生导师，中山大学古文字研究所所长，国家重大人才工程青年项目入选者，国家社会科学基金重大项目"战国文字研究大数据云平台建设"首席专家，中国古文字研究会理事，世界汉语教育史研究会理事。博士学位论文《郑玄注"古文"新证》获评广东省优秀博士学位论文，出版专著《简帛探微》（中西书局2016年）、《出土文献名物考》（中华书局2022年）、《琉球官话课本考论》（中华书局2023年）。《简帛探微》曾获第二届李学勤裘锡圭出土文献与中国古代文明研究青年奖二等奖。在《中国语文》《文史》《文物》《文学遗产》等刊物发表论文百余篇。

田炜（1980— ），广东广州人。2008年获中山大学文学博士学位，导师为陈伟武；2008—2010年于复旦大学中文系博士后流动站任博士后研究人员，合作导师为裘锡圭。2011年1月受聘为中山大学中文系副教授，2017年1月受聘为中山大学中文系教授，并任博士生导师。从事古文字与出土文献研究工作，兼治书法学。书法、篆刻作品多次入选全国、省级重要书法展览，现为中国书法家协会会员、广东省书法家协会会员。出版有专著《古玺探研》（华东师范大学出版社2010年）、《西周金文字词关系研究》（上海古籍出版社2016年）、《田炜印稿》（中西书局2018年），论著获第十八届中国社会科学院吕叔湘语言学奖一等奖、第一届李学勤裘锡圭出土文献与中国古代文明研究青年奖二等奖。在《中国语文》《文史》《古文字研究》等刊物发表论文数十篇。

（二）《出土战国文献字词集释》

2003年，曾宪通以"出土战国文献字词集释"为题申请国家社会科学基金一般项目获得立项。2007年结项，成果鉴定等级为"优秀"。结项之后的10余年间，中山大学古文字研究所同仁继续搜集材料、完善体例、修改按语。《出土战国文献字词集释》于2018年12月在中华书局正式出版。该书由曾宪通、陈伟武主编，各分卷作者分别为禤健聪、杨泽生、田炜、陈斯鹏、秦晓华、范常喜、林志强、裴大泉、陈送文、王辉、陈鸿、石小力、胡志明。

全书凡 16 卷 18 册，总字数 1100 万余字，共收出土战国文献所见字、词条近 8000 个，按照《说文解字》顺序编排字头，并附有音序索引、笔画索引。内容囊括竹简、铜器、玺印、货币、陶器、玉石、帛书等各门类文字资料，正文以字系词，根据时间先后罗列诸家考释意见，于相关字、词条目之下标明文献出处，必要时以编者注指出讹误，最后殿以编者按断。此书开创性地设计并采用了"以字系形，联字带词"的新模式，博采众长，融合了文字编和字典、词典的特点。强调出土战国文献作为古文字资料的属性，还重视其作为汉语史料（特别是词汇史料）以及历史文化资料的属性，极大方便了各个领域的研究者利用出土战国文字文献的语料和史料。此书是继《甲骨文字诂林》《金文诂林》等集成性工具书之后，第一部对战国文字考释成果进行全面收集、系统整理、精研按断的集成性著作。

（三）《古文字论坛》

2009 年，曾宪通、陈伟武、陈斯鹏、裴大泉多次商议创刊之事，获得学界多位知名学者赐稿襄助。2013 年复旦大学施谢捷建议将当辑《古文字论坛》作为曾宪通祝寿专号。

2015 年，中山大学古文字研究学术集刊《古文字论坛》正式创刊，曾宪通任编辑委员会主任，陈伟武任主编，刊名由陈永正题写。《古文字论坛》目前已出版三辑，第一辑是"曾宪通教授八十庆寿专号"，第二辑为"中山大学古文字研究室成立六十周年纪念专号"，第三辑是"陈炜湛教授八十庆寿专号"。《古文字论坛》是中山大学古文字研究的重要学术阵地，是学界认定的出土文献与古文字研究领域权威刊物之一。

三、学科特色

1949 年以前，中山大学的古文字研究有商承祚、温廷敬、丁山、闻宥等著名学者，新中国成立后中山大学古文字学科由容庚和商承祚开创。从 1956 年至今，中山大学的古文字研究已走过 68 年，学科历史悠久，自创立始至今一直保持着学科引领性、研究前沿性和建制全面性。

（一）学科引领性

容庚、商承祚早年从罗振玉、王国维治学，青年时代即有《金文编》

《殷虚文字类编》等著作行世，一生著述如林，驰誉国际，是极少数入选《中国大百科全书》的著名古文字学家。王国维在商承祚成名作《殷虚文字类编》"序"中提到当时最具实力的四位青年古文字学者，容庚、商承祚即占其中二席。早期中山大学古文字研究的学科引领性集中体现在容庚、商承祚二人的学术著作及学术影响力之上。1965年，中山大学古文字学研究室正式获国家高等教育部批准，成为我国高校第一个古文字研究专门机构，这亦体现出当时中山大学古文字研究的学科引领性。80年代以后，曾宪通、陈炜湛、张振林和孙稚雏四位教授成为继容、商二老之后中山大学古文字研究的中坚力量，其研究领域涵盖甲骨文、金文、战国秦汉文字、汉字文化学、汉字规范等诸多领域，在学界享有盛名。

目前，中山大学古文字研究团队以陈伟武为学术带头人，以杨泽生、陈斯鹏、范常喜、田炜为学术骨干，以中央宣传部、教育部、国家语委等八部门统筹协调工程"古文字与中华文明传承发展工程"为主要平台，以中山大学大科研团队建设平台为辅，以国家社会科学基金重大项目"战国文字诂林及数据库建设""战国文字研究大数据云平台建设""上古汉语字词关系史研究"为翼，继续围绕"古文字与出土文献研究"为核心内容开展工作。

团队承担的主要项目有：

·陈伟武任首席专家主持的国家社会科学基金重大项目"战国文字诂林及数据库建设"；

·范常喜任首席专家主持的国家社会科学基金重大项目"战国文字研究大数据云平台建设"；

·陈斯鹏任首席专家主持的国家社会科学基金重大项目"上古汉语字词关系史研究"；

·杨泽生主持国家社会科学基金重点项目"殷墟甲骨文与战国文字结构性质的比较研究"；

·田炜主持国家社会科学基金一般项目"出土战国至西汉早期文献书写特点研究"。

团队始终保持在古文字研究领域的核心地带，具备学科引领性。

（二）研究前沿性

经过60多年的发展，中山大学的古文字研究已形成特色，门类齐全，多点开花，受到学界同行的充分肯定和广泛好评，同时在古文字研究多领域均保持研究前沿性。

中山大学的甲骨文研究由来已久。容庚和商承祚一直重视甲骨文原始材料的著录、整理和研究，容庚所著《殷契卜辞》（与瞿润缗合著，哈佛燕京学社1933年）、《甲骨文字之发现及其考释》（《国立北京大学国学季刊》1923年第4期）、《甲骨学概况》（《岭南学报》1947年第2期），商承祚所著《殷虚文字类编》（1923年）、《福氏所藏甲骨文字》（金陵大学中国文化研究所1933年）、《殷契佚存》（金陵大学中国文化研究所1933年）等都是甲骨学研究的重要著作。陈炜湛、张桂光、谭步云和杨泽生等在新时期的甲骨学研究中都做出了贡献，有《甲骨文简论》（陈炜湛著，上海古籍出版社1987年）、《甲骨文田猎刻辞研究》（陈炜湛著，广西教育出版社1995年）、《三鉴斋甲骨文论集》（陈炜湛著，上海古籍出版社2013年）、《甲骨文形符系统特征的探讨》（张桂光，载吉林大学古文字研究室编：《古文字研究》第二十辑，中华书局1999年）、《甲骨文所见动物名词研究》（谭步云，载陈伟武主编：《古文字论坛》第三辑，中西书局2018年）、《释"怒"》（杨泽生，《中山大学学报》2010年第6期）等论著。金文研究一直是中山大学古文字研究的强项。容庚著《金文编》、《商周彝器通考》、《殷周青铜器通论》（与张维持合著，文物出版社1984年）都是金文研究的扛鼎之作，另外如容庚著《宝蕴楼彝器图录》《武英殿彝器图录》《西清彝器拾遗》《颂斋吉金图录》《海外吉金图录》《善斋彝器图录》（收入《容庚学术著作全集》，中华书局2011年）以及商承祚编《十二家吉金图录》（金陵大学中国文化研究所1935年）等，是金文原始材料搜集、著录和考释的代表作。张振林协助容庚增订第四版《金文编》（与马国权合作，中华书局1985年），孙稚雏的《金文著录简目》（中华书局1981年）、《青铜器论文索引》（中华书局1986年），刘昭瑞的《宋代著录商周青铜器铭文笺证》（中山大学出版社2000年），谭步云的《商代青铜器铭文集目》（花木兰文化出版社2013年）等仍是当前金文与青铜器研究的案头常用之书。陈斯鹏著《新见金文字编》（与石小力、苏清芳合编，福建人民出版社2012年），田炜著《西周金文字词关系研究》（上海古籍出版社2016年）是中山大学古文字研究团队金文研究的最新成果。

战国文字研究是中山大学古文字方向长期专攻的领域。自20世纪七八十年代以来，随着多批出土战国文献的陆续发现与刊布，战国文字研究进入勃兴时期，商承祚、马国权、曾宪通、陈炜湛、张振林、孙稚雏等在楚简整理、楚帛书、古玺文、古陶文、睡虎地秦简和传抄古文等方面都有重要创获。商承祚从民国以来陆续发表了战国文字研究的多种著作，如《说文中之古文考》（上海古籍出版社 1983 年）、《先秦货币文编》（与王贵忱、谭棣华合编，书目文献出版社 1983 年）、《战国楚竹简汇编》（齐鲁书社 1995 年）、《商承祚文集》（中山大学出版社 2004 年）等。曾宪通著《长沙楚帛书文字编》（中华书局 1993 年）、《楚地出土文献三种研究》（与饶宗颐合著，中华书局 1993 年）、《曾宪通学术文集》（汕头大学出版社 2002 年）、《古文字与出土文献丛考》（中山大学出版社 2005 年）、《曾宪通自选集》（中山大学出版社 2017 年）等都是蜚声海内外的重要论著。中山大学古文字研究团队在战国文字考释与研究方面硕果累累。陈伟武著《愈愚斋磨牙集——古文字与汉语史研究丛稿》（中西书局 2014 年）、《愈愚斋磨牙二集——古文字与古文献研究丛稿》（中西书局 2018 年），杨泽生著《战国竹书研究》（中山大学出版社 2009 年），陈斯鹏著《简帛文献与文学考论》（中山大学出版社 2007 年）、《楚系简帛中字形与音义关系研究》（中国社会科学出版社 2011 年），田炜著《古玺探研》（华东师范大学出版社 2010 年），范常喜著《简帛探微》（中西书局 2016 年）、《出土文献名物考》（中华书局 2022 年），谭步云著《古楚语词汇研究》（花木兰文化出版社 2015 年）等都是特色鲜明的重要成果，深受学界重视。此外，《出土战国文献字词集释》（曾宪通、陈伟武主编，中华书局 2018 年）亦是中山大学古文字研究团队为推进战国文字领域相关研究做出的重要学术贡献。中山大学的秦汉文字研究也是源远流长。20 世纪 70 年代之前以秦汉金石文字研究为主，容庚著《秦汉金文录》《金文续编》《古石刻零拾》（收入《容庚学术著作全集》），商承祚著《石刻篆文编》（科学出版社 1957 年）等是这一时期的代表。70 年代以后逐渐转为以秦汉简帛文字为主要研究对象，曾宪通《云梦秦简日书研究》（与饶宗颐合著，香港中文大学出版社 1982 年），陈伟武《简帛兵学文献探论》（中山大学出版社 1999 年），黄文杰《秦至汉初简帛文字研究》（商务印书馆 2008 年）、《秦汉文字的整理与研究》（社会科学文献出版社 2015 年）是主要代表。

（三）建制全面性

中山大学古文字研究团队在学科资源、学术研究领域和人才培养领域一贯保持着建制全面性。自 1956 年中山大学古文字学研究室成立伊始，中山大学古文字研究所便未停止过图书采购工作。目前采取按月采购的方式保证藏书的及时更新添置。除重要专著和期刊的日常采购外，专职研究人员与研究生可随时荐购。除此之外，台湾学者钟柏生先生珍藏书籍捐赠于中山大学古文字研究所。目前，中山大学古文字研究所藏书 3 万余册，藏书大致可以满足本所古文字学习和研究的开展。更为重要的是，中山大学老一辈的学者为研究所留下了不少宝贵的文献。中山大学容庚商承祚先生纪念室至今藏有部分甲骨、古籍、书信及古文字一手材料的摹本和拓本，这些文献既可用于实物教学，亦可在古文字研究过程中偶尔发挥意想不到的作用。中山大学古文字研究所不仅重视纸质图书的采购，同时重视电子资源的利用。充分利用中山大学图书馆购买的数据库资源，如爱如生数据库、汉达文库、雕龙古籍数据库、科学文库等。合理使用经费购买所需数据库，大多数电脑配有"金文通鉴"。中山大学古文字研究所亦有日常收集电子文献的工作进行，主要着眼于研究所未及入藏的珍稀书籍，充分利用多种方式促进对文献的全面把握。中山大学学科建制齐全，设有信息管理学院、计算机学院等学院，能为古文字信息化提供技术支持。中山大学古文字研究所重点开展的国家社会科学基金重大项目"战国文字诂林及数据库建设"已走过6年，国家社会科学基金重大项目"战国文字研究大数据云平台建设"亦正开展着古文字与数字化领域的相关工作，在充分吸取前作《出土战国文献字词集释》经验教训的基础上，结合数据时代的发展要求，已完成了部分原始材料数字化和网站的搭建，部分功能已经实现，可供内部使用。

目前，中山大学古文字研究团队研究人员共有6名，分别为陈伟武教授、杨泽生教授、陈斯鹏教授、范常喜教授、田炜教授、蔡一峰副教授。陈伟武作为团队领导者，主要从事战国秦汉文字及汉语史研究，并负责整个团队工作的统筹与协调；杨泽生专攻甲骨文、战国文字以及《说文》学研究；陈斯鹏专攻简帛文献字词关系、金文、历史汉字学等研究；范常喜专攻简帛字词考释、出土文献名物整理与研究等；田炜专攻古玺文字、金文字词关系、古文字与书学研究；蔡一峰专攻古文字考释、古文字与上古音研究等。中山大学古文字研究团队成员科研能力突出，分工明确，涉及甲骨文、金文、战国文字、秦汉文字等多个研究领域。

中山大学古文字研究团队注重从本科开始培养古文字与出土文献研究人才，结合"强基计划"，开设了"古文字学""出土文献学概论""《说文解字》概论""简帛选读""汉字源流"等必修课及配套选修课，完善了本科的课程体系。研究生课程建设上，主张分类开课、全面覆盖的理念，开设"甲骨文字研究""青铜器铭文研究""古文字学研究""战国文字研究""《说文解字》研究""秦汉文字研究""古文字学前沿"等硕士生课程和"战国文字研究专题""汉语言文字学专题研究""汉语言文字学专著研究"等博士生课程，以及讲座课"语言学理论和实践""语言学理论和方法"等。

四、学科未来展望

近年来,包括战国文字在内的古文字研究受到党和国家的高度重视。2019年11月1日,习近平总书记致信祝贺甲骨文发现和研究120周年。贺信中指出:"新形势下,要确保甲骨文等古文字研究有人做、有传承。希望广大研究人员坚定文化自信,发扬老一辈学人的家国情怀和优良学风,深入研究甲骨文的历史思想和文化价值,促进文明交流互鉴,为推动中华文明发展和人类社会进步作出新的更大的贡献。"[①] 2020年11月,为深入贯彻落实贺信精神,大力推进中华优秀传统文化传承发展,中央宣传部、教育部、国家语委、文化和旅游部、科技部、国家文物局、中国社会科学院、河南省人民政府联合发布"古文字与中华文明传承发展工程"总体规划,启动实施该工程。该工程以传承弘扬中华优秀传统文化为宗旨,全面系统开展甲骨文、金文、简帛文字等古文字研究,深入发掘蕴含其中的历史思想和文化价值,揭示古文字在中华文明乃至人类文明发展史上的重要作用,创新转化成果,服务时代需求。

新时代新机遇,信息技术的发展推动着古文字研究进入新阶段。古文字学作为传统学科,治学习惯方法略微保守,材料处理方式相对传统,影响了研究的进一步国际化,学科的文化价值和社会潜力也有待发掘。古文字学应当适应信息化的大潮流,与时代接轨,引进技术,更新方法,才可能实现新突破。新时代给古文字学带来学科发展机遇的同时,也赋予了古文字学更崇高的历史使命。汉字作为中国文化传承的内核,承载了实现文化复兴、民族复兴的重要任务。中华文化要走向世界,必须对语言文字有长远规划,才能在文化宣传和提升国家形象中发挥作用。中山大学古文字研究团队与时俱进,对学科发展的形势和时代需求也有清醒认识和长远布局。基于目前国家政策的需要,我们希望在未来充分发挥古文字研究在整个汉语言文字学学科中的研究特色和优势,加强对外交流,以项目孵化人才,吸引人才,形成一系列技术专利,推出一批反映学术前沿、专题性强、创新性高的研究成果,并编写出版古文字系列教材,推动古文字学成为中国古典学的重要组成部分,将科研团队培育成为重镇和研究基地,努力促进中华文化走向国际,为社会服务。

---

① 《习近平致甲骨文发现和研究120周年的贺信》,http://www.qstheory.cn/yaowen/2019-11/02/c_1125184534.htm。

（一）学术研究

中山大学古文字研究团队将继续深耕古文字考释。出土文献研究的基础和主要工作是释字，疑难字考释对于解通文献语义，推动出土文献材料正确而广泛地为人文社会科学学者所利用，有着至关重要的作用。疑难字考释是充分理解出土文献，挖掘文献文化内涵，弘扬中华优秀传统文化的关键一步，也是本团队学者多年以来深耕细作的重要领域。近年来，新公布的出土文献为疑难字词考释提供了新的思路和证据，团队对许多过去悬而未决的问题有了进一步的解决方案。团队将充分挖掘出土文字材料，努力推进古文字疑难字考释研究，为学界贡献自己的力量。团队的研究内容以战国文字为主，涉及古文字各个发展阶段。在甲骨文研究方面，杨泽生专攻甲骨，曾发表过多篇重要文章，目前计划对部分甲骨文释读与古文字本义的相关问题进行更深入的研究，拟比较甲骨文与战国文字结构性质。金文领域，陈斯鹏已在着手增补《新见金文字编》并拟定5年内出版金文相关专著，学术骨干田炜亦计划对专著《西周金文字词关系研究》进行修订。战国文字是团队的主要研究领域，陈伟武已为本科生及研究生主讲"出土文献学概论""战国文字研究"课程20年，已有将讲稿融入一些前沿问题的新见并付与出版的计划。陈斯鹏曾专攻简帛文献字词关系，计划在此方向继续深入。范常喜对部分疑难简帛字词考释已有新见，对近年来专攻的出土文献名物整理与研究亦计划做出第二次系统性总结。田炜已出版古玺文字的论著，目前着力于对秦文献的系统研究，深入发掘文本、用字习惯及秦文字系统之间的有机联系。文字学理论领域亦有出版计划，陈斯鹏已对一些文字学本体问题做过数次讨论，杨泽生近年亦有此方面的出版计划。中山大学古文字研究团队未来5年内研究内容将以战国文字为主，兼及甲骨文、金文、秦汉文字等多个研究领域。

未来，陈伟武计划出版《古文字学简明教程》《出土文献学概论》，主编《华学》第14辑、《华学》第15辑、《古文字论坛》第5辑、《古文字论坛》第6辑；杨泽生拟出版专著《殷墟甲骨文与战国文字结构性质的比较研究》及《汉字学讲要》；陈斯鹏计划出版《新见金文字编（增订本）》《金文新诠》《简帛文献分类选注》及《历史汉字学》；范常喜计划出版《简帛探微续编》《出土文献名物续考》《郑玄注"古文"研究》；田炜拟出版《文本与书写》《北山汲古——中国玺印》；蔡一峰拟出版《古文字与上古音探研》；团队拟主持编撰《中山大学古文字学系列教材》10种。以上共计专著14种、论文集4种、教材10种。

（二）学科建设

中山大学古文字研究团队将搭建"战国文字数据中心""战国文字研究大数据云平台"。中山大学古文字研究团队将立足于国家社会科学基金重大项目"战国文字诂林及数据库建设""战国文字研究大数据云平台建设"继续进行古文字数字化平台搭建的相关工作。其中"战国文字诂林数据库"的搭建进展良好。团队将充分调研和挖掘学界对古文字信息化的需要，继续着力从学科建设和研究者需求的角度出发，在现有数据库的基础上汇集出土古文字材料的全息图像、逐字图片、释文辞例、研究文献、考释提要、字词关系等数据以及古今中外相关研究成果，优化设计，统一接口，模块化研发，建成一站呈现、一键搜索的古文字研究门户网站。"战国文字研究大数据云平台建设"课题将全面汇集战国文字资料及中外研究成果，建成战国文字数据中心，打造国家级战国文字研究大数据云平台。具体来说，该平台将建成"战国文字字形数据库""战国文字释文语料库""战国文字考释文献关联数据库"；同时实现与战国文字研究有关的文字编、汇纂、集释、字典、辞书等工具书及先秦两汉传世文献的有效关联，建成"战国文字工具书暨先秦两汉典籍关联数据库"；最终在此四个数据库基础上建成集一站呈现、用户功能、数据处理、数据存储于一身的分布式"战国文字研究大数据云平台"。

团队将完成战国文字诂林工具书编纂。对当今所见战国文字考释成果进行全面收集、系统整理、精研按断，著成战国文字研究的集成性考释成果《战国文字诂林》，推动古文字考释的突破，为古文字学、文献学、历史学、考古学等学科提供坚实可靠的研究基础与高效便捷的资料获取途径。助力出土战国文献与传统文化研究。充分利用战国文字的前沿研究成果，进一步挖掘其文本内涵，结合文物考古、历史、哲学等相关学科的理论知识，考察战国时代的名物典制、文化思想、经济社会、历史地理、医药法律等，溯源讨流，探赜索隐，重现先秦物质文明，丰富传统文化价值内涵，推动中国古典学扎根先秦，开枝散叶。继续深入和细化战国文字分域分类分期研究，重点考察不同系别不同国别文字的异同、不同材料文字的字形特征、不同类别文献的修辞和思想特点、战国文字的历时比较、战国文字与商周秦汉文字的历时比较等，形成一批具有创新性和专题性的学位论文和专著，出版《出土战国文献分类辑注》等系列丛书。

发掘具有较高价值古文字科研项目是团队的未来工作中心之一。凝聚团队学术力量，结合古文字行业的发展需要，积极报送高可行高效益的科研选题，承担更多科研任务，重点关注"古文字数据库""古典学重建""汉字标准化、信息化、规范化""汉字文化遗产保护与传承"等领域，建设世界一流的古文字与古汉语研究平台。充分发挥古文字与出土文献研究在整个汉语言文字学学科中的研究特色和优势，加强对外交流，以项目孵化人才，吸引人才，形成一系列技术专利，推出一批反映学术前沿、专题性强、创新性高的研究成果，推动古文字成为中国古典学的重要组成部分，将团队培育为中国古典学研究的重镇。

中山大学古文字研究团队已成功开办了"出土文献与中国古代文明研究暑期研习班"及4届"饶学研修班"，邀请学界著名学者前来授课，为来自清华大学、北京大学、复旦大学、吉林大学、武汉大学等十余所兄弟高校以及中国社会科学院等研究机构的学员提供了宝贵的学习机会，增进学生对古文字学及饶学的了解，吸引更多人才投身传统文化研究事业。未来，中山大学古文字研究所将继续举办"研习班"，为年轻学员继续提供优质的学习机会。

（三）人才培养

在未来10年，团队计划培养硕士生30人，博士生20人，"强基计划"本科生60人。以研带学，通过前沿科研课题催化学生快速培养科研视野和治学能力。同时针对"强基计划"学生制定"本—硕—博"一体化培养方案，明确课程层次，重视经典文献和语言文字功底的雕塑，在学科带头人陈伟武的引领下，坚持立德树人，培养德才兼备、胜任传统文化传承事业的学生。

团队将继续为本科生和研究生开设"古文字学""文字学""出土文献学概论""《说文解字》概论""简帛选读""历史汉字学""甲骨文研究""金文研究""战国文字研究""秦汉文字研究""古文字学前沿"等精品课程。定期举办研究生学术沙龙、研究生读简会、强基班"积健"读书会，促进课堂教学与日常实践相结合。此外，团队将合理投入并使用一定经费用于实践游学。通过实践游学考察，使学生对出土文献、重要遗址及相关学者有更全面的了解，加深学生对古文字学科的理解，对其科学研究精神产生良好的激励作用。激发诸位学生以充分的热情和不懈的动力完成学业并立志于未来加入古文字研究领域。注重以研带学。紧跟学术热点问题和新发布的原始材料，通过前沿科研课题带动人才培养。培养具备独立从事古文字学与中国古代文明研究能力的学生，使之成为相关学科领域的青年骨干甚至成长为未来的学术精英和优秀科研从业者。目前在研项目中有多位在读博士、硕士研究生参与,未来5年的数据库建设过程将吸纳更多研究生加入项目。研究生通过参与项目日常工作的开展,有利于丰富学位论文写作的前期储备,深化对古文字前沿技术的认识,全面把握文献,深入对文字性质的认识并了解文字内部的复杂性。督促研究生对新发表论文的阅读并提高研究生对学术观点的总结能力,进一步与师友形成密切沟通的渠道。

团队将做强强基计划"汉语言文学(古文字学方向)"专业并打造"本—硕—博"一体化古文字学人才培养体系。"强基计划"汉语言文学(古文字学方向)专业课程设置涵盖了先秦古书与古文字出土文献的各个方面,并设计了古文字出土实地考察课程。培养上实施"国家重大人才工程入选者全程导师制",立德树人,言传身教,培养出具有扎实文献学和语言学功底,熟悉先秦两汉文化思想,能参与当代中国文化复兴和弘扬事业的优秀本科生。贯彻好习近平总书记"确保甲骨文等古文字研究有人做、有传承"的指示。中山大学古文字学方向一直稳定地向学界输送高质量的古文字研究人才。目前团队正在探索针对"强基计划"学生制定本科、硕士、博士一体化培养方案,坚持择优、持续、高层次的原则,系统设计课程体系,合理设置本硕、硕博连贯课程,明确课程层次,尝试探索建立"本—硕—博"衔接一贯的培养模式,强化科研和实践创新能力。本专业师资覆盖了甲骨文、金文、战国文字、秦汉文字等领域,导师全程针对学生学术兴趣和专长进行指引,重在培养学生释读和整理古文字、古文献,利用古文字与出土文献研究其中的疑难问题,挖掘和阐发其中丰富的历史文化内涵的能力。

总之,古文字是中华精神文明的直接载体,是打开我们古老文化宝库的钥匙,在弘扬中华文化上,古文字由于时代距离感而更具有独特的文化魅力。以古文字为突破口传承和宣扬中华文化,可以塑造中华文化新形象,增加中华文化的厚度,提升国家文化软实力。利在当代,功在千秋。中山大学古文字研究团队一直在路上!

词学学科史

中山大学中文系的词学学脉，从建校之初绵延至今，从未中断，代有传人。承古开今的"海南上将"陈洵、近代词学奠基人龙榆生、岭南一代词宗詹安泰、"二十世纪第四代词学领军"邱世友、"二十世纪的王国维"彭玉平，堪称词学学科的主力军，都是卓有建树的词学专家。吴梅、陈钟凡、任中敏、冒广生、黄天骥、陈永正、张海鸥等诗词曲学专家，也都为词学教研做出了贡献。他们学缘深厚、各有专长、优势互补，理论、鉴赏与创作并举，又处在新旧交替的关键时期，故治学思想、教学方法与学术成果，颇能引领时尚，共同成就了学科特色，也促成了古代、近现代、当代词学的传承、转型与融通，从而使中山大学成为近世词学研究的重镇。

一、与校同生，渐趋专精

中山大学中文系词学的第一代，从建校之初至 20 世纪 30 年代末，促成了古今词学的良性转型。建校初 10 年，从在中国韵文通论中纳入词学的陈钟凡，到会通词曲的任中敏、吴梅，再到专以词学名世的陈洵，词学师资趋向专精，教研内容涵盖了作品、源流、体制、乐律、艺术、派别、作法与研究法等多个方面。将历代各体通观，建立在紧扣词体、结合词律、研析词作的基础上；将名家词专研，放入词体、词史、词学史研究的视野中，从而形成了通观与专研并重会通的优良传统。

1924 年广东大学成立，由原来的国立广东高等师范学校、广东公立法科大学、广东公立农业专门学校组成。设文科学院，下设中国文学系，拟定的选修科目中已包括"词"。[①] 学生中有后来成为中山大学第二代词学领袖的詹安泰。12 月，38 岁的陈钟凡应校长邹鲁之聘来校任教一年，担任教授兼文科学长（院长），教研内容包括词学。1925 年，29 岁的任中敏受聘来校任词曲教授一学期。

陈钟凡（1888—1982）是著名的文史学家与教育家，新中国成立后改名中凡，字觉圆，一字斠玄，号觉元，江苏盐城人。出身书香门第，1917 年在北京大学文科哲学门毕业后，留校工作，为北京大学文科研究所研究生。1921 年担任东南大学教授兼国文系主任，聘请吴梅讲授词曲。1925 年 10 月在广东大学文学院朝会上以学长身份所作报告中，提到中文系增聘教授二人，其一便是专研词曲的任中敏。介绍学院拟出版丛书中包括"任中敏《词曲研

[①] 《国立广东大学十三年度概览》，国立广东大学出版部 1925 年版。

究法》，拙著《中国文学批评史》（包含两宋词评与元明清词曲评，中华书局1927年出版）等编，年内皆可成书"。①可见对词曲学的重视。1926年，回南京担任金陵大学教授兼国文系主任。将在各高校任职期间的讲稿与师友讨论之作，萃为《中国韵文通论》（中华书局1927年），中有"论唐五代及两宋词"一章，纵论词之起源、体制、声律、修词、艺术与词家之派别。既体现出颇为系统的词体、词史观，能补传统词话体之不足；又能用结合词例、深入浅出的方式，介绍词体特有的声律、体制、修辞等词学专门知识。今人以此为鉴，有助于纠正同类研究中忽视词体体性与专门技法，仅偏重时代背景与风格意境，以研究散文之法研究韵文的缺憾。

任中敏（1897—1991）是著名的词曲学家和教育家，原名讷，字中敏，号二北、半塘，江苏扬州人。1920年毕业于北京大学中国文学系，在老师吴梅影响下致力于词曲研究。1923年入复旦大学教授词曲，后至苏州，留寓吴梅家中两年，在吴梅悉心指导下精研词曲，尽读吴梅书斋"奢摩他室"所藏词曲珍本，学问日进，中大学子当受其惠。后来结合在上海大学、南方大学、复旦大学、广东大学等高校教授词曲的经验，出版了专著《词曲集论四种》（广州国立广东大学铅印本）、《词曲通义》（上海商务印书馆1931年）、《词学研究法》（上海商务印书馆1935年），与一系列论文，如《南宋词之音谱拍眼考》（《东方杂志》24卷第12号，1927年6月）、《研究词乐之意见》（《国立中山大学语言历史研究所周刊》4卷39期，1928年7月）、《增订词律之商榷》（《东方杂志》26卷第1号，1929年1月）、《词曲合并研究》（《新民半月刊》1929年第3期）等，能会通词曲，在探究乐律音谱与总结研究法上多有创获，在学界颇有影响。

1926年，为了纪念孙中山先生，广东大学改名为中山大学，改文科为文史科，下设中国语言文学系，由傅斯年任学长兼系主任。傅斯年与朱家骅筹议聘请一批北京大学"良教授"来此任教，以"开此地空气"②。后邀请他在北京大学的老师吴梅到中山大学任教，并委托顾颉刚（时任中山大学史学系教授）促成此事。8月25日《中山大学校报》郑重推介："吴梅，前北大、东大教授，为中国研究词曲律则之最大家，著作久行于世。"1927年9月中旬至12月间，44岁的吴梅应邀到中山大学中文系任词曲教授。

吴梅（1884—1939）是近代桃李满天下的诗词曲学家兼作家，字瞿安，

---

① 《文科朝会记》，《广东大学周刊》第二十八号，1925年10月26日。
② 欧阳哲生主编：《傅斯年全集》第七卷，湖南教育出版社2003年版，第49页。

一字灵鹣,号霜厓,江苏长洲(今苏州)人。在遗嘱中自述16岁应童子试提复被斥后,即"注全力于诗古文词……词得力于彊村遗民(朱祖谋)"①。1910年,在苏州存古堂任职,与词坛名家朱祖谋、郑文焯交游,词学大进。1917—1922年间,在北京大学任教,教授词曲,时顾颉刚、傅斯年都是北京大学学生。1922年秋后,南归至南京东南大学任教,其间开设"词与曲的区别""词选"等课,传授词学与填词,又应诸同学之请,在1924年2—3月间,偕诸同学成立潜社习词。每月二集,集时各赋一词。1927年春东南大学停办后,举家回苏州,居于蒲林巷;6月在顾颉刚来访时,允诺到中山大学任职。9月初,接到顾颉刚几次来信,商定就职事宜,10日应邀南下广州,在中山大学就职。作《南行别吴下故人,仍用咸韵》诗云:

> 我愧鲍司隶,弟子科王咸(傅君斯年)。广南逾千里,投以琼瑶缄。是时方伏暑,息阴东冈杉。自分老乡土,懒作稽生函。辟疆款关至(顾君颉刚),入座心欢枚。力邀入南国,托命依长镵。炎方殊不恶,金碧楼台峻……荔枝丹映日,蕉果黄侵衫……姑乞渊明食,更解东坡谗。②

可见师生间相知相惜的深情与初见南方风物的新奇欢欣。11月间,作有《玉京瑶》(客广南三月,龟岗独酌,辄动乡思,依梦窗调)、《浣溪纱》(黄瘿《瓢芦雁图》)、《湘春夜月》诸词,因思乡且饮食起居不适,欲告假返苏州,顾颉刚为设宴送行。后以南中交通不便为由,辞去教职。任职期间,在中山大学出版部刊行讲义《词学通论》《词余讲义》《曲选》等。《词学通论》通论词学理论、平仄四声、词韵、音律、作法与唐至清代作家作品,1927年由国立第一中山大学出版部初版,1932年由商务印书馆再版,至1947年已五版,堪称其代表性词学专著与普及词学常识的经典读物。还有日记记述在中山大学的教学生活情况,惜毁于抗战中。

吴梅去职后,傅斯年与伍叔傥欲礼聘朱祖谋来校任教。伍叔傥与傅斯年是北京大学同学,同在中山大学任教。他们推重朱祖谋,因朱氏曾任广东学政,颇有声望;也可能与吴梅影响有关,因吴梅词学主要得益于朱氏,在北京大学与中山大学任职期间,应会阐扬朱氏词学。1928年暑假,傅斯年到上海邀请朱祖谋来中山大学主讲词席。1929年7月,伍叔傥邀请朱祖谋到中山大学任教,朱祖谋以年高体弱,难以胜任为由辞聘,改荐陈洵担任此职,道:"何舍近而图远耶?举陈述叔足以任之。"又盛赞陈洵"为斯道宗匠,且高踪

---

① 王卫民编:《吴梅戏曲论文集》,中国戏剧出版社1983年版,第519页。
② 吴梅著:《吴梅全集》,河北教育出版社2002年版,第57页。

密迩，尤为相宜"①。后又多方联系陈洵，促成此事。9月，59岁的陈洵出任中山大学文学院词学教席，开始了长达八年的中山大学教学生涯。其间，开设课程有唐五代词、专家词、两宋词、周美成词、吴梦窗词、辛稼轩词等，"吴梦窗词"与"两宋词选"一度成为最热门的选修课；还在朱祖谋鼓励下，完成了生平最重要的词学论著《海绡说词》。

朱祖谋（1857—1931）是清末词坛大宗师，原名孝臧，晚年仍用孝臧，字藿生，一字古微，号沤尹，又号彊村，浙江归安（今湖州）埭溪渚上彊村人，为清末词坛"四大家"之一。其词史地位即如叶恭绰《广箧中词》云：

> 彊村翁词，集清季词学之大成。公论翕然，无待扬榷。余意词之境界，前此已开拓殆尽，今兹欲求于声家特开领域，非别寻涂径不可。故彊村翁或且为词学之一大结穴，开来启后，应有继起而负其责者，此今日论文学者所宜知也。②

与朱祖谋学缘深厚的吴梅、陈洵、龙榆生、詹安泰等学者，即是促成古今词学演进的重要力量，中山大学则是他们"开来启后"的重要阵地。

陈洵（1870—1942）堪称中大词学开山祖。字述叔，号海绡，又号仍度居士，广东新会潮连乡人。生性孤峭，少有才思，补南海县学生员。其于词之一道，起步虽晚，成就却高。30岁才开始学词，入门读物是从叔父陈昭常处借得的黎国廉所藏周济《宋四家词选》，受此选本的词学好尚与学词门径影响颇深，其词学大体源出于常州词派，尤为推重周邦彦、辛弃疾与吴文英词。约于1909年结束十余年窘迫漂泊的江右倦游，回到广州，在城西荔枝湾租房居住，室名"思蛤蜊室"，堂名"仍度堂"，设馆授徒以度日，闲暇时读书填词以自娱，书馆称为"海绡楼"。1911年7月，参加梁鼎芬重开南园诗社的盛会，其词颇得梁氏赞誉，与黄节诗并称为"陈词黄诗"，也由此与黄节相识交好，常在西关黄园雅集。1919年冬，结识了黎国廉（六禾），二人都偏好清雅派词，陈洵致力梦窗，而黎国廉醉心姜、史，一见如故，开始了长达十年的唱和，后将唱和词集为《秋音集》。

尽管在雅集交游中不乏知音，但因素性孤峭，交际面不广，陈洵词名仍不出广州，直到遇到了一生中最重要的伯乐——朱祖谋。陈洵在1918年托黄元蔚寄书一笺与朱祖谋，是两人有记载的交往之始。1919年冬收到朱祖谋赠

---

① 马兴荣：《朱孝臧年谱》，载马兴荣著：《马兴荣词学论稿》，上海古籍出版社2013年版，第735页。

② 叶恭绰选辑、傅宇斌点校：《广箧中词》，人民文学出版社2011年版，第225页。

与的《彊村词》及《鹜音集》,复宣美意,1920年正月复信致谢,并自道学词经历,由此定交。此后寄词、评词、论词,遂成至交。1923年10月,朱祖谋自出资用仿宋聚珍版为印行《海绡词》一卷,并请黄节作序,盛赞其词:"学梦窗,可称得髓。胜处在神骨俱静,非躁心人所能窥见万一者。此事固关性分尔";在1926年来信中又赞其词"渐趋沉朴,窃以为美成具体";后来在与张尔田论词时,又赞道:"况夔笙年丈,谓穆如清风之穆字最难到,述公此词深得穆字之妙用。周止庵所标'浑化'一境盖如此。"可谓投其所好,且能道破所好之由——从周济指示,由周、吴入门,且性分相近,正是陈洵词学好尚与词风特色形成的基础。1925年朱祖谋作《望江南·杂题我朝诸名家词集后》,其中一阕序及词云:

> 新会陈述叔、临桂况夔笙,并世两雄,无与抗手也。
>
> 雕虫手,千古亦才难。新拜海南为上将,试要临桂角中原。来者孰登坛。①

盛称陈洵为词坛新拜的"海南上将",与临桂词领袖况周颐"并世两雄,无与抗手",二家均能领会"穆如清风",以臻"浑化"之妙境,与朱氏词学旨趣契合,故推许备至。"自斯论一出,而海绡词名遂震耀海内!"②

1929年9月,陈洵在朱祖谋力荐与劝说下,出任中山大学词学教席后,困窘生活大有改善,月薪350元大洋,后升至420元;声望与影响也与日俱增。10月,朱祖谋来信道:

> 承示推演周、吴,自为此道,独辟奥窔,若云俟人领会,则两公逮今几及千年,试问领会者几人?屡诵《致铁夫书》,所论深妙处,均发前人所未发,蒙昧如鄙人,顿开茅塞,其裨益方来,讵有涯涘!倘成一书以惠学者,自以发挥己意为阔大耳。③

陈洵得此启发与鼓励,才有意创作词论集《说词》。此后两年间屡次通信谈词,朱祖谋每次均殷切询问《说词》进展,索阅新成稿,并提供出版建议,如"书成自应单行,如散入本集,转失大方"等。1930年夏,《说词》一卷

---

① 朱祖谋:《彊村语业》,载陈乃乾辑:《清名家词》第十卷,上海书店出版社1982年版,第76—77页。

② 龙榆生:《陈海绡先生之词学》,载龙榆生著:《龙榆生词学论文集》,上海古籍出版社2009年版,第524页。

③ 杨传庆编著:《词学书札萃编》,南开大学出版社2015年版,第210页。

初稿完成，朱祖谋欣喜评道："神解耆然，不仅启牖方来也！"① 秋，陈洵游江南时，赴上海拜谒朱祖谋，每日与诸词友坐在思悲阁中谈词，畅论尽欢，月余始南归。朱祖谋本拟请画家吴湖帆为绘《海绡楼填词图》，陈洵却建议："不如写吾两人谈词图。"② 吴湖帆遂改作《思悲阁谈词图》，以纪其盛，且为饯别。1931年夏，陈洵收到朱祖谋所寄此图后，即赋《应天长》词以报，朱祖谋亦有词赠答，成为词坛佳话。是年，朱祖谋仍有信询问："《说词》已成帙否？如有印本，得睹为快。今年得几词？尤愿一读。"③ 本欲在所汇刻《沧海遗音集》中收录《海绡词》及《说词》，可惜年末离世，未能等到《说词》定稿，实为憾事！陈洵惊闻噩耗，不胜悲痛，久久难忘，有《木兰花慢》等词哀悼，字字泣血。1932年秋，与弟子黄子静游杭州时，念及故人往事，复请余越园（余绍宋，1937年亦至中山大学任教）为绘《海绡楼填词图》，并作《水龙吟》词，序中述说此画创作因由，叹云："去翁（朱祖谋）归道山行一年矣。独歌无听，聊复叙怀，欲如曩昔与翁谈词，何可得哉？！"词云：

> 看人如此溪山，等闲消与填词老……金粉旗亭谢了。剩伤心、紫霞凄调。新绡（指《海绡楼填词图》）故素（指《思悲阁谈词图》），啼红泫碧，不成春笑……望千秋、洒泪同时，怅断掩、霜花稿（指吴文英《霜花腴词》）。④

凄艳声色随情韵飞动，炫人心目，令人动容，堪称朱陈交游词史与梦窗隔代知音。由海绡楼中独填词，到思悲阁中共谈词，再到海绡楼填词忆谈词，由《海绡词》到《海绡说词》，可见朱祖谋与陈洵的交谊及其对陈洵治词路径的影响，其实也促成了陈洵从仅重学词，到兼重词学的近代转向。

1930年，在陈洵指导下，中山大学中文系部分学子成立了风余词社，日常雅集填词，作品刊于系办《文学杂志》上。陈洵集中有词纪其事。试看《点绛唇》（风余小集，示从游诸子）云：

> 尊酒平生，岁寒心素归闲赏。玉梅宫样。先入春风唱。　　花信从头，迤逦年光畅。芳菲想。旧兰无恙。语笑疏灯上。⑤

---

① 杨传庆编著：《词学书札萃编》，第211页。
② 朱孝臧著，白敦仁笺注：《彊村语业笺注》，浙江古籍出版社2016年版，第482页。
③ 杨传庆编著：《词学书札萃编》，第212页。
④ 陈洵著，刘斯翰笺注：《海绡词笺注》，上海古籍出版社2002年版，第374页。
⑤ 陈洵著，刘斯翰笺注：《海绡词笺注》，第364—365页。

是集中罕见的欢愉之作，岁寒后逢春风，恰似久乱后得偏安①，游赏梅兰，兼赏如梅兰般凌寒无恙、迎春语笑的诸生，自是欢畅异常。再看《燕山亭》（辛未九日，与风余诸子风雨登高）云：

> 闲梦东篱，凄绝素心，暝色相携高处。残照翠微，旧月黄昏，佳约有时风雨……　还喜身健登临，且随分清尊，慰秋良苦。漉巾爱酒，岸帻簪花，商略较谁风度……迟暮。须料理、幽居词赋。②

清秋迟暮风雨惯惹愁，但得诸生相伴，便生快慰。而此二词境又由清雅派吴文英《珍珠帘》的"蠹损歌纨人去久，漫泪沾、香兰如笑"，《霜叶飞》的"关心事，斜阳红隐霜树。半壶秋水荐黄花，香噀西风雨……漫细将、茱萸看，但约明年，翠微高处"与姜夔《点绛唇》的"数峰清苦，商略黄昏雨"③化出，风神相应，而忧乐异趣。由此可窥见其引领的词学好尚与学词门径，大体仍承常州派传统，以清雅派为宗，修辞对仗颇精妙，在语意技法上的模拟痕迹稍重，却也能自出新意，写情实。

1932年8月，写定《说词》67首，为一卷，寄与上海龙榆生，并附书信，捐款助刻《彊村遗书》。1934年7月在龙榆生帮助下，《海绡词》二卷、《海绡说词》一卷出版。《海绡说词》后为唐圭璋收入《词话丛编》中，是作者读词、填词、学词、教词经验与词学见解的提炼总结，不少即出自平日在中山大学授课的讲义。

陈洵词学的特色，是以吴文英、周邦彦、辛弃疾三家词为中心，建构词史，指示学词门径。《海绡说词》虽仍属词话体，但论述编排已颇具条理，若稍加整理，便可成现代论著。开篇"通论"部分，先从纵向论述诗词源流，再从横向论述唐宋词体源流正变，然后论学词门径，大体承周济周、辛、吴、王四家说来，而改"问涂碧山，历梦窗、稼轩，以还清真之浑化"为"立周、吴为师，退辛、王为友"，"由梦窗以窥美成，犹学诗者由义山以窥少陵，皆涂辙之至正者也"。④进而以周、辛、吴三家词为主要例证，论填词技法。最后是对吴、周、辛三家名篇的赏析示范。综观可知其最爱重的是吴词，其次是吴词源出的周词。结合他在中山大学讲授的课程，如1930年课程设置有"唐五代词"，每周两小时，注明："选授晚唐五季名家词，研究其体

---

① 时值"陈济棠时期"，广州呈现出清末民初以来少有的繁荣局面。
② 陈洵著，刘斯翰笺注：《海绡词笺注》，第371—372页。
③ 唐圭璋编：《全宋词》，中华书局1965年版，第2906、2874、2171页。
④ 陈洵著：《海绡说词》，载唐圭璋编：《词话丛编》，中华书局2005年版，第4838页。

裁及风格";"专家词",每周三小时,注明:"词莫昌于宋,唐五代有未备也。吾为学者说宋,立周清真、吴梦窗、辛稼轩三家,周、吴,正声一系,辛,变调一系,通此三家,则其余无不可通矣!其详具所选说词中。"1932—1933年课程设置有唐五代词、两宋词、周美成词、吴梦窗词、辛稼轩词,可知其标举周、辛、吴三家的重要原因,是借以会通词体鼎盛期的宋代词史,进而把握词体,更好地进行赏析与创作。

他在中山大学课堂上"说词"颇受学生欢迎,参看《1932年秋季期中文系学生选课统计表》(《国立中山大学日报》1932年10月3日),可见选课人数排名第一的便是陈洵最爱的"吴梦窗词",学生多达121人,排名第三的"两宋词选",学生也有95人,而当时中文系40门选修课中,选修人数超过90人的仅有3门,超过50人的也仅有16门,陈洵在中山大学兴起的词学热由此可见一斑。

二、教学互补,古今转型

当时促成现代转型的词学新风尚主要体现在"词学"与"学词"分离——被视为判定词学现代性的可靠标准,相应的论者由以词人为主转为以学者为主,论述重心由乐律转向文学,乃至史学;审美好尚由以精工律法见长的温庭筠与清雅派词,转向以至性真情见长的南唐与苏辛派词。此种新风优势是能使词学理论摆脱仅为指导创作服务的附庸地位,赢得独立的发展空间,与现代学术研究法接轨;却也会滋生邯郸学步、矫枉过正的流弊,只因词学所研究的词本就是学词的成果,而作为词之基石的词调,本是一种由流行乐律与汉语声律融合而成的文律,不完全依附于乐律,又能体现乐律特点,不因词乐失传而丧失。因此,若脱离了学词的创作实践,忽视了词基于文律、自成一体的体势特色,对词性情、风格、意境的理论探讨,便如同空中楼阁、隔靴搔痒,难以落实。

陈洵词学受朱祖谋主盟晚清词坛中"梦窗热"影响,重心仍在清雅派词,尤其是吴文英词,但对代表变调一系的辛弃疾词也颇为重视,更善于变中求通,肯定其与周、吴正声均展现出契合于词婉约体性的"留"之妙。1934—1936年间,中山大学又迎来冒广生与龙榆生两位词学教授,为词学教研注入更多新风尚,正可与治学偏向传统的陈洵优势互补,使得中山大学词学实现良性转型,善于融合古今词学之长,声律体势与性情意格并重,词学与学词相得益彰。

1934年10月，邹鲁再次任中山大学校长，商聘冒广生（时年61岁）任词学教授。1935年春季开学之前，冒广生应胡汉民之托，到上海请龙榆生到广东任职。7月，又与邹鲁晤谈，提请龙榆生（时年33岁）担任中山大学词学教授，得邹鲁赞同并签发聘书后，即电告龙榆生日内来校任教。邹鲁又再三委托陈钟凡去函劝龙榆生前来就职。8月10日，龙榆生赴广州，得邹鲁校长盛筵接待，亲自驾车陪同参观中山大学石牌新校园，并允诺将中文系交给他全权办理，令他十分欣喜，文学院长吴敬轩忠厚笃实的纯粹学者风范，也让他颇为欣赏，遂决意来此任职。9月开学后龙榆生正式入职，担任中国语言文学部主任，从而使中山大学在职词学名家数量达到新高。此前词学课程通常为选修，此后则纳入必修中，如1936—1937年二年级必修课有"词学通论"，1943年四年级必修课有"词选"。

冒广生（1873—1959）是近代词曲造诣颇深的政界与文化界名流，字鹤亭，号疚斋，江苏如皋人，因生于广州而得名，为明末四公子之一冒襄后裔。少有神童之誉，1890年历县、州、院三试皆列第一。1894年中举后曾参加戊戌变法。1903年参加经济特科考试，因卷中提及卢梭被黜落，下第后回到上海，却成就了"万人空巷看卢梭"的佳话，可见中西合璧、革故鼎新的治学思想。

冒广生性好词，十一二岁诵习七外祖周星誉《东鸥草堂词》，后又在广州越华书院师从"南词正宗"叶衍兰学词，深受赏识。在朱祖谋督学粤东时曾与交游赋词，也是朱祖谋的推崇者，盛赞"古微词品不可及，人品尤不可及"①。早年词作已得到谭献、王鹏运等词坛名宿的称赏，词论也不从流俗，叶衍兰在《小三吾亭词序》中即赞其"学词当从唐人诗入，从宋人词出。每怪近日词家，极轨南宋，黄九、秦七已成绝响，亡论温、李"之论能发人深省。1908年在《国学萃编》发表《小三吾亭词话》5卷，述评晚清至当时词人、词作、词事，后为唐圭璋收入《词话丛编》中。他在中山大学任教时，兼任广州勷勤大学客座教授。30年代后期著有《驳白石石帚为二人说》，为词坛上悬而未决的一段公案提供了新论据。抗日战争时避乱上海，词学论著更为宏富精审，有《四声钩沉》（1941年）、《新斠云瑶集杂曲子》（1941年）、《疚斋词论》（1942年）等，在词乐研究上着力尤多。

龙榆生（1902—1966）是近代最有影响力的词学家之一，堪称近代词学奠基人。名沐勋，后以字行，号忍寒词人、怨红词客等。斋名杏花春雨楼、

---

① 冒广生著：《小三吾亭词话》，唐圭璋编：《词话丛编》，第4690页。

风雨龙吟室、忍寒庐、荒鸡警梦室、小五柳堂等。江西万载人。早慧能文。1921年，到武昌拜黄侃为师，习声韵文字之学，因黄侃喜欢做诗填词，特地替他评点过《梦窗四稿》，触发了学词的动机。1928年至1934年夏，应暨南大学国文系主任陈钟凡之请，在上海暨南大学教词，兼国立音乐院诗词课，由是开始研究词。1933年兼任复旦大学教席，开设词选、专家词等课程。有《周清真词研究》《清季四大词人》《东坡乐府笺》等论著，又订补清人编《辛稼轩年谱》。交游渐广，结识了夏敬观、陈三立、朱祖谋、程十髪、张元济、蔡元培、胡适等名流前辈，无论新派旧派，均虚心请教。因教词之故，与朱祖谋尤亲厚，更致力于词学研究，有志于复兴我国词坛。朱祖谋去世前，以遗稿和生平所用校词双砚相授，嘱托道："吾未竟之业，子其为我了之。"①，并托夏敬观画《上彊村授砚图》。龙榆生由是感念终生，尽力完成遗志，为整理遗稿、继承校词之业，并在诸词友资助下，刊成了一部十二本的《彊村丛书》。1932年7月，陈洵有函来，寄上《说词》修定稿，并询问《彊村丛书》刻印购买等事。同年，在夏敬观、叶恭绰、易大厂、吴梅、赵尊岳、夏承焘诸词友资助下，龙榆生在上海创办了具有影响力的全国性词学专刊《词学季刊》。1933年4月由民智书局出版，4期后改归开明书店发行，直到1937年印刷所在"八一三"事件中被毁才停刊，共出11期，远销至檀香山与甘肃边地，使词学一时成为显学。龙榆生在创刊号首刊《词体之演进》一文，又在此后各期中陆续刊发了许多词学论述、词学文献整理成果与词作。所刊《南北各大学词学教授近讯》收录的十四先生中，陈洵正在中山大学任教，吴梅、龙榆生都曾在中山大学任教。

1934年4月在《词学季刊》第一卷第四号上发表的论文《研究词学之商榷》，堪称现代词学的奠基之作，正式界定了"词学"内涵，明确提出"词学与学词，原为二事"之说，并总结了词学研究的八个方面。在传统词学既有的图谱之学、音律之学、词韵之学、词史之学、校勘之学之外，又拓展出声调之学、批评之学、目录之学，并能身体力行，从而引领词学走向现代，实现古今转型。

1935年，他刚接到中山大学聘书时，曾因留恋家族所在的真茹与长期任职的暨大而一度犹豫。后来他的父亲为免去他的后顾之忧，带着十多口家眷回乡，暨大内兴起的人事纷争又令他心寒，加上广东与中山大学方面的领导、友朋的再三殷切邀请，遂决定到中山大学任职。7月16日，在《词学季刊》

---

① 沈文泉著：《朱彊村年谱》，浙江古籍出版社2013年版，第325页。

第二卷第四号卷末刊登启事道:"鄙人顷刻改应国立中山大学之聘,尽室南行。本刊仍继续出版,尚望海内宏达,不吝赐教,并赐珠玉,曷胜感祷。通讯处:广州国立中山大学文学院。"暑假期间来新建石牌校区参观时,他曾踌躇满志地对邹鲁校长说:"我来替你做个参赞大臣,率领许多西南弟子,在这里来建个国吧!"①秋季学期开学后,他抱着满腔的热忱来到广州,在中山大学学生与校工的热情迎送下,入住预租的东山松岗寓所。此后便一心投入工作中,制定《中国语言文学部最近两年计划》。

1935年10月,文学院迁往中山大学石牌新校,并遵部令添办研究院,由龙榆生与朱谦之轮流负责文科研究所所长职务。此处距市区有30多里,学生按规定住读,居住在市内的教师则必须乘坐特备的长途汽车才可以直达校门;但风景宜人,设施颇完善。"规模的壮丽,和经费的充裕,在全国是首屈一指的!"②

陈洵家居市内,每次长途跋涉到此授课,都会扶杖登山,年虽迈而风神散朗,每小时讲词一二阕,时常朗声吟诵。在1936年3月为至交好友岭南词家黎国廉《玉鸒楼词钞》所作序言中,自述学词经历与彼此交谊,末云:"索居寡侣,偶一出门,则昔之登临、吟赏、谈笑、饮酒之地,皆变迁而不可复识。时思季裴,则讽其词……于以知其人,论其世。倘亦后之人之欲得于余,而不能无言者,必欲于古人中求之,远则碧山、蜕庵,近则金梁梦月,可无疑也!"其性情襟抱,由此可见。

龙榆生每天清晨就从东山寓所赶往石牌,担任的仍是文学史与词曲一类课程。在朱祖谋影响下,龙榆生对陈洵词学向来推重,在出版推广上也着力甚多。此前已助其出版《海绡词》与《海绡说词》,此年拟议汇印清代名家词,又与商务印书馆商议就朱祖谋《望江南·杂题我朝诸名家词集后》所标举,先汇印清代名家词第一集30家,其中就包括陈洵的《海绡词》。陈洵因不善与同事交际,在石牌上课时讲毕即去;而龙榆生却慕名而来,常常与同事们在教室窗外窃听,又到连庆桥小筑访陈洵,只见门前自署集杜诗一联云:"岂有文章惊海内,莫教鹅鸭恼比邻。""板屋数椽,萧然四壁。翁出肃客,导登小楼。下临小溪,楼前置茉莉数本,案头陈宋儒理学书及宋贤词集若干册而已。清风亮节,于此亦见一斑。"③

---

① 龙榆生:《苜蓿生涯过廿年》,载龙榆生著:《中国韵文史》,商务印书馆2010年版,第264页。
② 龙榆生:《苜蓿生涯过廿年》,载龙榆生著:《中国韵文史》,第268页。
③ 龙榆生:《陈海绡先生之词学》,载龙榆生著:《龙榆生词学论文集》,第529页。

龙榆生在授课时则注重"因材施教",与陈洵所授内容互补。鉴于陈洵主讲的梦窗词对一些学生来说太过高深,"所以另外选了些东西,对学生们由浅入深的详细分析的来讲,并且叫他们多多的练习,果然不到半载,就有些成绩斐然了!"① 他向来觉得中国最有出息的人才要算两广和湖南的子弟。此时见中大学生中出了孔宪铨、罗时旸、程蔷薇、黄庆云等可造良材,深感欣慰,在孔宪铨的纪念册上题写了"从知天地英雄气,偏在三湘五岭间"的诗句。1936年3月,龙榆生到中山大学后出版的第一期《词学季刊》以一则词坛消息《近日词风之转盛》作结:

> 本刊编辑龙榆生君移讲南中,以近代词学大师王半塘先生籍隶广西,朱彊村先生又曾官广东学政,恒勖中山大学国文系诸生,以此因缘,别开岭南词派。学者闻风兴起,一时词风大盛云。

对振兴岭南词风的影响与期许昭然可见。1936年6月,粤桂"西南事变"爆发,龙榆生受广州将有巷战的谣言影响,向中山大学告假,举家回上海。本拟避乱后再返中山大学任职,后因时局与身体原因,未能实现,从而使振兴岭南词学的计划与愿景被迫中止。他在中山大学任职虽仅一年,但对其自身词学、中大词学,乃至整个词学界的影响却不容忽视。

一则拓展词学交游,设法为中山大学引进词学人才。

1935年到广州后,汪兆镛、石光瑛、张学华等友人相继为题《彊村授砚图》。秋,与在广州学海书院任教授及编纂的缪钺定交。10月,推荐并聘请词学家夏承焘与易孺(大厂)为中山大学文史研究所"特约撰述"。1936年3月,拟请夏承焘同到中山大学任教,5月致快函邀夏氏下学期往中山大学任教,月薪360毫洋,开文学史词曲小说部分、元明散曲、文学批评史、诗歌概论四课,共10小时,兼任文史研究所指导。此后又多次致函商议此事,6月寄去中山大学聘书,请先应聘,再看时局定行止。后又多次致函约夏氏赴粤,在向中山大学告假期间,还嘱托夏氏来中山大学代任国文系主任或研究所中文部主任。8月间又多次致函邀夏氏同往中山大学任职。夏氏本已应允,后因家事耽搁,不由感叹:"榆生嘉招三次,此番谓必能行矣,而仍不果,人生会合之数,信有定哉!"② 直至1937年5—6月间,龙榆生还多次与夏氏通信商议往中山大学任教之事,中山大学方面也多次发航空函欲促成此事,虽最终未能成行,却也可见中山大学对词学专家的器重与龙榆生对中山大学

---

① 龙榆生:《苜蓿生涯过廿年》,载龙榆生著:《中国韵文史》,第267页。
② 夏承焘著:《天风阁学词日记》,浙江古籍出版社1984年版,第458页。

的眷恋。

1936年1月起,与归国的胡汉民常在广州延园会面,诗词唱和益密。胡汉民曾为作七律《次大厂韵题榆生受砚图并寄大厂》,龙榆生尤爱其中颈联"常爱古人尊所学,更为后辈广其途",时常吟诵以自勉。这年暮春,龙榆生携中山大学及门诸学子泛荔枝湾赏红棉,吊昌华故苑,感赋《浪淘沙》一阕。胡汉民有词唱和,在去世前几天还做了《泛荔子湾,赏红棉,访昌华故苑》的绝句相和。5月,胡汉民在延园去世,龙榆生为作五古三首哭悼,开篇即云:"我本为公来,公去我何之?"极为沉痛。他与中山大学之因缘,实由胡公而起,去后追思,仍以"在中大干得有些成绩",① 不负信任为幸。

1936年2月起,在广州倡立夏声社,欲仿南社,会通诗词曲各体韵文,"以文学振民志,略尽兴亡之责"②。《词学季刊》三卷一号"词坛消息"叙《夏声社之发起》云:"惟词原诗学之支流,以附庸蔚为大国,将欲发扬光大,穷源竟委,必上溯风骚,下逮于南北曲,以及一切有韵之文。……期以中夏之正声,挽西山之斜日。并先出《夏声月刊》一种,与本刊相辅而行。"《词学季刊》三卷二号有《夏声月刊之出版与发行》的消息,云:"经半载之筹备……正式成立夏声社,由龙榆生先生负责编辑,并托开明书店代办发行。"附录征稿条例,阐明"本刊揭载之稿,以研究文史,表章诗教,砥砺风节,激扬士气,发挥胞与精神,昌明华夏学术,沟通中外文化,以及指导青年治学门径者为主。一切无聊酬应之作,与靡曼淫僻之词,皆所摒弃"。其中"词录"一栏专门"选载近代人词"。最后声明"本刊文体,以达意为主。除诗词以文言为准外,其余各栏文言语体不拘"。可见融通古今的开明学术眼光,有助于发挥各体韵文的特色,使古为今用。遗憾的是,此刊因龙榆生突然离开广州而未能出版。又计划与夏敬观合作创办诗词函授班,"略尽承先启后之义"③,但也因龙氏离粤未能实现。

二则酝酿与发表了不少词学教研成果,创作了不少洋溢着岭南风情的词作。

在治学上体现出引领新潮,而不忘传承的特色。主要表现在强调词学与学词之别,标举词学,却不废学词;审美偏尚重性情的南唐与苏辛词,肯定四声与音律之别,却仍致力于词体音律独特性及其与文律关系的研究,在教

---

① 龙榆生:《苕菴生涯过廿年》,载龙榆生著:《中国韵文史》,第269页。
② 夏承焘著:《天风阁学词日记》,第425页。
③ 《词学季刊》三卷二号《词坛消息》。

学时也强调诗词尤重声调，鼓励以朗诵长吟的方式学习。试看其主要论著，如《东坡乐府笺》（商务印书馆 1936 年，线装二册。前有夏敬观、叶恭绰、夏承焘序，朱祖谋署签）、《南唐二主词叙论》（《词学季刊》第三卷第二号，1936 年 6 月）、《漱玉词叙论》（标举李清照词堪称"闺阁中之苏、辛"的意格，《词学季刊》第三卷第一号，1936 年 3 月），都体现出重真率性情的审美新风尚，却也肯定李后主"对于音乐文艺，修养极深，此为造成其词之基本条件"，与李清照词都"极是当行本色"，而苏轼词"非于柳永拓展词体之后，恐亦不易发展其天才也"。而如《论词谱》（中山大学《语言文学专刊》一卷一期，1936 年 3 月）、《论平仄四声》《论贺方回词质胡适之先生》（《词学季刊》第三卷第三号，1936 年 9 月）都用现代论文形式写成，却致力于在歌谱散亡之后，沟通乐律与文律，而非如胡适等激进派推崇苏辛，便将体势音律与真性情对立起来，弃置不论。参看其词作，颇有南唐与苏辛之风，用调多为《鹊踏枝》《浪淘沙》《满江红》《贺新郎》《水调歌头》《摸鱼儿》等南唐君臣与苏辛常用词调，语意风格也多有传承，又能将家国身世之感融入对岭南风物的体悟中。如《贺新郎·予转徙岭南，情怀牢落……殷殷以〈三百年来词选〉为询……赋此寄之》的"恰似南飞鹊。莽天涯、尘狂雾重，绕枝焉托"，《满江红·大厂居士以次韵文信国改作王昭仪词见示，怆然继声，即呈不匮室主》的"为问姮娥，何曾减、似花容色"，① 分别化用苏轼《卜算子》"拣尽寒枝不肯栖，寂寞沙洲冷"与《水调歌头》"明月几时有，把酒问青天"② 词意，写忧生忧世之感，利用长短跌宕体势破空而出，先声夺人。

因特别钟爱遍布广州名胜、曾与中大诸子同赏的岭南木棉花，故所作尤佳。如《浪淘沙·红棉》云：

> 羞入绮罗丛，高干摩空。倚天照海醉颜红。脱尽江南儿女态，不嫁东风。　　春事苦匆匆，心事谁同？贞姿一任火云烘。合向越王台下住，那辨雌雄？③

又如《浪淘沙·春晚偕中山大学及门诸子泛荔枝湾，赏红棉，吊昌华故苑，以渔洋歌舞冈绝句分韵得冈字》的"烽火被高冈。北顾神伤。交柯如血映扶桑。竖子英雄成一笑，残霸荒唐"，《减字木兰花·越秀山看红棉作》的"气

---

① 龙榆生著：《忍寒诗词歌词集》，上海古籍出版社 2017 年版，第 108 页。
② 唐圭璋编：《全宋词》，第 295、280 页。
③ 龙榆生著：《忍寒诗词歌词集》，第 112—113 页。

凌霄汉。赖有交柯擎翠干。肝肺杈枒。迸出枝头似血花",《南乡子·任生睦宇自沪南来,既偕登越王台、泛荔枝湾……时红棉作花,正是岭南好风景也》的"才下越王台。放棹夷犹亦快哉……好并奇花擎直干,争开。大器何须费剪裁",① 均能因情选调,即体成势,生气勃勃,自出手眼,而兼有苏辛之清健气韵与清雅派崇尚之丰神寄托。

1938年10月,日寇加紧侵华,广州告急,中山大学奉命西迁,最后定址云南澄江。陈洵未随往,却仍记挂中山大学,为避乱举家移居澳门后,还屡次返回校园探视。1941年在广州患喉疾病重,连兴桥住宅又遭日军拆毁,暮秋复书龙榆生,并附《玉楼春》词,寄托"山河雁去空怀远。花树莺飞仍念乱"之愁恨,竟成绝笔。1942年6月病卒于广州宝华正中约赁所,中山大学同仁闻讯悲悼。龙榆生托人从陈洵家属处取得未刊遗稿《海绡词》卷三及《海绡说词》各一卷,飞递入京,拟校勘后补刻,又将《海绡词》未刊稿刊于《同声月刊》第二卷第七号。另一位中山大学同事、诗人熊润桐为作《陈述叔先生事略》,在广州光复后,有诗悼云:"绝笔玉楼春竟去,遗音沧海梦中寻。"字字泣血。陈洵为中山大学词学开山,而中山大学又成就了陈洵词学的巅峰,故其洒落沧海的遗音,不仅可在故人梦中寻,更可在中山大学词史中寻,寻后可知余音不绝,绕梁至今。

三、国运更新,我辈钟情

中山大学中文系词学的第二代从20世纪30年代末到60年代中,第三代则从60年代中到90年代中。这两代主力都是中山大学词学嫡系,领军分别是詹安泰及其高足邱世友,共同促成了现当代词学的良性演进。这60年间风云巨变,国运与思潮跌宕更新。第二代在经历抗日战争与解放战争的烽烟后,迎来了新中国;第三代在经历十年浩劫的动荡后,迎来了改革开放的新时代。词学顺势吐故纳新,趋向成熟。随着近代兴起的新风潮愈演愈烈,优势充分彰显,流弊也日渐显著。主要表现在仅推崇被贴上"豪放""不谐音律"标签的苏辛派词,反将最能彰显词体特色的声律体势与柔婉意格视为不合时宜、无功政教的形式主义与靡靡之音。词学与学词也渐行渐远,许多学者专研词学,却不知填词,甚至不屑填词,将创作视为影响理论客观性的负面因素加以抵制。而中山大学词学学者值此新旧碰撞迭变之际,既能与时俱进,吸纳

---

① 龙榆生著:《忍寒诗词歌词集》,第113、114、111页。

新兴思潮与治学方法，又能不忘本体，不改初心，延续声情意格并重、词学学词会通的传统，根据词体特色选择治学门径，根据性情学养选择研究领域，而非一味地随波逐流，从而使教研内容呈现出度越时流的多元化、多样化、专门性与全面性。

陈洵辞去中山大学教席后，在陈中凡教授推荐下，文学院长吴康求贤若渴，驰函欲以名士身份急聘詹安泰赴云南，接替陈洵主讲诗词。1939年6月底，37岁的詹安泰到达澄江，开始了在中山大学中文系30多年的教学生涯。同年，选诗词各100首，编印为《滇南挂瓢集》，后陆续开设了词选、词学研究、宋词研究、专家词、白石词研究等词学课程。

詹安泰（1902—1967）是引领中山大学词学跨越现当代的中流砥柱。字祝南，号无庵，词与词学俱有声于时，与夏承焘、唐圭璋、龙榆生并称现代"四大词家"，又有"北夏南詹"、岭南一代词宗之誉。出身于饶平客话区的书香门第，居于润丰楼外祖传书斋"学文堂"中，家人多秉承祖训，致力学文。自幼聪颖好学，酷爱诗词，1914年开始学填词。1924年6月毕业于广东高等师范学校，7月，转至新成立的广东大学国文学系继续修学。1926年以高师年限毕业于广东大学，主攻中国文学。毕业后在广东省立第二师范学校（今潮州韩山师范学院）任职10年，着力于词学的研究和创作。1936年《花外集笺注》成稿，《论寄托》一文刊于《词学季刊》第三卷第三号。1937年选词百首，自印《无庵词》。

1939年，收到中山大学聘请时，也收到了入蜀从政的邀请。面对纷乱时局，在从政与从教间再三斟酌，最终决定延续"学文堂"世代书香，继续从教。即如詹伯慧在《我的父亲詹安泰》一文中所说：

> 这一弃政从教的果断决定，使得此后父亲漫长的学术生涯一直都和他早年的母校——中山大学紧紧连在一起……在抗战烽火中跟随中山大学频频搬迁，颠沛流离，从广州到澄江，从澄江到坪石，再从坪石到梅县，直到抗战胜利，日本投降，才又从梅县回到广州石牌中大原校来。可谓对中大忠心耿耿，从一而终。①

1940年8月，中山大学迁粤北乐昌坪石镇，文学院设在清洞。他起初住在清洞大便地炮楼上，后搬至莲溪，时与夏承焘等词友寄词唱和。1945年因警报频传，4月文学院迁到粤东梅县。此前因坪石告急，避居饶平的詹安泰回到

---

① 陈丽文主编：《韩江论坛》，海天出版社2009年版，第141页。

梅县中山大学，赁居角塘。

1945年日本宣布无条件投降后，中山大学师生陆续回到广州，文学院仍设在石牌旧址。1946年春，詹安泰回到中山大学，开设词选及习作、宋词研究暨姜白石研究等课程。又在文科研究所（时划归文学院）每周一次的学术讲演中讲授"词的音乐性""宋词的修辞"等。邱世友等学生晚辈常来请教。

邱世友（1925—2014）是至今为止在中山大学任教时间最长的词学领军。广东连州人。1944年11月，考入中山大学师范学院国文系，在坪石就读。1945年随迁回广州中山大学石牌校区念二年级。数十年后，仍对同学们每人一个板凳、一张书板，聆听詹安泰先生讲授诗词课的情景记忆犹新。1948年毕业（师范生），得学士学位。其间，修习詹安泰开设的诗词课程，朝夕亲聆教诲，师生情谊日笃。即如他在《詹安泰词学思想追记》中道：

> 詹师祝南先生……平生治学，专于宋词，尤以周、姜研究为最有得也。其释词精深，会意超妙，往往发前人之所未发，言常人之所难言。故在上庠，每讲学罢，诸生无不流连赞叹。余四五年春，乃忝诸生之列，其后又聆教晨夕……今于荛篚检得之笔记残编，虽文字脱落，读之犹仿佛先生讲学音容。①

1947—1949年文科研究所分中国语言文学研究所和历史学研究所，詹安泰兼任中国语言文学研究所指导教授，1947年9月，将讲词笔记《无庵说词》一册寄予夏承焘。1948年与叶恭绰、黎国廉等结词社，先后订出四次社课题目，作品在《广东日报·岭雅》发表。

1949年7月至1950年1月，兼任中国文学系主任。1949年7月23日凌晨，在国民党反动派逮捕中山大学进步教授和学生时，四处奔走，设法营救被捕师生。10月14日，广州解放，中山大学进行了一系列的调整和改造工作。詹安泰以满腔热忱投入对进步思潮及研究法的学习应用中，决定"三年不读线装书"，认真研读马克思主义著作和新文艺理论，力求掌握辩证唯物主义和历史唯物主义的观点方法，用以研究中国古典文学。两年间就阅读了200多部文艺理论书籍。

1950年9月，25岁的邱世友到中山大学文学院任助教，至1953年11月一直任助教兼系秘书，与老师兼同事詹安泰情谊更深。

1952年开始，全国高等学校进行了大规模的院系调整，包括中文系在内

---

① 邱世友著：《水明楼续集》，中山大学出版社2007年版，第105页。

的原中山大学与岭南大学院系合并，组成新的中山大学，10月迁入原岭南大学校址康乐园中。詹安泰居于康乐园西大球场西北角的一处幽雅小院落中。1952—1957年任中山大学中文系古典文学研究室主任。除授课外，还有开设词学讲座、编写教材、指导青年教师等工作。1952年黄天骥考入中山大学中文系，修习詹安泰开设的诗词课程并登门请教。据他回忆，詹安泰老师平日喜欢用家乡潮州话吟唱词，颇为动听，还鼓励生于广州的他用广州话来读诗词。潮州与广州方言都较好地保留了在普通话中已消失的入声字，用以读诗词，正能沟通古今声情。又再三强调："写诗作词，要有真情实感，切忌为文造情。""要多读些古人诗词，揣摩其意。创作时，却要跳出来，千万不要把自己打扮成古人，一定要根据自己的情感和现实的情况，慢慢形成自己的风格。"① 由此可见詹安泰因材施教，重视声情韵律、真情实感与创作实践的教学特色。

黄天骥（1935— ）是中山大学戏曲学团队领军，在词学方面也有建树。广东新会人，1956年在中山大学毕业后，任教于中文系中国古典文学教研室。1984—1989年任中文系主任。治学受中山大学诗词曲会通传统影响颇大，即如他在回忆中山大学往事时道："在学术上对我影响最大的是王季思老师、董每戡老师、詹安泰老师。王、董老师教我治中国古代戏曲，詹老师教我治诗词，是他们引领我进入学术的殿堂。"② "他（詹安泰）卓越的诗词造诣，对我理解曲文也有很大的启示。做学问，要将不同学科融会贯通，结合起来考虑问题，才天地自宽。"③（2012年《广州日报》访谈）词学研究重心在清初三大词人，尤其是被视为李后主后身，以"哀感顽艳"之深情著称的纳兰性德。著有《纳兰性德和他的词》（广东人民出版社1983年，1985年获广东省社会科学优秀成果二等奖），为詹安泰《李煜和他的词》之嗣响，还有论文《披肝沥胆的友谊之歌——纳兰性德〈金缕曲·赠梁汾〉》（《文史知识》1986年第2期）、《朱彝尊、陈维崧词风的比较》（《文学遗产》1991年第1期）等。在詹安泰影响下，黄天骥不囿于时论，善于变中求通，如揭示出朱、陈词各具特色，又同具纵情创新的动人之力；纳兰爱情词具有玫瑰色与青灰色和谐统一的特点；等等。

---

① 黄天骥：《岭南词宗 树蕙滋兰——记詹安泰老师》，载黄天骥著：《岭南师友》，南方日报出版社2021年版。
② 黄天骥：《中大往事：一个学人半个世纪的随忆》，载黄天骥著：《黄天骥文集》第十三册，广东人民出版社2018年版，第242页。
③ 龙迎春：《黄天骥情解西厢 重探经典》，《广州日报》2012年10月29日。

邱世友从1954年1月开始任中山大学中文系讲师。5月，被派到北京大学从苏联专家毕达可夫与中文系主任杨晦先生学习文学理论。1955年7月后仍回中山大学中文系任教，开设宋代文学等课程。

詹安泰在1955年加入中国作家协会广州分会，加入中国民主同盟，后被推选为第一届广东省政协委员。1956年8月5日，《光明日报》发表中山大学中文系中国文学史教研组《关于李煜及其作品的评价问题》的座谈纪录。8月28日，《光明日报》"文学遗产"专刊发表陈培治《对詹安泰先生关于李煜的〈虞美人〉看法的意见》，认为李煜是"封建国家的皇帝"，《虞美人》"伤感地怀念着……罪恶的剥削生活。这类性质的作品，是含有毒素的，是不值得我们学习的"。同期詹安泰有《答陈培治同志》一文回应，指出"古典作者的作品……绝大多数都应该'批判地吸收'。只要作品里面有某些部分可以吸收的，就值得提出来，并不一定要完美无瑕的可以全部接受的才值得提出来。不承认这一点，就是以粗暴的态度对待祖国的文学遗产，只能使中国文学史上留下许多空白点。"此二文掀起了学术界关于李煜词评价的大讨论。"批判地吸收"是詹安泰对宋词等文学遗产的一贯态度，这种融通而执着的治学态度，须有胆识，有功于时，值得敬佩。1956年秋，詹安泰开始招收副博士，年底被评为二级教授。1957年暑假，应高等教育部之邀，至青岛编写汉语言文学专业各主要课程教学大纲，会后南下上海、南京拜访陈中凡、胡小石、唐圭璋、刘大杰等教授。1958年3月被错划为右派，降为四级教授使用。此后甚少出门，潜心于词学研究中。1961年11月脱去右派帽子。1962年在《中山大学学报》1962年第1、2期合刊发表《读毛主席诗词——有关艺术特征的一些体会》。1964年全校掀起学习毛主席诗词热潮，中山大学教工会与中文系古典文学教研室相继举办学习毛主席诗词座谈会。

詹安泰在中山大学任职期间，词学教研成果丰硕，具有以学词为词学基础，与时俱进，又不囿于时论，博而能专，继往开来的学术特色。成果形式多样，有词话、论文、专著、词集校勘笺注等，内容大体分为两类：

一是对词学与唐宋词的系统研究，基本涵盖了词学专门知识与关注热点，以声律技法为基础，贯穿着词史意识，兼能为词学与学词指示门径。1944年11月在《中山学报》创刊号上刊登了论文《中国文学上之倚声问题》。1947年7月在中山大学文学院院刊《文学》第一期上发表《无庵说词》，以传统词话体纵论体裁作法与唐宋名家词。因有感于词学尚无比较完善之著作，计划撰写《词学研究》12章，据他在1951年填写的《广东省公私立高等学校教职员概况表》，已完成8章，约20万字，依次论声韵、音律、谱调（属声律体势，绪言开篇即强调"首当细讲，此而不明，则虽穷极繁富，于斯道犹门外也"），章句、意格、修辞（属艺术技法）、境界、寄托（属内容精神），以上均为"学词所有事"，此后更有论起源、派别、批评、编纂四章，属现代意义上的"词学"范畴，可谓循序渐进、体系周详，有别于以词话、笺注为主的传统研究，又胜于当今一些抛开"学词"论"词学"的"门外"研究。80年代初为《暨南大学学报》《中山大学学报》《武汉大学学报》等刊载。1962年为一年级研究生开宋词研究课，编有《宋词研究》讲义，共七章，分论宋词产生的社会基础、来源、作家作品、基本内容、艺术形式、风格流派及其传承关系与理论批评。在宋词来源一章兼论及唐五代词。论诗词艺术技巧、宋人五部词选、宋词发展的社会意义、风格流派的论文50—70年代陆续刊发在《语文教学》、《光明日报》"文学遗产"专刊、香港《大公报》"艺林"专刊、《学术研究》上。其中对声情韵律与寄托的辩证认识[①]、对风格流派的细致划分、对艺术技法的深入探讨、对古典词批判性继承的态度，都有助于彰显词体独至之妙，补时代审美与治学之不足。

　　二是对唐宋名家词的专门研究，重心在南唐二主词与南宋清雅派的姜夔、王沂孙词，新中国成立前已完成姜夔词笺释、碧山词笺证，发表了《论寄托》等相关文章。新中国成立后又刊发了《李煜和他的词》（《中山大学学报》1957年第1期），出版了《李璟李煜词》（人民文学出版社1958年）与《评注南唐二主词》（台北广文书局1961年）。另有论文论及花间派的温庭筠与孙光宪、南唐冯延巳、宋初台阁词代表晏殊、欧阳修、范仲淹、市井词代表柳永与变体词代表苏轼各家词，五六十年代陆续发表在《语文学习》、香港《大公报》"艺林"专刊上。他推重清雅派名家，精研韵律声情，应是受朱祖谋、陈洵及其推重的周济门径影响，而陈洵研究重心在周、吴，他的重心则在姜、王，正可互补。对南唐二主词的偏爱，似龙榆生，而能将研究建立在文献比勘整理的基础上。对后主词的情有独钟与大力推崇，放入当时时势与学术潮流中，更显得特立杰出、难能可贵，特色是能于变中求通，乱中求真。所欣赏的李煜词不仅限于亡国后深悲词，也包括亡国前欢愉词；解读词情时肯定深挚爱情与亡国怀乡情，却不强行上升到爱国主义的高度；探讨词情动人之故，则注重结合身世性情、词体特色与艺术技巧来综合分析，因此能更全面深入地把握其一以贯之的作风特色与魅力来源。试看其热情洋溢

[①] 主张不必如晚清学者那样强调严守琐细的声律规范，应遵守基本的平仄规范，特殊位置还要分四声

的评价:"真的,李煜是一个最忠实于文学艺术的创作的人……把词作为抒发真情实感的武器,他写这些词可能是速死的原因之一";"是一个多情善感、具有锐敏的感觉、深厚的修养的文学艺术家。他胸中盘郁着个人的悲痛愁恨倾泻……在若干短短的小词里,加上他的更高的艺术技巧,忠实于艺术的创作,这就形成了他所特有的艺术风格。""从火热般的爱情里说出自己的心里话……具有多么强大的吸引力!"① 读后只觉其词论如其心目中的李煜词一般,"自然真率,直写观感",须以艺术造诣为依托,不以时势利害为转移。结合立论背景与遭际,更觉知音难得,挚情动人,正可谓"亦余心之所善兮,虽九死其犹未悔!"

其词造诣颇高,可与词论互相发明。早期词主要取法于姜夔、王沂孙等清雅派名家,寄托忧国忧生之意,擅写岭南风情。如约1942年作《翠楼吟·显诏为余制漱宋室填词图,漫题一解》云:

叶颤纤柯,烟笼草阁,天涯旧人归未。红桑惊换劫,况飘落寒蝉身世。千花弹泪。对万咽风蝉,长条曾系。……蕾腾醉,梦中犹恋,压眉山翠。②

堪称善因善创的典范。《翠楼吟》本是姜夔自度曲,原词声律抑扬,清逸中含深婉,寄托家国之思。詹安泰颇为欣赏,赞其结句擅"收束,气机流贯,意味深厚"。又关注到其上去声韵同协的特色,据此纠正《词律》称此调押去声韵的误解。而此自作词最精彩的起、结部分,对法、章法、寄托都取法于姜词的"月冷龙沙,尘清虎落,今年汉醑初赐。新翻胡部曲,听毡幕元戎歌吹。层楼高峙。看栏曲萦红,檐牙飞翠。……西山外,晚来还卷、一帘秋霁。"③ 都是先用精美参差对写景兼点题,第二韵意境翻新,接着以声色丰富的凄美灵动景语拓开……结句在沉郁中转出希望之境,寄托家国身世之感。在韵律上也取法姜词,押同一韵部,且上去声韵同协。而意境语言却是自出手眼,情深景真,"红桑惊换劫,况飘落寒蝉身世"一韵句尤为惊艳,动人心魄,写出了乱世中人共同的心声——国运与命运相联,国犹如此,身何以堪啊!又如1947年作《壶中天慢(念奴娇)·题黎二樵山水立轴》云:"江山如画,剩画图无恙,画人知否?……小坐红棉,长歌水调,还听松梢雨。

---

① 詹安泰:《李煜和他的词》。
② 詹安泰著:《詹安泰全集》第四册,上海古籍出版社2011年版,第278页。
③ 唐圭璋编:《全宋词》,第2184页。

茶烟轻扬,绿琴痴想添补。"① 起句妙用东坡同调名篇中句,破空而出,点题兼写出家国之恨,连用三画字成问叹,情力尤深。"小坐"三句采用清雅派同调名篇中惯用的参差对,写岭南风情,自然有意趣,可见词人日常。

新中国成立后,詹安泰积极响应新风尚,词中便添了激壮晓畅之风,而关心时局、情深景真的特色未改。试看1961年作《减字木兰花·中山大学卅七周年纪念》云:

龙吟虎啸。饱阅沧桑春不老。百变风云。支柱南天道独尊。　前踪后躅。肝胆昆仑声裂竹。灯塔高悬。作恶西风值几钱?②

铿锵有力,声势夺人,身为中国人与中大人的自信自豪之情跃然纸上。再看1964年作《卜算子》云:"大地激风雷(巴拿马事件),一阵东风过(周总理访非)。顷刻吹开万朵花,朵朵红如火。"《清平乐·校庆喜赋》云:"一年一度。历历欢如许。万道狂流凭砥柱。何限轩昂眉宇……最是快人心处,红旗影底山河。"《减字木兰花·希白兄题所临李长蘅画轴》云:"如此江山。我辈应须放眼看!"③ 这三首词,正是他词集中所载最后三词。难以想象,如此乐观昂扬,洋溢着对国对校热爱与希望的词,竟出自一位饱经沧桑的花甲老人之手,观此可知,"老骥伏枥,志在千里。烈士暮年,壮心不已"!

1967年4月,詹安泰先生因淋巴癌在中山大学护养院逝世,但他与中山大学之缘并未终结,词与词学论著相继整编出版,在教研上的杰出贡献至今为中大人所铭记。1980年,广东人民出版社将他的一批唐宋词论文汇编为《宋词散论》出版。1982年,《鹪鹩巢诗·无盦词》手抄本为香港何耀光收入至乐楼丛书第二十五种影印出版,广东省优秀社会科学研究成果评奖活动授予陈寅恪、梁方仲、岑仲勉、刘节、容庚、董每戡、詹安泰、方孝岳和李镜池九位已故知名学者荣誉奖状。1984年,由汤擎民整理的《詹安泰词学论稿》在广东人民出版社出版;1987年4月,《詹安泰纪念文集》由广东人民出版社出版;7月,广东省社会科学联合会文学学会和中山大学在中山大学梁球琚堂举行"纪念詹安泰先生逝世20周年、诞生85周年座谈会"。1995年,《花外集笺注》经蔡起贤整理,在广东人民出版社出版。2002年12月15日,中山大学中文系、广东省文学学会和潮汕历史文化研究中心联合举办"纪念詹安泰教授百年诞辰学术研讨会",印行《詹安泰诗词集》(香港翰墨

---

① 詹安泰著:《詹安泰全集》第四册,第299页。
② 詹安泰著:《詹安泰全集》第四册,第327页。
③ 詹安泰著:《詹安泰全集》第四册,第328—329页。

轩出版有限公司 2002 年影印版，补入至乐楼丛书本中所缺 16 页篇幅——均为五六十年代作品，以及先生书赠刘伯端先生词等）。2004 年，为纪念 80 周年校庆，中山大学出版社出版"中山大学杰出学人文集"，收入人文学科 17 位杰出教授文稿，其一便是吴承学、彭玉平编《詹安泰文集》，即如吴承学在后记中道：

> 观先生遗照，清癯瘦弱而风骨凛然，其深邃的眼睛饱含着忧郁与悲悯的神情，似乎就是那个黄钟毁弃、瓦釜雷鸣时代知识分子的精神象征，让人久久未能忘怀。读先生的文章、诗词，好像重温当时知识分子的艰难复杂的心路历程，不免感慨系之。

2011 年，由詹伯慧主编，吴承学、彭玉平作序的《詹安泰全集》在上海古籍出版社出版，是迄今为止最为完备的詹安泰论著总集。

四、转向词论，仍重声情

继詹安泰之后，成为中文系词学教研主力的是邱世友，对诗词教研颇有贡献的还有陈永正。

邱世友（1925—2014）1982 年开设中国文学批评史专题课程，首次招收硕士研究生，与黄海章共同招收的吴承学与孙立，后来都成为中山大学教授。1983 年，被选为中国古代文学理论学会理事、常务理事。1986 年被正式聘任为中文系教授，1991 年退休后又接受中文系返聘，继续担任中国古代文学理论学会常务理事与学会刊物《古代文学理论研究》编委。1992 年被推为新成立的广东古代文论研究会会长，1993 年国庆获国务院政府特殊津贴，1996 年被推举为广东省古代文论研究会名誉会长，2006 年任新成立的中国词学研究会顾问。

据中大学子回忆，"邱先生长得端方厚实，慈眉善目，一脸佛相，却不善言辞，迟缓的语言追不上跳跃的思维，往往造成表达上的断裂和空白，甚至有点小结巴"[①]。而这位不善言辞的老师，在讲授词学课时，却能以声情动人：

> 邱师与学生隔桌相对而坐，课中常逸兴飞扬，曼声吟哦词作，以印

[①] 吴承学：《"念中文的，就要像梅花一样高洁"——追忆邱世友师》，《古典文学知识》2020 年第 1 期。

证词论。时当盛夏，邱师额上汗湿白发，清晰可见。我至今还依稀记得邱师抑扬顿挫、夹带方音的普通话："词要清空，不要质实。清空则古雅峭拔，质实则凝涩晦昧。""长疑即见桃花面，甚近来、翻致无书。书纵远，如何梦也都无？"（张炎《渡江云》）"南楼不恨吹横笛，恨晓风、千里关山！"（吴文英《高阳台》）①

此情此景，让人不禁想起《诗大序》的"情动于中而形于言，言之不足，故嗟叹之，嗟叹之不足，故咏歌之。"又仿佛看到了乃师詹安泰的影子——都推崇清雅派词学，尤爱有深情、善寄托之作；都爱用方言吟诵，以发挥韵律之美，令师生均沉浸其中。20 世纪 80 年代末，一位学生在系办公楼的招聘会上，见到了一些曲意逢迎的乱象，然后：

> 就在这一片集市般的喧闹中，忽见邱先生面带不悦排众而出……全没了讲坛上时常绽现的佛祖般憨厚的笑容，边走边愤愤地说："商业交易我们应该绝缘，念中文的，就要像梅花一样高洁！"我正好要走，就跟在他后面。他在那道狭窄、陈旧的铁楼梯走下了一半，似乎意犹未尽，立在转角处抬起头，认真地用略带口吃和地方口音的普通话扬声补充说："起码也要像菊花！"②

当此际，邱先生略带口吃的话语，何异于念奴"出朝霞之上"的歌声，恰足以振聋发聩，遏止喧嚣。参看他 1994 年为 78 级学生张惠民（现为汕头大学教授）《宋代词学审美理想》所作序言道："之所以能……取得如许的成绩，这是由于他不随流俗，不赶浪潮，更不阿谀权威；而覃思独往，取教前修，唯追求学术真理，不在名利得失之间。如……提出清真不为《词论》所推崇，言之凿凿，虽与笔者所见略有同异，而学术争鸣，贵在自由，其实事求是的精神，理应受到尊重。"③ 治学态度与师者风范，昭然可见。合而观之，更可见传承的力量。

邱世友的词学研究，一方面重心转向名家词论，尤其是清代名家词论，能开词学风气之先。较之以名家词为研究中心的前辈学者，承中有变，卓有成就，颇能引领时尚，此种转向也渐成为当代词学界的大势所趋。他对清代名家词论的研究起步早，后劲足。早在 1964 年已发表论文《刘熙载的词品

---

① 何志军《忆邱师授课》，转引自吴承学《"念中文的，就要像梅花一样高洁"——追忆邱世友师》。
② 沈胜衣：《起码也要像菊花》，载邱世友著：《水明楼续集》，第 330 页。
③ 邱世友著：《水明楼续集》，第 124 页。

说》(《学术研究》1964年第1期),应是受到詹安泰的影响——詹安泰曾有论文《刘熙载论词品及苏辛词》(后刊于《文学评论》丛刊第三辑,1979年)。1981年2月,应人民文学出版社之约,开始了他一生中最重要的词学专著《词论史论稿》的撰写工作,至1985年底完稿,配合研究完成的文献整理成果《箧中词校点》也交广东人民出版社出版。此书共15章,以时代为序,探讨南宋李清照、张炎,明代陈霆、陈子龙,清代朱彝尊、张惠言、周济、刘熙载、谢章铤、谭献、冯煦、陈廷焯、况周颐、王国维等14名家词学,以诸家词学理论核心为论题,"分析异同,抉择精粗,尤为原委清晰,系统分明"(黄海章《词论史论稿》序),合成一部词学经典史论。1980—1992年间,相关论文陆续发表在《文学评论》《文学遗产》《古代文学理论研究丛刊》《文学评论丛刊》《中国近代文学研究》《词学》《古典文学研究》《岭南古代文艺思想论坛》等刊物上。其中重点探讨的李清照声律论、朱彝尊醇雅论、张惠言寄托说、刘熙载词品说、谭献柔厚说、陈廷焯沉郁说、况周颐拙重大说、王国维境界说,都成为后来学界的研究热点,至今不衰。许多主要观点在经过20多年后浪推前浪的激烈论争后,仍能得到认可与发扬,可见其含金量之高与先见之明。2002年1月,此书才以《词论史论稿》为名面世,收入人民文学出版社出版的"中国古典文学研究丛书"中。学界前辈提起此书时,常常感叹好书贵精不贵多,如今词学成果汗牛充栋,标榜著作等身者不少,一生能有一书如此者却不多了。

另一方面,又能传承词乐声情研究,为当代词学研究补缺。《词论史论稿》第一章论题便是"李清照的声律论和情致论",第一节便是"词的声情特征和作者",开篇第一句便是:"词学乃声学,是以声情作为其内部特征的。"可见其从詹安泰之说,将声情视为词学研究的基础。而他公开发表的最后一篇学术论文乃是《柳永词的声律美》(《文学遗产》2002年第4期),可见对声情韵律的重视贯穿始终。以研究今词学著称的学者施议对在《千年词学通论——中国倚声填词的前世与今生》(《西北师大学报(社会科学版)》2020年第3期)中,将邱世友与叶嘉莹推为20世纪第四代词学两大领军,只因他虽处于"重艳科,而废弃声学,标榜只要词学,不要学词"的词学蜕变期,却能"识音律,主情致,于词学声学研究有着切实的体验和述作",故"特别推举……乃为着标榜词学之正。尤其在20世纪的后半叶,邱世友有多篇词学声学文章发表,这是对于词学蜕变的一种抗衡"。

他在中山大学度过大半个世纪,故词作中体现的师生同事情谊真切动人,堪为词史。如1984年所作《洞仙歌·陈小娟、戴学峰、苏峰三同学毕业留影有感》云：

> 黄昏灯火，照壁间书字。四影亭亭画中意。念分襟零乱、多少离思。盈盈水，虽有蓝桥难济。　　诗骚都论罢，兰芷夭桃，真色生香含风致。待苑树芳秾，远攀高枝，恁想像、水边林际。顾骏马、腾空奔周行，笑残叶寒塘、可曾枯萎？①

"壁间字"指潘允中教授书鲁迅《莲蓬人》绝句，结句云："莫随残叶堕寒塘。"词作于诗骚论罢的毕业季，而语带诗骚，风致宛然，在对康园风物的生动渲染中寄托了眷眷离情与殷殷期许。最妙在首尾呼应，结句取眼前景致，融入起句典故，将心中忧喜交集情意，通过盛衰相成意境婉转道出，令人动容。又如 2002 年岁暮所作《潇湘夜雨·次韵李沥青兄，纪念詹安泰教授百年冥诞》云："铁岭歌沉，石牌磬逸，楚庭文运潮头。莘莘骤涌，庠序骋骓……试词笔、海绡兰甫，托兴更优游……怨罡风肆虐，却换幽悠。遗著昭明海内，伤离索、败楄空留。百年祭、忍将酸泪，浑洒向清流。"② 饱含深情地抒写出乃师堪为中山大学词史缩影的一生。再如 2004 年作《洞仙歌·次韵张海鸥教授》云："石牌幽、一点灵曜催人，人未警，翰墨诸师馨泽。无庵吾甚爱，七宝楼高，清丽蓦来奈煊赫。醉卧紫荆园，共把文心，精研到、可承黄脉。愿探赜、英才系中多，又揭举红旗，浑收新硕。"③ 当时中文系古代文学教研室同仁为庆祝邱世友八十华诞，在日本访学的同事张海鸥遥寄《洞仙歌》为祝寿，韩湖初、陈宪猷、赵福坛都次韵和之，邱先生十分欣喜，故作此词答谢。原唱中有"醉卧紫荆园，把梦窗词、重勘比，原来一脉"之句，合观可知同醉欢乐与学脉传承。

邱世友的治学为人深受师生同仁敬重。20 世纪 90 年代后期调入中山大学的彭玉平、张海鸥都向他执弟子之礼，常向他请教诗词文论。2006 年，韩湖初、赵福坛、孙立、张海鸥、彭玉平诸人在为他庆贺八十华诞时，共同提议为他出版诗词论文集。2007 年 4 月《水明楼续集》编成。7 月，《中山大学学报》第 4 期发表吴承学主持的《文心词境、学者风标：邱世友教授学术与创作笔谈》，收入邓国光、韩湖初、彭玉平、张海鸥四位教授论文。邱世友因中风入院，吴承学、孙立、张海鸥、彭玉平等常到医院探望，看到"原本谈笑风生的先生，卧在病榻上毫无知觉"，深感"无助而伤心"。2014 年邱

---

① 邱世友著：《水明楼续集》，第 183 页。
② 邱世友著：《水明楼续集》，第 202—203 页。
③ 邱世友著：《水明楼续集》，第 203 页。

世友与世长辞。弟子同仁们不胜悲悼,作诗词文章纪念。

陈永正(1941—)是岭南当代著名学者与诗人,对岭南词传承颇有贡献。字止水,号沚斋。原籍广东茂名,世居广州。1958年考入广州师范学院中文系,词好后主、纳兰,力拟之,数年间得百余篇。1961年从朱庸斋学词于分春馆。自述:"朱师谓余诗词俱浅滑,特拈出'重、拙、大、深'四字,以为圭臬。学梦窗、清真、稼轩、碧山、水云,词风始变。"① 1964年秋,选录三年词作百余篇,成《止水词》一卷。1965年词学晏幾道、贺铸、朱彝尊,兼及姜夔。1969年后10年间,诗词多作于乡中。1970年有感于时局,诗词至为凄苦。1974年诗词风格已渐定型。1978年秋,考取中山大学中文系研究生,从容庚、商承祚研习古文字。1981年获硕士学位,留中文系中国古文字研究室工作,时年40岁。1983年任讲师,秋,调至中国古文献研究所工作,任岭南文献研究室主任。1988年任副研究员,兼任广东中华诗词学会副会长。1994年任研究员。2003年任中山大学—香港中文大学华南文献研究室主任。2009年末届博士生毕业。2010年担任新成立的中华诗教学会会长。

他注重用吟诵与创作相结合的方式,加深对诗词声情的直观感悟。主张吟诵应"以平仄声调行腔使气,注意每字声调的高低长短,节奏变化,铿锵和协,声入心通,体会其音律之美,感知其艺术魅力……尤宜以母语方音为之……今人与古人有了语言上的联系,同声相应,建立了感情,成为异代'知音',才能谈对诗意的理解。"② 在日常教学时身体力行,常带领学生用粤语吟诵诗词,平声长,仄声短,语调抑扬,情态专注,使学生哀乐相随。

他的词集整理成果颇多,重点在以下两类:一是岭南词,主要有《岭南历代词选》(1986年选注,广东人民出版社1987年)、《岭南五家诗词钞》(1989年与张采庵、莫仲予、刘逸生、徐续合编)、《屈大均诗词编年笺校》(1995年主编,中山大学出版社2000年;2011年修订,上海古籍出版社2017年)、朱庸斋《分春馆词》(2000年编订,广州诗社丛书2001年)。他的乡缘与学缘都在岭南,故钟情于此,以传承岭南文化为己任。《岭南历代词选》共选宋代至近代词83家,238首,"意在保存地方文献,以窥岭南词学之兴替,使读者对岭南词的概况及其精华有所了解。"(前言)重点关注的屈大均是他钦佩的同乡名贤,"岭南三大家"之一,以爱国热忱与民族气节

---

① 陈永正著:《沚斋丛稿》,中山大学出版社2011年版,第539页。
② 陈永正:《独抱诗心——诗歌之解读与创作》,载张海鸥主编:《今风雅2017年中山大学暑期诗词学校讲稿及作品》,中山大学出版社2018年版,第35页。

著称。他盛赞这位乡贤为"明末清初之际，岭南词坛上出现的一颗辉煌的巨星"，又承朱祖谋之说，将其词推为能传承屈原"比兴要渺之旨"的明词殿军。朱庸斋是他的词学导师，词学承自陈洵，他十分敬佩老师饱经坎坷，"犹闭户呻吟，焦桐疏越，下鲛人之珠泣，成绝妙之好词……真词人也！"①与王国维所谓"天以百凶成就一词人"，所见略同。合观可知作者与论者都是有情人。

二是王国维词。包括《王国维词注》（1985年编注，广东人民出版社1990年）、《王国维诗词全编校注》（1998年撰，中山大学出版社2000年）、《王国维诗词笺注》（2010年撰，上海古籍出版社2011年）。词以王国维手稿为底本，参校其他各本，做出详细注释并编年。此外，还有《晏殊晏几道词选》（1983年选注，三联书店1985年）、《秦观词选》（1986年选注，三联书店1987年）等。王国维论词尚唐五代北宋，尤推重李后主词，自作词也以小令为主，多取法自李煜、冯延巳、秦观等南唐北宋名家。二晏、秦观均是渊源近南唐，以情致著称的北宋名家。他早年便钟情于后主、纳兰词，心摹手追，故选注上述诸家词，应也是此种源于天性的审美好尚使然。

他的词颇精彩，词集多次刊印，有《沚斋诗词钞》一卷油印本（1986年选录诗词百余首）、《沚斋诗词钞》（选录诗词500余篇，花城出版社1993年）、《沚斋诗词钞》线装本（华宝斋2005年版）、《沚斋词》线装本（澳门学人出版社2011年）、《沚斋丛稿》（收录了词、词论与词集序跋，中山大学出版社2011年）。傅子余《跋沚斋诗词钞》称其"词笔远挹欧、晏之清华婉曲，近承朱彊村、陈述叔之高复峭拔，声气与前贤相通，而意皆由己出。"②同样擅长以岭南风物寄托乡国情志，如《渔家傲·木棉约无斋同咏》云：

> 列炬殷空花十万。南州壮气堂堂满。眼底纷纭桃李炫。天行健。英雄崛起珠江畔。　身世百年风雨半。高楼坐阅千红变。烽火连天谁更管。鸪啼晚。中原莽莽惊尘断。③

《浪淘沙·杜鹃花》云："零血溅关山。撩乱春残。拾来珍重枕函间。闻道三年应化碧，好证心丹。"《齐天乐》云："菊泪凝寒，梅枝劲晚，还向绣帷深

---

① 陈永正：《朱庸斋先生年谱序》，载李文约著：《朱庸斋先生年谱》，广东人民出版社2018年版，序言。
② 刘梦芙编著：《二十世纪中华词选》下册，黄山书社2008年版，第1364页。
③ 陈永正著：《沚斋丛稿》，第475页。

倚。情妆未洗……解佩无人，馨香谁与寄？"①《蝶恋花》云："五月凤凰花似酒。楼际晴霞，映日光初透。一片浓情君记否？相期况是春归后。莫道孤高难领受。每到芳时，只许心魂守。一任明朝风雨骤，新枝已在千林首。"用情深挚，沉郁婉艳中壮气高怀时时振起，颇见风力。

王戎道："太上忘情，最下不及情，情之所钟，正在我辈。"（《世说新语》）窃以为此论正适用以形容爱词之人，只因词本就是最依赖于热情与深情的韵文文体，非钟情不能佳，非钟情亦不能解。中山大学词学的学科特色，能在风云变化中屹立不倒，传承发扬，只因各位学者兼词人钟情于词体，能将对国家、中山大学、乡土与亲友的热情与深情，融入词学研究与学词创作中。

五、预流集成，乘时振兴

中山大学中文系词学的第四代，从 20 世纪 90 年代中至今，是走向新世纪的一代，以彭玉平为领军。此时词学乘着开放多元的时代新风迅猛发展，高水平学者与各类成果数量激增，最炙手可热的自然是历来备受瞩目的唐宋名家词与清代名家词论，其中名篇名句、代表词风与理论核心作为热点中的热点，在众多词学高手的垂青与先进研究法的辅助下，得到深入阐发与广泛传播。但词学与学词分离已成为常态——学者多不填词，词人多在学术圈外。热点过热的弊端也逐渐明显，主要表现为无新意的叠床架屋式研究增多，后来者面对珠玉在前、泥沙俱下的研究现状，往往会陷入不敢研究或不必研究的困境中，止步不前。却也有部分学者能迎难而上，致力于研究热点，超越前人，服务当代，不断开源引流，发掘新材料，引入新方法，提出新问题，不仅满足于研究词学，更进一步建构词学之词学。而中山大学新进学者与前辈学者亦师亦友，善因善创，敢于参与学术热点，善于顺应学术新潮，终于自成学术特色，将诗词曲、声情意格、词学与学词会通的优良传统发扬光大。

1995 年，31 岁的彭玉平入职中山大学，主要致力于词学教研。1997 年，43 岁的张海鸥入职中山大学，主要致力于诗词创作教学。二人与吴承学同为复旦大学博士生同学，情谊深厚，博士毕业后相继来中山大学任教，正能使词学与学词，双剑合璧，得到长足发展。

彭玉平（1964— ），江苏溧阳人，2002 年晋升教授，2003 年被遴选为

---

① 陈永正著：《沚斋丛稿》，第 496、497—498 页。

博士生导师。现任中文系主任，兼任《中山大学学报》（社会科学版）主编，广东省中国文学学会会长、广州诗社社长、中国词学会副会长、中国古代文学理论学会与中国近代文学学会常务理事等。受聘广东省珠江学者特聘教授，入选国家重大人才工程、国家"万人计划"哲学社会科学领军人才、国务院学位委员会中文学科评议组成员。教育部中文专业教学指导委员会委员、广东省中文专业教学指导委员会主任委员。

彭玉平自幼偏爱文科，于诗词悟性尤高。1983 年考入以词学著称的南京师范学院（今南京师范大学），词学多得益于唐圭璋与吴调公的言传身教。1987—1990 年在安徽师范大学文艺学专业攻读硕士，受祖保泉、梅运生、宛敏灏诸师影响，形成了文献与理论并重的治学理念。1992—1995 年在复旦大学中国文学批评史专业攻读博士，在导师王运熙影响下立志做一个纯粹本色的学者；在复旦大学王水照、华东师范大学马兴荣等师长营造的良好词学氛围中增进了词学素养。来中山大学任职后，在邱世友、陈永正等前辈学者濡染下，继续在词学之路上坚定前行。

彭玉平认为好的老师应做到教学与科研并重，使教研相辅相成，所以在教学时既擅于发现有价值的研究选题，如从事王国维研究，就源于学生在课上提出有关"三种境界"的问题；又注重将高水平的科研成果深入浅出地展现出来。在中文系开设了"词学研究""宋元文学史""唐宋词经典导读""中国文学批评史"等课程，深受学生欢迎，获全国宝钢教育优秀教师奖。他的课以风趣生动著称，擅长通过抽丝剥茧、旁征博引、现身说法的方式，引领学生层层深入地把握重点、理解难点、串联知识、建构体系——借由活色生香的不隔之境，开启深美闳约的探索之门。即如他在"宋元文学史"的第一堂课上，迎着窗外枝头透入的缕缕阳光说道："如果要在古代选择一个朝代生活，我肯定希望能够生活在宋代……在午后春光中，品着纯绿色无污染的香茶，翻阅如今已一纸千金的精良宋版书，倦了便与三五知己小酌听宋词……如今宋代已灭亡七百多年，但灭亡的是国家形态，不灭的是盛世神韵。我们现在许多生活观念、行为准则，都源于宋代，可见宋文化具有穿透时空的魅力！"憧憬豪迈之情溢于言表，令学生一同沉醉在闲适惬意中，心驰神往，自然对将要领略的种种穿透时空的文学魅力充满期待。而这门课也是在历次评教中稳居榜首的必修课之一。他给中文系博士新生所做讲座题为"做严正而有灵性的学术"，在教学中也以此为目标，注重因材施教，指示端正向上门径，帮助学生发挥天赋。他将指导博士生的基本思路，汇集整理成《倦月楼论话》（《古典文学知识》2017 年第 1 期），从选题开始，大至读书治学门径，细至摘要、关键词写法，都有精辟论述。该文发表以来，受惠者不止门下弟子而已。

在中山大学任职期间，词学成果丰硕，有五部专著与百余篇学术论文，主要分为两大类：

一是对词学的整体研究。著有《中国分体文学学史·词学卷》（上下册，山西教育出版社2013年），2015年获教育部第七届高等学校科学研究优秀成果奖（人文社会科学）三等奖，2016年获广东省第六届哲学社会科学优秀成果著作类一等奖。此书将词学源流划分为"前古典形态""古典形态""现代形态"三个阶段，由此建构学术史框架，有针对性地选择探讨能昭示、影响古今词学动态演进的词体源流（如《诗》学、杜诗、新体乐歌）、词体观念（如倚声、诗余）、经典范畴（如以诗为词、哀感顽艳、潜气内转）、名家词学（如李清照、端木埰、陈廷焯、朱祖谋、况周颐、王国维、叶恭绰、唐圭璋、邱世友）与词集词选（如《花间集》《草堂诗余》《宋词三百首》），在研究中注重明辨源流，揭示其在词学史中的演进及地位，从而使微观与宏观研究相辅相成。相关论文2002—2012年间发表在《文学评论》《文学遗产》《中山大学学报》《复旦学报》《南京大学学报》《词学》等刊物上，其中《民国时期的词体观念》（《文学遗产》2007年第5期）一文获第四届广东省哲学社会科学优秀成果奖二等奖。他的词学史意识颇强，一直希望能组织优秀学者共同完成一部《中国词学通史》，2017年成功立项，担任国家社会科学基金重大项目"中国词学通史"首席专家，相关成果值得期待。

二是对晚清民国名家词论的专门研究，重心在晚清三大词论家。起步最早的是陈廷焯研究，本是硕士学位论文选题，相关论文以陈氏后人提供的稀见材料为依托，1992—2007年间发表在《安徽师范大学学报》《词学》《古代文学理论研究》《中国韵文学刊》等刊物上。2009年在上海古籍出版社出版《白雨斋词话》一书，以手稿影印本为底本，与其他各本对勘，并作导读。着力最多、享誉最盛的是王国维研究。专著有《人间词话疏证》（中华书局2011年中国文学研究典籍丛刊繁体竖排本、2014年国学文库简体横排修订本）和《王国维词学与学缘研究》（上下册）（中华书局2015年）。《王国维词学与学缘研究》为国家社会科学基金2011年后期资助项目结项成果，2014年入选"国家哲学社会科学成果文库"，2016年获首届"龙榆生韵文学奖"特等奖，2017年获广东省第七届哲学社会科学优秀成果奖著作类一等奖，2021年获夏承焘词学奖特等奖，被誉为当代王国维研究的扛鼎之作。即如施议对所评论："对于王国维其人、其学，以及一百年来对于王国维其人、其学所作探寻，追根究底，作总清算。既为过去一百年词学的开辟与创造寻找出一个个踏实的脚印，又为未来一百年词学的开辟与创造树立起一座座明确的路标，堪称新世纪的王国维。"① 相关论文60余篇，2005—2019年间发表在《文学评论》《文艺研究》《文学遗产》《文史哲》《中山大学学报》《复旦学报》《词学》等刊物上。

近年来卓有成效的是况周颐研究，著有专著《况周颐与晚清民国词学》（中华书局2021年），入选国家哲学社会科学成果文库，获第九届高等学校科学研究优秀成果奖二等奖、第十届广东哲学社会科学优秀成果一等奖、第八届夏承焘词学奖一等奖。此书与王国维研究桴鼓相应——况周颐是古典词学的结穴，而王国维是现代词学的开山，合观可概见晚清民国词学格局，两大阵营交锋中展现的相通处也正是新风尚的发源处。中国词学会会长王兆鹏在为此书所作序言中评道："此书是一部有理论高度、有学术深度、有视野广度、有一等胸襟气度的词学论著，代表着当下词学研究所能达到的最高学术层级。"北京大学中文系教授张剑评道："综合运用文献学、文艺批评学、性格学、心理学等多学科知识，化静态的文献考索为动态的生命体贴，使人得以辨明主流门面话语与况周颐自身词学之间的差距及其错位，更好地从整体格局上了解晚清民国词学的主流与潜流、贡献与局限、体系与矛盾等，阅之但觉情境俱实，实有起况氏于九原之感。"② 相关论文2016—2019年间发表在《文学评论》《文学遗产》《文艺理论研究》《复旦学报》《江海学刊》等刊物上。主持教育部人文社会科学研究2003年度项目"晚清与民国词学研究"、教育部新世纪优秀人才支持计划资助项目（2004）"晚清与民国词学体系研究"。

他认为学术选题应敢于涉足价值已经过学术史检验的热门领域，在研究中要借助文献与理论两个翅膀，才能自由飞翔。所以每研究一个领域，他都擅于发现新材料，重新审视被学界冷落的旧材料，在既有材料中发现新问题，又在问题意识的指引下再去寻找发见材料，形成良性循环，进而用于理论的阐释与建构中，故多有创获。擅用中心辐射的研究方式，既重视诸家论中鲜明标举、研究热度极高的理论核心探讨，又慧眼独具地关注到一些未受重视却能婉转体现诸家词学微妙特色、转变与隐衷的理论范畴与文献。更将研究

---

① 施议对：《中国今词学的开辟与创造——彭玉平〈王国维词学与学缘研究〉书后》，《暨南学报（哲学社会科学版）》2016年第4期。
② 张剑：《高明之思与情境之实——读〈况周颐与晚清民国词学〉》，《光明日报》2021年9月9日。

视野由词学本体扩展到相关学术史与学缘上，不仅能促进学科间的会通，更能通过辐射聚焦，加深对词学本体与核心理论的理解。

以王国维研究为例。《人间词话》作为今词学的开山之论，自然成为当代词学大热点，要在文献或理论方面推陈出新实属不易。他为收集相关材料，去过北京、上海、浙江等地图书馆，还设法查阅远在日本、美国、法国的资料，发现的新材料有国家图书馆北海分馆藏《壬癸集》所夹王国维亲笔书信等，又使长期被冷落的《盛京时报》本《人间词话》、《词录》、抄本《人间词》与《履霜词》等一批有价值的材料重回学术视野。通过对《人间词话》的逐条疏证，对手稿本、《国粹学报》初刊本、《盛京时报》重编本的定名与细致比勘，继 1960 年版通行本之后，为学界"呈献最善之本"①。在此基础上，对学术史进行多维度的梳理分析，从横向上考察王国维词学与其词作、诗学、文学、哲学、宗教观的关系，又从纵向上考察朱光潜、俞平伯、许文雨、蒲菁等研究主力、晚清楚辞学与庄学新变等学术动态，对其词学形成、论争兴起与经典化的影响；并对古今中外学缘做了系统探讨，包括先贤屈原、庄子，西方叔本华，前辈龚自珍，同时沈曾植、况周颐、罗振玉、罗振常、樊炳清、梁启超、梁启勋、陈寅恪、胡适、吴昌绶、罗庄等。既拓宽了研究视野，取得了不以词学为限的成果，又为从整体上把握《人间词话》，进行全面深入的研究奠定了基础，能够在备受争议的热点问题上提出新见解，如：结合版本、学缘，揭示出王国维后期有弱化西学影响，回归中国古典的倾向；结合语源、语境，对"三种境界""有我无我之境""隔与不隔"等一系列"境界"说经典理念进行重新阐释等。

他以诗词普及推广为己任，1999 年将唐宋词欣赏课程讲义编成《唐宋名家词导读》，在广东人民出版社出版；后经多次修订，2014 年更名为《唐宋词举要》，在商务印书馆出版，颇受广大读者欢迎。该书 2014 年入围中央电视台"中国好书"评选与商务印书馆人文社会科学"十大好书"，登上了同年 10 月的中国好书榜，他还由此接受了央视《读书》节目专访。近年来又在央视"百家讲坛"主讲《人间词话》《诗歌里的春天》《诗歌故人心》，用颇具感染力的深情雅韵将观众引入诗词之门。

他虽不常填词，但凡有作，多为佳制，尤爱《鹧鸪天》词调，擅写清秀宜人的中大风物，寄托清逸俊朗的学人风怀，故往往能引发同道共鸣，成就

---

① 施议对：《中国今词学的开辟与创造——彭玉平〈王国维词学与学缘研究〉书后》。

唱和佳话。他与张海鸥在康园的居所、办公室都相邻，时常同游，唱和尤多。如 2007 年赠毕业班的《鹧鸪天》云："青春自古无留意，岁月从来有艳葩。曾醉饮，也烹茶。共看一树凤凰花……" 2012 年送别毕业生的《蝶恋花》云：

> 五月凤凰花似酒。醉在枝头，一任东风诱。才道柳绵轻拂袖。朱颜一霎凭栏后。　谁会疏狂风雨骤。元宋余音，细数方通透。料是年年铺锦绣。春心检点君知否？

宛如酿入词心、师心、春心的凤凰花酒，意态风神，醉人无数。中山大学与学界同仁竞相饮酿——以"共看一树凤凰花""五月凤凰花似酒"入词唱和，乃至一和再和，遂令中文堂前凤凰花，继红棉、杜鹃之后，成为中文人所乐道的又一岭南佳卉。又如晨起诵读诗词，见红耳鹎越窗而入，感赋《鹧鸪天》云："白颜红耳翩然至，软语温言相慰频。身傍画，眼含春。轻飞轻落总相亲。"《鹧鸪天·读沚斋词》云："风雨深宵涨小池。西园处处叶纷披。一春懒拟观堂句，数卷犹寻龙汉词。"与同仁唱和的《醉花荫》云："记得当时年纪小。绿水人家绕。星月夜迷朦，北巷南村，相对轻言笑。　曾经岁月催人老。万事成飘渺。莫道浪深沉，风隐江声，都入相思调。"都能即体成势，对仗对比巧妙，自然灵动有情。取其中秀句，恰能概词学及学者的三种境界："曾醉饮，也烹茶。共看一树凤凰花。"是第一境；"谁会疏狂风雨骤。元宋余音，细数方通透。"是第二境；"莫道浪深沉，风隐江声，都入相思调。"是第三境。

张海鸥（1954—   ），号燕云子，斋名水云轩，河北承德人。中山大学教授，博士生导师。兼任中华诗教学会会长、全球汉诗总会副会长、中国苏轼研究会副会长等。1982 年毕业于河北师范大学中文系，获学士学位；1987 年毕业于吉林大学中文系，获硕士学位；1997 年在复旦大学中文系毕业，获博士学位；之后来中山大学中文系古代文学专业任教，主要从事诗词学研究与诗词创作；2021 年退休后仍致力于诗教。

他在中山大学任职期间，不遗余力地发展诗词教育。一则开设了不少优质诗词课程。其中"旧体诗词写作"课，通过课堂评点、吟诵、经验分享、佳作赏析、微信群讨论等方式，让诗词走下案头，走进生活，成为评教成绩最高的选修课之一。"唐宋名家诗词导读"课程 2001 年获中山大学第四届优秀教学成果二等奖；"中华诗教的传承与研究" 2017 年获中山大学第八届教学成果奖一等奖，2018 年获广东省第八届教育教学成果奖一等奖，同年他获得教育部"宝钢优秀教师奖"。二则充分利用当代学术与科技资源来推广诗教。如主持历届"中山大学'蕙葭杯'诗词邀请赛""中华大学生研究生诗词大赛"与"中山大学暑期诗词学校",主持"二十世纪旧体诗词大事编年"(国家哲学社会科学规划 2014 年立项,结项等级优秀,书稿入选"广东哲学社会科学文库")、"唐宋词在现代演唱情况研究及文献整理"(教育部 2021 年立项)、"唐宋诗词经典导读课程改革研究"(广东省教育厅 2017 年立项),主持建设诗词鉴赏教学课件(获中山大学 2003—2004 年教学软件评比一等奖)等。

在当代诗词创作、整理、点评、研究上贡献尤多,主要表现在以下方面:

(1) 主编诗词写作教程与当代诗词文献,有《诗词写作教程》(中山大学出版社 2011 年)、《中华诗词发展报告·诗词教育》(2016—2018 年度,中国书籍出版社)、《今风雅》系列(《大学生诗词创作大赛获奖作品集(2006—2014)》《2014 年广东省诗词研究与传承研究生暑期学校讲演录》《2017 年中山大学暑期诗词学校讲稿及作品》,中山大学出版社 2014 年、2015 年、2018 年)、《余事集》系列(《中华当代教授诗词选》《中华诗教学会理事诗词选》,中山大学出版社 2011 年、2014 年)、《春风吹过四十年——1977 级大学生诗词选》(湖北人民出版社 2018 年)、《茅台诗词三百首》(中山大学出版社 2020 年)、《女儿香诗词》(岳雪楼书局 2021 年)。

(2) 当代诗词评论,对陈永正、邱世友、施议对、李舜华、周裕锴、钱志熙、刘扬忠、尚永亮、程章灿、莫砺锋、钟振振、汪梦川、陈伟、赵松元、易闻晓、韩倚云、张一南、路景云、胡可先、陶然、褚宝增、苏炜、景蜀慧、陈思和、蒋蕴慧等当代作者诗词的荐评相继发表在《学术研究》《中山大学学报》《中国诗歌研究》《诗词家》《心潮诗词》等刊物上,知人论诗,展现当代诗词风采。

(3) 有助于诗教推广的学术论著。2010 年在中山大学出版社出版《唐诗宋词经典导读》、2015—2020 年间在《学术研究》《心潮诗词》发表《当代格律诗词四类诗群概观》《求正容变与诗教和诗赛》《诗词预设的真实性和可能性》《论诗词之用典》等论文,结合实际,探讨当代格律诗词的作者类型、适用技法与比赛评审规范等。

其他词学论文也能与当代创研相辅相成。研究重点一是词的叙事性,《论词的叙事性》一文刊于《中国社会科学》2004 年第 2 期,获广东省 2004—2005 年度哲学社会科学优秀成果奖二等奖;2008—2017 年间又陆续发表了系列论文,探讨词的铺叙、叙事理路等。二是辛弃疾与柳永的思想特色与人格魅力，1993—2006年间在《词学》《学术研究》等刊物上发表了系列论文，探讨辛弃疾词的英雄人格意识、雅人格意识，及其与《世说新语》在文化精神、生命意识、审美情趣上的相通处，浪子词人柳永与正统君臣审美意识的冲突等。这些研究与詹安泰颇有渊源，而能投入热情，自出新意，有助于增强诗词教学的思想性与趣味性；而最受青睐的辛弃疾词也属于同声相应的类型。

他40岁后开始写诗后便沉醉其中，各体兼作，随触即发，率性挥洒，即兴吟诵，神采飞扬，在当代诗词界颇有声望，荣获"诗词中国最具影响力诗人奖"（2015年）、中华诗词研究院"屈原诗学奖——诗学贡献奖"（2021年）等奖项。著有《水云轩诗词》（花城出版社2015年）、《水云轩诗词学自选集》（中山大学出版社2020年）、《素心词》（花城出版社2023年）。词品如人品，即景抒情，清雅畅达，宛如在行云流水间自由翱翔，与小序相得益彰，将20年来中山大学主要词事尽收笔底，堪称词史。试看1997年作《水调歌头·初职中大》云：

> 榕树阅今古，珠水绕名园。钟灵毓秀此地，风雨七十年。曾记中华鼎足，三大名城名校，岭表数中山。人物一时盛，光彩蔚康园。　　忆序经，思寅恪，叹流年。大钟楼下，抠衣踏月访前贤。紫荆花开花落，学子年来年去，世事几悲欢。灯影书香里，卮酒话薪传。

2006年作《南乡子》序云："首届穗港澳大学生诗词大赛颁奖典礼在中山大学举行，当晚众嘉宾评委并诸生燕集康乐园，酒酣而歌，鸥击节碎箸，众人遂约以'击节碎红牙'起句，各作《南乡子》以绪风雅。"词云："击节碎红牙。素手清唇蝶恋花。记取康园风雅事，鸣笳。且任诗心醉晚霞……"2007年作《满庭芳·侍邱公春游》序云："丁亥早春，广州雕塑公园郁金香竞放，邱公携后学赵福坛、吴承学、孙立、张海鸥、彭玉平诸教授踏青赏花。"词云："正郁金香淡，桃李花浓。弟子相拥啸咏。人争看、词客诗翁。"2012年作《蝶恋花》四首序云："彭玉平教授送毕业生之《蝶恋花》有'五月凤凰花似酒'秀句。吾深喜其风神摇曳、意趣别致。因念数年前如此花季，各作'共看一树凤凰花'《鹧鸪天》词。今再拟故事，为郁文堂稍添雅趣。"其一词云："五月凤凰花似酒。酝酿千秋，馥郁浑如旧……持弄弦歌邻户牖。共此芳华，道艺相期守。且放疏狂轻紫绶。素心人远风怀久。"校园风物、师生交谊与风雅日常历历可感，击节畅游其间的作者形象更是呼之欲出。

在上述诸师指导与其他同仁协助下，中文系词学教育在新世纪蓬勃发展。2005年成立岭南诗词研习社，由吴承学负责，邱世友、陈永正、张海鸥、彭玉平任顾问，徐晋如任社长，以中山大学文体学研究中心网站为交流平台，兼葭为象征，后发展为中国高校学生诗词社联络中心。2006年6月，举办"兼葭杯"首届中山大学学生诗词创作大赛，此后成为固定赛事，从2013年开始邀请其他高校师生共同参与，至今已成功举办十一届，2015年获教育部"礼敬中华优秀传统文化示范项目奖"。2006年12月，与香港中文大学中国语言及文学系、澳门大学中文系联合举办"穗港澳大学生诗词大赛"，此后成为固定赛事，从2010年开始拓展为涵盖全球华文地区高校的"中华大学生研究生诗词大赛"，至今已成功举办十三届，引起诗词界和媒体界的广泛关注。2009—2022年间主办了第一至第四期"中山大学暑期诗词学校"，招收学员为诗词素养良好的本、硕、博学生，邀请校内外诗词名师前来授课，培训目标是提高诗词理论修养、研究能力与创作水平，被誉为"诗词黄埔"。2010年，成立中华诗教学会，以中山大学中国文体学研究中心为依托，由叶嘉莹担任名誉会长，陈永正任会长，如今由张海鸥继任会长。在"陈永正诗教基金"支持下，联合内地和港澳台地区60余所高校，主持编写高校诗教教材、培训高校诗词精英、出版教师诗词集、举办诗词研讨会，社会反响良好。2018年开始"唐诗和唐宋词经典导读慕课"建设（中山大学教务部立项），由张海鸥主持，彭玉平、张奕琳、彭敏哲、王卫星、彭建楠参与，今已完成，面向国内高校展开线上教学。

2018年8月，王卫星入职中山大学中文系，开设旧体诗词写作、诗词联鉴赏与写作、宋元文学史、唐宋词导读、中国古代文学经典等课程。

王卫星（1984— ），广西南宁人。现为中山大学中文系副教授，博士生导师，广州诗社副社长。本科与硕博连读均在中山大学中文系，师从彭玉平。2012年获博士学位后，进入武汉大学文学院博士后流动站工作，师从陈水云。2014年出站后回到中山大学，任现职前担任中文系特聘副研究员。雅好诗词联创作，学生时代是岭南诗词研习社第一届社员，担任《粤雅》第二期主编。词作在首届穗港澳大学生诗词创作大赛，中山大学首届、第二届、第五届"兼葭杯"诗词创作大赛中均获一等奖。如今担任岭南诗词研习社指导老师与诗词赛评委。主要从事词学研究，著有《词体正变观研究》（国家社会科学基金后期资助项目，上海人民出版社2021年，获第十届广东省哲学社会科学优秀成果奖二等奖、第八届夏承焘词学奖三等奖），在《文艺研究》《文学遗产》等刊物发表《词坛三李说考论》《宋词新风：柳永长调论析》

《朱彝尊〈蕃锦集〉的用调特色与技法论析——兼论集句词的创研方式》等论文。主要学术目标是通过理论、作品与创作相结合的方式，探讨诗词体演进与词学发展史。目前成绩尚微，但生性爱词，有志于学，希望能依仗深厚学缘，为中山大学词学教研尽绵薄之力。即如博士毕业时赠别恩师的《鹧鸪天》云：

　　　　学海沉浮几度寻。春风导引入词林。拂开浩瀚千秋月，照彻迷茫一寸心。　　迎紫气，度金针。渐教青涩转修森。尚无妙悟升堂室，愿致精诚嗣玉音。

2023年2月，莫崇毅经中山大学"百人计划"引进，入职中山大学中文系，开设词学专题研究、中国古代文学经典、大学语文等课程。

莫崇毅（1986—），湖南衡阳人。现为中山大学中文系副教授，硕士生导师。本科与硕士阶段就读于南京大学文学院，师从张宏生；博士阶段就读于香港大学中文学院，师从詹杭伦；2016年起进入南京大学艺术学院工作，2016—2019年为博士后专职科研人员，师从程章灿；2019—2022年为特任副研究员。主要从事词学研究，尤擅清词研究。自2007年起加入《全清词》编纂研究团队，先后参与了《全清词·顺康卷补编》《全清词·雍乾卷》《全清词·嘉道卷》的编纂工作，当前正着手《全清词·光宣卷》的编纂工作。主持国家社会科学基金青年项目"清词自注研究"，2017—2022年间在《文学遗产》发表《衰病与自救：浙西词派发展中的转关与进境》《统序与轨式——张炎词史地位升降与常州词学师法门径的建构》《读者之心：论周济"词史"思想在清季的实现》《晚清民初词坛的严苛声律观念及其影响》等论文，将词学、词作、词律与词史研究贯通起来，展现出独到的视角与见解。主要学术目标是梳理自晚明至民国时期的词史与词学发展史，并对明清词学进行反思。

结语　百年如晤，一脉相承

回顾百年，如在目前，中山大学中文系词学学科的三大特色昭昭可见：一是良师益友，薪火相传；二是学词词学，相得益彰；三是声情并茂，教学相长。这些特色能顺应词体体性与教学规律，促成词学演进与诗教发展，又契合于历来师资的品格与学养，故能发扬光大，推动词学学科不断进步。在新世纪，词学学科将通过持续推进能适时振兴的研究课题、开设更多优质创研课程、加强建设中华诗教学会与岭南诗词研习社、在校内外持续主办有影响力的诗词竞赛、线上线下教学相结合等方式,充分发挥学科特色优势,与和谐社会的文化建设结合起来,为传统文化的当代传承、革新与推广贡献力量。

漫步康乐园中,前辈词中声情同样亲切如晤。正是"旧兰无恙"(陈洵《点绛唇·风余小集示从游诸子》),"高干摩空"(龙榆生《浪淘沙·红棉》),"五月凤凰花似酒"(彭玉平《蝶恋花·送别毕业生》),"一片浓情君记否"(陈永正《蝶恋花》)?"饱阅沧桑春不老","支柱南天道独尊"(詹安泰《减字木兰花·中山大学卅七周年纪念》)。最后,谨以《沁园春》词一阕,致敬中山大学中文的词学前辈,迎接百年校庆与词学后生。

百变云兴,百粤风流,百载火传。看海桑换劫,风余独秀,庭兰无恙,岭外争妍。桃李成蹊,凤凰似酒,醉倚红棉染杜鹃。三迁后,幸丹心未改,重聚康园。　　良师博古开先。爱迭起清音出少年。究学词词学,貌离神合,乐词词乐,藕断丝牵。参酌声情,精研韵律,融会群言继雅篇。英华盛,耀珠江水月,共柱南天。

戏曲学科史

20世纪初,王国维撰成《宋元戏曲史》,将戏曲研究推上学术殿堂,使元曲成为与唐诗、宋词并肩的"一代之文学";随后,吴梅在南北多所高等学府讲授曲学,把戏曲引入大学课堂,以一腔热忱化育桃李,让戏曲学逐渐发展成高等教育体系之下的"专门之学"。

20世纪50年代,王季思与董每戡相聚岭南,联手建立了中山大学的戏曲研究学科。这两位学者以严谨沉实的文献功力、贯通中西的研究观念、兼收并蓄的学术视野与春风化雨的育人理念,全方位拓展了戏曲研究的领域,培养出一支实力雄厚的学术团体,使中山大学成为古代戏曲的研究重镇。从20世纪50年代至今,中山大学的戏曲学科历经数代学人的努力,在学科建设、研究成果与人才培养等方面取得了斐然的成果。回顾这70年的学科发展史,既可视为新中国学术史的缩影,也记录下中山大学戏曲研究者的不懈耕耘、薪火相传的历史足迹。

一、学科源流

中山大学的戏曲学科源远流长,最早可追溯至20世纪20年代。

1927年夏,吴梅赴中山大学任教,首次将戏曲学带到中文系的讲坛,他在中山大学出版部出版了《曲选》,作为课程的讲义。同年秋,傅斯年主持创立了中山大学语言历史学研究所。在此前后,顾颉刚与容肇祖、董作宾、钟敬文等成立了中山大学民俗学会,并在1928年创办《民俗》周刊、开放风俗物品陈列室。在学会成立之初,顾颉刚"以调查蒐集及研究本国之各地方各民族之民俗学为宗旨"[①],发起收集民俗唱本,为民间小说、戏曲与歌谣撰写提要。在接下来数年里,顾颉刚派人至北京孔德学校抄录车王府旧藏曲本。这是中国学术界最早有意识收集俗文学文献的举措,给中山大学积累下一批珍贵的曲本。这些前贤所做的工作,犹如在土壤中播下一颗充满生命力的种子,为中山大学戏曲学科的建立与发展奠定下扎实的基础。

荏苒百年,隽永铭刻。昔日埋下的种子,如今已长成参天大树。

(一) 1948—1980年:筚路蓝缕开新业,风雨飘摇志坚存

在20世纪中叶,王季思与董每戡先后南下入粤,到中山大学任教。黄天

---

① 佚名:《国立中山大学语言历史研究所概览》(内部资料),中山大学1928年版,第25页。

骥在回忆两位老师时，曾有如是感慨："我在中山大学求学期间，王老师教我如何从事古代戏曲考证校注的工作，董老师教我如何从舞台演出的角度看待剧本。"① 这两位学者都来自"南戏之乡"温州，王季思长于文献校释，以治经史之法治曲，精研宋元戏曲；董每戡学贯中西，既是编剧，又是导演，舞台经验丰富，所以创造性地把西方戏剧与中国戏曲的研究接轨。作为中山大学戏曲研究团队的第一代学人，他们二人各扬所长，互补并存，让戏曲学成为中山大学中文学科中的一门"显学"。

王季思（1906—1996），名起。浙江温州人。自小喜欢戏曲，每逢春秋两季，社戏频繁，常常私自跑去看戏。中学时期，他曾借住在清末名儒孙诒让家中，从孙氏手稿、校本与论学信札中初识治学门径，习得校勘考证之学。1925年，王季思考入东南大学中文系，跟随吴梅学习词曲之学，并在闻一多的指导下，从事话剧与新诗创作。其间，他参加过剧社，编写了《下西洋》与《戏中戏》两个剧本。这些经历对他日后的戏曲研究有很大的帮助。王季思在晚年回忆时坦言："直到今天，我还不愿脱离当前的舞台演出来研究古代戏曲作品。"② 大学毕业后，他辗转在浙、苏、皖地区教书，利用业余时间潜心学术，摘录元曲中的方言俗语，从笔记小说中探索元杂剧的本事来源。1931年，抗日战争爆发，他在逃难之际仍随身携带《元曲选》与《西厢记》。1944年，《西厢五剧注》出版，受到学界的一致好评。他以暖红室覆刻凌濛初刊本为底本，参照各种版本，将异体字整齐划一，注释难解字词与典故，并对方言俗语进行解释，为学界提供了一部精良的读本。这部著作是他学术生涯的里程碑，标志着他的学术研究走向成熟。

1948年，王季思从杭州调任中山大学。他继承恩师吴梅的衣钵，讲授词曲学，也开启了他在中山大学48年的执教生涯。在此后10年中，王季思继续从事古典文学与中国戏曲研究。在校勘考证的基础上，他联系作品的时代背景与社会思潮，先后修订出版了《集评校注西厢记》（开明书店1949年），撰写了《从莺莺传到西厢记》（古典文学出版社1955年）及一批关于关汉卿、马致远、高则诚等剧作的论文。在新中国成立之初，这些研究成果极大地拓展了古代戏曲研究的宽度与深度。

董每戡（1907—1980），原名董国清，又名董华。他少时在温州的教会

---

① 黄天骥著：《情解西厢——〈西厢记〉创作论》，广东人民出版社2018年版，第324页。

② 王季思口述，师飚执笔：《王季思自传》，载北京图书馆《文献》丛刊编辑部等编：《中国当代社会科学家》（第六辑），书目文献出版社1983年版，第63页。

中学学习，后考入上海大学中国文学系。毕业后，在瞿秋白的影响下，参加了中国共产党。1928年，董每戡东渡日本，在东京日本大学文学院专攻戏剧。1929年底，他返回上海，投身革命文艺工作，其间担任过导演与编剧，创作了一批针砭时弊的爱国戏剧，受到鲁迅与郁达夫等人的好评。其中，尤以《C夫人的肖像》成就最高。40年代起，董每戡先后在四川、南京、上海与湖南任教，转入戏剧教学与学术研究。在这段时间中，他相继撰成《西洋戏剧简史》（商务印书馆1949年）、《中国戏剧简史》（商务印书馆1949年）与《说剧》（文光书店1951年），奠定了他在学界的地位。

1953年，在时任中山大学中文系主任王季思的引荐下，董每戡带着成熟的"中国戏剧史"教学体系进入中山大学。来到中山大学任教后，他率先开设"中国戏剧史"课程，这也是全国高校首开同类课程。课余时间，董每戡还指导学生排演话剧，让学生在舞台实践中分析剧本，从而领悟戏剧的矛盾与张力。

此前，王国维的《宋元戏曲史》被视为中国戏曲研究的开山之作，后人的研究大抵沿袭着他"以案头文本为主，梳理史料，厘清脉络"的路子。董每戡则在肯定王国维开宗贡献的前提下，提出了不同于《宋元戏曲史》的"剧史学"理论体系。在他看来，戏剧史研究应注意戏剧的特点："戏剧本来就具备这双重性，它既具有文学性（Dramatic），更具有演剧性（Theatrical），不能独夸这一面而抹煞那一面的，评价戏剧应双面兼重。"① 董每戡对表演的强调，为传统戏曲研究辟出了新的思路，他的教学，给黄天骥等学生以很大的启发与影响。董每戡结合文化人类学、艺术发生学、民俗学、语源学研讨中国戏剧形态的发生与沿革，丰富其戏剧理论，同时着手调查各类地方戏，其间撰写了《〈三国演义〉试论》（古典文学出版社1956年）、《琵琶记简说》（作家出版社1957年）等论著。

1953—1957年，王、董两位学者切磋琢磨，革故鼎新，持续推出卓著的戏曲学研究成果，也着手培养黄天骥、苏寰中等一批年轻学者。但好景不长，在此后的20年中，运动迭起，王季思与董每戡的学术研究受到很大冲击。

1957年，董每戡在"反右派"运动中被定为"极右分子"，被剥夺授业资格。次年9月，迫于处境困难，他携夫人与儿子移居长沙。在湖南的20年间，生活非常艰难，董每戡奔波流离，粥饭难继，病体羸弱，苦心撰成的著作也不能出版。然而，在如此困厄之下，董每戡仍坚持以戏曲研究为业。在

---

① 董每戡著：《中国戏剧简史》，商务印书馆1949年版，"前言"第6页。

1958—1966 年的 7 年间,他在增修旧著的同时,陆续撰成《中国戏剧发展史》(1959 年)、《笠翁曲话论释》(1959 年)与《五大名剧论》(1962 年),总计约 110 万字。在"文革"中他频繁遭遇批斗、抄家,前两部著作被抄走而佚失,《五大名剧论》虽躲过了红卫兵的搜查,却因藏在灶膛底,被老鼠啃去一部分。然而,董每戡并未被命运打倒,他以左手食指推动因病颤抖的右手,在废杂纸拼成的"百衲纸"上凭记忆重写了这部书稿。他在回忆这段悲痛的经历时,曾赋诗云:"一箱论稿十箱书,珍护何曾饱蠹鱼?病手推成文百万,无端野火付焚如。"

1979 年 5 月,董每戡的"右派"身份得以平反。重回中山大学校园后,董每戡十分兴奋,曾赋诗高吟"自珍笔底留奇气,彩笔精描未了生"。他马上把增订版《说剧》整理好,交付人民文学出版社,同时计划重写《中国戏剧发展史》。可天不遂人愿,仅在 9 个月后,这位戏曲专家便与世长辞,这部著作最终无缘问世。纵观董每戡的一生,他留下了一批贡献卓著的学术成果,传承了包容与开放的治学态度,更将坚韧不拔的精神植根于中山大学戏曲研究团队之中。

从 1958 年至 1965 年,王季思则要幸运得多。在这一时期,他在中山大学继续从事教学科研工作,也把一部分工作重点放在培养后学上面。1958 年,王季思与苏寰中、杨德平合作编撰《桃花扇校注》。1961 年,应教育部之聘,他与游国恩等人共同主编《中国文学史》,王季思负责宋元文学及各时期戏曲史的编写。赴京之前,王季思把教育部委托的《中国戏曲选》教材编撰工作交给了黄天骥、苏寰中。王季思有意磨练两位年轻教师的性子,叮嘱他们要从校勘元人杂剧的不同版本入手,弄清版本源流,通过细致的校勘来编排全书条例与各剧注条。他在临行前留下的一句"聪明人要下笨功夫",从此成为中山大学戏曲研究团队的诫语。

1966 年,王季思在"文革"中被贴上"反动学术权威"的标签。此后,批判大字报、批斗、住"牛棚"、干校劳改接踵而来。在 1967 年的一次批斗中,王季思被打断了两条肋骨,当场晕倒在地。面对精神上的羞辱与肉体上的折磨,他没有向命运屈服。1967—1972 年,在这段不能授课与写作的日子里,他潜心阅读了大量的书籍,为日后释读元人戏曲与整理戏曲选集储备了丰富的理论知识。此后 7 年中,王季思陆续与学生合作出版了《王安石诗文选》(与潘允中合作,广东人民出版社 1975 年)、《评注〈聊斋志异选〉》(与黄天骥合作,广东人民出版社 1981 年),发表了一批学术论文、散文与时评。

1980 年,风波已去,康乐园逐渐恢复昔日平和。这一年,董每戡驾鹤西去,王季思出版了《玉轮轩曲论》(中华书局 1980 年),与黄天骥、苏寰中、吴国钦合作编写的《元杂剧选注》(北京出版社 1980 年)也告完成,他独自带领着中山大学戏曲研究团队继续前行。

回顾两位学者在之前 30 多年的贡献,他们不只留下了优秀的研究成果,培养了一批戏曲学人,更有严谨扎实、融会贯通的治学路径,以及对学术的诚挚热爱、在困境中永不屈服的坚毅精神。正是这些宝贵的财富,滋养着中山大学戏曲学科兴盛发展。

(二) 1980—1999 年:固本培元筑根基,众志成城编元曲

自 1980 年以后的 20 年间,中山大学戏曲学科进入了蓬勃的发展期。在学术队伍建设上,形成了以王季思为核心,黄天骥、吴国钦为中坚力量,包括康保成、欧阳光、黄仕忠等年轻学者的三代学人团体;在学术成果上,团队凝聚众人之力量,撰成 12 卷《全元戏曲》(人民文学出版社 1990 年),并持续地推出丰硕的戏曲研究成果。

1980 年,王季思受教育部委托,在中山大学主持全国高校中青年教师古代戏曲研讨班,为各省区高校培训了一批从事戏曲研究的教师。1981 年,王季思被国务院学位办批准为全国首批博士生导师之一。在这 10 年中,他出版了《玉轮轩古典文学论集》(中华书局 1982 年)和《玉轮轩曲论三编》(中国戏剧出版社 1988 年),与学生合作选编与整理了一批戏曲作品选集,其中包括:《元散曲选注》(与洪柏昭等合作,北京出版社 1981 年)、《中国十大古典喜剧集》和《中国十大古典悲剧选集》(此二书与李悔吾、萧善因合作,上海文艺出版社 1982 年)、《中国戏曲选》(人民文学出版社 1985 年)、《元明清散曲选》(与洪柏昭、谢伯阳合作,人民文学出版社 1988 年)等。同期,王季思与黄天骥合作,陆续招收了薛瑞兆、康保成、郑尚宪、黄仕忠、景李虎等博士生,在他们的悉心培养下,这些年轻学人迅速成长,其中康保成、黄仕忠毕业后留校,成为中山大学戏曲团队第三代学人的中坚力量。

在 20 世纪 80 年代,中山大学戏曲团队的中青代学人也在古典文学领域做出了出色的成绩。黄天骥在 1983 年出版了《冷暖集》(花城出版社)与《纳兰性德和他的词》(广东人民出版社)。1984 年,他由国务院学位委员会学科评议组评定为博士生导师,兼任中山大学中文系主任。他与欧阳光合作编撰的《李笠翁喜剧选》(岳麓书社)也在这一年出版。同期,吴国钦的《中国戏曲史漫话》(上海文艺出版社 1980 年)、《西厢记艺术谈》(广东人

民出版社1983年)与《关汉卿全集》(广东高等教育出版社1988年)陆续问世。罗斯宁与欧阳光则分别出版了《〈绿牡丹〉校注》(上海古籍出版社1985年)与注释本《娇红记》(上海古籍出版社1988年)。他们继承了王季思与董每戡两位先生的治学路径,在精研文本的基础上,融汇多学科的理论知识,对作品做出了独到的阐释与解读。

1985年,王季思带领团队着手编校《全元戏曲》。这项工作后来被全国高等院校古籍整理研究工作委员会(以下简称"古委会")列入"七全一海"工作①。在立项之初,王季思已是年满80岁的耄耋老人,他在组织工作开展的同时,更亲身参与了曲本的校点、辑录与比勘,并最后审定全书。

元曲与唐诗、宋词并称,被视为元代文学的标志。但是,元代戏曲一直没有编成总集,作品处于分散的状态。中山大学戏曲研究团队搜罗了现存所有元代杂剧和宋元南戏的完整文本与残折、残曲,汇成总集。他们悉心点校、辑录曲本,对版本、作者、曲辞与音律加以甄别校勘,力求翔实明确,并在校记、作者小传、剧目说明与附录中融入自己的研究成果。《全元戏曲》收录完整的杂剧210种、南戏19种,散出与佚曲若干,全书体例统一,校勘、断句准确,尽可能完整、本色地体现元代戏曲的剧本面貌。因此,这部集子不仅为古典戏曲的编撰体例提供了参考模范,更是一部集资料性、学术性与可读性于一体的戏曲全集。

以往称"元曲",多指北曲,所以学者只是单独整理北曲杂剧。《全元戏曲》第一次将元人杂剧与宋元南戏汇为一集,真正将元代南北戏曲融为一体,从中可以看到有元一代戏曲的演进。从元初杂剧中心在北方,到后来移至南方杭州,到元末元杂剧创作衰歇之际,《琵琶记》等南戏继起,表明元代戏曲整体上仍在进步。同时,《全元戏曲》还将由元入明的杂剧、南戏作家的作品也都予以收录,即是不单纯以历史的朝代更迭作为戏曲创作的分界线。因为从明初朱元璋统治时期到永乐初年,一些由元入明的作家仍在世,这个时期虽然已是明代,但戏曲创作其实是元末余势的延续。真正由明人所创造的戏曲(明杂剧和明传奇),要到景泰以后才出现。

《全元戏曲》的编撰过程,也见证了中山大学戏曲研究团队的成长。这部元曲总集的整理工作,前后历时十三载,经历了三个阶段:第一阶段(1986—1990年),完成全部剧本的点校工作,出版了第一、第二卷;第二阶

---

① "七全一海"工程指《全唐五代诗》《全宋文》《全宋诗》《全元文》《全元戏曲》《全明文》《全明诗》与《清文海》的古籍整理工作。

段（1990—1996年），主要是校读第三至第十二卷排版清样，重点解决南戏部分的校勘体例问题，王季思审读了所有剧本；第三阶段（1996—1999年），1996年4月，王季思因病逝世，其后由出版社完成校对出版，于1999年正式出版。其间，黄天骥、吴国钦、苏寰中、林建、师飚、罗斯宁、欧阳光、薛瑞兆、康保成、郑尚宪、黄仕忠、董上德、景李虎等人共同参与了校勘整理。所以，《全元戏曲》是三代学者的心血凝聚，体现了"集中力量办大事"的团队优势，为之后多项重大科研课题的开展留下了宝贵的经验。项目成员在参与校勘的过程中，积累了丰富的古籍整理经验，对古典戏曲作品有更深的体悟与理解。这段经历对年轻的第三代学人的学术成长具有深远影响。

《全元戏曲》是中山大学戏曲学科在20世纪的里程碑式成果，突出了中山大学戏曲学科"以戏曲校勘为基础、兼收并蓄"的特色，奠定中山大学作为全国戏曲研究重镇的地位。《全元戏曲》出版以后，受到海内外学界的高度肯定，《光明日报》称誉这部曲集"嘉惠学林，方便读者，功德无量"（1999年4月23日）。后《全元戏曲》陆续获得2001年全国古籍整理类图书一等奖、2003年第三届全国高校人文社会科学优秀研究成果一等奖、第五届中国图书奖提名奖等多项荣誉。

自90年代起，黄天骥继承王季思先生的基业，引领中山大学戏曲研究团队开拓新的领域。1996年，为纪念王季思教授，弘扬学术、赓续薪火，黄天骥多方筹措资金，在广东高等教育出版社设立"王季思学术基金丛书"，为年轻学者的学术著作提供出版平台。欧阳光《宋元诗社研究丛稿》、黄仕忠《〈琵琶记〉研究》与景李虎《宋金杂剧概论》（广东高等教育出版社1996年）是第一批出版的论著。自此迄今，这套丛书已出版30多种著作，是新时期具有较大影响的戏曲研究丛书，并且陪伴了一批中大学人的成长。

在这一时期，黄天骥提出了"戏曲为主，兼学别样"的学科方针。他以戏曲史或古代文学理论专题为切入点，定期组织青年教师与博士生一起参与研讨，关注学界前沿，形成热烈的讨论氛围。同时，带领团队重读经典，固本培元，集思广益，先后会读了《易经》《诗经》《老子》《论语》《庄子》等经典著作。通过广集版本，精读原典，逐字研讨，共析疑义，从中提出了对经典著作的独到认识与新颖解读。在这样的学术环境下，欧阳光、康保成、黄仕忠、董上德等学者逐渐成为学术骨干，为中山大学戏曲研究团队在21世纪的再度起航，积蓄了力量。

1995年，黄天骥率领欧阳光、黄仕忠、董上德等青年教师参与袁行霈主编的《中国文学史》编撰工作。此书系教育部"面向21世纪课程教材"，中山大学戏曲研究团队主要具体负责第三卷"元代文学"的工作。其间，黄天骥与罗宗强一起协助主编，在确立体例、拟定规则、梳理主干等方面起到了重要的作用。这套教材在 1999 年编撰完成，次年获得全国普通高等学校优秀教材一等奖，至今仍是高校文学史的选用教材，产生了巨大影响。

在 90 年代的 10 年中，黄天骥带领团队在多个领域结出累累硕果，他本人出版了《深浅集》（广东高等教育出版社 1995 年）与《俯仰集》（广东高等教育出版社 1999 年）两部著作，并且延续了王季思先生匡扶后进的传统，合作编撰有《元明散曲精华》（与罗锡诗合作，人民文学出版社 1994 年）、《元明清散曲精选》（与康保成合作，江苏古籍出版社 1996 年）与《元明词三百首》（与李恒义合作，岳麓书社 1997 年）。同期，康保成陆续出版有《中国近代戏剧形式论》（漓江出版社 1991 年）、《苏州剧派研究》（花城出版社 1993 年）、《傩戏艺术源流》（广东高等教育出版社 1999 年），黄仕忠则有《琵琶记研究》（广东高等教育出版社 1996 年）、《中国戏曲史研究》（中山大学出版社 1997 年）等著作，董上德与戚世隽合作编写了《明清文学史》（中山大学出版社 1999 年）。这表明年轻一代学者开始走上学术舞台，成为学术研究的中坚力量。

在此期间，黄天骥还着手整理编纂《董每戡文集》，他一面广泛搜集董先生的遗稿，一面重读先师的论著，悉心校订，最后与陈寿楠合作完成了文集的编订工作。1999 年，《董每戡文集》全三册由广东高等教育出版社出版。彼时，距离董先生与王先生创建中山大学戏曲学科，已时跨近半个世纪。这部文集既寄托了黄天骥对恩师的缅怀，也承载着这位戏曲研究专家的学术理念、治学精神与生命体验，对每一代中山大学戏曲研究学人都具有重要的启发意义。

（三）2000 年至今：秉承传统，多元发展

进入 21 世纪以后，中山大学戏曲学科焕发出新的生命力，形成"学科建设、课题研究、人才培养"三位一体的经典发展模式。在黄天骥的带领下，以戏曲学科为轴心，串联相邻学科，搭建多元化学术交流平台，构成优势学科群。作为中坚力量，第三代学人已成长为戏曲研究领域的知名学者，他们结合新的研究方法与学术理念，继续开拓学术前沿。再者，以大型科研课题带动人才培养，学术团队逐渐壮大。

在新世纪的前五年，中山大学戏曲研究团队就结出了丰硕的成果。2001年，黄天骥主持了国家社会科学基金重点项目"中国古代戏剧形态研究"，

带领团队从"戏剧形态"的角度开拓戏曲研究的新方向；2003年，出版了《诗词创作发凡》（广东人民出版社）和《黄天骥自选集》（广东高等教育出版社）。

中山大学戏曲团队的第三代学者，在承续传统校勘整理的同时，汲取海内外的优秀成果，采用文献、文物和田野调查等方法拓展戏曲研究的新领域。在这一时期，戏曲文献整理方面的成果包括：黄仕忠《风月锦囊笺注》（与孙崇涛合作，中华书局2000年）、《琵琶记导读》（黄山书社2001年），康保成《〈长生殿〉笺注》（中州古籍出版社2002年），董上德《绝妙元曲》（时代文艺出版社2000年）、《元曲精品》（时代文艺出版社2003年）等；戏曲研究论著有黄仕忠《婚变、道德与文学》（人民文学出版社2000年）、康保成《中国古代戏剧形态与佛教》（东方出版社2004年）等。

同期，中山大学戏曲研究团队的第四代学人也开始在学界崭露头角。戚世隽出版了《明代杂剧研究》（广东高等教育出版社2001年）；宋俊华的博士学位论文《中国古代戏剧服饰研究》获评为全国百篇优秀博士学位论文（2004年，黄天骥指导）；黎国韬的博士学位论文《古代乐官与古代戏剧》获全国优秀博士学位论文提名（2005年，康保成指导）；倪彩霞出版《道教仪式与戏剧表演形态研究》（广东高等教育出版社2006年）；刘晓明的博士学位论文《杂剧形成史》被评为百篇全国优秀博士学位论文（2004年，康保成指导）。

2004年，在中山大学成立80周年之际，康保成带领李连生、黎国韬与倪彩霞共同编选了《王季思文集》，借此纪念这位戏曲研究大师。

2005年，由王季思长子王兆凯编校的《王季思全集》，由河北教育出版社出版。此书汇集了王先生一生的学术论著，让后学可以看到他著作的全貌。

2006年，黄天骥当选中国古代戏曲学会会长。同年，设立"黄天骥学术基金"，自此年起，"王季思学术基金丛书"更名为"王季思、黄天骥学术基金丛书"。同年，黄仕忠主编的《日本所藏稀见中国戏曲文献丛刊》（第一辑，18册）由广西师范大学出版社出版。自2001年起，黄仕忠开始全面系统地访查日本图书馆的中国戏曲文献，然后选取其中的孤本、稀见版本，予以影印。历过3年多时间寻访、征集与撰写解题，该丛书的第一辑终得以问世，收录了80余种日本公立图书馆所藏珍稀戏曲文献，这在当时学术界具有拓展的意义，并为黄仕忠后续展开"海外藏珍本戏曲文献整理与研究"奠定了基础。同年，黄仕忠在台湾出版了《戏曲文献研究丛稿》一书，汇集了近10年间戏曲文献研究的论文。

2007年,中山大学"中国非物质文化遗产研究中心"创办学术期刊《文化遗产》。这份刊物是中山大学戏曲、民俗和非物质文化遗产研究的重要学术阵地,在海内外学界具有一定的影响力,现为CSSCI来源期刊。是年,中山大学戏曲研究团队有三部研究论著问世,分别为吴国钦《论中国戏曲及其他》(中山大学出版社)、董上德《古代戏曲小说叙事研究》(广东高等教育出版社)、黎国韬《梁辰鱼研究》(中山大学出版社)。

2009年,黄天骥与康保成带领团队经过8年的努力,完成80余万字的《中国古代戏剧形态研究》(河南人民出版社)。这部著作将形态视为戏剧艺术的关键,突破了以往戏曲研究"重文本,轻形式"的平面化视角,考察完备,维度多元,对中国古代戏剧展开了立体式的创新研究。同年,黎国韬出版了《先秦至两宋乐官司制度研究》(广东人民出版社),该书是国内第一部对古代乐官制度进行通代研究的学术专著,尤以史料详备见长,系统地勾勒了乐官制度的发展历程。

2010年,中山大学戏曲研究团队承担了国家社会科学基金重大项目"《全明戏曲》编纂及明代戏曲文献研究"。这个项目由黄天骥领衔,他与黄仕忠共同主编。早在20世纪90年代初,王季思先生便建议将《全明戏曲》与《全清戏曲》的整理列入古籍整理规划。他也为《全明戏曲》做了一些准备工作,希望这套戏曲丛书能与《全元戏曲》"配套成龙"。① 项目的真正启动则是在2004年,值《全元戏曲》获第三届中国高校人文社会科学研究优秀成果奖一等奖之际,黄达人校长调拨经费支持黄天骥带领的戏曲团队展开前期工作。嗣后以"《全明杂剧》编纂"获得"古委会"重点项目支持,先期进行。

《全明戏曲》项目在继承《全元戏曲》编纂的思路、体例、结构的基础上展开,同时又根据具体情况而有所调整。《全明戏曲》的工程更为浩大,工作难度也呈倍数增长。中山大学戏曲研究团队秉持着"求全"与"存真"的原则,在全世界范围内开展文献搜集工作,然后精选底本,细心校勘,以"俗文学校勘学"理念为指导,以求全面系统地汇集明代戏曲剧本文献,予以校点整理。

编纂《全明戏曲》,对深化研究中国戏曲发展史有着很重要的价值与意义;同时,可为明代社会、语言、文字的相关研究提供宝贵的资料,进而加

---

① 王季思口述,黄仕忠记录整理:《关于古籍整理出版规划的建议》,载王季思著:《王季思全集》(第四卷),河北教育出版社2005年版,第522页。

深学界对明代文学和历史文化的认识。经过 10 年的努力，《全明杂剧》于 2018 年编校完成，已交付中华书局排印。全书共 10 册，汇集有明一代作家的杂剧作品，其中新发现杂剧文本 20 余种。与此同时，明代传奇的整理工作亦在持续地推进，并且基本完成了剧本的校点工作。由于曲本总量浩繁，在录入与清样校读方面，尚需要投入大量的时间与精力。虽然相关工作已经展开将近 20 年，但这是一项超大型工程，需要精益求精，所以，全部工作完成出版，尚需不少时日，它也是对一个团队持久展开大型工程耐力的考验。

2010—2019 年，中山大学戏曲研究团队的学术成果与研究动态大致可归纳为四个方面：

（1）地方戏曲研究。中国戏剧艺术博大精深，各地域都有独具特色的本土演剧文化。可随着时代转移，许多地方戏剧已不复往日光彩，一些民间小戏更濒临消亡。2012 年，康保成带领学生经过近 10 年的努力，完成出版《岭南濒危剧种研究丛书》，引起学界与社会各方的关注。这套丛书（由中山大学出版社出版）包含五种著作：刘红娟《西秦戏研究》，刘怀堂《正字戏研究》，詹双晖《白字戏研究》，陈志勇《广东汉剧研究》，丘煌《广东汉剧音乐研究》。

2014 年，康保成与张军合作编写了《中国皮影戏的历史与现状》。

2015 年，吴国钦完成《潮剧史》（与林淳钧合作，花城出版社），这是第一部完备的潮剧史著，结束了"潮剧无史"的局面。近年来，潘培忠潜心于闽台歌仔戏的调查与研究，丰富了闽台戏剧史和闽台文化交流史的研究。

（2）域外戏曲文献的访查与研究。自明清以来，随着通商贸易与文化交流的开展，中国的戏曲、俗曲文献也通过人口的迁移而传播至世界各地。斗转星移，一些在本土已失传的曲本，在国外的图书馆却有所保留，成为孤本、珍本文献。进入 21 世纪以来，黄仕忠便致力于调查与整理这些散落在日本的戏曲文献，发表多篇介绍日藏戏曲文献的论文，陆续出版《日藏中国戏曲文献综录》（广西师范大学出版社 2010 年）、《日本所藏中国戏曲文献研究》（广西师范大学出版社 2010 年）等著作。

2011 年，黄仕忠申报的"海外藏珍稀中国戏曲俗曲文献荟萃与研究"获国家社会科学基金重大项目立项。他带领团队，对中国戏曲文献的访查范围扩大到全世界；同时拓展研究领域，将海外的俗文学文献也包括进来，全面系统地调查了法国、英国、德国、荷兰等国所藏，为推进中国戏曲与俗文学研究提供丰富的材料。该项目在 2018 年已顺利结项，但调查、编集影印与研究工作仍在持续推进。黄仕忠指导的博士生刘蕊、徐巧越在完成对法、英所藏俗文学文献全面调查研究的基础上，获得国家社会科学基金和教育部项目资助，将会有系列性后续成果面世。

其间，黄仕忠与日本学者合作编刊了《日本东京大学东洋文化研究所双红堂文库藏稀见中国钞本曲本汇刊》（43册，2013年）、《日本所藏稀见中国戏曲文献丛刊》（第二辑，22册，2016年）、《日本关西大学长泽规矩也文库藏稀见中国戏曲俗曲汇刊》（14册，2019年）（均由广西师范大学出版社出版）等。

（3）戏曲、俗曲文献的整理与编纂。每一时代学术领域的推进，都是以新一轮的资料文献整理为基础的；每个领域的开拓，都与视野的扩展紧密相关。在近20年来，黄仕忠在认真整理校订戏曲文献的同时，不仅"向外走"，在海外访曲方面成绩显著，而且努力"向下走"，关注俗文学文献特别是说唱有关文献，先后与学生合作展开对子弟书、木鱼书、粤剧、潮州歌册、闽台歌仔册、车王府曲本、清宫藏曲等的编目、整理与研究，将研究对象的年代，下延到近代、民国乃至当代。

黄仕忠带领团队，经过10余年努力，合作完成《清车王府藏戏曲全编》（20册，1400万字，广东人民出版社2013年）的编校整理，此书先后获全国古籍整理著作一等奖、教育部优秀成果二等奖。同时，黄仕忠编校的《明清孤本稀见戏曲汇刊》也在2014年由广西师范大学出版社出版，此书是"十二五"国家重点图书出版规划项目的成果，其中汇集了他在20余年间在海内外所访得的30余种孤本、稀见戏曲剧本。

陈志勇则在戏曲选本领域做了大量工作。他据曲选本、曲谱等史料，汇集编纂了《明传奇佚曲全编》（中华书局2020年），该书是研究明代戏曲的重要文献资料，向学界提供明传奇佚曲最为完备的汇辑整理本；同时他还编集影印出版了《明清孤本戏曲选本丛刊》第一辑（国家图书馆出版社2017年），后续各辑的编纂工作正在进行中。

黄仕忠则与学生李芳、关瑾华合作，完成了清代北京、沈阳地区流传的"子弟书"唱本的调查、编目、校勘与研究，编纂整理完成《子弟书全集》（全10册，500万字，社会科学文献出版社2012年）和《新编子弟书总目》（广西师范大学出版社2012年）、《子弟书研究》（李芳撰，社会科学文献出版社2022年）。这些整理成果为俗文学学术领域的开拓提供了重要的文献资料。

由黄仕忠和博士生周丹杰、关瑾华、李继明合作完成调查，提供书目，最后由《广州大典》编集完成的《广州大典集部曲类》（43册，国家图书馆出版社 2020 年），是迄今收录广府说唱和粤剧数量最为完备的影印本。他们在完成《木鱼书简目》（2018 年）的基础上，正在编纂《木鱼书总目提要》。

潘培忠在闽台歌仔册研究方面取得重要进展。他在全面调查闽、台公私藏本基础上，将寻访工作扩展至海外，力求最全面汇集歌仔册，通过编目、整理、研究等工作，最终成果《闽台歌仔册全编（初编）》于 2023 年由社会科学文献出版社出版。

（4）戏剧史、古剧与其他研究。在坚守传统的戏曲文本研究之外，中山大学戏曲研究团队还将视野投向更广泛的领域。康保成的《观念、视野、方法与中国戏剧史研究》（学苑出版社 2017 年）在提出新"戏剧"观念的前提下，以新材料、新视野和新方法研究中国戏剧的发生与沿革。这部著作注重个案研究、关注田野调查，在理论层面多有创新，极大地拓展了中国戏剧史的研究范围。

黎国韬则由史料整理与考证入手，向上追溯，系统梳理宋元以前古剧、脚色、舞蹈、勾栏与百戏管理机构的发展、演变历程，对中古时期的清商乐与曲辞做了深入的探讨，著有《古剧考原》（2011 年）、《古剧续考》（2014 年）、《珠三角地区传统舞蹈研究》（2016 年）、《清商乐与清商曲辞论集》（2018 年）（均由中山大学出版社出版）等。

此外，陈志勇先后出版《汉剧研究资料汇编》（武汉出版社 2012 年）、《汉剧史论稿》（人民出版社 2016 年）、《民间演剧与戏神信仰研究》（中山大学出版社 2017 年）等著作。

2012 年，中山大学戏曲研究团队荣获"中山大学芙兰奖"，这是中山大学对全校范围内最优秀学术团队的最高奖励。是年，黄仕忠入选国家重大人才工程。

2016 年，黄仕忠创办学术集刊《戏曲与俗文学研究》。这份刊物主要发表古代戏曲和俗文学方面的研究成果，形成重文献、重实证的办刊风格。自创办以来，《戏曲与俗文学研究》相继荣获人文社会科学集刊年会"2017 年度优秀集刊新刊奖"与"2018 年度优秀集刊奖"，现为 CSSCI 收录集刊。

2017 年，中山大学召开"纪念王季思、董每戡诞辰 110 周年暨传统戏曲的历史、现状与未来国际学术研讨会"，借此缅怀两位先生，号召开创戏曲研究的新局面。

同年，康保成主编《海内外中国戏剧史家自选集》。入选这套丛书的作者，皆是活跃在中国戏剧研究领域第一线的海内外代表性学者，康保成、黄仕忠名列其间。这套丛书遴选每位作者代表性论文结集而成，代表新时期海内外戏曲研究的最高水平。

2018年，黄天骥自编《黄天骥文集》15卷，总计500余万字，由广东人民出版社出版。文集全面展现了他的学术研究历程以及在古典戏曲研究、古诗词研究等方面的成果，是其70余年学术成果的第一次集中展示。

2020年，黎国韬主持的国家社会科学基金重大项目"中国早期戏剧史料辑录与研究"，与黄仕忠领衔"中山大学中国戏曲与俗文学研究团队"开展的国家社会科学基金冷门绝学专项"《全明戏曲》编纂与俗文学编目整理研究"，同时获得立项资助。

2021年，宋俊华主编《非物质文化遗产丛书——粤剧申遗十周年系列》的成果相继出版。这套丛书包含黄纯、孔庆夫、陈雅新与杨迪四位年轻学人的专著，他们从市场生态、声腔艺术、艺术史与演剧排场等多重维度，对广东粤剧开展立体式的探讨，全方位深化了对粤剧艺术文化的研究。

岁月如梭，自王季思、董每戡创立中山大学戏曲研究学科至今，已过七十载春秋。在未来的道路上，中山大学戏曲研究团队将秉持两位先生的学术理念与治学精神，结合时代新精神，继续开拓戏曲研究的新领域，传承学脉，赓续薪火。

二、代表人物与著作

王季思（1906—1996），戏曲史家、理论家。学名王起，字季思，以字行。浙江温州人。1925年考入南京东南大学中文系，师从吴梅等先生，学习古代词曲和戏曲，同时参加吴梅组织的"潜社"，从事诗词和散曲的创作。大学毕业后，先后在浙江、安徽、江苏的几所中学任教，其间搜集了大量元曲资料。从40年代初到1948年，先后在浙江大学龙泉分校、杭州浙江大学、杭州之江文理学院等高校任教，潜心于元杂剧和中国文学史的研究。1948年夏，王季思先生从杭州调来中山大学。1962年，受教育部之聘，到北京大学和游国恩等先生一起主编《中国文学史》，先后历时三年，并在北京大学任教。1981年，被国务院学位办批准为全国首批博士生导师之一。1985年，以八十高龄领衔编校《全元戏曲》。代表著作有《西厢五剧注》《集评校注西厢记》《从莺莺传到西厢记》《玉轮轩曲论》《中国十大古典悲剧集》与《中国十大古典喜剧集》等。

董每戡（1907—1980），中国著名戏剧家、戏曲史研究专家。浙江温州人。1926年毕业于上海大学。1928年东渡扶桑，进日本大学文学院专攻文学与戏剧。1929年底返国，任教于上海戏剧专科学校。30年代初，董每戡加入左翼作家联盟、左翼剧联，并在剧联从事进步的戏剧活动。在这段时间里，他创作了许多剧本，主要有《C夫人的肖像》《饥饿线》《黑暗中的人》《典妻》等。抗战爆发后，先后在长沙、武汉、成都、贵阳等地参加抗日救亡宣传，创作和导演《神鹰第一曲》《最后的吼声》《天罗地网》《秦淮星火》等剧。1943年，董每戡转入教学工作，先后执教于四川三台东北大学、金陵女子文理学院、大夏大学、上海戏剧专科学校等院校，并任上海商务印书馆编审。新中国成立后，他到湖南大学中文系任教。1953年任中山大学教授，1956年被中山大学评为二级教授。1957年被错划为"右派"，回湖南长沙"自谋生路"。1979年落实政策后重回中山大学工作。1980年2月病逝。代表著作有《中国戏剧简史》《西洋戏剧简史》《琵琶记简说》《说剧》与《五大名剧论》等，另有《中国戏剧发展史》手稿，在"文革"中佚失。

黄天骥（1935— ），广东广州人。1952年考入中山大学中文系，师从王季思、董每戡先生，1956年毕业留校任教，为中山大学中文系教授、博士生导师，国务院学位委员会第二届学科评议组成员；国家古籍整理出版规划小组成员，全国高等院校古籍整理研究工作委员会会员，中国古代戏曲学会会长、中国戏曲学会副会长，广东省学位委员会委员，广东省文史馆名誉馆员。曾任中山大学中文系主任，中山大学研究生院常务副院长。曾获教育部第二届"高等学校教学名师奖"、全国教育系统模范教师、广东省社会科学优秀成果奖特别学术成就奖等。著有《纳兰性德和他的词》，1985年获广东省社会科学优秀成果二等奖；参与编选的《中国戏曲选》1987年获教育部教材一等奖；主编《中国文学史》（宋元卷）2000年获得国家图书一等奖，2001年获北京市第三届人文社会科学优秀成果特等奖；协助王季思完成《全元戏曲》的编校出版，获第三届高校人文社会科学研究优秀成果奖著作类中国文学一等奖等。出版《冷暖集》《俯仰集》《诗词创作发凡》《周易辨原》《情解西厢：〈西厢记〉创作论》《意趣神色：〈牡丹亭〉创作论》和《黄天骥文集》（15卷）等，并在《文学评论》《文艺研究》《文学遗产》等刊物发表论文百余篇。主持国家社会科学基金重大项目"《全明戏曲》编纂及明代戏曲文献研究"等。

吴国钦（1938— ），广东汕头人。1957年9月考入中山大学中文系，1961年9月本科毕业，师从王季思教授攻读宋元明清文学（以戏曲为主）研究生。1965年7月起任教于中山大学，为中文系教授、博士生导师，享受国务院政府特殊津贴。参与王季思先生主编的《元杂剧选注》《中国戏曲选》

《全元戏曲》的校注与编写。出版专著多种。其中，《中国戏曲史漫话》曾获广东省哲学社会科学优秀著作一等奖；《潮剧史》（与林淳钧合作）是第一部全面系统的潮剧史著作，获第七届潮学奖特等奖、汕头文艺奖和广东鲁迅文艺奖；另有论文集《论中国戏曲及其他》《古典戏曲与潮剧论集》等，编有《元杂剧研究》（合作），主编《中华古曲观止》等。曾在《中山大学学报》等刊物发表论文及评论文章多篇。

康保成（1952—），河南郑州人。1982年毕业于河南大学中文系，获文学硕士学位。1987年师从中山大学中文系王季思、黄天骥，获文学博士学位，留校任教。研究方向为中国戏曲史，侧重从戏剧与民俗、宗教的关系方面入手，探讨古代戏剧形态的演变。曾任教育部人文社会科学重点研究基地中山大学中国非物质文化遗产研究中心主任，四川大学中国俗文化研究所学术委员，中国古代戏曲学会副会长，中国戏曲学会常务理事，中国傩戏研究会顾问，《文化遗产》主编，《学术研究》《民族艺术》《戏剧艺术》《中国韵文学刊》编委，《四川戏剧》顾问，广东省剧协顾问等。曾任教于日本九州大学文学部、台湾中央大学中文系，并多次赴欧美和亚洲多个国家和地区进行学术交流。在《中国社会科学》《文学评论》《文艺研究》《文学遗产》《文史》等学术期刊发表论文百余篇，出版《傩戏艺术源流》《中国古代戏剧形态研究》等著作10部。曾获得教育部人文社会科学优秀成果奖二等奖，广东省人文社会科学优秀成果奖一等奖、二等奖，全国非物质文化遗产保护先进个人等奖项和称号。

黄仕忠（1960—），浙江诸暨人。1978年考入杭州大学中文系，1985年在杭州大学中文系师从徐朔方教授获硕士学位，1989年6月在中山大学师从王季思、黄天骥教授获博士学位。主要从事中国古代戏曲研究与整理。现为中山大学中文系教授，中山大学中国古文献研究所所长。2013年入选国家重大人才工程；2016年入选国家"万人计划"哲学社会科学领军人才。创办中山大学学术集刊《戏曲与俗文学研究》（CSSCI收录集刊），任主编。曾兼任中国俗文学学会副会长、中国戏曲学会常务理事及中国人民大学、山东大学兼职教授等。主持国家社会科学基金重大项目"海外藏珍稀戏曲俗曲文献汇萃与研究"、"《全明戏曲》编纂及明代戏曲文献研究"（与黄天骥教授共同主持）、教育部古委会重大项目《明代传奇全编》等。主持完成《日本所藏稀见中国戏曲文献丛刊》《新编子弟书总目》《子弟书全集》《清车王府藏戏曲全编》《日本东京大学东洋文化研究所双红堂文库藏稀见中国钞本曲本汇刊》《明清孤本稀见戏曲汇刊》《日本关西大学长泽规矩也文库藏珍稀戏曲俗曲汇刊》等多项古籍整理工作，成果获评全国优秀古籍图书一等奖、二等奖，高等学校科研优秀成果奖二等奖、广东省哲学社会科学优秀成果三等奖、中国新闻出版政府奖提名奖等多个奖项。代表性学术专著有《琵琶记研究》《日藏中国戏曲文献综录》《日本所藏中国戏曲文献研究》《海内外中国戏剧史家自选集·黄仕忠卷》等，在《文学评论》《文学遗产》等学术刊物发表论文数十篇。

欧阳光（1953— ），生于四川省成都市，祖籍河南。1976年本科毕业于中山大学中文系，1981年毕业于中山大学中文系并获硕士学位。留校任教，先后任讲师、副教授、教授，1999年获博士生导师资格。2002—2011年任中文系主任。在校期间，曾为本科生及研究生开设明清文学史、古代典籍选读、中国文学史专题研究、中国戏曲史专题研究、文献学基础、宋元诗社研究等课程，2018年4月退休。曾兼任教育部中文学科教学指导委员会委员、元代文学研究学会副会长、广东省中国文学学会副会长、中国戏曲学会理事等。出版专著《影湖居甲乙稿》《宋元诗社研究丛稿》，及《元明清戏剧分类选讲》（主编）、《娇红记》（注释）、《李笠翁喜剧选》（与黄天骥合作）、《镜花缘》（校注）、《古代十大词曲流派·第一卷》（选注）等，参与《全元戏曲》《全明戏曲》的整理工作，在《文史》《文学遗产》等期刊发表学术论文多篇。

董上德（1959— ），广东顺德人。1978年就读于中山大学中文系，现为中山大学中文系教授，博士生导师。主要从事中国戏曲史、中国古代小说史等领域的研究，尤其注重对小说和戏曲互渗、互动关系的研究。为本科生及研究生开设了明清文学史、古代小说专题研究、中国古代典籍选读、中国古代文言小说研究、古代戏曲史专题研究、中国文学史专题研究等课程。在《文学遗产》《戏剧艺术》《中山大学学报》等期刊发表论文，出版学术专著三部，参著一部。代表性著作有《古代戏曲小说叙事研究》《岭南文学艺术》等。

宋俊华（1968— ），中山大学中文系教授，博士生导师，中国非物质文化遗产研究中心主任。2004年获全国百篇优秀博士学位论文奖，2006年入选广东省高等学校第四批"千百十工程"校级培养对象、教育部"新世纪优秀人才"，2010年入选广东省高等学校第六批"千百十工程"省级培养对象、第三届广东省委宣传思想战线优秀人才"十百千工程"第二层次培养对象。主要研究方向为中国传统戏剧史、非物质文化遗产理论与实践。主持国家社会科学基金重大项目"非遗代表性项目名录和代表性传承人制度改进设计研究"（2017 年）。代表性著作有《中国古代戏剧服饰研究》《非物质文化遗产保护研究》《中国古代戏剧形态研究》等。

黎国韬（1973— ），中山大学中文系教授，博士生导师，古代戏曲研究室主任。长期从事中国古代戏剧史、中国古代音乐史、中国古代诗歌史、中国非物质文化遗产学的研究和教学工作，已出版学术专著 7 部（共计 200 多万字），发表专业论文 140 多篇，主持国家社会科学基金项目 3 项，其中重点项目"历代教坊史料辑录与研究"（2017 年），重大项目"中国早期戏剧史料辑录与研究"（2020 年），以及教育部人文社会科学基金项目 3 项，中国博士后科学基金 1 项，广东省哲学社会科学规划项目、中央高校科研业务经费项目等多项。主攻古剧研究、乐官制度及其乐府诗研究。代表性著作有《古代乐官与古代戏剧》《先秦至两宋乐官制度研究》《古剧考原》《古剧续考》《珠三角地区传统舞蹈研究》《清商乐与清商曲辞研究》。

陈志勇（1975— ），中山大学中文系教授，博士生导师，兼任教育部人文社会科学重点基地中山大学中国非物质文化遗产研究中心副主任。主要研究方向为中国戏曲史、戏曲民俗学、戏曲文献学。发表专业论文 70 余篇，主持并完成国家社会科学基金项目 2 项，教育部人文社会科学研究项目 2 项，以及博士后面上基金和省部级科研项目多项。代表性著作有《广东汉剧研究》《汉剧史论稿》《民间演剧与戏神信仰研究》《汉剧与汉派文化》《明传奇佚曲全编》等。主编《汉剧研究资料汇编》获第九届湖北省社会科学优秀成果奖著作类三等奖（2014 年），《汉剧史论稿》获第八届高等学校科学研究优秀成果奖三等奖（2020 年），编著《明清孤本戏曲选本丛刊（第一辑）》获 2017 年度全国优秀古籍图书奖二等奖。

三、学科特色

中山大学中文系中国戏曲研究学科，是在 20 世纪 80 年代由著名学者、国务院学位委员会第一届学科评议组成员王季思先生创设发展起来的，当时即构成一个老中青结合的团队。第二代学人有黄天骥、苏寰中、吴国钦，第三代学人有康保成、欧阳光、黄仕忠、董上德、钟东等，第四代学人有宋俊华、戚世隽、刘晓明、黎国韬、王馗、倪彩霞、陈志勇、李芳、吴真、潘培忠等。现在第四代学人正值学术的盛年，已经走到学术的前台，担当重要的科研工作，构成一支令人瞩目的学术队伍。而第五代学人如彭秋溪、刘蕊、龙赛州、孙笛庐、徐巧越、张诗洋、孔庆夫、陈妙丹、周丹杰、李继明等也开始走上学术舞台。

20世纪90年代以来，第二代学术领头人、国务院学科评议组原成员黄天骥教授提出"戏曲为主，兼学别样"的团队理念，经过30余年努力，传承有序、精诚合作，以团队的力量，共同推进中国戏曲的研究，取得颇为出色的成绩。

近10年来，以第三代学术带头人、国家重大人才工程入选者黄仕忠等为代表的团队，在保持戏曲研究特色的前提下，在"兼学别样"方面走出新的路子，向俗文学文献和中国非物质文化遗产方面做进一步拓展，构成"中国戏曲与俗文学研究团队"。2016年，团队列入中山大学重点支持的人文社会科学"大平台""大团队"之一。借助团队优势，承担了多项国家重大项目和一系列超大型科研工程，努力为推进前沿学术研究做出贡献。

中山大学戏曲研究学科的主要特色如下：

第一，戏曲文献整理与研究。近20年来，团队赓续王季思先生的《全元戏曲》，通过集体合作参与超大型工程"全明戏曲"项目，来完成明代戏曲文献的编集，同时重新为元明戏曲编制完善的目录，对明代曲学文献做重新梳理，为今后的研究开启新路。此项工程在2004年启动，2010年由黄天骥主持申请成为国家重大项目，《全明杂剧》近期即将出版，传奇部分也基本点校完毕。这项巨型工程的完成，会将明代戏曲研究置于一个新的平台，呈现出全新的面貌。所有成员在参与校勘整理过程中，培植了对于古籍基础文献的深刻体悟，对他们的学术成长具有非常重要的意义。

在以上团队工作的基础上，团队成员展开各自的工作。如黎国韬致力于古剧、乐府与戏剧的研究，陈志勇致力于戏曲选本的研究，戚世隽重点研讨元明戏曲文本的变迁等，不断深化戏曲研究的课题；宋俊华则重点关注非物质文化遗产的理论研究，兼及传统戏曲及其当下传承问题；倪彩霞从宗教与戏曲关系的角度做出拓展；董上德、周丹杰等对粤剧文献展开系统的研究。

第二，则是"向下走"。俗文学说唱体裁多为区域性文献，通常关联明清两代而下及民国，但目前尚未有完备的目录，甚至完全未曾编目。文献散见于国内外及私人手中，存世版本情况不明，因为繁杂且"冷僻"，令研究者望而却步。因而，必须从最基本的工作着手，才能为未来的俗文学研究打好基础。

近20年来，团队充分意识到这一点，故着手布局，组织年轻学者选择一个合适的专题，展开系统而深入的研讨。例如，黄仕忠从2000年开始着手北京"子弟书"文献的整理，经过10余年的努力，至2012年，才与博士生李芳、关瑾华共同完成《子弟书全集》和《新编子弟书总目》；在此基础上，李芳完成博士学位论文《子弟书研究》。这项工作系统搜集、整理了北京地区旗人子弟书文献，将这一领域的研究推向新的高度。

2005年以来，团队以十余年时间，从全世界范围内全面调查汇集了广州府属木鱼书、龙舟歌、南音、粤剧等在1950年之前的文献，作为《广州大典》的"续编"，于2019年影印出版，总共43册。目前进行中的工作，还有肖少宋对潮州歌册、潘培忠对闽台歌仔册、李继明对广府说唱木鱼书等所展开的工作，其程序包含文献的全面寻访、编目及撰写提要、珍稀文献影印、全集校点整理等。他们的工作，既是基于整个团队布局的需要而展开的，又能通过这样的安排，为每一个年轻学者选择一个合适的专题，通过5年、8年以至于10年以上的努力，完成系列性的工作，也借此把他们培养成这个专题的真正专家。这样的安排目前已经初见成效。

第三，则是"向外走"。从对日本所藏戏曲俗文学文献的调查、寻访，进而已经扩展到欧洲、俄罗斯、北美等地区。前举日藏戏曲的影印之外，还有正在展开的海外藏戏曲俗曲文献的荟萃影印工作。团队核心成员都有赴海外学习访问一年乃至多年的经历，所培养的博士生也大都有在海外交流一年以上的经历。这同时也是团队努力拓展国际化视野的一部分。在这个过程中，团队与日本东京大学、京都大学、早稻田大学等，与德国慕尼黑大学、法兰西学院汉学研究所、巴黎高等研究实践学院等建立了长期合作交流关系。刘蕊博士对法国汉学与俗文学文献的研究，徐巧越博士对英国汉学与英藏俗文学文献的研究，孙笛庐博士对日本近代戏曲与中国戏曲关系研究的研究等，都是团队海外藏戏曲与俗文学研究的重要部分。她们都曾是海外留学或交流一年到三年以上，其工作都是建立在海外实地考察与掌握第一手文献的基础之上的，不仅已经有出色成果问世，而且也还在不断拓展整个学科的研究领地。

以上各项研究工作，都遵循以下程序：先在全球范围内展开系统的文献调查，以"竭泽而渔"的方式，全面掌握所有文献资料，以此为基础编制总目，然后对文本作校点或影印出版，最后完成系列性研究性著作。每一领域所展开的研究周期大多在10年以上。而在这过程中，因为扎实的基础工作，所有成员都成功申请了国家社会科学或教育部项目，进一步保障了研究的顺利展开。总之，近期目标与远景的规划相结合，以10年为基本时间单位，按照严格的学术步骤循序渐进，一直是学科团队学术研究工作的常态。

四、学科展望

（一）学科建设

第一，中山大学戏曲学科将继承王季思、董每戡先生开创的学术传统，依照黄天骥先生"戏曲为主、兼学别样"的方针，继续加强中国戏曲的整理与研究工作，继续保持我们这个学术团队在戏曲研究领域的领先地位。

通过《全明戏曲》的编纂，中山大学戏曲研究团队寻访到海内外各图书馆珍藏的大量稀见戏曲文献，不仅将当时的优秀作家作品囊括其间，还得以通览不同时期、不同创作群体的戏曲作品，虽然部分作品从文学层面看并没有多少价值，但师生们在点校、整理过程中，对明代戏曲的发展变迁轨迹有了整体性的视野，对戏曲的形成发展以及戏曲与社会文化的关系也有了新的体悟。在此基础上，黄仕忠领衔主持"《全明戏曲》编纂与俗文学编目整理研究"这一冷门绝学项目，旨在进一步完善这部明代戏曲总集的编校工作，让《全元戏曲》《全明戏曲》与中国人民大学朱万曙教授主持的《全清戏曲》构成系列，为元明清戏曲研究提供系统而完备的文献资料。这也是指向未来学术的基础性工作。陈志勇也依托于全明戏曲的资源，计划完成《明清孤本戏曲选本丛刊》第二辑的影印出版工作，为学界提供较为完备的曲选文献。陈志勇还计划展开明清戏曲选本的研究，并修订国家社会科学基金后期项目最终成果《清代梆子皮黄戏源流考论》书稿，通过文献的全面搜集与整理，实现明清两代戏曲研究的对接和贯通。

戚世隽则深耕于"戏曲文本与戏曲表演之关系"这一领域，在国家社会科学基金项目"文本与表演视野下的中国古代戏剧史研究"结项以后，正进一步探讨演剧空间、演剧形态等方面的问题。董上德和倪彩霞重点关注戏曲与社会文化之间的关系，董上德计划出版专著《戏曲文化与中国社会》，倪彩霞将展开戏曲的宗教叙事研究。黎国韬立足于国家社会科学基金重大项目"中国早期戏剧史料辑录与研究"，细致考察各种存世文献、出土文献、海外文献、考古文物与图像、传世文物与图像，从中搜集、辑录中国古代演剧相关史料，以期全面、立体、深入地反映中国古代演剧史料的面貌。在此基础上，对演剧史料做出认真的研究，力图重构中国古代演剧史，在戏剧起源、戏剧形成、演剧制度、表演艺术、演剧剧场等多个方面推动中国古代戏剧史研究的发展。

第二，拓展俗文学文献特别是各类说唱文献的整理研究，戏曲与说唱有着紧密的关系，中国的说唱文学有多种多样的体裁，散布于各个地域，与地域文化紧密相关，其遗存资料集中出现于明清和民国年间，数量极为庞大，但到目前为止，大部分说唱体裁的"家底"尚是不清，需要逐一展开基础性工作。同时，这也是未来学术的增长点，需要跨越古代与现代，甚至延伸到当代，需要展开多学科的研究。对于中山大学的学术传统来说，它们又是20世纪20年代后期顾颉刚、容肇祖、钟敬文等先生任教中山大学时，所开创的《民俗周刊》、"吴歌"整理研究传统及"风俗物品陈列室"工作的延续。戏曲研究团队将继承中山大学的这一学科传统，充分发挥地处广州的地域优势，以粤剧与广府说唱曲艺的研究来推动粤港澳区域的文化融合，促进粤港澳大湾区的文化建设。

第三，将戏曲研究与中国非物质文化遗产的保护研究结合起来，探索现代当代戏曲在新时代的生存与传承。中山大学戏曲研究团队致力于中国非物质文化遗产研究，建立了教育部人文社会科学重点研究基地"中山大学中国非物质文化遗产研究中心"，在"非遗"保护与研究方面获得突破性的进展。未来，宋俊华将深化非遗基础理论研究，促进非遗学科的发展，并进一步思考地方戏曲俗曲的"创造性转化、创新性发展"问题，使其能适应城市化发展获得持续生命力，把非遗保护与弘扬中华民族优秀传统文化、实现中华民族伟大复兴结合起来。孔庆夫将从粤港澳标识性文化符号的视角，研究岭南非遗文化与海内外粤语社群民俗活动、社群意识、文化认同等方面的关系。

总之，中国戏曲学科将以中国古代戏曲为主，以俗文学文献整理与研究为辅，以非物质文化遗产保护为延展，在优势学科带领下，串联相邻学科，通过大团队构成一个优势学科群。这是中山大学戏曲研究团队已经展开多年的计划，也是未来继续努力的目标。

（二）人才培养

一个优秀的学术团队，应当构成一支"老中青"结合的队伍，以资深学者来掌握学术方向、制定学术规划，以中青年学者来承担重大项目、重点研究计划，担任研究生导师，构成学术的中坚，同时注重年青学者、研究生的培养。这也是中山大学戏曲研究团队一直以来秉承的传统。

中山大学戏曲研究学科从80年代后期开始，就通过集体参与的大型工程，来完成学科布局与人才培养，王季思先生带领团队合作编纂《全元戏曲》，就是其中成功的案例。通过这项工作，当时的年轻学者如康保成、欧阳光、黄仕忠等成长了起来。

2002 年，我们在黄天骥教授带领下启动"《全明戏曲》编纂与文献研究"这个超大型工程，既是学科建设的需要，也是人才培养的需要。斯时，戏曲学科有五位博士生导师，每年都招收一批博士、硕士研究生，一个基础训练，就是通过古籍标点整理，养成对古籍的感觉，进而通过参与导师的课题，开拓学生的视野，找到合适的选题。

事实上，中山大学戏曲研究团队对年青学者的培养，是从研究生阶段就开始了：

硕士研究生主要是树立端正的学风，按照规范打下基础；做得出色的同学，好的苗子，则通过"硕博连读"等方式，进入到博士阶段学习。

博士研究生则考虑将其研究与团队重点发展方向结合，考虑从学科布局的角度来寻找未来的学术发展点，并强调学术的可持续发展，让他们在博士生阶段的科研，能够在未来若干年可持续展开。换而言之，把博士学位论文与未来团队的学术规划统筹考虑，争取通过 5～10 年，培养成一个具体领域的专家，真正走到学术前沿，通过若干领域的专家，构成一个学术群落，拓展学术的领地。例如近十年毕业的博士生中，李芳、肖少宋、周丹杰、李继明等分别选择了北京子弟书、潮州歌册、广府说唱、粤剧等专题研究，并依托于团队，从全世界范围内展开文献寻访，然后加以编目、整理，再完成研究性著作，他们在毕业后都很快就获得国家社会科学基金项目与教育部人文社会科学项目的资助，在各自从事的领域，做出了引人注目的成绩。

博士后、专职科研岗教师、年轻教师，则在资深学者的指导下，帮助做好学术规划，明确近期、中期与远期目标，通过规划课题、填写申请，明晰如何完成一个可行报告，也是明确未来的路径与目标，有条不紊地展开研究。例如，潘培忠先在本团队做博士后研究，在合作导师黄仕忠教授指导下，重点展开闽台歌仔册的研究，为此又利用博士后基金前往台湾大学做为期两年的博士后研究，从而全面掌握了海峡两岸的歌仔册文献，成为学术界掌握此类资料最全面的学人。他本人则在这个过程中，成功申请了从地方到国家各个级别的项目，并进入"百人计划"以副教授引进留校。从博士后到评上副教授这三四年来的工作，已经让他成为这个领域成就最突出的年轻学者。

中山大学戏曲研究团队已经成功申请并完成了多项国家级重大项目。我们先是根据团队对于学科建设的需求，来安排与展开工作，然后结合国家的需要，选择已经有很好基础的工作，来申请国家重大项目。在此过程中，整合团队力量，展开合作研究，通过大团队与大项目来实现人才培养与梯队建设,构成优良的学术循环系统。

年轻学者参与大团队,并不只是让他单纯成为团队的一颗螺丝钉,同时也是为他们寻找新的学术生长点。例如,陈志勇最初作为师资博士后引入中山大学工作,他承担了《全明戏曲》中的"明传奇"的辑佚工作,以此为中心,成功申请了个人的国家科研项目,得以完成百万字的辑佚著作,又编集出版一套明清孤本、稀见戏曲选集的影印,发表系列论文。在建立他个人的学术领地的同时,也获得较好的学术影响,成为第四代学者中的骨干成员。

"人生有限而无限,历史无情还有情。薪火相传光不绝,长留双眼看春心。"最后,借王季思先生的这首诗作为精神之炬,明以远志,激励来者。

语言学学科史

一、学科源流

中山大学的汉语语言学研究具有悠久的历史和深厚的积淀。

1927年,中山大学语言历史学研究所开始筹办,傅斯年任所长,把"语言与国语之研究教育"作为研究任务之一。

1927—1930年,《国立中山大学语言历史学研究所周刊》共出版了132期,推动了人文学术的发展。1928年在广州成立的中央研究院历史语言研究所与中山大学语言历史学研究所渊源极深,罗常培、赵元任都曾同时受聘于这两个研究所。

1946年,王力在中山大学创办了我国第一个语言学系。岑麒祥出任语言学系主任,并聘请商承祚教授、吴三立教授、严学宭教授、周达甫教授、张为纲副教授、陈必恒副教授等为专任教师。

1953年,王力出任语言学系主任,吴三立和张为纲调至华南师范学院。岑麒祥、商承祚、周达甫、陈必恒、黄伯荣与原岭南大学的高华年、钱淞生组成语言学领域新的师资力量。

1954年,为了集结中国语言学学科的力量,中山大学语言学系师生整体调入北京大学中文系。调并后留在中山大学的语言学教研团队,形成以容庚、商承祚、高华年、方孝岳、潘允中、黄家教等为代表的研究阵容,为我国语言学研究做出了卓越贡献,培养了大批人才。

1957年以后,傅雨贤、张维耿、李新魁等学者陆续加入我系语言学研究团队。1980年以来,又培养并汇聚了以唐钰明、麦耘、施其生、李炜等为代表的新一代语言学学者,在汉语史、方言音韵和语法、普通话语法等领域形成了自己的研究特色。

近年来,中山大学中文系主办或承办了中国语言学会学术年会、客家方言学术研讨会、濒危汉语方言学术研讨会、方言语法博学论坛、语言演变研究青年学者论坛、事实与理论语言学论坛等系列学术活动,主持了数十项国家级、省部级课题,承担了国家语言资源保护工程的大量工作,并成立了中山大学神经语言学教学实验室。

2021年,为发扬中山大学语言学研究的优良传统,更好地服务学术、服务社会,创办了《汉语语言学》(*Chinese Linguistics*)集刊,依托粤港澳大湾区,充分利用中国尤其是华南地区语言资源,借助大湾区语言教学、科研资源,立足于汉语和少数民族语言,在加强中国语言本体研究的同时,继续推动语言学及语言学交叉学科基础性、前沿性、应用性的教学与研究，为建构新时代语言学话语体系做出应有贡献。

二、标志性人物和作品

中山大学汉语语言学历史悠久，人才辈出，许多著名语言学家曾在此任教讲学，这里也培养了许多知名语言学学者。他们的努力为中山大学汉语语言学的发展，乃至我国语言学科的进步做出了不可磨灭的贡献。

罗常培（1899—1958），字莘田，号恬庵，笔名贾尹耕，斋名未济斋，北京人。现代著名语言学家、语言教育家。从事少数民族语言研究、方言调查、音韵学研究、语言教育等。与赵元任、李方桂同称为早期中国语言学界的"三巨头"。1928 年任教于中山大学，任语言文学系主任。与傅斯年、赵元任、李方桂一起参与创办中央研究院历史语言研究所。新中国成立后，参与筹建中国科学院语言研究所（今中国社会科学院语言研究所），并任第一任所长。代表作有《语言与文化》《汉语音韵学导论》《唐五代西北方音》等。

赵元任（1892—1982），字宣仲，又字宜重，原籍江苏武进（今常州）。现代著名语言学家，中国现代语言学先驱，被誉为"中国现代语言学之父"。曾任美国语言学会（LSA）会长。1928 年任教于中山大学，在两广进行方言调查。代表作有《语言问题》、*A Grammar of Spoken Chinese*（《汉语口语语法》，吕叔湘节译；《中国话的文法》，丁邦新译）等。

王力（1900—1986），字了一，广西博白人。现代著名语言学家，被誉为"中国现代语言学奠基人"之一。1946—1954 年期间任教于中山大学，曾任文学院院长，1946 年创办语言学系，1952 年起任语言学系系主任。他在语言学方面的专著有 40 多种，论文近 200 篇，共 1000 万余字，内容几乎涉及语言学各个领域，许多具有开创性。代表作有《汉语史稿》《中国语法理论》《中国现代语法》等。

岑麒祥（1903—1989），字时甫，祖籍河南南阳。1903 年 7 月 15 日生于广西合浦。1934—1954 年任教于中山大学，1946 年成立语言学系，1946—1952 年担任语言学系系主任。主要作品有《语音学概论》《方言调查方法》《普通语言学》《历史比较语言学讲话》等。

方孝岳（1897—1973），原籍安微桐城。1948 年起任教于中山大学。主要作品有《汉语语音史概要》《广韵韵图》等。

潘允中（1906—1996），字尹如，别号殁庵，广东兴宁人。1952 年全国院系调整，转入中山大学中文系，任语言学教研室教授直至晚年，曾兼任函授教研室主任。主要作品有《汉语语法史概要》《汉语词汇史概要》等。

严学宭（1910—1992），号子君，江西分宜人。曾担任中国语言学会副会长、中国音韵学研究会会长等职，于古代汉语和少数民族语言研究用力最深。1946—1954 年任教于中山大学，中山大学文学院语言学系教授。作品有《中国对比语言学浅说》《勾稽集》《广韵导读》等，曾任《中国大百科全书》民族卷编委。

李新魁（1935—1997），字星桥，广东澄海（现广东省汕头市澄海区）人。主要研究领域为古音韵学、方言学。1973 年起任教于中山大学。主要作品有《著名中年语言学家自选集·李新魁自选集》、《汉语等韵学》、《广东的方言》、《广州方言研究》（合著）等。

黄伯荣（1922—2013），笔名苗木、莫木，广东阳江人。曾任中国语言学学会理事、中国修辞学会顾问、中国语文现代化学会顾问、全国高师现代汉语教学研究会顾问。1952 年任教于中山大学。主要作品有《陈述句、疑问句、祈使句、感叹句》等，主编《汉语方言语法类编》、"黄廖本"《现代汉语》教材（与廖旭东合作主编）、"中大本"《现代汉语》教材（与李炜合作主编）。

高华年（1916—2011），福建南平人。从 1951 年起先后担任中山大学语言学系、中文系教授，少数民族语言调查研究教研室主任，语言学教研室主任，中山大学学术委员会委员，汉语培训中心主任。曾任广东语言学会会长、顾问，中国民族语言学会常务理事、终身顾问，中国语言学会理事，中国对外汉语教学学会顾问等。代表作品有《彝语语法研究》《广州方言研究》《高华年汉藏语论稿》等。

黄家教（1921—1998），广东澄海人。1947 年毕业于中山大学语言学系，之后一直在中山大学任教。曾任全国汉语方言学会理事、中国音韵学研究会学术委员会委员、广东省中国语言学会学术委员会委员、广东省中国语言学会顾问、汕头市中国语言学会顾问等职务。主要作品有《语言论集》（专著）、《广州话无介音说》（论文）等。

张维耿（1931—2020），广东梅州人。1960 年毕业于中山大学中文系，留校任教近 40 年，主要负责本科现代汉语、汉语修辞学以及外国学生的汉语教学工作，先后担任中山大学汉语培训中心副主任和对外汉语教学中心主任十余年。担任第一至三届世界汉语教学学会理事，第二至四届中国对外汉语教学学会常务理事，曾任广东省中国语言学会理事、学术委员，广东省对外汉语教学研究会副会长、会长。主要著作有《现代汉语修辞学》《汉语修辞学》《客家话词典》等。

傅雨贤（1932—2020），广东连平人。1957年毕业于北京大学，同年起任教于中山大学。主要作品有《现代汉语语法学》、《语法·方言探微》、《连平方言研究》、《现代汉语介词研究》（合著）等。

李炜（1960—2019），山东冠县人，出生于兰州。第十一届广东省政协委员。1985年硕士毕业于兰州大学中文系，2002年博士毕业于中山大学中文系。1985年10月起在中山大学中文系任教，2002年7月起任中文系副主任，2011年3月起任中文系代理主任，2012年1月—2017年2月任中文系主任。国家社会科学基金重大项目"海外珍藏汉语文献与南方明清汉语研究"首席专家。著有《清代琉球官话课本语法研究》（合著）等著作，合作主编中大本《现代汉语》等教材，在《中国语文》《方言》《语言研究》等学术期刊发表数十篇有重要影响的论文。

余伟文（1933— ），广东中山人。1957年毕业于中山大学中文系，1961—1962年在北京大学进修普通语言学。曾任中山大学中文系语言学教研室主任、广东中国语言学会学术委员。主要研究广东的汉语方言（粤语、韶州土话）和广东的少数民族语言（八排瑶语），并参加《广州话正音字典》的编撰工作。主要作品有《连南八排瑶语》《云浮方言志》等。

唐钰明（1944— ），1988年毕业于中山大学中文系，获博士学位。曾任中山大学中文系主任，兼任古文字学研究所所长、广东省中国语言学会副会长。主要作品有《古文字学纲要》（合著）、《著名中年语言学家自选集·唐钰明卷》等。国务院学位委员会曾授予"做出突出贡献的中国博士学位获得者"称号，曾获中国社会科学院青年语言学家奖二等奖、北京大学王力语言学奖三等奖等。

施其生（1944— ），广东汕头人，1982年中山大学中文系硕士毕业后留校任教。兼任语言学与应用语言学、汉语言文字学两个专业的教学工作，以现代汉语方言及语法为主要研究方向，尤以方言语法及方言学的应用为研究重点。主要作品有《方言论稿》、《闽南方言语法比较研究》、《广州方言研究》（合著）及《汕头话音档》等。

麦耘（1953— ），广东番禺人。1982年中山大学中文系本科毕业，1985年中山大学汉语史专业研究生毕业，中山大学中文系教授、广东省中国语言学会常务理事，现中国社会科学院语言学所研究员、中国社会科学院研究生院语言学系教授、中国语言学会理事、中国音韵学研究会理事、《方言》主编。主要研究汉语音韵学和汉语方言。主要作品有《广州方言研究》（合著）、《音韵学概论》等。

周小兵（1955— ），浙江镇海人，曾任中山大学国际汉语学院院长、国际汉语教材研发与培训基地主任。全国汉语国际教育硕士专业学位教学指导委员会成员，广东省中国语言学会副会长，武汉大学等高校兼职教授。主要作品有《对外汉语教学习得研究》《对外汉语教学中的副词研究》《汉语阅读教学理论与方法》《外国人学汉语语法偏误研究》等。

朱其智（1961— ），江苏南京人，2004年获中山大学中文系汉语言文字学博士学位。主要研究汉语语法语篇分析、文字学、对外汉语教学/汉语国际教育，主要作品有《西周铭文篇章指同及其相关语法研究》等。2009年，专著《外国人学汉语语法偏误研究》（第二完成人）获教育部高校哲学社会科学优秀成果奖三等奖。

庄初升（1968— ），福建平和人，2000年毕业于暨南大学汉语言文字学专业，获博士学位。1994年8月—2005年7月在韶关学院中文系任教。2005年8月调到中山大学中文系任教。2019年8月调浙江大学人文学院中文系任教。国家社会科学基金重大项目首席专家，中国语言资源保护工程核心专家组专家及广东项目首席专家，"珠江学者"特聘教授。主要作品有《粤北土话音韵研究》、《19世纪香港新界的客家方言》（合著）、《韶华集——汉语方言学论稿》等。

三、机构组织与刊物

（一）语言历史研究所[①]

语言历史学研究所（以下简称"语史所"）于1927年8月开始筹划，发行《国立中山大学语言历史学研究所周刊》。周刊的第一期于1927年11月1日发布，由余永梁主编，傅斯年、余永梁担任审稿人。语史所正式设立于1928年1月，由文史科主任傅斯年担任主任。语史所汇聚了新考据派、古史辨派和现代史学派等历史学派，是后来的中央研究院历史语言研究所的前身。语史所中的学者有余永梁、商承祚、顾颉刚、沈鹏飞、黄仲琴、容肇祖等。

---

① 这一部分由张达轩执笔。

同年3月，语史所将学术成果汇总，出版《语言历史丛书》，顾颉刚担任总编辑，罗常培、丁山和马太玄负责语言学部分。4月，时任中央研究院院长蔡元培组织筹划中央研究院历史语言研究所，他联系傅斯年、顾颉刚和杨振生担任筹备委员，以中山大学语言历史学研究所作为新研究所的基础。傅斯年于同年11月辞职离校，顾颉刚接任语史所主任。1929年2月顾颉刚辞职，商承祚继任。1931年1月，语言历史学研究所更名为文史研究所，时任文科主任刘奇峰兼任所长。随着更名，中山大学语言历史学研究所的发展历史便告一段落，而其所延伸出来的中央研究院历史语言研究所则一直延续至今，曾辗转于北京、长沙、昆明、四川、南京等地，最终落脚于台湾。该所虽人数不多，又先后多次迁移，仍能刊书76种，发表论文50多篇。

所谓语言历史学研究所，语言学和历史学是相互独立的并列关系，而非二者的交叉学科。但是为何语言学和历史学会并列在一个研究所中？这个问题的答案在《国立中山大学语言历史研究所周刊》的创刊词中可窥见一二。发刊词并未署名，可能为傅斯年或是顾颉刚所作。全篇主旨只有一个——打破学术界的一切偶像和成见。实现的方式是"实地收罗材料""到民众中寻方言""到古文化的遗址去发掘""到各种的人间社会去采风问俗"，作者认为语言学和历史学同手段同目的，看中了历史学和语言学重实证的特征，以一份事实说一份话。语史所的发展过程也证明了这一点，其出版的《语言历史丛书》中除语言学和历史学以外，还有民俗学、考古学、目录学，之后更是在研究所内部成立了考古学会。在此，语言学作为独立学科的思想也有所体现，不仅摆脱文学被视作独立学科，更是被发现了其中文学所不具有的独特品质。

语言学、历史学等学科区别于自然科学，它们在中国发端甚早，有较多的研究成果。可是作者认为这些学科受历史上的种种势力束缚，两千余年都没有打下坚实的基础。所以，语史所所关注的都是一些重实证、在中国有一定基础，却缺乏现代科学观念的学科。语史所与周刊所做的，就是发掘并展现这些学科走向现代化之后的崭新面貌。

1.《国立中山大学语言历史学研究所周刊》

语史所发行的《国立中山大学语言历史学研究所周刊》共11集132期，第一期发行于1927年11月1日，最后一期（129—132期合刊）发行于1930年5月20日，历经2年7个月。其中汇集了当时中山大学语言学、历史学、民俗学、考古学等方向学者的学术论文，以历史学和语言学为主。

周刊一共发行过3集语言学专题的专号，专号以外还有许多语言学论文散落在周刊中，与其他学科的混合在一起，一共有44篇。作者均为当时中山大学文史科的学者，论文的种类丰富，涉及语言学研究的诸多面向，语音学、词汇学、语法学、文字学、训诂学、音韵学等主要领域都有相关的学者和论文，也有如《十八世纪中闽南的一个小学家——吕世宜》的学术史的归纳，以及如《怎样整理声韵学史》《中国文字学是什么》《研究甲骨文字的两条新路》等对研究方法和学科性质的探讨。关于学科性质的探讨具有独特的意义，因此在这里特聚焦《怎样整理声韵学史》《中国文字学是什么》两文。

在罗常培的《怎样整理声韵学史》一文中，可以看到音韵学作为语言学的一个分支，也面临着那个时代普遍面临着的两个问题——学科的独立性和与传统研究的关系。论文开头便提及音韵学从小学脱胎而来，脱离了经学的范畴，"附庸蔚为大国"。独立时间虽短，但是韵书的创作远在1600年以前，此文重点探讨的就是处理与前人研究的关系。一方面，他重视前人的研究成果，看重韵书对于音韵学的研究价值。他指出前人梳理韵书的三大毛病——强分门户、抱残守缺和罔议通变。其中强分门户是古人治学的门户之见，强行切割韵书之间的关系，不将韵书中的内容放进整体的语言发展脉络当中，如讲古韵拒不沿用广韵的韵目，反对以广韵追溯周秦遗音。抱残守缺是拒绝利用外来材料补充汉语韵书的残缺，以华夷之辩反对，自居正统，视外语材料为异端。如梵语在研究汉语中具有不可忽视的研究价值，却不愿纳入，抱残守缺。罔议通变指将广韵视作金科玉律，甚至要求现在说话也要与广韵相符，忽视了语言的通变。语言是人类社会的自然产物，随着社会的变化而演变，因此没有任何时期的韵是优越于其他的，更不能强求今人学古人说话。罗常培的三层指控讲到底都是对权威主义的反对。

闻宥的《中国文字学是什么》是更直接的对于学科性质的探讨，也是第一次彻头彻尾的对这个问题的分析。清代学者在文字方面表现突出，在他们的手上文字的研究近乎成为一门专门的研究，可所用的名称还是"小学"或是"许学"。此文认为小学窄化了文字学的范畴，说文认为小学中教六书，因此得名，可小学不止六书，文字学也不只是六书；许学以人命命名更为不妥，仓颉造字尚不可独占，何况一位文字学者。两个名字都不恰当。且古人的研究多以小篆为主，隶书以后的很少被关注，以为小篆直接关系经典，可隶书与经典却无足轻重，可见他们的研究还是以经学为本，而不是在关注文字本身。因此，闻宥认为真正的文字学还没有在中国形成。可是汉语文字学在中国成立也只是时间问题，因为汉字在世界文字中地位独特。埃及的文字已经"死"了，中国周边的文字又多是由汉字演化而来。因此，闻宥认为要推翻小学、许学变相的文字学，重新界定文字学的范畴，建立正式的文字学。他给出的界定是："中国文字学是拿中国所有一切文字做对象，而加以科学的或美术的研究之一种学问。"他以后藤氏的分类为基础加以改良，将文字学的研究法分为本质论、应用论、研究史论和余论等四大领域。此文是现代语言学传入中国以后，与中国传统小学发生碰撞的一个典型案例。闻宥不满传统小学中文字学的附庸地位，要为文字学正本清源，摘除"小学""许学"的称呼，明确厘清文字学的研究对象和范围。此文先对前人的研究在研究性质上发表批判，然后明确学科的讨论对象，为学科的发展厘清理论基础，为体系的建立做初步的勾勒。

另外，在文字学的专号中，闻宥还有一篇《中国文字之本质的研究》，可以视为上述他建立的体系中的绪论部分。文中一共提出四问：第一问，文字和其他类型的东西何以不同？自古迄今，其可以当得起文字之称者，又有几许？第二问，这些文字的构造法则是怎样？第三问，由这些法则所构成的文字的形态是怎样？第四问，由这些形态所代表的声音是怎样的？此文从其他语言的文献入手，旁征博引，得出了第一个问题的答案："文字的所以和其他图案标记不同，其特性在于拿一种简单的形象来表现语言。"之后从古文物与文献出发，以此标准衡量何者才是中国最早的能被称作文字的图案符号。之后几个问题循序渐进，大致上解释了汉字的起源与之后造字的规则，建立了他正式的文字学的基础部分。

周刊有三集语言学的专号，分别为 25—27 期合刊为切韵专号，85—87 期合刊为方言专号，125—128 期合刊为文字学专号。在专号中，除了专业的学术文论，还有一些值得关注的序跋，如切韵专号中心恬（罗常培）的《编辑剩语》、方言专号中罗常培的《卷头语》和文字学专号中闻宥的《跋》。序跋之文一方面可以看到当时周刊的运营状况，又可以了解他们对学科发展宏观意义上的判断和期许。

心恬（罗常培）的《编辑剩语》可以分为两个部分：周刊的运营和研究《切韵》的意义。专号来自作者和董作宾、丁山、顾颉刚的一次"烛下之谈"。董作宾母亲病故自己身体又抱恙，顾颉刚为了避免因此出现停刊，作者和丁山便分工，每人担任两期的编辑，而罗常培负责的就是切韵专号和之后的方言专号。从中可看出当时学者的勤苦，周刊的编辑由学者全权负责，即便身体抱恙也是交给其他学者分担，没有交给业余人士或干脆休刊，可见他们对周刊品质之要求。"下笔不能自休"，整个寒假都被用于编辑周刊和周刊论文的撰写，最终专号的篇幅比预定的高出了两倍。借此，罗常培由他们对学术的热情转入到第二个部分。主要针对的是切韵研究存在的三个具体问题，并不涉及学科性质等通论内容。

方言专号中罗常培的《卷头语》谈及他之后的学术方向，他想从两方面入手，这两个方面被他称为纵和横。纵是指将记载这古代汉语方言的语料文献总和整理，集合成方言学史的研究；横是对现代汉语的各个方言做调查与介绍。前者在广东缺乏人手；后者更是只能做粤语研究，难以打通与其他方言区的壁垒。罗常培在文中提到，他将离开中山大学，专任傅斯年新创立的中央历史语言研究所，原因就是在当时的地理环境难以实现他纵和横的目标。

闻宥的《跋》主要是他对文字学发展的认识和展望。文字学虽然历史悠久，但是传统的文字学材料仅限于许书，目的只是校订经书。现在的文字学各方面都处于探索阶段，还没有实现突破。在此他提出一个问题，认为当时的文字学研究缺乏对其他现代科学的利用，他建议利用语音学、历史学、民族学、人类学、心理学等其他学科的研究成果对文字学查缺补漏，由此实现学科作为一个现代学科的独立。

2. 中央研究院历史语言研究所之北迁

1927年10月，中华民国大学院正式成立。根据《中华民国大学院组织条例》，大学院决定成立中央研究院。1928年傅斯年说服蔡元培，让自己的研究所成为中央研究院的一个部分，并在蔡元培的帮助下开始筹备工作，为此在国立中山大学建设筹备处。他们计划以语言历史学研究所为基础，拟聘三类学者，分别是赵元任、陈寅恪、胡适等知名学者，语史所的既有学者和外国学者。最终，中央研究院历史语言研究所（以下简称"史语所"）在1928年10月22日正式成立，并在广州落脚，所址设在广州东山恤孤院街三十五号柏园，分为历史学组、语言学组和考古学组三组。随后史语所寻求北上发展，选定了南京、上海和北平三地，最终在1929年6月，史语所将大部分的工作搬到了北平的北海静心斋。

在中央研究院史语所的新聘学者中，赵元任、陈寅恪和李济是傅斯年首先招募的一批学者。据岳南《陈寅恪与傅斯年》（陕西师范大学出版社2008年）所述，1928年，赵元任和陈寅恪在清华大学国学研究院任教，当时的清华国学研究院风雨飘摇、前途未定，原因在于研究院四大教授中的另外两个先后辞世。1927年6月2日，王国维沉湖溺亡；1926年，梁启超因尿血症入北京协和医院院进行肾脏切除手术，却因手术事故被切除了健康的肾脏，留下了有病的，最终在1929年1月19日离世。四大教授中两位去世，赵元任又因方言调查时常不在北京，陈寅恪独木难支。傅斯年闻风而动，趁机聘请赵元任和陈寅恪加入史语所，分任语言组和历史组的组长。李济是当时国学研究院的讲师，是四大教授以外的唯一一位导师。1928年10月，李济赴美讲学归国，途经岭南，他借此机会到中山大学访友，于是被傅斯年招募，加入史语所任考古组组长，并在中山大学做短暂逗留，做讲座《中国最近发现之新史料》。赵元任也曾在广州逗留，他在1928年下半年辞去清华大学的工作，到语史所上任，上任第一件事情就是对两广方言做田野调查。他于11月抵达广州，其间还在中山大学讲授语音课，做讲座《广州语的研究》。陈寅恪则一直到史语所北迁才正式参与史语所的工作。

新的中央研究院历史语言研究所和国立中山大学语言历史研究所最明显的区别在名称上，一个是隶属的单位有所区别，另一个是"语言"和"历史"的位置有所置换。隶属单位的区别是傅斯年创办新研究所的主要原因，依附新开创的中央研究院可以调配更多的资源，最直接的体现便是史语所刚成立便成功聘请到了赵元任、陈寅恪、蔡元培等知名学者。"语言""历史"的调换众说纷纭，傅斯年本人并没有给出回答，史语所的《语言历史研究所工作之旨趣》一文的主旨和《周刊》第一期的发刊词一脉相承。李济认为名字的颠倒有它的道理，可是却没有说明这个道理具体是什么。董作宾认为颠倒没有任何区别。名字的更换可能只是除旧布新，表示与之前的研究所有所区别。

中央研究院史语所北迁具有其必然性。史语所在广州建立有一定的历史原因。当时军阀混战，"三一八"惨案更是直接对学者动手，导致了大量的学者南下，造就了史语所的辉煌。傅斯年的目标从不是偏安一隅，只做一家之言，他想从地方走向全国。史语所有罗常培、丁山、董作宾等一流学者，完全有潜力突破一个高校院系所能达成的成就。在1949年之前，史语所因为战争辗转于多地，有刊物《历史语言研究所集刊》，对中国语言学学科的发展意义非凡。

综上所述，国立中山大学语言历史学研究所在中国语言学发展的历史当中，在传承脉络和理论基础的层面上都有着不可磨灭的突出贡献。

（二）语言学系（1946—1954年）

全国第一个独立成系的语言学系——中山大学语言学系，成立于1946年，隶属于文学院，和文学系并列。岑麒祥出任语言学系主任，并聘请商承祚、吴三立、严学宭、周达甫、张为纲、陈必恒等为专任教师，并从昆明聘请他的学生西南联合大学的青年讲师吴宏聪担任秘书，聘请刚从北京大学文科研究所毕业的研究生王均担任助教和秘书。

1952年全国院系整改,王力回归中山大学,出任语言学系系主任。师资力量也发生变化,吴三立和张为纲调出至华南师范学院。原本的岑麒祥、商承祚、周达甫、陈必恒与原本岭南大学的高华年、钱淞生、黄伯荣组成新的师资力量。1954年,为了集结中国语言学学科的力量,中山大学语言学系师生整体调入北京大学中文系。

(三) 中文系目前在职语言学教师及代表作

(1) 现代汉语及语言学教师名录及代表作。

刘街生

《现代汉语同位组构研究》,华中师范大学出版社2004年;

《信息状态视野下的存在句研究》,中山大学出版社2020年;

《存在句的构成、理解和语用状态》,《当代语言学》2009年第3期;

《现代汉语中的分裂不及物性现象》,《当代语言学》2010年第3期;

《兼语式是一种句法连动式》,《汉语学习》2011年第1期;

《存在句动后NP的分布和信息状态》,《语文研究》2017年第2期;

《作格性和汉语的相关现象》,《外语学刊》2018年第1期;

《双"了"连动句》,《当代语言学》2020年第4期;

《"得"后可接使动标记的带"得"动补句》,《语言科学》2021第2期(合作);

《带"得"动补式中"能够/能/可能"的位序》,《汉语学报》2024年第1期。

林华勇

《廉江粤语语法研究》,北京大学出版社2014年;

《可控副词和非可控副词》,《语言研究》2005年第1期;

《廉江方言言说义动词"讲"的语法化》,《中国语文》2007第2期(合作);

《廉江粤语"来/去"的语法化与功能趋近现象》,《中国语文》2010年第6期(合作);

《廉江粤语的两种短语重叠式》,《中国语文》2011年第4期;

《廉江粤语"头先"和"正"多功能性的来源》,《中国语文》2014年第4期(合作);

《四川资中方言"来"的多功能性及其语法化》,《中国语文》2016年第

2 期（合作）；

《从廉江方言看粤语"佢"字处置句》，《中国语文》2019 年第 1 期（合作）；

《贵港客方言的修正重行与非修正重行》，《中国语文》2021 年第 5 期（合作）。

金　健

《汕头谷饶方言多个降调的声学分析和感知研究》，《中国语文》2010 年第 6 期（合作）；

《广州方言和东海方言平调的感知研究》，《方言》2010 年第 2 期；

《垫江方言单字调的感知研究》，《语言研究》2011 年第 4 期；

《广州方言长短元音统计分析》，《语言研究集刊》2013 年第 1 期；

《同一方言内部起点同高的两种降调——来自闽语惠来方言和赣语茶陵方言的个案》，《方言》2015 年第 1 期；

《杭州方言多个升调的感知研究》，《中山大学学报》（社会科学版）① 2015 年第 1 期；

《基于实验分析的潮州方言喉塞尾变异研究》，《方言》2018 年第 2 期（合作）。

邵明园

《河西走廊濒危藏语东纳话研究》，中山大学出版社 2018 年；

《藏语系动词 red 语法化》，《语言暨语言学》2016 年第 5 期；

《藏语的小句链和副动词》，《中国语言学报》2022 年第 2 期；

《古藏文的系动词》，《语言暨语言学》2019 年第 3 期；

"Final Particle -O in Old Tibetan," *Revue d'Etudes Tibétaines*, 2021, No. 60；

"Converbs of Sinitic varieties in Qinghai-Gansù linguistic area," *Journal of Pidgin and Creole Languages*, 2023, Vol. 38, No. 1（合作）；

《甘青语言区域汉语副动词附缀"是"》，《语言暨语言学》2024 年第 3 期（合作）。

曾南逸

《从明清戏文看泉州方言体标记"咧"的语法化》，《中国语文》2013 年

---

① 本书所列成果所涉及各相关学报都是社会科学版/哲学社会科学版，以下不再注明。

第 3 期（合作）；

《闽语匣云二母 Ø-/h-两读的关系》，《中国语文》2019 年第 2 期；

《福建泉州方言"阳药之鱼"四韵开口层次分析与配整》，《方言》2020 年第 3 期；

《原始闽语＊tš-组声母字在闽南方言中的两类洪细对应》，《中国语文》2022 年第 6 期；

《论闽语"厝"本字为"舍"》，《中国语文》，2024 年第 2 期。

黄燕旋

《揭阳方言言说动词"呾"的语法化》，《中国语文》2016 年第 6 期；

《揭阳方言"着"的多功能性及其语法化——兼论粤东闽客接触现象》，《语言暨语言学》2022 年第 3 期（合作）；

"The Development of the Affective Construction in the Chaozhou Dialect since the 19th Century," *Journal of Chinese Linguistics*，2021，Vol. 49，No. 2；

"From Negative to Conjunctive：无 bo55 in the Jieyang Southern Min Dialect," *Language and Linguistics*，2024，Vol. 25，No. 4（合作）．

（2）古代汉语教师名录及代表作。

孙洪伟

《〈左传〉中动词"谓"的语义和句法特点》，《长江学术》2008 年第 2 期；

《从〈经典释文〉看"见"字见母音变匣母的构词》，《古汉语研究》2009 年第 4 期；

《上古汉语几种特殊的"NP 之 VP"结构》，《中山大学学报》2015 年第 1 期；

《上古汉语"者"的所谓自指标记功能再议》，《中国语文》2015 年第 2 期；

《白一平微物文部归字及再分类商榷》，《中国语言学》2018 年第 9 辑；

《读〈论语〉札记三则》，《国学学刊》2020 年第 2 期。

《上古汉语无标记指称化现象的类别与界定概说》，载《继承传统，通古博今——纪念郭锡良先生九十华诞学术文集》，商务印书馆 2023 年；

《〈论语〉札记三则》，《国学学刊》2024 年第 2 期。

吴吉煌

《两汉方言词研究》，高等教育出版社 2011 年；

《"庄稼"构词理据探析》，《民俗典籍文字研究》2021 年第 28 辑；

《"郑重"、"珍重"辨说——兼谈词语异形对词义训释的价值》，《汉语字词关系研究（二）》，中西书局 2021 年；

《"从隐含到呈现"补说》，《民俗典籍文字研究》2020 年第 25 辑；

《戴遂良〈汉语入门〉用字特点论略》，《汉字汉语研究》2019 年第 3 期（合作）；

《〈章太炎说文解字授课笔记〉求本字的特色及价值》，《国学学刊》2017 年第 3 期。

李伟大

《明清戏曲小说疑难字考释三则》，《中国语文》2018 年第 6 期；

《白话小说口语词辨释》，《语言研究集刊》2019 年第 23 辑；

《明清白话小说词语辨释》，《汉语史学报》2020 年第 23 辑；

《白话小说疑难字词考释四例》，《汉语史研究集刊》2021 年第 31 辑；

《影卷疑难字词考释》，《中国语文》2022 年第 3 期；

《利用俗音考释清代白话文献疑难字词举隅》，《励耘语言学刊》2022 年第 37 辑；

《明清白话小说字词考释》，中山大学出版社 2022 年。

马　坤

《历史比较下的上古汉语构拟——白一平、沙加尔（2014）体系述评》，《中国语文》2017 年第 4 期；

《论声转说之产生及推阐》，《古汉语研究》2017 年第 3 期；

《论"黽"及相关诸字之古读及形体演变》，《中国语文》2021 年第 1 期；

《论清人"一声之转"的声纽审音标准》，Journal of Chinese Linguistics，2021，No. 2；

《〈周易·中孚〉"吾与尔靡之"考论》，《语言研究》2018 年第 2 期；

《论王念孙"二十三母"之性质》，《经学文献研究集刊》2024 年第 31 辑；

《"扬水卒章之四言"新解》，《文献语言学》2024 年第 18 辑。

（3）国际汉语中心及在职教师名录。

中山大学国际中文教育走过了 40 多年的历程，历经起步期、成长期、跨越式发展期、稳步发展期。

1981 年 7 月，汉语培训中心成立，开启了中山大学成建制的国际中文教育。中心隶属中文系，教研室建制，由高华年先生担任主任。这一年，中心教师 4 人，来我校学习汉语的留学生仅有 5 人。1983 年，国家语委开始分配来华公费进修生到我校学习汉语，学生人数增加，分基础汉语班和汉语进修班两个层级进行教学。此外，汉语培训中心开始举办短期汉语学习班，接收来自日本、朝鲜、德国的多批留学生。到 1991 年底，中心教师增加到 16 人，留学生超过 100 人。这一时期，中心与香港中文大学新雅中国语文研习所建立了稳定的合作交流关系，双方互派教师访问讲学、开展合作研究项目。在起步期的 10 年里，中心教师编写了《现代汉语文选》《精读课本》《泛读课本》《报刊语言基础》《中级会话》《速读训练教程》《听力提高教程》等多部汉语教材，并在中心内部使用。

1992 年 1 月，汉语培训中心和外语系、英培中心组建成外国语学院，中心更名为"对外汉语教学中心"。国际中文教育进入成长期。同年 6 月，国家汉办首次在我校设点举行外国人汉语水平考试（HSK）。1997 年招收"汉语言"本科生。2001 年在"语言学及应用语言学"二级学科下招收"对外汉语教学"方向博士生；次年招收该方向硕士生。2001 年 10 月，中山大学与中山医科大学合并，后者的"汉语教研室"并入对外汉语教学中心。到 2004 年初，中心的留学生发展到 300 多人，教师超过 20 人。

1992—2004 年，中心申请到国家、省部级项目 12 项；在《中国语文》《语法研究和探索》《双语双方言》等发表论文 120 余篇；出版《句法·语义·篇章——汉语语法综合研究》《第二语言教学论》等专著四部；出版北大版长期进修汉语教程《中级汉语精读教程》《中级汉语阅读教材》等系列教材 12 种 14 册，其中若干部在国外出版。

2004 年初，国际交流学院成立，国际中文教育出现跨越式发展，留学生人数超过 1000 人，教师增加至 40 人。中山大学跟海外高校合作，在菲律宾、墨西哥、美国、法国、南非建立了五个孔子学院。仅菲律宾雅典耀大学孔子学院 3 年时间就培养出 4000 多名学生。

2007 年，设立"汉语国际教育"类专业学位硕士点，招收全日制双证学生，并成为汉语国际教育硕士专业学位试点，招收在职单证学生。2009 年起招收该专业学位的全日制双证硕士生。目前单/双证硕士生 200 余人，含留学生 40 多人。2010 年，学院成为教育部硕士专业学位改革试点单位，汉语言专业成为"广东省高等学校本科汉语言特色专业"。

2009 年，学院更名为"国际汉语学院"，成为纯粹的教学科研机构。

2004 年 7 月—2015 年 11 月，论著方面，周小兵、朱其智、邓小宁等撰写的专著《外国人学汉语语法偏误研究》于 2009 年获教育部人文社会科学高等学校科学研究优秀成果三等奖；教材编写方面，周小兵主编的教师培训教材《对外汉语教学入门》多次获奖并翻译成韩文在国外出版，汉语教材《初级/中级/高级汉语阅读教程》获 2010 年优秀国际汉语教材奖。

2015 年 12 月，因学校院系调整原因，国际汉语学院并入外国语学院，并成立国际汉语系。2018 年 7 月，国际汉语系划归中国语言文学系，并更名为"国际汉语中心"。依托中文系中文学科的雄厚实力，国际中文教育学科进入稳定发展期。2021 年 2 月，汉语言专业获得国家级一流本科专业建设点。在此期间，共获得多项国家社会科学基金项目及多个省部级项目。在一类权威刊物发表论文 10 余篇，核心刊物论文多篇。引入中山大学"百人计划"副教授 3 名。

在职教师名录及代表作：

丛珊

《鄂伦春语的领属结构类型研究》，《民族语文》2021 年第 4 期；

《论托河路鄂伦春语的副动形式》，《语言研究集刊》2022 年第 29 辑；

《试论托河路鄂伦春语的体范畴》，《语言研究》2022 年第 1 期；

《鄂伦春语陈述和疑问语调的音高实现及其区别》，《语言学论丛》2023 年第 4 期。

黄瓒辉

《"合作"的词汇化》，《语言教学与研究》2019 年第 6 期；

《汉语集合性谓词累积指称性质考察》，《世界汉语教学》2020 年第 4 期；

《集合性谓词分配性语义蕴涵的蕴涵型式及制约条件》，《语言科学》2021 年第 5 期；

《从集合到分配——"都"的语义演变探析》，《当代语言学》2021 年第 1 期；

《量化对象为何物》，《语言教学与研究》2022 年第 4 期；

《关于汉语中的"自然焦点"和"尾焦点"》，《中国语文》2024 年第 2 期；

《为什么是尾焦点?》，《世界汉语教学》2024 年第 2 期；

《条件型数量的推理型式及机制》，《当代语言学》2024 年第 3 期。

陈淑梅

《声音与姿态——中国女性小说叙事形式演变》，中山大学出版社 2011 年；

《论林白小说的叙事特色》，《文学评论》2004 年青年学者专号；

《新时期女性小说话语权威的建立》，《文学评论》2005年第5期；

《叙述主体的张扬》，《文学评论》2007年第3期；

《初级汉语精读教程》（共两册），北京大学出版社（第一册2013年，第二册2015年）；

《基于学生视角的课文语料选取原则》，Applied Chinese Language Studies Ⅵ，London：Sinolingua，2015；

《孟加拉初中级汉语学习者"比"字句偏误研究》，《世界华文教育》2018年第3期（合作）；

《梅辉立〈中国辞汇〉与中国文学西传》，《国际汉学》2020年第4期；

《〈中国评论〉中国熟语译介研究》，《海外华文教育》2022年第4期。

邓淑兰

《如何在留学生毕业论文写作教学中培养图式意识》，《海外华文教育》2017年第11期；

《汉字认读在汉语二语者入学分班测试中的应用——建构简易汉语能力鉴别指标的实证研究》，《世界汉语教学》2017年第3期（合作）

《专业医学汉语教材编写如何体现针对性原则》，《海外华文教育》2018年第1期（合作）；

《语言类型学视角下德语和韩语母语者使用介词"在"的偏误对比分析》，《世界华文教育》2022年第4期（合作）；

《俄语CSL学习者"知道类"易混淆词偏误分析》，《华文教学与研究》2023年第2期（合作）。

洪 炜

《汉语近义词学习手册（高级）》，商务印书馆2023年（合作）。

《任务的模态配置对汉语二语文本理解、词汇和句法学习的影响》，《世界汉语教学》2018年第3期（合作）；

《"显性编码"与"快速映射"对汉语二语词汇学习的影响》，《外语教学与研究》2018年第6期（合作）；

《手势对初级汉语二语者声调感知与产出的影响》，《汉语学习》2019年第6期（合作）；

《不同水平汉语二语者句子阅读加工中的语义整合研究》，《世界汉语教学》2021年第1期（合作）；

《读后续听任务在汉语二语词汇学习中的有效性研究》，《汉语学习》2021年第2期（合作）；

《具身认知视域下汉语二语听解加工的心理模拟机制》,《华文教学与研究》2022 年第 1 期（合作）；

《汉语反身代词加工中的局域效应和近因效应》,《世界汉语教学》2022 年第 1 期（合作）；

《国际二语搭配研究回顾与展望（2000—2022）》,《外语界》2023 年第 3 期（合作）；

《语境简化对中高级汉语二语者伴随性词汇习得的影响》,《世界汉语教学》2023 年第 3 期（合作）；

《隐喻手势对汉语二语抽象词汇学习影响》,《汉语学习》2024 年第 3 期（合作）。

伍秋萍

《国际中文教育研究方法基础教程》，中山大学出版社 2024 年；

《香港小学生汉字认读能力的实证研究》（合作），《语言文字应用》2016 年第 1 期。

《汉语二语者文化混搭性及文化适应的情感特征、影响与缓冲机制》（合作），《中国社会心理学评论》2017 年第 1 期；

《汉字认读在汉语二语者入学分班测试中的应用——建构简易汉语能力鉴别指标的实证研究》（合作），《世界汉语教学》2017 年第 3 期；

《3—12 岁儿童对汉语声、韵、调的意识与早期阅读的关系：基于元分析的证据》（合作），《心理与行为研究》2017 年第 5 期；

《任务的模态配置对汉语二语文本理解、词汇和句法学习的影响》（合作），《世界汉语教学》2018 年第 3 期；

《香港地区学龄儿童汉字认读测试常模建构》,《语言战略研究》2023 年第 3 期（合作）；

《中介效应分析在二语习得研究中的应用及方法评述》,《语言文字应用》2023 年第 3 期（合作）。

颜湘茹

《汉语课堂管理中奖惩案例分析——以广州美国人国际学校小学部为例》,《海外华文教育》2015 年第 3 期（合作）；

《对外汉语口语教材人物设计分析》,《海南师范大学学报》2018 年第 3 期；

《少儿对外汉语教材的性别角色研究》,《云南师范大学学报（对外汉语教学与研究版）》2018 年第 2 期（合作）；

《论对外汉语影视文化课及其教学内容设计》，《华文教学与研究》2021年第4期；

《论来华本科留学生对中国电影与文化类课程的需求》，《云南师范大学学报（对外汉语教学与研究版）》2021年第5期（合作）；

《"叠合的中华文化与传播"课程实践调研报告》，《国际汉语》2024年第六辑；

《〈爱汉语〉一二册作为IBDP初级中文课程教材的适用性分析》，《世界华文教育》2024年第1期。

张瑞朋

《留学生汉语中介语语料库建设若干问题探讨》，《语言文字应用》2012年第2期。

《论中介语语料库的平衡性问题》，《语言文字应用》2013年第2期（合作）；

《三个汉语中介语语料库若干问题的比较研究》，《语言文字应用》2013年第3期；

《上下文语境对留学生汉字书写偏误的影响因素分析》，《语言教学与研究》2015年第5期；

《汉语中介语语料库中的汉字偏误处理研究》，《语料库语言学》2016年第2期；

《英美高级水平汉语学习者别字书写研究及其理论蕴含》，《语言教学与研究》2021年第6期（合作）；

《留学生中介字数据库建设若干问题讨论》，《华文教学与研究》2022年第2期；

《合成词语境对汉字偏误的影响因素分析》，《汉语学习》2022年第3期；

《字内环境对汉字偏误的影响因素分析》，《华文教学与研究》2023年第4期。

（四）重要刊物

1.《国立中山大学语言历史学研究所周刊》

中山大学语言历史学研究所发行的周刊《国立中山大学语言历史学研究所周刊》共11集132期，第一期发行于1927年11月1日，最后一期（129—132期合刊）发行于1930年5月20日，历经2年7个月。其中汇集了当时中山大学语言学、历史学、民俗学、考古学等方向学者的学术论文，以历史学和语言学为主。周刊一共发行过3集语言文字学专题的专号。专号以外还有许多语言学论文散落在周刊中，与其他学科混合在一起，一共有44篇。三集语言文字学的专号，分别为25至27期合刊为切韵专号，85至87期合刊为方言专号，125至128期合刊为文字学专号。

2. 《汉语语言学》

2017年，国家公布了"双一流"建设名单，语言学、现代语言学与中国语言文学、外国语言文学并立，纳入一流学科建设名录。2019年2月，中共中央、国务院印发《粤港澳大湾区发展规划纲要》，明确支持粤港澳高校合作办学，鼓励联合共建优势学科、实验室和研究中心，共同推进中华优秀传统文化的传承与发展。

栉风沐雨，薪火相传。为了发扬中山大学语言学研究的优良传统，更好地服务学术、服务社会，中山大学中文系于2021年创办《汉语语言学》（Chinese Linguistics）集刊。《汉语语言学》依托粤港澳大湾区，充分利用大湾区专业联盟的优势，立足于汉语，在加强汉语本体研究的同时，推动语言学及语言学交叉学科基础性、前沿性、应用性的学术研究。

2021年，已出版第一、二辑。每半年出版一期。

3. 《国际汉语》

《国际汉语》于2011年创刊，是国际中文教育领域的专业学术集刊。该刊旨在及时反映国际中文教育、中文作为第二语言习得、中华文化传播、跨文化交际等领域的最新研究成果，交流世界各地的中文教学、传播、应用的实践经验，推动国际中文教育事业的发展。《国际汉语》迄今已出版六辑，全文为中国知网收录，在国际中文教育领域产生积极影响。

四、学科特色与展望

（一）学科特色

1. 学科建设

中文系语言学学科主要集中在三个领域：汉语史研究、方言研究、汉语二语习得与教学，强调语言研究的跨学科视野，在加强文科内部不同学科、方向之间交叉的基础上，同时注重文理渗透，保证了研究方向的前沿性、研究资料的创新性、研究方法的开拓性。

汉语史研究在我系语言学学科发展中具有悠久的历史和优良的传统，汉语史研究一直是我系语言学方面的特色和优长学科，得到长足的发展。王力、方孝岳、潘允中、李新魁、唐钰明、麦耘等为我系汉语史研究做出了巨大的贡献。其中李新魁、唐钰明、麦耘都出版了《著名中年语言学家自选集》。沿着前辈开创的道路，中青年学者也在各自的方向取得了瞩目的成绩。

方言研究提供了全国不同区域方言详实、科学的语言材料，展现了汉语方言资源的丰富性和多样性，积极响应并承担中国语言资源保护工程的大量工作。在研究汉语方言的同时，也为推广普通话打下了坚实的基础。方言的调查与研究在中山大学有着十分优良的传统，罗常培、赵元任、王力等对方言调查与研究做出了十分出色的表率，黄家教、施其生、麦耘、李炜、庄初升等继承了方言学方向的优良传统，并致力打通方言、汉语史及现代汉语的界限，进一步扩大研究视角，重视跨语言的比较，延续了中山大学重视语言调查的良好学风和研究传统。青年学者正茁壮成长，并独当一面。

汉语二语习得与教学面向国际中文教学需求，围绕中文作为第二语言的习得机制、中文高效教学模式、高质量国际中文教学资源研发进行跨学科研究，形成从基础研究、教学应用到成果转化的一体化贯通模式。依托国家级"国际汉语教材研发与培训基地"，研发出版数十种汉语教材、工具书和专著，其中《汉语阅读教程》系列教材获"优秀国际汉语教材奖"。建成"全球汉语教材库""留学生全程性中介字字库""国际汉语教材语料库"和"汉语国际教育案例库"等。其中"全球汉语教材库""留学生全程性中介字字库"为目前国内外规模最大的教材库和中介字库。此外，建有"语言学习与认知实验室"，配备 EGI 128 导脑电采集系统、Eyelink 1000 plus 眼动追踪系统等先进实验设备，满足中文作为第二语言习得机制研究要求。多年来，该学科方向培养了一批跨语言学、心理学和语料库技术的交叉型人才。高华年、张维耿、傅雨贤、周小兵等为该学科方向做出了重要贡献。

本学科已获得并主持国家社会科学基金重大项目两项，国家社会科学基金项目、教育部人文社会科学等项目多项。这些科研项目在国家文化、教育与社会建设中发挥了积极作用。近五年来，语言学学科教师共出版各类著作10多部、发表论文上百篇，科研成果多次获奖。

2. 学术交流

与香港中文大学、澳门大学形成粤港澳高校中文联盟，主办中国语言学岭南书院，旨在推动中国语言学的学术发展，促进交流协作和资源共建共享，为粤港澳大湾区的中国语言学师生提供了一个良好的学术平台。

除此之外，近年来语言学学科还主办或承办了中国语言学会学术年会、客家方言学术研讨会、濒危汉语方言学术研讨会、方言语法博学论坛、语言演变研究青年学者论坛、事实与理论语言学论坛等系列学术活动，为校内外师生创造条件，加强与校内外、国内外的沟通交流，开阔学术视野，展现学术风采。

（二）展望

近年来，国际、国内形势发生了深刻的变化，我们面对的是百年未有之大变局，人文学科遇到了难得的发展机遇，同时面临着严峻的挑战，这对语言学学科也提出了更高的要求。展望未来，我们要做到以下两点。

第一，坚持传统特色，努力扩大优势。

我系语言学学科传统在汉语史研究、方言研究、对外汉语教学与研究方向具有很强的实力。在接下来的关键时期，我们将以在研课题项目为基点，在汉语史方面，全面加强汉语史中音韵、字词、语法等问题的研究；在方言研究方面，扩大粤、闽、客等南方方言研究的优势，借助良好平台，做好汉语方言的语法化词库建设，利用计算机检索系统，尽可能使研究手段现代化，扩大比较范围，更新研究视角；在对外汉语教学与研究方面，探索汉语教学方法的新思路，提高汉语教学的现代化程度和效率，探索"互联网+汉语教学"的全面深度融合，同时加强从认知语言学角度对二语习得的研究，依托我系对外汉语的语料库、教材库、实验室，争取在习得、加工方面取得更多突破。

第二，增强创新研究，拓宽比较视野。

除了三个传统特色优势，近年来，语言学学科在汉藏语比较研究、语言障碍与语言认知研究两个方面发力，拓宽了本体研究的宽度和应用研究的深度。汉藏语比较研究重视汉语与亲属语言、境内民族语与汉语等其他语言的跨语言比较，重视语言类型学、语言接触及语言演变的研究。语言障碍与语言认知研究方面，从实际问题出发，探究语言障碍筛查及矫正背后反映的语言认知问题，促使语言应用与语言本体研究相互密切配合，提供有效的语言矫正方案，解决语言健康的实际问题。目前，这两个新方向已经在 SCI、SSCI 及 A&HCI 期刊发表文章，值得期待。

语言学学科是中国语言文学学科的"半壁江山"，是中国语言文学学科的重要组成部分。没有一流的语言学科，就没有一流的中国语言文学学科。

语言学学科将从中山大学建设一流文科的整体目标出发,传承优秀传统,深入凝练学科特色;把握时代和社会发展的新契机,与社会对学术研究的要求相契合;全面提升研究和教学的国际化水平,加强学术研究和教学的创新性和前沿性,为中山大学"十四五"规划和新一轮"双一流"建设贡献力量。

文艺学学科史

中山大学中国语言文学系文艺学学科史，主要体现在三个方面：学科源流，学科特色，人才培养。

一、学科源流

中山大学文艺学学科具有鲜明的理论性质与实践品格，在中国语言文学一级学科中，以文学理论为本体，兼顾美学、艺术学、文化研究，通古今，汇中西，坚持马克思主义普遍原理同中国具体实际文学经验相结合、同中华优秀传统文艺理论相结合，具有重要的学科位置和清晰的学术传统。

中山大学文艺学学科与中文系同龄，与时代同行。1927年，鲁迅任教中山大学期间，开授"文艺论"课程，介绍厨川白村和西方近现代文艺思潮，听课学生达204人，为全校之最。[①] 在粤期间，鲁迅还做了学术演讲《魏晋风度及文章与药及酒之关系》，他将魏晋文学与士人心理、社会政治予以综合考察，主张文学"完全超出于人世间的，也是没有的"。"诗文也是人事，既有诗，就可以知道于世事未能忘情。"[②] 这一时期，鲁迅的文艺理论具有文艺心理学与文艺社会学相融合的显著特征。鲁迅为中山大学文艺学学科的历史发展奠定了独具特色而影响深远的学理基因：立足文艺，重视心理，关怀社会，互鉴文明。

新中国成立后，文艺学学科进入正规发展轨道，以楼栖为代表，揭开了马克思主义引领文艺学基本原理建设的新帷幕；改革开放以来，文艺学学科与其他学科一样，拨乱反正，正本清源，快速发展，以陆一帆、吴文辉、潘翠菁、郭正元、李以庄、陈培湛为代表，以邓志远、潘智彪为骨干，开创了文艺心理学、东方文论、马列文论、电影美学等百花齐放、推陈出新的新局面；新世纪前后，文艺学学科先后引进了王坤、林岗、高小康等优秀人才，拓展了文艺美学、中国当代思想史、非遗美学等新的学科方向，与此同时，胡经之、陈继会、吴予敏也为中山大学文艺学博士生培养做出了重要贡献。随着中文系逐步建立和完善从学士、硕士、博士到博士后流动站的完整人才培养体系，文艺学专业在硕士生、博士生及博士后的招收、培养方面，在全国享有良好学术声誉；新时代以来，文艺学学科陆续引进了陈林侠、郭丽娜、

[①] 黄义祥编著：《中山大学史稿：1924—1949》，中山大学出版社1999年版，第137页。

[②] 鲁迅：《魏晋风度及文章与药及酒之关系》，载鲁迅著：《鲁迅全集》第3卷，人民文学出版社2005年版，第538页。

程相占等高端人才，在国家社会科学基金重大项目、国家重大人才工程入选者等方面实现了历史性突破；当前，文艺学学科团队以高端人才为领军，以罗成、刘昕亭为骨干，传承了文艺美学、电影美学的学术传统，发展了生态美学、生生美学、法国文论、文化研究等学术领域。

目前，文艺学专业拥有国家重大人才工程入选者 1 人，"珠江学者"特聘教授 1 人，获得国家社会科学基金重大项目 2 项，国家社会科学基金重点项目 1 项，国家社会科学基金一般项目 5 项，教育部项目 2 项，在一类刊物上发表高质量学术论文 10 多篇；获广东省哲学社会科学研究优秀成果奖多项。

二、学科特色

（一）文艺学基本原理与楼栖教授

楼栖（1912—1997），原名邹冠群，广东梅县石坑镇人，中山大学中文系教授。1937 年中山大学文学院社会系毕业后即投身于革命文艺运动和教学活动，曾在香港、桂林等地任中学教师、报纸新闻编辑、广西工业作家协会分会工作站主任、香港《聪明人评论报》副总编辑、《人民报》副刊编辑、香港达德学院文哲系教授等职。抗战后，参加中华全国文艺界抗敌协会香港分会、桂林分会。1949 年广州解放后，曾任广州市军管会文教接管委员会新闻出版处杂志组长。1950 年调入中山大学中文系从事文艺理论教学，历任中山大学教授、中文系文艺理论教研室主任、中文系副主任、《中山大学学报》（社会科学版）主编。1957 年被派往民主德国柏林洪堡大学东方学院讲授中国现代文学，为期 2 年。兼任广东省文学艺术界联合会委员、中国作家协会广东分会副主席、广东现代革命作家研究学会顾问等职。他的传略入编《中国文学家辞典》（现代第一分册）、《中国作家笔名探索》、《广州百科全书》、《世界华人文化名人传略》、英国剑桥《国际名人传略》等书。

楼栖从事文艺创作、报刊编辑、大学教学和学术研究 60 多年，著有散文集《窗》，杂文集《反刍集》《柏林啊，柏林》《楼栖自选集》《楼栖作品选萃》，中篇小说集《枫树林村第一朵花》，文学专论《论郭沫若的诗》，长诗《鸳鸯子》等。20 世纪 60 年代初，他与蔡仪等教授主编的《文学概论》，多年来一直被用作高等院校中文系的教材。

楼栖主要著作：

《窗》，山城文艺社 1942 年；

《反刍集》，文生出版社 1946 年；

《鸳鸯子》，人间书屋 1949 年；

《枫树林村第一朵花》，华南人民出版社 1953 年；

《论郭沫若的诗》，上海文艺出版社 1959 年；

《柏林啊，柏林》，广东人民出版社 1960 年；

《楼栖作品选萃》，花城出版社 1984 年；

《楼栖自选集》，花城出版社 1994 年。

（二）文艺心理学与陆一帆教授

陆一帆（1932—1995），广西钦州人。中共党员。我国著名文艺理论家、美学研究专家，我国文艺心理学研究奠基人、开拓者之一，曾任广东省美学学会创会副会长，第一任广东省文艺心理学学会会长，中国当代文学学会理事、中国当代文学研究会秘书长等职。

1955 年毕业于中山大学中文系并留校任教，1959—1962 年在中国人民大学参加文艺学研究班学习。历任中山大学中文系助教、讲师、副教授、教授，中山大学中文系现代文学教研室主任，讲授过中国现当代文学、美学、文艺心理学等十几门本科生及研究生课程。

1952 年开始发表作品。1985 年加入中国作家协会。著有学术专著《文艺心理学》《新美学原理》《观众心理学》《人的美学》《文艺学新论》等，主编《文艺心理学丛书》及《美育丛书》。

20 世纪 80 年代初发起组织广东省美学学会及广东文艺心理学学会，在全国有广泛影响，成为 20 世纪 80 年代全国两大文艺心理学学派之一的领军人。1991 年在《文艺研究》《学术研究》《广州日报》《中山大学学报》等刊物发起关于文艺本质问题的讨论，主张社会心理是文艺反映现实的中介，从而引起全国文艺理论界的热烈反响。

专著《新美学原理》获 1985 年广东省优秀社会科学研究成果三等奖，专著《文艺心理学》获 1987 年广东优秀社会科学研究成果二等奖，论文《文艺意识形态论》获广东省第五次优秀社会科学研究成果奖二等奖，《文艺心理学丛书》（主编）获 1991 年中南六省（区）优秀教育读物一等奖、全国第二届优秀教育图书三等奖，《美育丛书》（主编）获全国第一届优秀教育图书二等奖。

陆一帆主要著作：

《文艺心理学》，江苏文艺出版社 1985 年；
《人的美学》，中山大学出版社 1986 年；
《观众心理学》，中山大学出版社 1988 年；
《新美学原理》，广西教育出版社 1989 年；
《文艺心理探胜》，三环出版社 1989 年；
《青年美学向导》，浙江科学技术出版社 1990 年；
《文艺学新论》，中山大学出版社 1997 年。

（三）电影理论、电影史与李以庄副教授

李以庄（1933—），广东顺德人。中共党员。1949 年在香港参加新民主主义青年团，后回广州市团委工作。1953 年毕业于华南人民文学艺术学院文学部。1954 年 9 月考入中山大学中文系，就读期间任中山大学中文系第一任党支部书记。1959 年毕业于中山大学中文系。1959—1963 年在中央对外文化联络委员会研究室工作。后任暨南大学中文系教师、《羊城晚报》副刊编辑。1975—1979 年在广州市文化局创作室文艺理论组工作。1979 年夏起调入中山大学中文系，任教于文艺理论教研室，开设"文学概论""电影理论研究"等课程。1949 年在《文坛》月刊首次发表小说。1979 年加入广东作家协会。长期从事文艺评论，发表论文、评论、随笔等 300 余篇。出版专著《电影理论初步》《诗词新解——闺情》《早期香港电影史（1897—1945）》《香港电影第一案》等。1999 年获中国高校影视学会第二届"学会奖"、优秀学术论文"烛光奖"，2008 年获"华夏杯"港台电影优秀论文奖。

1981 年 9 月，率先在中山大学中文系高年级开设"电影理论"选修课，开启了综合性大学设置电影理论课程的先河。所著《电影理论初步》是全国较早的几本高校电影教材之一；《诗词新解——闺情》则以深入浅出的方法，指导读者用观赏电影的眼光，运用电影蒙太奇思维去欣赏诗词作品。1982 年起，开始研究香港电影，2005 年在香港三联书店出版《香港电影史（1897—1945）》，具有广泛的学术影响。

1978—1983 年间，采访了 70 多名东江纵队老队员，保存了中华民族团结抗战的一段历史记忆。在中山大学粤港澳发展研究院的协助下，她收集了 60 余万字的访谈资料《东江纵队口述史》。2021 年，受到新华社、中央电视台、光明日报、中国新闻网等主流媒体的广泛报道。

李以庄主要著作：

《电影理论初步》，江西人民出版社 1984 年；

《诗词新解——闺情》，（香港）金陵出版社 1989 年；

《早期香港电影史（1897—1945）》，（香港）三联书店 2005 年（与周承人合作）；

《早期香港电影史（1897—1945）》，上海人民出版社 2009 年（与周承人合作）；

《香港电影第一案》，花城出版社 2012 年（与周承人合作）；

《岭南文化知识书系：梁培基》，广东人民出版社 2016 年；

《香港银幕左方》，（香港）双原子创意及制作室 2021 年（与周承人合作）。

（四）东方文论与吴文辉教授

吴文辉（1936—2013），广东开平人，中山大学中文系教授。1957 年中山大学中文系毕业后留校任教，长期从事文艺理论和外国文学特别是东方文学的教学和研究工作。讲授"文学概论""毛泽东文艺思想""外国文学""东方文学"和"英美文学史"（外语系）等本科课程，以及"文艺理论""西方古代文学思潮""西方近现代文学思潮""东方文学思潮""东方文学专题研究"等硕士生课程。历任中山大学中文系文艺理论教研室副主任、系副主任，中山大学马克思主义理论研究中心主任，中山大学常务副校长，以及中国外国文学学会常务理事、中国印度文学研究会副会长、中国高等学校外国文学教学研究会常务理事、中国阿拉伯文学研究会名誉理事、广东外国文学学会会长。论文《〈旧约〉〈创世记〉开篇词语考》获广东省优秀社科研究成果二等奖，论文《〈罗摩衍那·童年篇〉的文学理论思想》获中国高校外国文学教学研究会优秀论文奖。获国务院表彰"为高等教育事业做出特殊贡献"，兼任中国中外文艺理论学会理事、广东中国文学学会理事兼文艺理论研究会副会长、国际名人传记中心（IBC）咨询委员会荣誉委员。享受国务院政府特殊津贴。1995 年获国际名人传记中心颁发的"20 世纪成就奖"。

吴文辉主要著作：

《外国文学》（上下册），广西人民出版社 1985 年（与易新农、张国培合作）；

《反法西斯战争与欧美文学》，广东高等教育出版社 1995 年；

《东方采菁录》，中山大学出版社 1997 年；

《20 世纪文学泰斗——泰戈尔》，四川人民出版社 1999 年；

吴文辉译、[缅甸] 貌阵昂著：《缅甸戏剧》，中山大学出版社 1992 年；

《前意识论与文艺学》，广西师范大学出版社 2004 年（与潘翠菁合作）；

吴文辉编译、[印度] 迦梨陀娑著：《迦梨陀娑诗歌戏剧选》，中山大学出版社 2005 年。

主要论文：

《"兴、观、群、怨"解》，《学术研究》1962 年第 6 期；

《澳大利亚现实主义文学的奠基人——亨利·劳森》，《中山大学学报》1979 年第 2 期；

《试论普列姆·昌德的〈舞台〉》，《中山大学学报》1983 年第 1 期；

《管窥普列姆·昌德的〈舞台〉》，载季羡林主编《印度文学研究集刊》第 1 辑，上海译文出版社 1984 年版；

《〈旧约〉〈创世记〉开篇词语考》，《中山大学学报》1985 年第 2 期；

《〈罗摩衍那·童年篇〉的文学理论思想》，载季羡林主编《印度文学研究集刊》第 2 辑，上海译文出版社 1986 年；

《〈仁爱院〉与普列姆昌德的现实主义》，载季羡林主编《印度文学研究集刊》第 3 辑，上海译文出版社 1997 年；

《一部被忽略了的重要剧作——评迦梨陀姿的〈摩罗维迦与火友〉》，载北京大学南亚东南亚研究所主编《南亚东南亚评论》第 1 辑，北京大学出版社 1988 年；

《悉多形象的演变》，载季羡林主编《印度文学研究集刊》第 4 辑，上海译文出版社 1999 年。

（五）马列文论与潘翠菁教授

潘翠菁（1934—2015），女，广东南海人，中山大学中文系教授。1953 年考入中山大学中文系汉语言文学专业学习，1955—1956 年在中山大学工作 1 年。1958 年毕业后分配到暨南大学中文系工作。1959—1963 年在中国人民大学文学研究班学习，1963 年毕业后回暨南大学中文系工作。1973 年调到中山大学中文系工作。1991 年起任教授，退休前长期任中山大学中文系文艺理论教研室主任，曾获中山大学 1986 年度教学优秀奖，享受国务院政府特殊津贴。讲授"文学概论""毛泽东文艺思想""马思列斯文艺论著选讲""西方文论选讲""美学"等本科生课程，以及"西方文艺理论批评史""西方现代主义文学思潮""西方美学史"等研究生课程。长期从事文艺理论的教学科研工作，学术专长为文艺理论、西方文艺理论批评史。曾任中国中外文艺理论学会理事、广东革命作家研究会理事、广东中国文学学会理事、广东省文艺理论研究会副会长。论著《西方文论辨析》获广东省优秀社会科学研究成果三等奖，《马列文论辨析》获中山大学第二届优秀教材奖。

潘翠菁主要著作：

《西方文论辨析》，中山大学出版社 1984 年；

《马列文论辨析》，广东高等教育出版社 1988 年；

《西方现代主义文学思潮》，高等教育出版社 1995 年；

《康乐园文集》，广州出版社 2006 年；

《前意识论与文艺学》（与吴文辉合作），广西师范大学出版社 2004 年。

主要论文：

《毛主席是怎样论述形象思维的——学习毛泽东文艺思想札记》，《中山大学学报》1978 年第 2 期；

《丑恶滑稽和典雅高尚相结合的美学原则——评雨果的〈克伦威尔〉序言》，《文艺论丛》1979 年第 9 期；

《台湾省作家——钟理和》，《文学评论》1980 年第 2 期；

《马克思主义文艺学与西方现代文艺思潮》，载全国高校文艺学研讨会主编《当代文艺学：探索与思考》，高等教育出版社 1987 年；

《反映论与主体性理论的分歧》，《中山大学学报》1992 年第 2 期；

《能动的反映论是马克思主义文艺理论的基础》，《高校理论战线》1993 年第 2 期；

《毛泽东文艺思想与当代文艺学》，载国家教委高等学校社会科学发展研究中心编《永远的旗帜——全国高校纪念毛泽东同志诞辰 100 周年学术研讨会论文集》，湖南师范大学出版社 1993 年；

《东西方古典戏剧理论着重点的差异》，《文艺研究》1996 年第 1 期；

《毛泽东文艺思想与文艺现代化——纪念毛泽东同志逝世 20 周年》，《文艺理论与批评》1996 年第 5 期；

《邓小平论社会主义文艺的主旋律和多样化》，《文艺理论与批评》1997 年第 6 期。

（六）文学基本原理与郭正元教授

郭正元（1937—2013），笔名水亮、郑远、郑元。广西平南县人，中山大学中文系教授。1960 年中山大学中文系毕业留校任教，历任助教、讲师、副教授、教授。曾任文艺理论教研室副主任，广东省中国文学学会理事，广东省"九五"哲学社会科学规划文学学科组成员，广东现代作家研究会副会长。论文《艺术典型探讨》获广东省首届社会科学研究成果优秀奖,论文《论思想道德文化建设的当代内涵与思路》获"金沙杯"全国精神文明建设征文大赛优秀奖,论文《论邓小平文艺思想的理论建构》获广东省精神文明建设第三届"五个一工程"入选作品奖。曾获中山大学1987年度教学奖、1994年蔡冠深教学金奖、中南地区大学出版社优秀图书二等奖、中山大学优秀教材奖。1956年开始发表文学评论,1980年加入广东省作家协会,1991年加入中国作家协会。学术专长为文艺理论与批评。

郭正元主要著作:

《魏晋南北朝文学论文名篇译注》,湖北人民出版社1986年;

《席勒戏剧故事选》(与蔡义为合作),广东人民出版社1986年;

《文学理论基础教程》,中山大学出版社1989年;

《文学的选择:市场经济与文学的审美创造》,中山大学出版社1998年;

《秋收集:文学创作与评论》,中国文联出版社2004年;

《冬藏集:文学的解读、创作与评论》,天马图书有限公司2004年;

《文艺学新论》,中山大学出版社2009年;

《艺术典型探讨》,《中山大学学报》1979年第1期;

《论邓小平文艺思想的理论建构》,《社会科学战线》1998年第5期。

(七) 电影美学与陈培湛教授

陈培湛(1941—),广东省龙川县人,中山大学中文系教授。1964年中山大学中文系本科毕业后留校任教,历任讲师、副教授、教授,曾任中文系副主任、中文系党支部书记。主要研究电影美学及中国电影史,包括对电影艺术基本规律、中国电影作品和中国电影创作现状的研究。

陈培湛主要著作:

《电影美学教程》,中山大学出版社1996年;

《中国电影艺术大师:蔡楚生》,广东人民出版社2008年;

《声画对位的心理基础与审美功能》,《中山大学学报》1988年第2期;

《论电影艺术的民族性与国际性的关系》,《中山大学学报》1999年第6期;

《关于第六代导演新作的思考》,《中山大学学报》2003年第2期;

《对第六代导演如何提高创作水准问题的探讨》,《中山大学学报》2003年第4期。

（八）西方文论、马列文论与邓志远副教授

邓志远（1946— ），广东新会县人，中山大学中文系副教授。1968 年中山大学中文系毕业，1979 年 9 月考回母校母系读研，师从著名文艺理论家楼栖。1982 年毕业留校任教，讲授"文学概论""马克思主义文艺思想发展史"等本科生课程，以及"文学理论""西方文艺理论史纲""西方现代文艺批评方法研究""马克思恩格斯文艺理论史纲"等研究生课程，曾荣获中山大学 1998 年蔡冠深奖教金奖。历任教员、讲师、副教授，硕士生导师，曾任中山大学中文系文艺理论教研室主任、中文系副系主任等职务。2006 年 7 月，受聘到中山大学南方学院创建文学系并任文学系主任。

邓志远主要著作：

《马克思恩格斯文艺理论史简说》，中山大学出版社 1999 年；

《普氏对"社会心理"并无明确界定在本质论范畴只有一个"源泉"》，《学术研究》1991 年第 5 期；

《马克思主义文艺思想发展史概观》，《中山大学学报》1993 年第 3 期；

《浅说新时期邓小平文艺思想》，《中山大学学报》1995 年第 4 期；

《对传统的艺术本质特征论的重新审视》（与蔡宗伟合作），《中山大学学报》1997 年第 2 期；

《马克思关于文艺审美本质的理论》，载《明辨与探索——中山大学马克思主义理论研究中心论文集》，中山大学出版社 1997 年；

《晚年恩格斯的"中间因素"理论解读》，《中山大学学报》1999 年第 4 期。

（九）美学、审美心理与潘智彪副教授

潘智彪（1952— ），广东湛江人。曾任中山大学中文系文艺学教研室主任、广东美学学会副会长。1986 年毕业于中山大学文艺学美学专业，获文学硕士学位，导师陆一帆。2006 年获武汉大学哲学（美学专业）博士学位，导师陈望衡。1986—1988 年任职于广东省艺术研究所。1988 年开始任教于中山大学，1989 年任讲师，1991 年破格晋升为副教授。

讲授的本科课程有"美学""喜剧心理学""审美社会学"，研究生课程有"美学原理""西方美学史""中国美学史""审美心理学"等。

在《中国社会科学》《文艺研究》《文学评论》《文艺报》《文艺理论研究》等权威刊物及核心刊物发表文章 30 多篇，其中有 10 多篇被《新华文

摘》《高等学校文科学报文摘》《中国人民大学报刊复印资料》等全文转载。

曾获广东省优秀社会科学研究成果二等奖、广东省高教厅首届哲学社会科学优秀成果奖三等奖、广东省首届青年社会科学优秀研究成果一等奖、全国优秀教育图书三等奖、中南地区优秀教育图书一等奖、中山大学本科教学优秀奖（蔡冠深奖）等奖项。

潘智彪主要著作：

潘智彪译、［新西兰］皮丁顿 著：《笑的心理学》，中山大学出版社1988年；

《喜剧心理学》，三环出版社1989年；

《实验审美心理学》，三环出版社1989年；

《实验审美心理学·音乐诗歌篇》，（台北）商鼎文化出版社1991年；

《实验审美心理学·绘画篇》，（台北）商鼎文化出版社1991年；

《审美社会学》，中山大学出版社1996年；

《美学原理》，中山大学出版社2002年；

《高剑父传》（与人合作），广东旅游出版社2003年；

《审美心理研究》，中山大学出版社2007年；

《诗何以群——在审美文化与社会系统之间的行走》，中国社会科学出版社2010年。

（十）非物质文化遗产、非遗美学与高小康教授

高小康（1954—   ），出生于西安，祖籍陕西延长，南京大学文学院教授、博士生导师。

1982年毕业于兰州大学中文系，1987年在南京师范大学攻读中国文学硕士研究生毕业并获得学位，1998年获中国古代文学专业博士学位，在南京师范大学文学院从事文艺学专业教学与科研工作。1993年获聘副教授，1994年被评为江苏省高等院校中青年骨干教师，1995年破格获聘教授，1999年被评为江苏省跨世纪学术带头人，2000年任博士生导师。

2002—2014年间，高小康受聘于中山大学中文系，任文艺学专业教授、博士生导师，教育部重点研究基地中山大学"中国非物质文化遗产研究中心"副主任；同时兼任北京师范大学文艺学研究中心和山东大学文艺美学研究中心兼职研究员，中国中外文艺理论学会和中国文艺理论学会常务理事，中华美学学会理事，上海交通大学城市科学研究院学术委员会副主任委员。

高小康自受聘中山大学工作后，和中文系同事一起创办了中国非物质文

化遗产研究中心，并于 2004 年获批准成为教育部重点研究基地。此后他的研究将传统研究与非物质文化遗产研究结合了起来，侧重于中国城市化进程中都市文化的发展与民间文化传统的关系问题研究。在此期间先后承担并完成了教育部基地重大课题"中国非物质遗产地图编制研究"和"非物质文化遗产保护与新农村建设"；承担了国家社会科学基金项目"非物质文化遗产与中国民间文艺美学传承创新研究"、教育部哲学社会科学研究重大课题攻关项目"非物质文化遗产美学研究"。发表于《文艺研究》等权威刊物的论文《文艺生态与文艺理论的非经典转向》《非物质遗产与文学中的文化认同》《都市文化建设与非物质遗产》等都是这方面研究的成果。这些成果多次被《新华文摘》《中国社会科学文摘》《高等院校文科学术文摘》《中华读书报》等重要报刊转载。

高小康从事非物质文化遗产研究的特色是从具体保护案例上升到对非遗观念的文化内涵以及非遗保护的当代文化意义及其对人类文明可持续发展的价值进行理论探讨。他在非遗研究中提出的具有领先或独创性的观点首先是对传统文化遗产在当今城市发展背景下的保护与活态传承问题进行探索，提出非遗保护不能是"临终关怀"而是活化。《都市文化建设与非物质遗产》一文就是这方面的代表作。

高小康非遗研究的另一个具有突出特色的研究方向是非遗美学。他认为非物质文化遗产从传统的语境转换生成到当代文化中，其文化内涵及其价值发生了转换——从传统社会的生活实践转换为具有心灵性的集体记忆，成为审美体验；传统的实用性转换为审美价值，成为当代社会中凝聚社会认同、培育民族文化共同体意识的精神资源。高小康认为，非遗在当代的活化是历史传统的活化，也是审美化。从这个意义上讲，非遗研究的核心就是非遗美学研究。

（十一）中国当代思想史与林岗教授

林岗，中山大学中文系教授，2001—2004 年间在文艺学教研室工作，后调至现当代教研室，详见现当代文学学科史。

（十二）文艺美学奠基人胡经之先生及其团队在中山大学文艺学专业培养博士生情况

胡经之，男，祖籍苏州，1933 年出生于无锡。1952 年考入北京大学中文系，毕业后留校攻读文艺学副博士研究生，师从杨晦学习文艺学，又从朱光潜、宗白华研究美学，融西方文艺学、美学于一炉；1960 年研究生毕业后留北京大学任教。改革开放后，在国内率先开拓文艺美学新学科，1981 年在北京大学招收全国首届文艺美学专业方向硕士研究生，所培养学生现多为美学、文论界知名学者。

胡经之是第一位落户深圳的北京大学教授，参与创建深圳大学中文系，历任深圳大学中文系系主任、深圳大学学术委员会副主任、人文社会科学委员会主任等职。

2004 年，胡经之率深圳大学文艺学团队，支持、参与中山大学文艺学专业的建设，并在中山大学中文系发表《走向文化美学》的主题演讲。胡经之在演讲中指出：美学既要坚守美的规律，又不能像思辨美学那样只停留在对美的本质作抽象探讨的层面上，而应关注当今现实，与对文化现象的研究相结合。

胡经之 2004 年在中山大学中文系招收两名文艺美学方向博士研究生：黄玉蓉（现深圳大学文化产业研究院教授）、祁艳（现中国艺术研究院科技研究所研究员）。

2004—2010 年，深圳大学文艺学团队陈继会教授、吴予敏教授在中山大学中文系招收多名文艺美学方向博士研究生：徐文泽（现广东开放大学教授）、陈璐、党西民（现中山市委党校教授）、蔡朝辉、熊敬忠（现遵义师范学院教授），以及于晓峰、王燕子、曾婷婷、霍美辰。

深圳大学与中山大学两校文艺学团队之间，至今仍然保持着良好而密切的学术交流。

（十三）文艺美学与王坤教授

王坤（1957— ），男，祖籍湖北蕲春，出生于武汉，文学博士，中山大学中文系文艺学教研室教授、博士生导师，曾任中山大学中文系副主任。北京师范大学中文系文学学士（1979—1983 年）、北京大学中文系文学硕士（1985—1988 年，导师胡经之）、复旦大学中文系文学博士（1992—1995 年，导师蒋孔阳）。

1998 年 9 月从武汉大学中文系文艺学教研室调入中山大学中文系文艺学教研室；2001 年 6 月—2002 年 6 月在美国俄亥俄州立大学、田纳西州南方学院访学、任教。任中国中外文艺理论学会常务理事、国家社会科学基金通讯评委、国家社会科学基金（艺术学）会议评委、中山大学中文系学术委员会委员。在学术刊物上发表论文 70 余篇,发文刊物包括《文学评论》《文艺研究》《人民日报》《中国社会科学报》等。

王坤主要著作:

《转折时代的美学与批评》,中国文联出版社 2000 年;

《西方文论生成的学理研究》,中山大学出版社 2022 年;

王坤译、[意大利]基尔·伊拉姆著:《符号学与戏剧理论》,(台北)骆驼出版社 1998 年;

王坤译、[俄]洛特曼著:《艺术文本的结构》,中山大学出版社 2003 年。

主持国家社会科学基金一般项目 3 项:"洛特曼研究与中国当代文论新视角"(05BZW011),"当代文论与'去黑格尔化'研究"(13BZW004)"西方文论本体阐释的学理研究"(22BZW029)。

主持广东省社会科学基金项目 1 项:"文论创新与经典重译"(GD12CZW10)。

主持国家社会科学基金重大项目子课题 3 项:"中国特色文学理论建构的历史经验研究"(18ZDA278),主持子课题"中国特色文学理论建构的思想理论资源与经验研究";"中国现代文学批评域外思想资源整理与研究"(21&ZD258),主持子课题"中国现代文学批评德国思想资源整理与研究";"百年来中国共产党文艺思想中的人民主体性阐释研究"(23&ZD275),主持子课题"延安时期党的文艺思想中的工农兵主体性研究"。

主要学术观点:

(1)洛特曼研究、黑格尔研究及相关翻译。翻译出版了洛特曼的代表作《艺术文本的结构》和吉尔·伊拉姆的《符号学与戏剧理论》。围绕着洛特曼研究与黑格尔研究,主持并完成两项国家社会科学基金项目:"洛特曼研究与中国当代文论新视角""当代文论与'去黑格尔化'研究"。这方面的研究工作已经得到学界关注。

(2)本体论研究与当代文论学理研究。长期坚持研究美学、文论领域的基础理论问题。在专著《转折时代的美学与批评》之后,出版《西方文论生成的学理研究》。一直致力于研究西方后现代思潮对中国当代文论的各种冲击和影响,对被搁置、冷遇的文学本体问题,持续进行较为系统深入的思考,提出应从学理角度研究反本质主义及其背后的深层问题,比如,要想在文学本体论领域有所突破,必须在自然本体论领域有所突破;同时,文学理论研究必须结合文学实践，尤其是深层次的学理研究，如果得不到文学实践的检验，很难产生持久的影响。这方面的研究也已引起学界注意。

同行评价和社会影响：

《西方思维与文学教育的理论基点批判》一文，获广东省2010—2011年哲学社会科学优秀成果论文二等奖；近20篇文章被人大复印资料《文艺理论》和《中国社会科学文摘》全文转载；入选"复印报刊资料重要转载来源作者（2019年版）"。

人才培养情况：

自2005届至2021届，指导本科毕业论文95人。所指导研究生中，已毕业博士19名、硕士34名，出站博士后2名；其中在高校任教者，迄今，担任博导1人，担任教授5人；主持国家社会科学基金项目11项，教育部项目7项，在一类刊物上发文4篇；教育部思政示范课程（含教学名师与教学团队）"策划文案"，1人排名第一。

（十四）生生美学、生态美学与程相占教授

程相占（1966—），河南新野人。1989年毕业于郑州大学中文系，获汉语言文学专业学士学位；1992年毕业于山东大学中文系，获中国文学批评史专业硕士学位；1995毕业于山东大学中文系，获中国文学史专业博士学位。自1995年起任教于山东大学中文系、文学院，2004年起任教授，2009年被评为博士生导师，2010年任教育部人文社科重点研究基地山东大学文艺美学研究中心副主任，2018年任文学院副院长。2023年10月任中山大学中国语言文学系教授，中山大学艺术学院兼职教授，博士生导师。2017年入选国家重大人才工程，享受国务院政府特殊津贴。兼任中华美学学会常务理事、生态美学专业委员会主任，中国文艺理论学会常务理事，中国英汉语比较研究会生态语言学专业委员会常务理事，中国高教学会美育专委会常务理事，国际英文期刊Contemporary Aesthetics国际顾问委员会委员。主要研究领域为中国美学、生态美学、生态艺术学等，出版中文学术专著12部，译著3部，在英国出版英语专著1部，在中国、美国、英国、德国、波兰、土耳其等国发表中外文学术文章160余篇，先后主持国家社会科学基金青年项目1项、一般项目1项、重点项目2项、重大项目子课题4项，教育部人文社会科学重点研究基地重大项目2项。

程相占的学术研究包括五个方面：

（1）生生美学。生生美学正式提出于《文心三角文艺美学——中国古代

文心论的现代转化》（山东大学出版社 2002 年；安徽教育出版社 2023 年再版时修改书名为《中国古代文心论的现代阐释》）。该书为国家社会科学基金青年项目"中国古代文心论的现代阐释"（98CZW001）的结项成果，其结语为"走向生生美学"，初步界定了生生美学的含义。《生生美学论集——从文艺美学到生态美学》（人民出版社 2012 年）以"生生美学的十年进程"为"自序"，介绍了生生美学的内涵及其与其他美学形态的关系。生生美学于 2017 年以来引起学术界较大反响，不少学者将之作为理论视野阐释中国美学史、景观设计等。2023 年度国家社会科学基金重大项目"生生美学与中华美学精神的传承创新研究"立项，表明这一美学形态得到了权威认可。

（2）生态美学。2002 年提出生生美学的本意是借鉴中国传统理论资源建构生态美学，此后主持国家社会科学基金一般项目"西方生态美学的理论建构与实践运用"（08BZW013）和国家社会科学基金重点项目"生态审美的基本要点与生态审美教育研究"（13AZW004），先后出版了《生态美学与生态评估及规划》（河南人民出版社 2013 年）、《生态美学引论》（山东文艺出版社 2021 年）、《西方生态美学史》（山东文艺出版社 2021 年）和英语著作 Ecoaesthetics and Ecosophy in China（《中国生态美学与生态智慧》，Transnational Press，London，2023）。8 份生态美学英语成果被写入《斯坦福哲学百科全书》"环境美学"词条。应邀为《劳特里奇自然与环境美学指南》（The Routledge Handbook of Nature and Environmental Aesthetics）撰写"中国生态美学"条目，将中国生态美学推向国际学术界。

（3）环境美学。在借鉴环境美学以发展生态美学的同时，注重辨析生态美学与环境美学之异同，较早以环境美学为视野阐释中国美学史（《中国环境美学思想研究》，河南人民出版社 2009 年）。主持教育部人文社会科学重点研究基地重大项目"环境美学与美学的改造"（11JJD750014），出版《环境美学概论》（山东文艺出版社 2021 年）、《当代西方环境美学通论》（人民出版社 2022 年），应邀为《牛津环境科学研究百科全书》（Oxford Research Encyclopedia of Environmental Science）撰写"中国环境美学"条目，将中国环境美学推向国际学术界。

（4）生态批评。在国际生态批评旗舰刊物发表《生态美学与生态批评》["Ecoaesthetics and Ecocriticism," Interdisciplinary Studies in Literature and Environment, Vol. 17, No. 4（Autumn 2010），pp. 785 – 789]，试图以生态美学为基础将生态批评发展为"审美生态批评"。主持教育部人文社会科学重点研究基地重大项目"生态批评的理论问题及其中国化研究"（19JJD750005），结项成果《生态批评理论研究》（人民出版社 2024 年）全面系统地研究了国际生态批评的理论问题。

（5）生态艺术学。2020 年倡导生态艺术学研究，发表《生态艺术学建构的理论路径：从"美的艺术"到"生态的艺术"》（《艺术评论》2020 年第 10 期）、《生态艺术学的建构思路与整体框架探析》（《艺术评论》2022 年第 12 期）。主持国家社科基金艺术学重点项目"生态艺术学建构研究"（23AA001）。

（十五）当代电影美学与陈林侠教授

陈林侠（1972—　　），四川江油人，中共党员。2015 年 3 月调入中山大学中文系，教授，博士生导师，文学博士，广东省"珠江学者"特聘教授，国家社会科学基金重大项目首席专家。主要研究方向为影视美学与华语电影研究。先后主持 3 项国家社会科学基金课题，8 项省部级课题，出版 5 部专著，发表 200 多篇学术论文，其中，CSSCI 来源期刊 113 篇，43 篇论文被人大复印资料全文转载。先后担任中国世界华文文学学会主任委员、中国人民大学书报复印资料《影视艺术》编委、北京电影学院未来影像高精尖创新中心特聘研究员等学术兼职，曾担任"文学概论""华语电影研究""影视美学"等多门本科生和研究生课程。

长期致力于影视美学与华语电影研究，学术成果集中在中国影视的文学改编研究、中国电影的文化竞争力与国家形象研究等两个方面。

从 2001 年开始致力于文学改编研究。出版专著《从小说到电影：当代影视改编综合研究》（中国社会科学出版社 2011 年版），倡导以"生成"/动态的研究视点代替"改编"/静止的现象比较，在根本思路上对国内改编研究有了较大的触动。该书一经出版，就成为华中科技大学、暨南大学、平顶山学院等多所大学戏剧影视文学专业的专业参考书。国内学者周仲谋《1990 年代以来电影改编理论研究综述》、秦兴华《文学改编电影的研究现状》、赵敬鹏《新世纪以来文学作品的影视改编研究述评》均将本专著作为国内改编研究的代表性成果，获得"很强的思辨性""近年来研究影视改编最好的一本书"等高度评价。

从 2010 年开始研究中国电影的国家形象，随后将重点延伸到中国电影文化竞争力与海外市场研究。《跨文化背景下中国电影国家形象建构》（人民出版社 2014 年版）是国内最早一部系统研究中国电影的国家形象建构的专著，获得国家哲学社会科学基金后期资助，收入《广东社会科学年鉴（2014 年卷)》。2019 年担任国家社会科学基金重大项目"中国电影文化竞争力与海外市场动态数据库建设"首席专家，部分成果发表在《文艺研究》《文艺理论研究》《学术研究》《人文杂志》《天津社会科学》等学术期刊上。

学术成果如《论影像叙事结构中的张力》《从启蒙理性、寓言化到商业叙事》等曾获国家广电总局部级科研成果三等奖、中国高校影视学会论文三等奖、中国电视艺术家协会论文三等奖、浙江省电视"牡丹奖"论文一等奖。

（十六）文艺美学、文化研究与罗成副教授

罗成（1982— ），湖南长沙人，中山大学中文系副教授，硕士生导师，现任中文系系主任助理，文艺学教研室主任，中文系党委委员，曾任中文系工会主席。

2009 年 6 月毕业于北京师范大学文学院，师从王一川，获博士学位。2009—2011 年，以师资博士后进入中山大学中国语言文学流动站工作，合作导师为高小康。历任中山大学中文系讲师、副教授，主要研究方向是文艺美学与文化研究。讲授过"美学""文学概论""20 世纪西方文学理论""文心雕龙导读""大学语文"等本科生课程，及"文艺美学研究""西方美学史""中国美学史""文化研究"等研究生课程。主持省部级等科研项目多项，包括教育部青年项目"审美现代性视野中的公民社会想象"（2010—2015 年）、高校科研基本业务费青年教师培育项目"'一带一路'视域下的'亚非文化理论带'研究"（2017—2019 年）、高校科研基本业务费青年教师重点培育项目"中华现代文艺美学的文明再释与原理重构"（2020—2022 年）。

参与编撰国家级高等学校教材多部，包括《艺术学原理》《文学批评新编》《文艺心理学新编》《20 世纪西方文学理论新编》等。2013 年，任教育部"马克思主义理论研究和建设工程"《西方文学理论》编写组成员，参与由曾繁仁、周宪、王一川为首席专家的马工程教材编写工作，负责"俄国形式主义"，教材于 2015 年初版，后经数次修订。

著有学术专著《回心与转意——新时期中国美学的复苏（1978—1985）》（北京师范大学出版社 2016 年），在核心期刊发表学术论文 40 余篇。2017 年来，主要学术兴趣集中在创新发展、学科交叉、中西互鉴的"文明论"话语建构，致力于对中华文艺美学及文化传统予以创造性转化与创新性发展的文明论考察，研究成果为《新华文摘》《中国社会科学文摘》《高等学校文科学术文摘》以及人大复印资料《文艺理论》《文化研究》《美学》《中国现代

史》等广泛转载。2023 年，入选"人大复印报刊资料重要转载来源作者（2022 年版）"。

2012 年，入选广东省高等学校"千百十工程"第七批培养对象（校级）。2017 年，入选第六届"士恒青年学者计划"。论文《"感动"的启蒙——早期鲁迅文艺思想起源的内面构造及历史意义》（《文艺理论研究》2019 年第 2 期）获 2020 年中国文艺理论学会首届会刊论文双年奖"新锐组"一等奖、2021 年广东省中国文学学会"粤派学术·优秀论文奖"一等奖。

2016 年以来，广邀名家到系开展学术讲座，先后有王一川、方维规、高建平、王德胜、杜卫、周宪、丁国旗、朱国华、林少阳、阎嘉、曾军、段吉方、梁展、蓝江、程凯、汤拥华、胡疆锋、陈越、贺照田等学者，先后主办"新中国视域中的文学经验、文化实践与社会构造——首届人文社会跨学科青年学者工作坊"（2017 年）、"'同时代'视野中的理论自觉与问题重构——暨文艺学学科建设研讨前沿工作坊"（2018 年）、"中国文艺理论学会第九届青年论坛"（2019 年）、"审美、理论与历史——'新文科时代的文学教育'学术研讨会"（2019 年）等学术会议。

（十七）西方文论、文化研究与刘昕亭副教授

刘昕亭（1984—　），甘肃兰州人，女，文学博士，社会学博士后；现为中文系文艺理论教研室副教授，硕士生导师，曾任中文系系主任助理。

本科毕业于南开大学文学院，毕业时因成绩优异，被保送至中山大学中文系文艺美学专业攻读硕士研究生，毕业后考入南开大学文学院攻读文学理论专业博士研究生；随后在香港理工大学应用社会学系从事博士后工作，2018 年出站，被中山大学以"百人计划青年学术骨干"引入中文系。

主持国家社会科学基金一般项目 1 项 ["主体介入与现实主义发展新阶段研究"（20BZW007）]，另有多篇文章发表于《文艺研究》《文艺理论研究》等刊物。

开设的主要课程有"20 世纪西方文论""文学概论"等。

研究方向为当代西方文论和文化研究，特别专注于齐泽克等当代西方思想家，尤其是 20 世纪 90 年代以来对"后"学范式的批判反思。研究成果主要集中在以下三个领域：

（1）西方文论研究。在多年从事西方文论的教学和研究工作中，专注于齐泽克、阿兰·巴丢等当代西方理论家的文艺思想研究。齐泽克是目前西方最为活跃的哲学家和文化理论家，他熔铸马克思主义、拉康精神分析与黑格

尔哲学于一炉，跨越哲学、文学理论、艺术批评等多个领域，对"语言学转向"特别是后现代主义、后结构主义等"后学"（post-）范式进行了批判性反思，引发被形容为"学术摇滚巨星般"的效应，被国际学术界视为当下西方文艺理论界进行自我批判和范式转型的集中代表。针对齐泽克的上述研究，既是对全球文学理论最新动态的前沿译介，亦是西方文论的本土化工作，为中国文艺理论的发展拓展积极有效的思想空间与实践方向。

（2）影视研究。齐泽克引领的当代"新精神分析电影理论"（新实在主义电影理论），以"电影—实在"的理论关系为基础，通过通俗大众影视作品与晦涩的拉康精神分析之间的批评增殖，建构了艺术创作与理论阐释、哲学书写与文本实践之间的新参照关系。上述这些研究成果，校正了国内学界长期以来模糊使用的一些西方文论批评概念，并对这些概念在当代电影理论研究中的最新发展，进行了补充和阐发，且将其作为新的理论资源，推动中国本土电影文化批评的发展。

（3）文化研究。近几年的研究主要围绕媒介社会、赛博文化和青年亚文化展开，尤其关注智能手机、虚拟语音助手等技术升级对大众文化生产和消费的重构。研究打破学科壁垒，充分发挥文学和社会学研究的跨专业优势，借鉴社会学、政治学、传播学等学科的最新研究成果，将当代大众文化和青年亚文化新现象和新发展，置于当下科技革命的动态进程中，总结和考察其间代际变迁与文化转型。

刘昕亭的研究工作已经引起学界重视与好评：

论文《波德维尔为什么错了？——论齐泽克对大卫·波德维尔的批判》，由《人大复印资料·影视艺术》2015年第7期全文转载；

论文《除不尽的齐泽克》，被中国社会科学网转载：http://marx.cssn.cn/mkszy/gwmkzy/201310/t20131024_514744.shtml；

截至2022年1月底，《积极废人的痛快享乐与亚文化的抵抗式和解》（《探索与争鸣》2020年第8期）在知网上的下载次数已达1680多次，被引3次；《反对听觉新霸权——兼与周志强和王敦教授商榷》（《探索与争鸣》2018年第12期）被引6次；译文《没有听觉文化的声音研究——对本体论转向的一个批判》（《文化研究》第36辑，2019年春季卷）被引3次（其中包括博士学位论文对该文的引用）。

（十七）其他

龚刚，澳门大学南国人文研究中心学术总监、中文系教授、博士生导师，于 2001 年 7 月—2002 年 7 月在中山大学中文系文艺学教研室工作。

王敦，中国人民大学文学院硕士研究生导师，副教授，于 2008—2013 年在中山大学中文系文艺学教研室工作。

三、人才培养

（一）楼栖教授指导研究生部分统计

罗小平（1945—　）女，广东省龙川县人，广州星海音乐学院教授。1979 年 9 月考入中山大学中文系文艺理论专业读研，师从楼栖。

李健夫（1946—　），云南省陆良县人，云南师范大学文学与新闻传播学院教授。1979 年 9 月考入中山大学中文系文艺理论专业读研，师从楼栖。

黎乔桂（1944—2000），广东民族学院中文系教授。1967 年中山大学中文系毕业，1979 年考入中山大学中文系文艺理论专业读硕，师从楼栖。

（二）陆一帆教授指导研究生部分统计

於贤德（1950—　），浙江宁波人。1983—1986 年师从陆一帆攻读文艺学硕士学位。广东外语外贸大学国际文化交流学院二级教授、院长，浙江万里学院文化与传播学院院长。

潘智彪（1952—　），广东湛江人。1983—1986 年师从陆一帆攻读文艺学硕士学位。中山大学中文系副教授，曾任文艺学教研室主任、广东美学学会副会长。

（三）高小康教授指导研究生、博士后部分统计

2002—2014 年，高小康教授在中山大学中文系指导的部分研究生、博士后有：姚朝文，2004 级博士生，现任佛山科技大学教授；袁瑾，2004 级博士生，现任广东外语外贸大学教授；钟雅琴，2004 级博士生，现任深圳大学副教授；王进，2005 级博士生，现任暨南大学教授；刘晓燕，2005 级博士生，现任深圳大学副教授；王洪琛，2005 年博士后入站，现任广东省社会科学院研究员；罗成，2009 年师资博士后入站，现任中山大学中文系文艺学教研室主任、副教授；肖剑，2009 年师资博士后入站，现任中山大学中文系比较文学与世界文学教研室主任、副教授。

（四）王坤教授指导研究生入选国家课程，担任教授、博导及主持国家项目和教育部项目等统计

1998年以来，王坤教授在中山大学中文系所指导的部分研究生及其相关成就有：

（1）李薇，2005届硕士、2011届博士，现任广东轻工职业技术学院教授。

（2）蓝国桥，2008届博士，现任岭南师范学院教授，获得国家社会科学基金青年项目"王国维与康德美学中国化研究"（12CZW018）。

（3）袁敦卫，2009届博士，现任东莞市委党校教授。

（4）刘昕亭，2009届硕士，现任中山大学中文系副教授，获得国家社会科学基金一般项目"主体介入与现实主义发展新阶段研究"（20BZW007），在研。代表论文《齐泽克的凝视理论与电影凝视的重构》（《文艺研究》2018年第2期）。

（5）沈一帆，2011届博士，现任深圳大学文学院副教授，获得国家社会科学基金青年项目"抒情传统与中国现代诗学的海外建构研究"（14CZW006）。

（6）聂春华，2010年出站博士后，现任广东第二师范学院文学院教授，获得国家社会科学青年项目"环境美学的基本问题及其对我国生态文明建的价值研究"（13CZX083）。代表论文《从文本语义学到文本媒介学——论艾斯本·亚瑟斯的遍历文学理论》（《文学评论》2019年第2期）。

（7）宋涛，2013届博士，现任贵州民族大学文学院教授，获得国家社会科学基金规划西部项目"重复思想与美学研究"（19XZW006）。

（8）廖建荣，2016届博士，现任广东工业大学副教授，获得国家社会科学基金后期资助项目"阿诺德·伯林特环境美学与生活美学研究"（20FZWB022）。

（9）崔淑兰，2016届博士，现任吉首大学预科学院讲师，获得国家社会科学基金后期资助项目"历史哲学观念变迁与文学观演变研究"（20FZWB021），在研。

（10）杨水远，2017届博士，现任湖南第一师范学院文学院副教授，获得国家社会科学基金后期资助项目"黑格尔与中国当代文论思维范式建构及转型研究"（21FZWB077）。代表论文《王元化与黑格尔的对话及其文论史意

义》(《文学评论》2021 年第 2 期)。

(11) 戴登云,2018 届博士,现任广州大学人文学院教授、博导,获得国家社会科学基金一般项目"'耶鲁学派'诗学的隐性范式与当代文论创新研究"(18BZW007),国家社会科学基金西部项目"解构的难题——德里达再研究"(10XZW002)。代表论文《世界的差异错置性及其美学效应——评约翰·塞尔〈人类文明的结构:社会世界的构造〉》(发表于《文艺研究》2017 年第 7 期)。

(12) 朱海坤,2018 届博士,现任深圳大学美学与文艺批评研究院长聘副教授,获得国家社会科学基金青年项目"阐释学的方法论与本体论之争研究"(23CZW003)。

(13) 王一方,2019 年出站博士后,现任广东技术师范大学文学院讲师,获得教育部人文社会科学研究青年基金项目"彼得·基维情感认知主义美学思想研究"(21YJC720012)。

(14) 丁文俊,2019 年进站博士后,获得国家社会科学基金后期资助项目"记忆的政治:'阿本之争'的历史境域与当代延伸"(23FZWB089)。代表论文《阿多诺美学的自然记忆与"感性共同体"的生成》(《文学评论》2020 年第 5 期)。

比较文学与世界文学学科史

一、学科源流

中山大学中文系自 1982 年至 1985 年上半年先后开出"外国文学与中国现代文学"和"比较文学概论"两门比较文学课程。

"外国文学与中国现代文学"是 1982 年为当年入学的现代文学专业研究生开的,其目的是研究外国文学与我国现代文学的关系,以加深对我国现代文学产生和发展的规律的了解,开拓现代文学研究的新领域,并推动我系比较文学教学和科研的开展。该课程开设一学期,每周 2～3 学时,教学方法以课堂教学为主,辅以课堂讨论。

该课程的教学内容主要是从比较文学的角度,研究易卜生、契诃夫、左拉、陀思妥耶夫斯基等外国作家的文艺思想与作品及其与中国现代文学的关系。为了让学生对比较文学的性质和内容有所了解,教师在讲课时特别就比较文学的研究对象、内容和范畴,指导思想、基本原理和方法,以及我国比较文学应如何发展等,做了讲授。强调比较文学研究应以马克思主义为指导思想,应有助于揭示文学自身的规律,有助于我国现代文学研究的开拓和深入。在对外国作家及其文学创作的讲授过程中特别强调:任何一个国家的文学对另一个国家的文学所发生的影响,主要是由对方社会发展和文学发展的需要所决定的。这种影响不仅受制于对方民族社会历史进程,也受到对方民族文化传统、民族心理和民族审美理想、审美趣味的制约。总之,在讲课中,力求做到既对具体作家作品有具体的分析,也有理论的概括与阐发。

虽然这门课尚未能建立一个完整的体系,教学中也有不足之处,但已收到一定的教学效果。一是提高了学生对外国文学与中国现代文学的关系的认识,使学生认识到如不搞清中国现代文学与外国文学的关系,现代文学的研究就难以深入下去;二是开阔了学生的视野,引发了学生对比较文学研究的兴趣,注意应用比较文学的原理和方法去开展科研。中文系的研究生们在三年的学习期间,结合本专业的研究方向写出了一批比较文学论文。如陈平原的《鲁迅的〈故事新编〉和布莱希特的"史诗戏剧"》,用平行研究的方法,就鲁迅的《故事新编》与布莱希特的"史诗戏剧"在间离效果、理性主义及各自艺术风格等方面做了深入的比较研究,在鲁迅小说研究方面取得了新的进展,该文发表于《鲁迅研究》1984 年第 2 期。陈幼学的《茅盾长篇小说的史诗风格与托尔斯泰》也为《茅盾研究》(第三辑)(中国茅盾研究会 1988 年)采用。

1985年上学期，系里为本科四年级学生开了"比较文学概论"课，就比较文学的指导思想和研究目的，比较文学的渊源，比较文学学科的形成与发展、内容与范畴、基本原理与方法，中国比较文学研究的方向等，做了系统的讲授。这门课暂定为选修课，每周两学时，开一学期。在1985年上学期选修的学生共有53人。该课程以课堂讲授为主，分专题举行课堂讨论。该课程的教学受到学生的热烈欢迎，一些学生应用比较文学研究的原理写了学年论文和毕业论文。

此外，中文系把比较文学研究列入了本科学生写作毕业论文的实践之中，在教师的指导之下，撰写了一批比较文学论文，如《鲁迅与莫泊桑短篇小说比较》（1981级杨弘作，《衡阳师专学报》1985年第3期）、《曹禺与易卜生的戏剧创作》、《契诃夫和曹禺戏剧中的诗情与哲理》等。这些学生虽未上过比较文学课程，但通过长达一年的有关比较文学的毕业论文写作，也受到了相当程度的比较文学的训练。①

中山大学中国语言文学系比较文学与世界文学专业设立于2001年。2001年10月20日，中山大学中文系通过了《关于成立比较文学与世界文学教研室的决定》，由艾晓明教授出任教研室主任。2009年1月，艾晓明教授退休；2013年2月15日，中山大学中文系发布通知，艾晓明自然免去比较文学与世界文学教研室主任一职，委任魏朝勇教授为新的比较文学与世界文学教研室主任。现任教研室主任为肖剑副教授。

二、比较文学与世界文学专业教师及成果

（一）比较文学与世界文学教研室教师名录

比较文学与世界文学专业人才荟萃，曾有多位优秀的教师在此任教。先后有艾晓明、魏朝勇、夏茵英、宋素凤、许健、柯倩婷、姚达兑、郭晓蕾、肖剑、吴晓佳、郭丽娜、梁丹丹、范劲等，各位老师为比较文学与世界文学专业的建设和人才培养，做出了重要的贡献。

比较文学与世界文学教研室现有教师4人，其中教授1人、副教授3人，博士生导师2人、硕士生导师3人。各年份教师名录如下。

---

① 本部分作者易新农，措辞方面稍做改动。

年份	教师姓名	年份	教师姓名
2004	艾晓明（主任）	2015	魏朝勇（主任）
	夏茵英		柯倩婷
	宋素凤		姚达兑
	许健		许健
2005	艾晓明（主任）		郭晓蕾
	夏茵英		肖剑
	宋素凤		吴晓佳
	许健	2017	魏朝勇（主任）
2008	艾晓明（主任）		柯倩婷
	夏茵英		姚达兑
	宋素凤		许健
	许健		郭晓蕾
	柯倩婷		肖剑
2012	魏朝勇（主任）		吴晓佳
	夏茵英	2021	魏朝勇（主任）
	宋素凤		郭丽娜
	柯倩婷		肖剑
	许健		柯倩婷
	肖剑		范劲
	吴晓佳	2024	肖剑（主任）
	姚达兑		柯倩婷
			梁丹丹

（二）比较文学与世界文学专业人才培养名概况

比较文学与世界文学专业的人才培养目标是：既要培养一流学者，也培养具有崇高的国家民族情怀和时代使命感，在各行各业能够胜任汉语言文字、文学等基础性、创造性工作的优秀人才。目前，比较文学与世界文学专业有在校硕士研究生9人，博士研究生5人。截至2024届毕业生，共培养了98

名硕士，24名博士，为社会输送了众多人才。

（三）比较文学与世界文学教研室教师学术成果

自比较文学与世界文学教研室建立以来，各位老师认真从事教学工作的同时也在努力进行着科研事业，主要包括主持的科研项目、课题和论文、著作与译作写作等等。

1. 比较文学与世界文学教研室主持的科研项目

比较文学与世界文学教研室项目一览

负责人	项目来源	项目名称	项目编号	项目起止时间	批准号
魏朝勇	2010年度教育部人文社会科学研究规划基金项目	晚清政治小说的修辞与政治伦理	1002047	2010.11/2013.12	10YJA751083
	国家社会科学基金一般项目	修昔底德著作的翻译、注解与研究	1501063	2015.7/	15BWW058
	国家社会科学基金重大项目子项目	《牛津古典大辞典》中文版翻译子项目古希腊罗马文学和审美艺术领域的词条翻译		2017.11/	17ZDA320
艾晓明	国家社会科学重点项目	中国现代文学史研究史		1997/2000	
夏茵英	广东省哲学社会科学"十一五"规划2010年度一般项目	基督教与西方女性文学研究	1005018	2010.12/	CD10CWW07
柯倩婷	国家社会科学基金项目	加拿大英语小说研究	10CWW020	2010/2013	

(续上表)

负责人	项目来源	项目名称	项目编号	项目起止时间	批准号
肖剑	教育部人文社会科学研究青年基金项目	道德训谕的文学修辞——塞涅卡《道德书简》研究	1102022	2011.9/	11YJCZH196
	2021年度国家社会科学基金一般项目	古罗马书信体文学研究			
吴晓佳	广东省社会科学基金、广东省哲学社会科学"十三五"规划2017年度后期资助项目	抗战文学中有关民族与性别的身体政治	1805014	2018.4/	GD17HZW02
郭晓蕾	2014教育部一般项目（复旦大学）	存在形式的嬗变与全速形式演替：围绕普鲁斯特展开的欧洲小说现象学研究	1602001	2016.3/	14YJC752007
	2021年度国家社会科学基金后期资助一般项目	普鲁斯特作品的存在论与伦理学研究		2021.10/	
姚达兑	教育部人文社会科学青年基金项目	晚清《圣谕》《圣经》和方言文学的兴起	1502023	2015.9/	14YJC751045
	2017年度国家社会科学基金青年项目	中国古代神怪小说的近代英译和域外影响研究	1701046	2017.10/	17CZW036

(续上表)

负责人	项目来源	项目名称	项目编号	项目起止时间	批准号
郭丽娜	2009年教育部社会科学基金青年项目	法国巴黎外方传教会对中国西南地区少数民族文化的研究		2009/2012	
	2015年国家社会科学基金项目一般项目	近代法国汉学主义研究（1840—1914）			
	2019年国家社会科学基金重大项目	法国收藏中国西南文献的整理与研究（1840—1949）			
梁丹丹	国家社科基金后期资助项目	宋代经学变古及其诠释学思想研究	18FZX013		
范劲	国家社科基金一般项目	卢曼系统论在"世界文学"框架塑造上的应用研究	19BWW007	2019	

2. 比较文学与世界文学专业教师论文、专著和译注写作

1949年至今，中山大学中文系比较文学与世界文学专业教师文章、著作目录如下所示（按第一次发表、出版时间先后排列）。

（1）魏朝勇。

A. 文章。

序号	题目	发表刊物和发表时间
1	通向"存在"与"神圣"——海德格尔关于"诗"和"诗人"的界说	《中山大学学报》2001年第5期

（续上表）

序号	题目	发表刊物和发表时间
2	《新中国未来记》的历史观念及其政治伦理	《浙江学刊》2006年第7期
3	西西里远征之后的叙事策略与政治——修昔底德《战争志》第8卷释义	《中山大学学报》2008年第4期
4	伯里克勒"葬礼演说"的雅典禀性	《中山大学学报》2009年第5期
5	俄狄浦斯的命运与城邦的信靠	《浙江学刊》2011年第2期
6	一个异邦人身在异邦——对《俄狄浦斯在科罗诺斯》"进场歌"的解读	《求是学刊》2011年第2期
7	伊斯墨涅的面纱之后	《中山大学学报》2011年第5期
8	人的骄傲与人的限度——索福克勒斯忒拜剧中三组合唱歌的释义	《学术研究》2011年第8期
9	列奥·施特劳斯的文本解释理论的姿态和困难	《文艺研究》2011年第12期
10	尼采的"悲剧之死"与乡愁诗学	《文艺理论研究》2012年第2期
11	修辞的意味：晚清政治小说中的"寓言"和"演说"	《中国现代文学研究丛刊》2012年第3期
12	只要人性是相似的	《修昔底德笔下的人性》（欧文著）中译本序言，华夏出版社2015年
13	爱国、虔敬与正义——阿尔喀比亚德与苏格拉底的选择	《中山大学学报》2018年第1期
14	阿基琉斯与苏格拉底教化	《国际比较文学（中英文）》2020年第4期

B. 著作。

序号	书目	出版社和出版时间
1	中国当代文学（杨匡汉主编，魏朝勇参与）	辽宁教育出版社2005年

（续上表）

序号	书目	出版社和出版时间
2	民国时期文学的政治想象	华夏出版社 2005 年
3	施米特与政治的现代性（魏朝勇等译）	华东师范大学出版社 2007 年
4	自然与神圣——修昔底德的修辞政治	华东师范大学出版社 2010 年

（2）柯倩婷。

A. 文章。

序号	题目	发表刊物和发表时间
1	"戏子"的叙事功能与象征意义——论李碧华笔下的戏子故事	《文学评论》2003 年青年学者专号
2	《盲刺客》：一部关于记忆的小说	《外国文学评论》2007 年第 1 期
3	从边缘位置考问现代性：读周蕾的《妇女与中国现代性》	《文艺研究》2009 年第 9 期
4	性别身份的认同、戏仿与操演：从三位英国女作家的图文互涉策略谈起	《广西大学学报》2012 年第 1 期
5	性别—家国—战争：木兰传说的现代化与视觉化	《华南师范大学学报》2012 年第 3 期
6	自梳女话语的流变——兼与邵一飞的"自梳是陋俗"论商榷	《文化遗产》2013 年第 2 期
7	How Can a Radical Sexual Play Work in a "Conservative" Community? The Adaptation and Recreation of *The Vagina Monologues* in China	Guoguang Wu, Yuan Feng, Helen Lansdowne (Eds.), *Gender Dynamics, Feminist Activism and Social Transformation in China*, Routledge, 2018
8	The Formation of Chinese Feminist Linguistic Tactics and Discourse: Adapting The *Vagina Monologues* for Chinese Women	Ping Zhu and Hui Faye Xiao (eds.), *Feminisms with Chinese Characteristics*, Syracuse University Press, 2021
9	完善、融合与变身：中国女性美容整形动机探析	黄慧贞、蔡宝琼主编：《性别政治与本土起义》，商务印书馆（香港）有限公司 2015 年

B. 著作。

序号	书目	出版社和出版时间
1	语言与社会性别导论［（英）玛丽·塔尔博特著，艾晓明、唐红梅、柯倩婷译］	华中师范大学出版社2004年
2	身体、创伤与性别——中国新时期小说的身体书写	广东人民出版社2009年
3	欧洲妇女解放史［（美）卡伦·奥芬著，朱晓慧、柯倩婷主译］	复旦大学出版社2023年

（3）肖剑。

A. 文章

序号	题目	发表刊物和发表时间
1	西方古典思想中的死亡意识——从苏格拉底、伊壁鸠鲁到塞涅卡	《思想战线》2009年第2期
2	罗马哲人的闲暇观——塞涅卡作品中的闲暇问题	《西北师大学报》2009年第3期
3	"自义"与"神恩"——廊下派哲学与基督教信仰异同之辨	《基督教文化学刊》2010年春季刊
4	安吉拉·默克罗比和伯明翰文化研究	《英国文化研究：事件与问题》（黄卓越主编），生活·读书·新知三联书店2011年
5	从"荷马问题"看西学研究	《同济大学学报》2011年第4期
6	经典与口传：当代诗学冲突中的荷马诠释	《中山大学学报》2012年第2期
7	希腊化至罗马时期"自由"观念之嬗变——从晚期廊下派到奥古斯丁	《暨南学报》2014年第12期
8	保罗生死观中的古典元素	《宗教学研究》2015年第4期
9	"中国文艺复兴"晶石上的西方异彩——胡适白话文运动与但丁《论俗语》之相似鹄的	《文学评论》2016年第6期

（续上表）

序号	题目	发表刊物和发表时间
10	世俗与神圣——《麦克白》剧中的时间	《中山大学学报》2017年第4期
11	"阿基琉斯之盾"的阐释传统	《古典学研究》2018年第2期
12	熔式经诰与自铸伟辞——但丁在《神曲》第一歌中的文体创制	《中山大学学报》2020年第4期
13	卡莉奥佩、摩西与加图——但丁《神曲·炼狱篇》第一歌诠读	（意大利）*Sacra Doctrina*，2021，No. 2
14	马丁·路德的"两个国度"学说与其圣经诠释	《圣经文学研究》2021年第1期
15	美与真：伽达默尔论艺术的真理问题	《广东外语外贸大学学报》2023年第5期
16	探幽穷赜，沿波溯源——评张沛《莎士比亚、乌托邦与革命》	《当代比较文学》2022年第2期
17	伊拉斯谟《论丰赡》与莎士比亚《裘力斯·凯撒》的修辞技艺	《文艺研究》2024年第10期

B. 著作。

序号	书目	出版社和出版时间
1	走向古典诗学之路［（美）伯格著，肖剑译］	华夏出版社2007年
2	塔西佗的教诲与自由在罗马的衰落［（美）里克著，肖剑译］	华东师范大学出版社2011年

（4）姚达兑。

A. 文章。

序号	题目	发表刊物和发表时间
1	新教中国专案和马礼逊的功绩重探	*Christian Study Centre on Chinese Religion and Culture*，2015，No. 14
2	Translated Illustration and the Indigenization of Christianity in Late Qing Chinese Christian Novels	*Frontiers of Literary Studies in China*，2016，No. 2

(续上表)

序号	题目	发表刊物和发表时间
3	斯宾塞福音：李提摩太译《大同学》及其对梁启超的影响	《中山大学学报》2016 年第 6 期
4	清遗民的文化记忆和身份认同——林葆恒和六幅《劒庵填词图》	《民族艺术》2016 年第 6 期
5	译玄：最早英译《道德经》（1859）译文初探	《中国文化研究》2016 年第 4 期
6	启蒙教育与政治宣传：太平天国《三字经》的英译和回响	《暨南学报（哲学社会科学版）》2017 年第 1 期
7	蒙书与政宣——太平天国《三字经》结构和主题	《基督教学术》2017 年第 1 期
8	民初清遗民的身份认同和文化想像——何维朴《登岱图》及其题咏研究	《兰州学刊》2017 年第 7 期
9	离散、方言与启蒙：《新小说》杂志上廖恩焘的新粤讴	（台湾）《中国现代文学》2017 年第 31 期
10	约翰·班扬《圣战》的最早汉译本初探	《宗教学研究》2017 年第 4 期
11	雷慕沙、鲍狄埃和儒莲《道德经》法语译本及其译文特色比较（姚达兑、陈晓君）	《国际汉学》2018 年第 2 期
12	述异与传教：吴板桥英译《白蛇之谜：雷峰塔传奇》（1896）研究	《国际比较文学（中英文）》2020 年第 1 期
13	晚清传教士如何翻译和理解《神仙通鉴》及其中的耶稣传	《世界宗教研究》2020 年第 3 期
14	康有为与梁启超的未来想象及其历史哲学	《安徽史学》2020 年第 3 期
15	诺贝尔文学奖与制造世界文学	《文艺理论研究》2020 年第 4 期
16	傅兰雅小说征文与梁启超小说界革命	《读书》2017 年第 6 期

（续上表）

序号	题目	发表刊物和发表时间
17	凡尔纳东游记：《十五小豪杰》的政治书写	《文学评论》2020年第1期
18	翻译研究与世界文学理论的建构	《天津师范大学学报（社会科学版）》2020年第6期
19	Shakespeare in Chinese as Christian Literature：Isaac Mason and Ha Zhidao's Translation of Tales from Shakespeare	*Religions*, 2019, Vol. 10, No. 8
20	康有为与梁启超的未来想象及其历史哲学	《史学史研究》2020年第3期
21	《道德经》最早英译本及其译者初探	《外语教学与研究》2017年第1期
22	"世界诗歌"事件及其理论启示	《中国比较文学》2020年第1期

B. 著作。

序号	书目	出版社和出版时间
3	耶鲁藏《道德经》英译稿（1859）整理与研究	中国社会科学出版社2016年
2	现代的先声：晚清汉语基督教文学	中山大学出版社2018年

（5）郭晓蕾。

A. 文章。

序号	题目	发表刊物和发表时间
1	《寻找丢失的时间》：因果的断裂与时间的重现	《外国文学评论》2014年第2期
2	"我"的双重他者：《寻找丢失的时间》中意识结构的伦理价值	《现代哲学》2017年第6期
3	"自从你来了"，从循环的悲剧到进步的喜剧——西方虚构叙事的法理变迁	陈思和、王德威主编：《文学》（2017秋冬卷），上海文艺出版社2018年

（续上表）

序号	题目	发表刊物和发表时间
4	《寻找丢失的时间》：关于"恨"与"爱"的启示	《文艺理论研究》2021 年第 5 期

B. 著作。

序号	题目	出版社和出版时间
1	《追忆似水年华之前：普鲁斯特之夏》（*Une saison avec Marcel Proust, René Peter, Gallimard*）［（法）热内·培德著，郭晓蕾译］	人民文学出版社 2008 年
2	西方进步叙事的前现代足迹	中国社会科学出版社 2021 年

（6）郭丽娜。

A. 文章。

序号	题目	发表刊物和发表时间
1	法属印度支那税收体制特征剖析	《南洋问题研究》2006 年第 3 期
2	论巴黎外方传教会对天主教中国本土化的影响	《宗教学研究》2006 年第 4 期
3	广州第一任主教和石室教堂的兴建	《暨南学报》2007 年第 6 期
4	论清代中期巴黎外方传教会对四川天主教徒的管理和改造	《宗教学研究》2008 年第 1 期
5	清代中叶巴黎外方传教会在川培养华籍神职人员活动述评	《宗教学研究》2009 年第 1 期
6	论清代中期四川的民教关系	《暨南学报》2010 年第 3 期
7	论清代中期下层传教路线在四川的确立和实践	《暨南学报》2012 年第 1 期
8	A la recherche d'un dialogue sino-occidental efficace, à partir de la réception de Le Clézio en Chine	*Géostratégique/Chine-Europe*, No. 42, Paris：Sorbonne, 2014, pp. 235–252

（续上表）

序号	题目	发表刊物和发表时间
9	20世纪上半叶法国在广州湾的鸦片走私活动	《中山大学学报》2015年第2期（中国人民大学书报资料中心全文转载）
10	论广州湾在法属印度支那中的"边缘化"地位	《史林》2016年第1期（中国人民大学书报资料中心全文转载）
11	晚清贵州教区教务长童文献的中国观	《基督宗教研究》第21辑，2016年第2期
12	法国勒·普雷学派的中国研究及其影响	《世界历史》2016年第5期
13	晚清贵州教区教务长童文献考	《澳门研究》2017年第5期
14	《易经》的拉—法转译与法兰西第三共和国的教—俗争议	《中山大学学报》2020年第6期

B. 著作。

序号	书目	出版社和出版时间
1	身体·节奏［（法）奥利维埃·库德隆著，郭丽娜第三译者］	海天出版社2001年
2	海底两万里（下部）［（法）儒勒·凡尔纳著，郭丽娜译］	燕山出版社2011年
3	清代中叶巴黎外方传教会在川活动研究	学苑出版社2012年
4	倮倮·云南倮倮泼——法国早期对云南彝族的研究（获"中山大学人文社会科学出版基金"资助）［（法）维亚尔、李埃达著，郭丽娜第一编译］	学苑出版社2014年
5	广州湾租借地：法国在东亚的殖民困境（上下卷）［（法）安托万·瓦尼亚尔著，郭丽娜第一译者］	暨南大学出版社2016年
6	近代法国人之中国西南叙述	学苑出版社2019年

(7) 许健。

　　A. 文章。

序号	题目	发表刊物和发表时间
1	试论萨特戏剧的艺术真实	《中山大学学报》1997年第1期
2	叶芝：魔法与象征	《外国文学研究》2002年第1期
3	于无声处觅弦音：从《沙堡》看艾丽丝·默多克的另一种自由	《外国文学评论》2010年第3期
4	存在·自由·道德——英国当代小说家艾丽丝·默多克思想主脉研究	《中山大学学报》2011年第3期
5	以"达"为尊，既"信"且"雅"——严复"译例言"及严译《天演论》重读	《中山大学学报》2013年第3期

　　B. 著作。

序号	书目	出版社和出版时间
1	父辈书 [（匈）米克罗什著，许健译]	花城出版社2014年

(8) 吴晓佳。

　　A. 文章。

序号	题目	发表刊物和发表时间
1	萧红：民族与女性之间的"大智勇者"？	《清华大学学报》2009年第S2期
2	革命实践与女性话语：分裂抑或缝合？——以丁玲《在医院中》为个案研究	《中国现代文学研究丛刊》2011年第5期
3	"被强暴的女性"：丁玲有关性别与革命的叙事和隐喻——再解读《我在霞村的时候》及《新的信念》	《中山大学学报》2013年第1期
4	民族战争与女性身体的隐喻——以东北作家群为主要考察对象	《中国现代文学研究丛刊》2014年第5期
5	反"身体政治"的身体——张爱玲《色：戒》中的双重解构	《中国现代文学研究丛刊》2016年第5期

(9) 艾晓明

A. 文章。

序号	题目	发表刊物和发表时间
1	三十年代苏联"拉普"的演变与中国"左联"	《中国现代文学研究丛刊》1991年第1期
2	重说"黄金时代"	《二十一世纪》1995年8月号
3	看图说话——西西创作中的图文对话初探	（香港）《现代中文文学评论》1995年第4期
4	反传奇——重读张爱玲《倾城之恋》	《学术研究》1996年第9期
5	香港作家西西的童话小说	《文学评论》1997年第3期
6	女性的洞察——论萧红的《马伯乐》	《中国现代文学研究丛刊》1997年第4期
7	纪念早逝的自由作家王小波	《二十一世纪》1997年8月号
8	科学与圣人——重读一部女性小说经典《弗兰肯斯坦》	《外国文学研究》1998年第1期
9	雌雄同体：性与类之想象——关于董启章的《双身》及其他小说	《中山大学学报》1998年第3期
10	寻梦者的疆土——《哈扎尔辞典》	《外国文学研究》1998年第4期
11	孤寂的戏剧——聚斯金德的文学世界	《中山大学学报》1999年第5期
12	穷尽想象——谈王小波的现代传奇	（台北）《幼狮文艺》1999年6月号
13	戏剧性讽刺——论萧红小说文体的独特素质	《中国现代文学研究丛刊》2002年第3期；《韩中言语文化研究》2003年第4期

B. 著作。

序号	书目	出版社和出版时间
1	中国左翼文学思潮探源	湖南文艺出版社1991年；北京大学出版社2007年
2	小说的智慧——认识米兰·昆德拉	时代文艺出版社1992年；
3	论戏剧与戏剧性（S. W. 道森著，艾晓明译）	昆仑出版社1992年
4	当代中国文学名作鉴赏辞典（艾晓明是编委和撰稿人之一）	辽宁人民出版社1992年

（续上表）

序号	书目	出版社和出版时间
5	传奇［（英）吉利恩·比尔著，艾晓明（署名肖遥）第一译者］	昆仑出版社 1993 年
6	短篇小说［（美）伊恩·里德著，艾晓明（署名肖遥）第一译者］	昆仑出版社 1993 年
7	从文本到彼岸（文学评论集）	广州出版社 1998 年版
8	怎样写小说（艾晓明编）	香港文化艺术事业公司 1999 年版
9	活在语言中的爱情	浙江人民出版社 2000 年；（台北）小知堂文化事业有限公司

（10）宋素凤。

A. 文章。

序号	题目	发表刊物和发表时间
1	后结构主义与女性主义的对话	《山东大学学报》1999 年第 4 期
2	法国女性主义书写理论探讨	《文史哲》1999 年第 5 期
3	女性主义与文学话语的再造	《天津社会科学》2000 年第 2 期

B. 著作。

序号	书目	出版社和出版时间
1	噪音：音乐的政治经济学［（法）贾克·阿达利著，宋素凤、翁桂堂译］	（台北）时报出版社 1995 年
2	女性主义文学理论	（台北）扬志文化事业股份有限公司 2003 年
3	激情的疏离：女性主义电影理论导论［（英）索海姆著，艾晓明、宋素凤、冯芷芃译］	广西师范大学出版社 2007 年
4	性别麻烦：女性主义与身份的颠覆［（美）朱迪斯·巴特勒，宋素凤译］	上海三联书店 2009 年，岳麓书社 2024 年

（11）梁丹丹。

文章。

序号	题目	发表刊物和发表时间
1	Paratextual Narrative and Its Functions in *We Three*（共同作者、通讯作者）	*Neohelicon*，2016，Vol. 43，No. 1
2	Getting out of the "Middle Ages": On the Hermeneutic Thoughts of Ouyang Xiu's *Fundamental Significance of the Odes*	*Journal of East Asian Studies*，Issue 14，Chonnam National University，2021
3	论中外文学关系研究中的多重视域	《当代外语研究》2022 年第 4 期
4	外国文学与文论研究的中国问题（第一作者、共同作者）	《文艺理论研究》2023 年第 2 期

（12）范劲。

A. 文章。

序号	题目	发表刊物和发表时间
1	《三体》的世界构成和宇宙道德——刘慈欣的宇宙社会学	《探索与争鸣》2023 年第 10 期

B. 著作。

序号	书目	出版社和出版时间
1	"文学中国"的域外生成——德国的中国文学研究的系统演化	北京大学出版社 2023 年

三、学科特色

中国比较文学与世界文学专业诞生于 20 世纪末，是中文系下设的新兴学科之一。本专业着眼于世界文学，不拘于一国，又常常与多学科研究交叉，打破了原有的学科界限。本专业以培养复合型人才为目标，旨在为高校比较文学、世界文学教学科研，出版编辑、中外文化交流等有关部门输送高层次专门人才。本专业毕业生往往掌握双语或者多语，能够熟练阅读中外文献资料，熟悉中外文学理论知识，关注学科前沿动态，同时具备开阔的文化视野。

以此培养目标为基础,比较文学与世界文学专业通常开设世界文学史、比较文学概论、中西比较诗学、西方古典学、西方现代小说艺术、中国现代作家与外国文学、学术前沿讲座等课程。

中山大学中文系在全国第四轮学科评估中得到 A⁻ 的评价,位于全国前列。其中,比较文学与世界文学专业由艾晓明教授开创。2001 年 10 月 20 日,中山大学中文系通过了《关于成立比较文学与世界文学教研室的决定》,艾晓明教授出任教研室主任。2013 年,魏朝勇教授担任新一任教研室主任。成立以来,本教研室的科研力量生生不息,逐渐形成一支理论扎实、成果突出的研究队伍。当前,本教研室共有范劲一位教授、博士生导师,以及柯倩婷、肖剑、梁丹丹三位副教授(其中,肖剑为博士生导师,柯倩婷、梁丹丹为硕士生导师)。成立 20 年来,郭丽娜、夏茵英、宋素凤、许健、吴晓佳、姚达兑、郭晓蕾等学者亦曾在不同时期加盟。各位老师兢兢业业,诲人不倦,为中山大学中文系比较文学与世界文学专业的建设和人才培养做出了重要贡献。中山大学比较文学教研室具有多语言和跨学科优势,本教研室老师可使用英语、法语、德语、希腊语、拉丁语等作为研究语言,同时可用外语讲授专业课程。本教研室研究领域较为广泛,涉及西方古典学、比较诗学、中外文艺史、莎士比亚研究、性别研究、电影研究、海外汉学、翻译文学等。比较文学与世界文学专业经过长期不懈的努力与拓展,形成了多方向并举的专业特色,积极参与并有力推动了中国比较文学与世界文学学科的发展。艾晓明、魏朝勇两位老师奠定了本方向的学术基础,晚近有郭丽娜、范劲、柯倩婷、肖剑、郭晓蕾等做出了突出贡献。

艾晓明教授致力于性别研究,主持参与了多项国家级、省部级项目,在国际、国内发表文章百余篇,在全国性别研究领域具有突出地位,为本专业培养了多位优秀的硕士、博士毕业生。1997 年,艾晓明教授的"中国现代文学史研究史"获得国家社会科学基金重点项目,此后又陆续获得广东省高教厅社会科学项目、广东高校人文社会科学研究规划项目、中山大学年度重大项目多项。艾晓明教授退休后,本专业在继承已有研究方向的基础上,积极扩展新方向,探索新领域,取得新成果。本学科现以范劲为学术带头人,形成以柯倩婷、肖剑、梁丹丹为骨干的学术团队。

以魏朝勇为代表的西方古典学研究、政治哲学研究、西方文艺理论研究等方向也取得了令人瞩目的成果。魏朝勇是文学、哲学双博士,主要从事古希腊罗马文学、政治哲学研究,西方文艺理论研究,中国现代文学研究。他的《自然与神圣——修昔底德的修辞政治》《马基雅维利与现代性问题》

《俄狄浦斯的命运与城邦的信靠》《施米特与政治的现代性》等相关著作、译著和研究推动了中国古希腊罗马文学研究的发展。20 年来，魏朝勇负责了多项国家社会科学基金重大项目：2010 年，"晚清政治小说的修辞与政治伦理"获批教育部人文社会科学研究规划基金项目；2015 年，"修昔底德著作的翻译、注解与研究"获批国家社会科学基金一般项目；当前，魏朝勇也是国家社会科学基金重大项目"《牛津古典大辞典》中文版翻译"（17ZDA320）子项目"古希腊罗马文学和审美艺术领域的词条翻译"的负责人。在人才培养方面，执教数十年来，魏朝勇开设了多门经典课程，如"美学""比较文学概论""中西古典学""西方文学与思想史""西方诗学""古希腊悲剧、政治生活与生命伦理""民国时期文学的政治想象""比较文学与比较诗学"等，深受本、硕、博学生的喜爱。他所培养的博士生也已走上了科研道路，各自在本研究领域深耕，为中国比较文学与世界文学专业的发展继续贡献力量。

郭丽娜致力于海外汉学研究，是法国教育部人文社会科学之家"DEA 项目资格"评估专家，在中法文化关系史、法国汉学、法国文学和比较文学等研究领域贡献颇多。2009 年，"法国巴黎外方传教会对中国西南地区少数民族文化的研究"获教育部社会科学基金青年项目；2015 年，"近代法国汉学主义研究（1840—1914 年）"获国家社会科学基金项目一般项目；2019 年，"法国收藏中国西南文献的整理与研究（1840—1949 年）"获国家社会科学基金项目重大项目。20 余年来，郭丽娜在《国外文学》《宗教学研究》《中山大学学报》等重要刊物上发表了数十篇文章，编译了多部著作。作为中山大学海外中国学研究中心主任、中国法国文学研究会常务理事、中国比较文学研究会海外汉学研究分会理事，郭丽娜将中山大学海外汉学研究推向了新的高度。

范劲，武汉大学博士，曾任华东师范大学中文系教授，2023 年起任中山大学比较文学与世界文学专业教授，研究重点为中德文学关系、德国汉学、德国文学、世界文学理论。曾在德国波鸿大学、特里尔大学、柏林自由大学留学和访学，担任哥廷根大学世界文学专业客座教授。著有《"文学中国"的域外生成——德国的中国文学研究的系统演化》（北京大学出版社 2023 年）、《从符号到系统：跨文化观察的方法》（复旦大学出版社 2019 年）、《卫礼贤之名：对一个边际文化符码的考察》（华东师范大学出版社 2011 年）、《德语文学符码和现代中国作家的自我问题》（华东师范大学出版社 2008 年）等。在《文学评论》《文艺研究》《外国文学评论》等刊物发表论文 50 余篇，主要代表论文有《能否信任黑箱——〈弗兰肯斯坦〉中的阅读共同体理想》（《外国文学评论》2021 年第 2 期）、《中国文学史的世界文学起源——基于德国 19 世纪以来世界文学史书写的系统论考察》（《文艺研究》2020 第 2 期）、《世界文学家孔子——德国文学史系统中的孔子塑造》（《社会科学》2020 第 6 期）、《作为交往媒介的世界文学及其未来维度》（《中国比较文学》2012 第 2 期）等。

柯倩婷是艾晓明培养的博士生。2005 年博士毕业后，柯倩婷在《外国文学评论》《国外文学》《文艺研究》《妇女研究论丛》等本专业重要刊物上发表了 20 余篇文章，涉及性别书写、妇女问题等研究领域，引起了学界的积极讨论；编著、翻译了多部著作，如《身体、创伤与性别——中国新时期小说的身体书写》《光影之间的性别叙事》《中国妇女发展 20 年：性别公正视角下的政策研究》等。柯倩婷积极探索新的理论、新的方式来进行性别问题研究，既保留了本教研室的科研传统，又有所创新。

肖剑为中国人民大学文学院与英国牛津大学古典系联合培养博士、英国剑桥大学古典系访问学者。主要从事西方古典与中世纪文学、莎士比亚戏剧、中西比较诗学研究。早年翻译西方古典学研究论文多篇，出版译著两部，其中译作《塔西佗的教诲与自由在罗马的衰落》等在国内学界具有较大影响，将西方的经典研究传入国内，为后人提供了便利，进一步促进了中国西方古典学研究的发展。在《文学评论》《文艺研究》《国外文学》等业内重要刊物发表论文（含译文）30 余篇，其中《世俗与神圣——〈麦克白〉剧中的时间》（《中山大学学报》2017 年第 4 期，被人大报刊复印资料全文转载）、《熔式经诰与自铸伟辞——但丁在〈神曲〉第一歌中的文体创制》（《中山大学学报》2020 年第 4 期）、《伊拉斯谟〈论丰赡〉与莎士比亚〈裘力斯·凯撒〉的修辞技艺》（《文艺研究》）等，使本专业的研究进一步深入。在教学方面，肖剑承担了多项教学任务，她所开设的课程往往通过细读西方思想史上的关键文本，深入了解西方古典传统及其现代变化，考察西方现代性与古典传统之间既断裂又承继、既背逆又复归等复杂关系，来引导学生加深对现代性的理解，提高其思辨能力及理论修养，帮助学生理解文学作品的古今思想异同。

梁丹丹，女，复旦大学比较文学博士、清华大学博士后，美国哈佛大学访问研究员（2009—2011）。曾任中山大学外国语学院副研究员。现为中山大学中文系副教授，主要从事比较文学与世界文学、中西方比较诗学、跨文化阐释学研究等。近年来在 Neohelicon 和《跨文化对话》《中国比较文学》

《学术月刊》《新宋学》等国内外期刊及论文集上发表学术论文及译文20余篇。主要代表论文有《论欧阳修以"人情"解〈诗〉对讽喻诠释传统的突破》《比较文学的互文性与创造性文本的生成》《论中外文学关系研究中的多重视域》。出版独立编选《高亨文存》,参编《比较文学概论》(第4版)("十一五"国家级规划教材)。

近年来,本教研室主要研究人员共主持或参与了国家社会科学基金项目重大项目3项,国家社会科学基金项目一般项目2项,教育部人文社会科学研究规划基金项目1项,教育部人文社会科学研究规划基金项目1项,国家社会科学基金青年项目1项,教育部人文社会科学研究青年基金项目3项,等等,在《文学评论》《文艺研究》《文艺理论研究》《国外文学》《外国文学评论》等重要刊物上发表论文10余篇。

四、展 望

中山大学中文系比较文学与世界文学专业走过了二十余载,本教研室同比较文学与世界文学专业一同成长,在学科发展、平台建设、人才培养与教育教学等方面表现卓越。

继往开来,在学科发展方面,本专业将在现有优势研究领域深耕,解放思想、开拓创新,努力完善学科建设体系,凝练学科研究方向,进一步提高本专业在国际、国内同类院校排名,形成中山大学中文系新的特色和优势学科。同时,也将继续吸收新鲜血液,力求继续扩展研究领域,及时把握最新的比较文学与世界文学学科动态,站在学科前沿。

在平台建设方面,本教研室将争取在能力范围内建立更大的平台,为各方师生提供学习、讨论的机会。本教研室将联合各方力量,积极组织各类研讨会、学术论坛,承办国际、国内会议等,共同商讨时代提出的新议题,为中山大学中文系比较文学与世界文学教研室扩大影响力、为中国比较文学与世界文学学科的建设做出更多贡献。

在人才培养与教育教学方面,中山大学中文系一向坚持"既要培养一流学者,也培养具有崇高的国家民族情怀和时代使命感、在各行各业能够胜任汉语言文字、文学等基础性、创造性工作的优秀人才"的培养目标,本专业将积极落实这一人才培养目标,积极选拔和造就学科带头人,强化学术梯队层次结构,形成专业内部稳定的学术骨干群体。同时,本教研室也将始终如一坚持立德树人,积极钻研教学方法,适应新时代大学生培养机制,适应社会发展的人才需求和高等教育发展要求，以特色专业建设为契机，进行不同层次、不同类型的有特色的个性化的人才培养模式的建设与实践，走出本学科人才培养的特色之路。

继往开来，砥砺前行。几代人的学术积淀造就了中山大学中文系比较文学与世界文学教研室的发展，无数的心血汇聚在康乐园的土地上，将人文研究的纯粹自然、中国文化的深厚底蕴、世界文化的包罗万象凝结成如今的比较文学与世界文学教研室。在本专业成立的下一个 10 年，我们也将努力站在比较文学学科的前沿，书写新的历史、成就新的辉煌。

现当代文学学科史

中国现当代文学实际包含现代文学和当代文学两块内容。从时段上看，中国现代文学始于五四新文化运动，止于1949年中华人民共和国成立；中国当代文学起于1949年新中国成立，内容延续至当下。现在这门学科已被教育部规定为汉语言文学二级学科，与具有千年历史、辉煌灿烂的古代文学和外国文学并列。尽管中国现当代文学被称为"小学科"，时限长短和内容多寡与古代文学、外国文学相去甚远，但因为时代风云变幻、现代传媒发达等原因，短短时间里涌现的现代、当代作家、作品数量却不少，通常写入中国现当代文学史的作家成百，作品上千。虽然文学成就参差不齐，但现当代文学发生于中西文化交汇点和社会大动荡，体现传统转向现代的千年之变，这本身就足够丰富和深刻，值得关注和研究。

百年文脉，薪火相传。新时期以来，中国现当代文学学科充满活力，尽管20世纪90年代之后有所降温，但是在中文诸学科中仍是热点学科。文学理论学科是一切文学学科的理论基础；比较文学学科从跨国别跨民族到跨学科跨文化，将文学研究的触角伸向古今中外；中国古代文学学科的范围则是从上古到晚清几千年的文学。相比之下，仅仅以一个世纪的文学现象为研究对象的中国现当代文学学科，在研究论文和招收研究生的数量等方面能够与中国古代文学相提并论，而并不弱于文学理论和比较文学，就表明了其价值和魅力。

一、学科的发生：兴起于新旧文学的缝隙之中

学科是在科学的基础上发展起来的相对独立的知识体系。学科的形成不是静态的知识分类，而是历史化的产物。① 中山大学的中国现代文学作为学科，产生和发展有其自主性和历史动因，但有特殊的契机和背景，显示与众不同的走向和特点。

中国语言文学是中山大学发展历史中最早设置的学科之一，拥有悠久的办学历史与厚重的学术积淀。1924年中山大学建校伊始，就设置了中文系；1928年1月文史科成立语言历史研究所；1935年文史研究所（原语言历史研究所）改组为文科研究所；1935年9月招收研究生。但中山大学中国现代文学学科的设置和新文学的课程开设则比较迟缓和滞后，主要因为保守观念比较强大，传

---

① 陈希著：《非常的建构》，广东人民出版社2020年，第48—49页。

统学科占据优势,新文学学科未受到重视,当时学术话语权较弱。①

学科的发生是一个历史过程。中国的学术分科是近世才开始,滥觞于晚清学制改革②。1902 年《钦定京师大学堂章程》、1903 年《奏定大学堂章程》③ 颁布,文学与经学、理学、诸子学、考据词章等传统学术开始分离。1910 年,京师大学堂开办分科大学,在文科中设立学制为 4 年的中国文学门④,文学研究自此独立出来,成为现代高等教育的专门系科之一。

1913 年,中华民国教育部公布我国第一份《学科及科目》,将高等院校的文科分为哲学、文学、历史和地理学四类,形成新的学科体系格局。文学研究的独立性和主体性自此正式建立。⑤ 1917 年,北京大学国文学门的主要课程设置为中国文学、中国文学史、文字学、近世欧洲文学史、希腊罗马文学史、哲学概论、外国语等,其中"中国文学"共修三年,每周 6 学时,"使学者研寻作文之妙用,有以窥见作者之用心,增进文学之技术";"中国文学史"共修三年,每周 3 学时,"使学者知各代文学变迁及其流别"。⑥

民国时期,无论是民国政府教育部的学科目录还是高等院校的教学计划,中国文学史都不包含现代文学的内容,新文学研究还没有列入学科建设和必修课程。⑦ 但是,随着五四新文学的兴起和发展,一些高等院校与时俱进,

---

① 陈希著:《非常的建构》,第 10 页。
② 晚清学制改革的论述参阅左玉河《从四部之学到七科之学:学术分科与近代中国知识系统之创建》,上海书店出版社 2004 年版。
③ 舒新城编:《中国近代教育史资料》上册,人民教育出版社 1961 年版,第 196、204 页。
④ 舒新城编:《中国近代教育史资料》中册,人民教育出版社 1961 年版,第 551 页。
⑤ 璩鑫圭、唐良炎编:《学制演变》(《中国近代教育史资料汇编》),上海教育出版社 1991 年版,第 698—699 页。
⑥ 《文科国文学门文学教授案》,《北京大学日刊》1918 年 5 月 2 日。北京大学国文学门设有"文学史"和"文学"并列的两科,"其目的本截然不同,故教授方法不能不有所区别"。"文学史"重史,以文学进程为线索,讲解文学发展演变规律和特点,涉及文学运动、思潮流派,辅之文学作品、文学现象,与今天"中国古代文学史"的内容类似;"文学"侧重作品和创作,相当于现在的写作与欣赏课,所占课时比例更重。但后来轻文重史,文学教学的重心由技能训练的词章之学转为知识积累的文学史,动因与西学东渐、表达民族国家想象、凝聚民族精神,以及现代知识体系转化等有关。
⑦ 1938 年,民国政府教育部起草《部颁大学中国文学系科目表》,引发高等院校开设新文学课程的讨论。参阅朱自清《部颁大学中国文学系科目表商榷》,载《朱自清全集》第 2 卷,时代文艺出版社 2000 年版,第 398—401 页。又见程会昌《部颁中国文学系科目表平议》,1941 年 5 月 16 日《斯文》第 1 卷 16 期,1941 年 9 月《国文月刊》第 10 期。《斯文》和《国文月刊》分别为金陵大学国系、西南联大师范学院国文系创办的刊物,是当时讨论大学中文系改革的主要阵地。

率先开设新文学的课程。1921 年 10 月，北京大学《中国文学系课程指导书》"本系待设及暂缺各科要目"中就列出了"本学年若有机会，拟即随时增设"的"新诗歌之研究""新戏剧之研究""新小说之研究"等科目。① 真正较早开设新文学课程，始于 1922 年周作人主持燕京大学国文系的现代文学组，开设"国语文学""习作和讨论"等新文学课程，与"古典文学部"共同构成燕京大学的国文系②，那是由于校长司徒雷登的个人旨趣③。1928 年，沈从文被胡适聘请，担任上海中国公学讲师，讲授"新文学研究""小说习作"等课程，显然得益于校长胡适的关照和赏识。1929 年，朱自清、杨振声在清华大学中文系开设"中国新文学研究""新文学习作"和"当代比较小说"等课程，与当时校长罗家伦原是新文化运动干将，杨振声主持清华中文系不无关系。1932 年，王哲甫在山西省立教育学院开设新文学研究课程，受到胡适、周作人的影响。④ 1936 年废名在北京大学开设"现代文艺"课程（具体内容为"谈新诗"）则来自当时北京大学文学院院长胡适的直接安排。这些课程的开设，大体都有具体的人事原因，并且多为选修课。开设新文学课程，多为开课者的个人兴趣和行为，出于教学需要和建设新文学的愿望，且侧重新文学创作，没有教学大纲和统一教材，还不具备学科建设意义。

新文学走进大学课堂，是现代文学学科发展和知识体系建设的重要内容和步骤。但是学科的发展举步维艰。虽然一些比较开明的大学与时俱进，开设讲授新文学课程，但是新文学在 1949 年之前都没有列为必修课程。⑤ 沈从

---

① 《中国文学系课程指导书》，《北京大学日刊》，1921 年 10 月 13 日。新文化运动发源地北京大学 1931 年秋天才开设"新文艺试作"等新文学课程，内容为新文学写作，还谈不上是现代文学史，胡适、周作人、俞平伯、徐志摩、孙大雨、冯文炳、余上沅等新文艺家受聘担任学生作者的教导教员。

② 1922 年燕京大学颁布《燕京大学简章布告刊件·第 11 号》："本校本学年将国文系分为二系，一为中国古文一为白话文。陈哲甫教授继续为本校国文系主任，本年特聘周作人教授担任白话文主任。周教授乃国语运动最显著领袖之一分子。关于白话文经过之历史与经验之研究及文学界最维新之思潮等课程后另布告。"见北京大学档案馆藏，档案号 YJ1921005。转引自王翠艳《思想遇合与人事机缘——周作人任教燕京大学缘由考辨》，《文学评论》2013 年第 1 期；参阅王翠艳《燕京大学与"五四"新文学》，文化艺术出版社 2015 年版。

③ 周作人著：《知堂回忆录》，河北教育出版社 2002 年版，第 468 页；张菊香、张铁荣编著：《周作人年谱》，天津人民出版社 2000 年版，第 198—199 页。

④ 李朝平：《王哲甫的中国现代文学研究》，《现代中文学刊》2016 年第 1 期。

⑤ 沈卫威：《新文学进课堂与现代文学学科的确立》，《山东社会科学》2005 年第 7 期；沈卫威：《现代大学的新文学空间》，《文艺争鸣》2007 年第 11 期。

文30年代在武汉大学、40年代在西南联大开设新文学课程，都为选修课，而且侧重讲新文学创作，还不是文学发展历史的梳理。相对于古代文学在高等教育体系中的重要位置，新文学的地位一直是非常边缘的。闻一多、陈源离开武大后，武汉大学中文系掌权者刘博平、刘永济"常借题发挥，大骂五四以来的新派"①。在中央大学、中山大学等保守势力强大的院校，新文学甚至被排斥，根本没有走进课堂。当时中央大学中文系主任汪辟疆，在新生入学时，就语重心长、开宗明义告诫"本系力矫时弊，以古为则"②。

中山大学提倡读经，中文系主任古直编就的1932年《广东国立中山大学中国语言文学系二十一年度课目表》，全部为经史子集和文字训诂音韵学等国学内容，"必修课说明书"特别推崇《孝经》，完全排斥新文学。③

胡适1935年1月6日在香港华侨教育会演讲，批评广东虽为革命策源地，但文化落后，反对用语体文，主张用古文和读经。"广东自古是中国的殖民地，中原的文化许多都变了，而广东尚保留着。"原准备邀请他前来演讲的中山大学校长邹鲁，让吴康带信给胡适，请他"今日快车离省，暂勿演讲，以免发生纠纷"。中文系古直、钟应梅、李沧萍等教授给广州军政当局发去电文，"请办胡适"，"径付执宪，庶几乱臣贼子稍知警怵矣"。④ 胡适只好黯然北返。当时中山大学文学院长是留学法国归来、北京大学新潮社原社员吴康，中文系主任是古直。新旧学术力量、势力博弈，显然后者胜出。

中山大学新文学学科兴起，受到关注并逐渐发展，是从鲁迅、郭沫若、茅盾、郁达夫等来中山大学任教开始的。南来作家的演讲、教学为中山大学现代文学专业的发展奠定了坚实的学术基础和良好的教学风范，并以丰富多彩的文学创作昭示着现当代文学的审美实践。⑤

1927年1月18日，鲁迅应聘来到广州中山大学任教。鲁迅来到中山大学，一下就吸引了广大进步青年。鲁迅不仅被看作中山大学教授，而且被誉为文学家。1927年1月1日《国立中山大学校报》第3期报道："周君为近

---

① 苏雪林：《我们中文系主任刘博平》，载龙泉明、徐正榜编：《走近武大》，四川人民出版社2000年版，第51页。

② 何兆武：《也谈清华学派：〈释古与清华学派〉序》，载徐葆耕著：《释古与清华学派》，清华大学出版社1997年版，第5页。

③ 《国学近讯》，《国学论衡》第2期。

④ 参见《国立中山大学概况》（民国廿四年），台北传记文学出版社1971年影印，第122—127页。

⑤ 陈希主编：《广东文学通史·现代卷》，人民文学出版社2023年，第77—79页；张振金著：《岭南现代文学史》，广东高等教育出版社1989年，第57—67页。

世巨子,特聘来粤主教文科"。鲁迅在中山大学担任文学系主任兼教务主任,给学生讲授"中国文学史""中国小说史""文艺论"三门课。《国立中山大学开学纪念册》1927年3月介绍,"中国文学史"内容主要包含上古至隋,"中国小说史"上起远古神话、下迄清末谴责小说和黑幕小说,"文艺论"主要是介绍厨川白村等日本文艺家和西方近现代文艺思潮。由此可见,鲁迅在中山大学开设的课程属于古代文学和西方文艺的范畴,而不是新文学内容。但是,鲁迅在广州发表了很多关于新文学演说,引起很大反响。

1927年3月1日,鲁迅在中山大学开学典礼上,做了《读书与革命》的演说,勉励青年"读书不忘革命","要担负几千年积下来的责任","把革命的伟业扩大"!在这之前,1927年2月18日、19日,鲁迅应邀从广州到香港,在香港青年会做了两场演讲,题目分别为《无声的中国》和《老调子已经唱完》。辛亥革命后,一些晚清遗老避居岭南,鼓吹复古尊孔,反对新文化运动。《无声的中国》抨击了封建愚民政策,大家用的是难懂的古文,讲的是陈旧的意思,大多数人听不懂,等于无声。鲁迅主张"我们要说现代的,自己的话;用活着的白话,将自己的思想,感情直白地说出来","忘掉了一切利害,推开了古人,将自己的真心的话发表出来",变无声的中国为有声的中国。《老调子已经唱完》以古喻今,指出宋代以后,那些读书人"讲道学,讲理学,尊孔子,千篇一律";外国人利用中国的旧文化,去奴役中国人民的心。鲁迅毫不留情地揭露帝国主义利用国粹奴役中国人民的用心,指出这种老调子也该唱完了。鲁迅对于五四文学革命的内涵和意义做了通俗的解说,积极肯定这是一场文学革新、思想革新和社会革新的运动。1927年4月8日,鲁迅在共产党员应修人的陪同下,应邀到广州黄埔军校发表《革命时代的文学》的讲演。鲁迅分析文学与革命的关系,指出"广东报纸所讲的文学,都是旧的,新的很少"。为了建立革命文学,鲁迅强调作家必须具有革命立场,首先要做"革命人","革命人做出东西来,才是革命文学"。

鲁迅针对广东文坛的复杂情况,专门写了《革命文学》,告诫要识别真正的革命文学与假革命文学。当时,广东新文学处于萌芽状态,中山大学对新文学不重视,新文学没有走进课堂。鲁迅对中山大学和广州的文学青年很关心,1927年3月14日应邀参加南中国文学会的成立座谈会。面对欧阳山等20多位青年,鲁迅热情回答提问,并结合自己的《呐喊》《彷徨》和《祝福》等新文学作品,就文学的意义和作用、文学与革命结合等进行深入探讨。鲁迅还做了两次重要演讲《读书与杂谈》《魏晋风度及文章与药及酒之关系》。鲁迅后来自己出钱,在广州芳草街租房子,办起了北新书屋,把北新、未名社等出版的新文学作品分享和介绍给中大青年。

在中山大学任教期间,鲁迅编辑整理《野草》《朝花夕拾》等,续译《小约翰》,续写小说《故事新编》中的《铸剑》,编录《唐宋传奇集》等,写作《中国文学史》自古文字起源至汉司马迁的10篇。鲁迅撰写10多篇杂文,辑成《而已集》。其中发表于1927年5月5日广州《国民新闻》副刊《新出路》第11号的《庆祝沪宁克复的那一边》意义尤为重要,提醒革命不要因为胜利而冲昏头脑。①

1926年2月,经瞿秋白等人推荐,郭沫若受聘担任广东大学文科学长,郁达夫任英国文学系主任。3月,成仿吾来到当时的革命中心广州,任广东大学物理学教授兼黄埔军校教官。3月18日,郭沫若与郁达夫、王独清一道离开了上海,于23日早晨到了广州。因事前安排,他随后去了林祖涵(伯渠)同志家。在林祖涵的书房里见到了毛泽东同志。郭沫若在《创造十年续篇》中对此有详尽的记载:"到了祖涵家时,他却不在,在他的书房里却遇着了毛泽东。……人字形的短发分排在两鬓,目光谦抑而潜沉,脸皮嫩黄而细致,说话的声音低而娓婉。"28日入住广东大学,正式就任文科学长。除了改革,整顿文科,还积极参与广东大学改名中山大学的筹备委员会,为委员之一,并受筹备委员会之托,订定中山大学校歌。在蓬勃发展的广东革命形势的影响下,郭沫若开启了近现代中国文学青年投身革命的经典范式,他在宿舍里写下《我来广东的志望》:"总之我们要改造中国的局面,非国民革命的策源地广东不能担当;我们要革新中国的文化,也非在国民革命的空气中所酝酿的珠江文化不能为力。"郭沫若在广东大学以文艺为武器,团结教育文化工作者,支持学生投入革命斗争。4月1日,他还牵头在广州成立了"创造社出版部广州分部",并亲笔题写了招牌。7月9日,郭沫若在广州工作4个月后,十万国民革命军挥师北伐。郭沫若随即辞去了每月薪俸360元的文科学长职位,投身北伐,变为一个"投笔从戎"的革命战士。

郭沫若等人的到来,为广东文坛带来了一股生机与活力,在文学青年中引起了热烈的反响。几个月后,穆木天、郑伯奇也先后来到广州。这样,创造社的主力郭沫若、郁达夫、王独清、成仿吾、穆木天、郑伯等都在广州。周灵均和张曼华在回忆录里,详细记录了郭沫若等创造社同人在广州备受欢迎的盛况:"许多爱好文艺而又敬慕那几位的青年创作家,都争前恐后地盼望着一见他们文人的面影……那种融洽的景象,实是一片和淑的天幕,顿使

---

① 张振金著:《岭南现代文学史》,第57—62页。

一个枯亢的南国，变成了大有趣味的乐园。"他们很快在广州、汕头成立创造社分部。创造社的《洪水》《创造月刊》等也迁移在广州编辑出版，创造社的书刊畅销广州，剧本在广州上演，文学活动异常活跃。①

1926年1月，茅盾来到广州，参加国民党第二次全国代表会议。会议结束，他留在广州，担任国民党中央宣传部秘书，当时毛泽东担任代理部长，主编国民党政治委员会的机关报《政治周报》。茅盾担任《政治周报》编辑，撰写了几篇关于中国革命的杂文。作为文学研究会的主将，茅盾参加文学研究会广州分会《广州文学》旬刊的活动，会见刘思慕、梁宗岱、叶启芳、汤澄波等中山大学、岭南大学的学生。这些学生是文学研究会广州分会的负责人和骨干。②

由于时代发展，五四新文化运动由北向南扩展，加上鲁迅、郭沫若、茅盾等的宣传、引导，新文学开始深入人心，被理解和接受，并在岭南逐步形成自己鲜明独特的文学形象和品格。从20世纪20年代初期到中期出现新的变化，文言文、旧文学从处于正宗的统治地位，逐步向文白共处、新旧并存转化，从而开始了文言文与白话文消长、交替的过渡阶段。这种情形一直延续到1927年。鲁迅等新文学作家来中山大学任教以后，岭南文坛走出文白消长和新旧交替的混沌过程，呈现出实力对比的明显变化。新文学地位逐渐提升，开始走近大学课堂。1935年9月，中山大学取消《孝经》必读要求，必修课和选修课也有修改，增加"近代诗""近代文""近代文艺思潮"并开设"新文学选讲"等中国现代文学课程。③

中山大学的现代文学兴起于新旧文学和传统的缝隙之中，与北京大学、燕京大学等相比，晚了十余年时间。但无论先进还是后生，中山大学与北京大学、燕京大学一样，新文学课程多为开课者的个人兴趣和行为，出于教学需要和建设新文学的愿望，且侧重新文学创作，还不是必修课。现代文学课程的开设，取得不俗的成绩，形成各自的系统化知识和叙述方式、评价体系，但并未成为学科；新文学没有"独立"，还只是一种"潜学科"。真正把现代文学列为高校中国语言文学专业的一门学科，有学科大纲和统一教材，是在中华人民共和国建立之后。

---

① 陈希主编：《广东文学通史·现代卷》，第77页。
② 陈希主编：《广东文学通史·现代卷》，第78页。
③ 参见《国立中山大学概况》（民国廿四年），第122—127页。

二、新学科的建立：曲折前行

1949年10月，中华人民共和国诞生，开辟历史的新纪元。新中国成立，江山易主，改天换地，构成历史上少有的大革新、大变动。新时代、新形势深刻地影响了文学研究的观念、方式及其发展，影响到学术发展的路径取向，影响到历史（包括文学史）面貌的重构。现代文学受到新时代的青睐和重视，作为一门新学科应运而生。

中国现代文学研究发轫于与五四新文学同步发生的现代文学批评，发展至今有百年历史。1949年之前，中国现代文学研究是一种潜学科状态，主要以文学批评形式呈现；现代文学正式作为一门独立的学科，肇始于新中国成立之后，出于共和国修史的需要。新文学是革命文化大军的重要力量，意义非凡，一度地位显贵，在中国语言文学诸学科中成为热门。五四以后的现代文学是中国共产党领导的文化大军中的重要一翼，为革命的胜利和新中国的建立做出贡献，并且在新时代、新社会的建设和发展中发挥重要的作用，特别是在意识形态领域和文化教育战线中不可或缺。因此，新中国成立后，现代文学取得显赫地位，受到特别的重视。

1950年，教育部召开全国高等教育会议，通过《高等学校文法两学院各系课程草案》，其中《〈中国新文学史〉教学大纲》是重要一项。新颁布的《〈中国新文学史〉教学大纲》贯彻毛泽东《新民主主义论》和《在延安文艺座谈会上的讲话》的指导思想于现代文学研究和现代文学史编写，明确规定"新文学不是'白话文学''国语文学''人的文学''平民的文学'等等"，"新文学是新民主主义的文学"，要求以历史唯物主义和阶级分析方法阐述新文学。从此，现代文学研究理论和方法的多元化态势归结为一元化取向。

1950年8月教育部颁布《高等学校文法两学院各系课程草案》，现代文学被正式列为高等学校中文系必修课程。[①] 随着现代文学学科的正式建立和现代文学课程在高校的开设，中国现代文学研究的革命化、学科化不断得以加强，开始从文学批评形态走向历史研究形态。

中山大学的中国现代文学学科就在这种大背景下建立起来，并受到重视，

[①] 中央人民政府教育部编：《高等学校课程草案——文法理工学院各系》，光明日报社1950年版，第15页。

得到快速发展。但学科建构和发展并不是一帆风顺。尽管中山大学现代文学发展比较滞后,但20世纪40年代的现代文学批评、研究成果,应该为创建新学科的奠定一定的基础,具有一定学术价值和水准,应该顺应和延续,可以继承和发展。此期文学上的重要任务就是创建"新的人民的文艺"①,与此相应也就要求建立于新的人民文艺立场上的文学批评和研究。它既然应与过去"彻底决裂",就不看重过去宝贵成果的承继,反而轻易抛却,除旧布新,从头开始。

中山大学本时期现代文学研究,在研究思想、方法上,原来一直坚持论从史出的理念和方法,但囿于时代影响,多转向"以论带史",损害了朴实健康的学风,影响了人才的培育和成长。现代文学学科的建立和发展都和意识形态建构存在着紧密关系,并且受制于时政,这使得现代文学学科的初期建设经历了曲折。到了"文化大革命",这个学科更是遭受空前的灾难,成了"重灾区"。现代文学史上仅剩一个鲁迅,其他的几乎全遭否定;而对鲁迅的解读也被纳入"四人帮"的造神轨道,遗毒甚深。

建构也好,解构也罢,这时期毕竟建立起了专业队伍,也还取得了一些有价值的成果;在学术已经脱离了正轨的条件下,这些成果取得不易,也是珍贵的,产生较大影响,为新的学科建设建立了基础。

1952—1953年,全国院系调整,中山大学由石牌迁至广州河南康乐村岭南大学旧址。按照教育部《高等学校文法两学院各系课程草案》规定,现代文学课程正式列为中山大学中文系必修课。现代文学学科由陈则光、吴宏聪、饶鸿竞等学者负责建设,担任教学工作。

陈则光(1917—1992),湖南南县人。1939年肄业于中山大学师范学院,后毕业于中山大学国文系。历任中学教师,湖南大学中文系讲师,中山大学中文系讲师、副教授、教授,鲁迅研究学会、中国现代文学研究会理事。著有专著《中国近代文学史》、论文《中国近代文学的社会基础及其特征》等。陈则光主要从事鲁迅研究和近代文学研究。吴宏聪、饶鸿竞则是开始从事行政工作,后来转向专职教学、科研。

吴宏聪(1918—2011),广东蕉岭人。1938—1943年在国立西南联合大学文学院中文系学习,毕业后留校任助教。1946年9月—1948年7月在广州中山大学中文系任讲师;1948年9月—1949年7月在桂林广西大学中文系任

---

① 周扬:《新的人民的文艺》,载《中华全国文学艺术工作者代表大会纪念文集》,新华书店1950年版,第69—98页。

副教授；1949年10月任广州军事管制委员会中山大学接管小组联络员，接管工作结束后留校任中文系副教授。1952年2月加入中国民主同盟，1956年7月参加中国共产党。1957年兼任中文系副系主任，1960年经教育部批准为华南地区高等学校第一批招收中国现当代文学硕士研究生导师之一。

1957年，吴宏聪从中山大学教务处秘书岗位转为中文系副主任，先后为本科生和研究生开设了"中国现代文学史""中国现代艺文思潮"等课程。凭着与新文学大师"亲承音旨"的文化背景和精心的准备，他对中国现代文学的发展过程及历史经验做出了清晰而有深度的阐释，对文学名家名作的分析做到精细独到，如对鲁迅的家国之感和文学取向、闻一多诗情的浓烈激越、沈从文深挚的乡土情结等，都有自己深切的体会，引导学生直抵作家创作当下的心态。

饶鸿竞（1921—1999），广东兴宁人。鲁迅研究专家，现代文献学家。1959年饶鸿竞从中山大学校长办公室秘书岗位转任《中山大学学报》主编，从事现代文学教学和研究，主要是现代文献学和鲁迅研究。曾任中山大学图书馆副馆长，中山大学中文系教授。曾参与新版《鲁迅全集》的注释工作。

鲁迅研究是中山大学现代文学学科重要的学术成果。鲁迅深受千百万读者景仰，并被国人誉为"民族魂"，不仅是五四新文化的卓越代表，现代文学的主要奠基者，同时也是20世纪中国思想文化界的伟人和具有世界影响的杰出作家。新中国成立后，党和政府高度重视鲁迅著作的整理和出版。第一部附有注释的十卷本《鲁迅全集》在1958年10月出版，但仍有简单和不全等不足和问题，全集注释暴露出很多纰漏与缺憾，亟须重新修订。1975年启动迄今为止规模最大、参与人数最多的一次注释，出现在1981年人民文学出版社新版《鲁迅全集》中。这一版针对1958年版注释的不足，从1975年底开始，以单行本的形式重新编注出版鲁迅作品的"征求意见本"，对此前的注释进行修订和补充。中山大学有一批有志于鲁学研究的学者，应邀参加了注释《而已集》和编辑《创造社资料汇编》的工作。这两项都是国家科研重点项目，工作量很大，特别是注释《而已集》，要求很高。新版《鲁迅全集》有题解，要求材料详实，观点鲜明，表达准确，要言不烦。中山大学注释《而已集》由吴宏聪教授领导主持，陈则光、饶鸿竞、金钦俊、李伟江等学者参加。注释组不仅将1927年前后广州出版的报刊全部翻阅一遍，殚精竭虑，力求完美，发现不少与《而已集》有关的资料，而且走访与鲁迅著作内容相关的当事人和知情人。据初步统计，1975年和1976年的《而已集》注释本初稿，共有注释条目571条（占75页，每页896字），共66800字。正式定稿的诠释条目 260 条，共约 49280 字；删去 311 条条目，约 2 万字。《而已集》的新注释本内容丰富，更具科学性。鲁迅著作的注释文字是集体研究成果，一律不署参加注释工作者的名字，谨此叙述历史。

中山大学注释《而已集》取得诸多成绩，其中最值得重视的当然是 1975 年春中山大学中文系发现鲁迅佚文《庆祝沪宁克服的那一边》①，该文刊于 1927 年 5 月 5 日广州《国民新闻》副刊《新出路》。鲁迅重要佚文的发现，为研究鲁迅思想和创作提供了珍贵史料。茅盾、唐弢等专门写信来表示祝贺。

中山大学注释《鲁迅全集》，对于扭转浮夸学风，提振学术兴趣，形成求实共识，锻炼学术队伍，起了关键性作用。正因其用一种特殊形式保留了斯文一脉，使得"文革"结束后，中国现代文学研究迅速崛起，参与思想解放大潮，一时间成为显学。

中山大学中文系借此机缘，编纂了《鲁迅在广州》（广东人民出版社 1976 年版），那是实实在在的科研成果。该资料集共 285 页，第一部分选辑鲁迅在广州的部分著述，第二部分介绍 1926—1927 年间中共在广州出版的与鲁迅密切相关的四种刊物，第三部分则是当时跟鲁迅有过接触的人的回忆文章，最后附录鲁迅在广州时期著译编目。全书以保留史料为旨趣，所有"编者注"都非常克制，拒绝进一步发挥，表面上偷懒，实则避免了时代阴霾，时过境迁仍值得参考。

中山大学现代文学学科承担和完成的另外一个重要项目，是编辑《中国现代文学运动·论争·社团资料丛书》中的《创造社资料》（福建人民出版社 1985 年，知识产权出版社 2010 年）。创造社是中国现代文学史上著名的文学团体，对中国新文学的建立和发展做出过重大的贡献。《创造社资料》（套装上下册）分社章与执委名录、文学主张、对外国文艺的评介、出版部、丛书与刊物、回忆录、评论和其他等八个部分，全面收集了创造社文学活动方面的资料，真实地反映了创造社的历史面貌。编者饶鸿竞、陈颂声、李伟江、吴宏聪、张正吾、董修智、王佩娟等。至于编者的见识及功力，主要体现在该书附录的颇为详尽的《创造社大事记》和《创造社资料索引》。

现代作家作品研究是中山大学现代文学学科的研究内容之一。郭沫若是继鲁迅之后，我国文化战线上又一面光辉的旗帜。郭沫若的文学成就是多方面的，但是当时引起关注、研究较集中的是郭沫若新诗创作。在这方面，中山大学楼栖取得比较突出的成绩。

---

① 《庆祝沪宁克服的那一边》（附注释及编者附记），《中山大学学报》1975 年第 3 期。

楼栖,广东梅州人。1937年毕业于中山大学文学院社会系。历任香港华南中学高中部教员,《广西日报》国际新闻编辑,广西工业作家协会分会工作站主任,香港达德学院文哲系教授,广州市军管会文教接管委员会新闻出版处杂志组长,1950年调入中山大学中文系,担任中山大学中文系副教授,中国现代文学教研室主任,民主德国柏林洪堡大学东方学院教授,文科教材《文学概论》编委,后主要从事文艺理论教学,历任中山大学副教授、教授,中文系副主任,《中山大学学报》(社会科学版)主编等职。1957年,楼栖发表《论郭沫若的诗》①,引人关注。楼栖的论述方法是当时居主导地位的社会政治批评和历史批评,强调郭氏诗歌艺术风格的发展和革命现实的发展大体是一致和合拍的。但楼栖没有一味说好,而是有分析的。在论述郭诗艺术风格时,楼栖指出"由于诗人热情奔放,任它天空行马,一气呵成,有时却不免流于粗率,雄浑有余,意境不远,一泻无遗,显得单调";又论述郭诗语言,认为"词汇丰富,多姿多彩,古今中外的词都给抹在调色板上,色调强烈,形象鲜明;但有时故意把外文插入诗行,不仅没有必要,而且使人看来不顺眼,读来不顺口,在某种程度上破坏了民族风格"。这些看法比较精辟、独到。1959年,楼栖出版了他研究郭沫若诗歌的专著《论郭沫若的诗》(上海文艺出版社1959年版),全面评价郭沫若的诗歌创作,着重探讨了泛神论在郭沫若早期诗歌创作的表现。楼栖肯定泛神论的积极意义,又分析它的局限性。楼栖力图用马列主义的观点和方法来评析郭沫若《女神》等诗集,探讨郭沫若诗歌创作道路和前期思想。尽管论述不深刻,但这本著作是当时为数不多的诗人专论之一,多次重印,影响不小。

三、新时期、新发展

1976年,"文革"结束,经过学术上的拨乱反正,现代文学研究得以恢复。在改革开放新的历史背景下,这个学科获得很大发展,建立了自己的学会,出版专业刊物,学术交流经常化,不断开掘、扩大研究的领域,成果成批量地产生,这些都是前所未见的。尤其在20世纪80年代,思想解放,创新成为大家的共同追求,新的见解井喷似的出现,热烈争鸣,可以说这是学科发展最为迅猛的时期。为了突破,就需要理论资源。这时国门打开了,西方近代、现代的各种理论像潮水般涌进,急速地填补了"文革"破坏后留下

---

① 楼栖:《论郭沫若的诗》,《文学研究》1957年第2期。

的思想空白，现代文学研究也以运用西方的理论、方法为时尚，出现了"名词爆炸"的现象。这是后发现代化国家的一种常见的现象，但是也容易产生消化不良、生搬硬套、削足适履等弊端，虽然一时轰轰烈烈，热潮一过，只剩下了虚无。鉴于历史的教训，大家已经认识到"以论带史"的缺陷，赞同"论从史出"的方法，史料发掘、整理得到了重视，成绩不小。但是，"论从史出"的目的，归根到底还是为了要"出论"。我们即便占有了丰富的史料，如果不能"出论"，对于学术研究来说仍是不很完美的。参考、借鉴西方的理论是必要的，但我们自己"出论"才是更加应该引起重视的课题，也是现代文学学科对人文社会科学做出更大的贡献所必需的。

新时期以来，中山大学现代文学学科取得长足进步和飞跃发展，明确研究方向，凝聚研究合力，夯实学科基础，协调融合发展。20世纪50—70年代的吴宏聪、陈则光、饶鸿竞等继续奋战在教学科研第一线，新增加教学科研骨干金钦俊、李伟江、黄伟宗、王晋民、陈衡、王剑丛、吴定宇、邓国伟等，在现代作家研究、文艺思潮研究、港台文学研究、新诗研究、现代文学史料研究等方面取得瞩目成绩。

金钦俊（1935— ），广东汕头人。1955年8月—1959年7月，就读于中山大学中文系本科；1959年2月起，任教中山大学中文系。曾任中国郭沫若研究学会理事、广东中国文学学会常务理事、广东中国现代文学研究会会长。研究方向集中于中国现代新诗、新文学与传统文化方面。先后参加国内新编《鲁迅全集》《郭沫若全集》的注释工作。主要论文有《〈野草〉论辩》（《新文学论丛》1981年第4期）、《功利性与意境观：新诗民族胎记的两个主要剖面》（载《中国现代文学与民族文化》，首都师范大学出版社1994年）、《郭沫若历史小说初探》（《文学评论丛刊》1980年第6辑）、《人类情结及变奏》（载《世界潮人作家研究论文集》暨南大学出版社1994年）等。著作有《新诗三十年》（中山大学出版社1991年）、《现代中篇小说力作》（漓江出版社1985年）、《中国现代文学史（1917—1986）》（武汉大学出版社1998年）、《中华新文学史》（广东高等教育出版社1998年）等多部，著有诗集《市楼的野唱》、大型诗记事《山高水长》（中山大学出版社2004年）、散文集《记忆树上的杂花》（花城出版社2016年）等。

黄伟宗（1935—2024），广西贺州人。1959年毕业于广州中山大学中文系。1959—1967年，任羊城晚报文艺副刊《花地》编辑；1972—1975年，任广东韶关地区文化局干部；1975—1976年，任广东省文艺创作室《广东文艺》编辑；1977—1978年，任广东作家协会《作品》编辑部编辑；1979年，任职于中山大学中文系中国现当代文学教研室，主要从事现当代作家研究、当代文艺思潮研究和文学批评。20世纪80年代至今，20多年来，致力于首创和倡导中国珠江文化理论，实践珠江文化工程。著有专著《创作方法史》（花山文艺出版社1986年）、《珠江文化论》（汕头大学出版社2003年）、《珠江文化系论》（中国评论学术出版社2005年）、《中华新文学史》（下册，广东高等教育出版社1998年）、《当代中国文艺思潮论》（广东旅游出版社1998年）、《文艺辩证学》（广东高等教育出版社2000年）、《文化与文学》（花城出版社1995年）、《欧阳山评传》（花山文艺出版社1993年），散文集《浮生文旅》（广东旅游出版社2001年），主编《珠江文化丛书》《十家文谭》《当代中国文学作品选读》等。

李伟江（1936—2000），广东顺德人。中山大学中文系教授。笔名李江、韦工、卫公、愚斋等。曾任中华文学史料学学会理事、广东鲁迅研究学会顾问和《鲁迅世界》编委。长期从事中国现代文学研究与教学工作，重点研究鲁迅、创造社、"左联"、广东现代作家及史料学。1959年2月起，任教于中山大学中文系。80—90年代为本科生和研究生开设"中国现代文学史料学""粤籍作家作品研究"等必修课和选修课。他认为"文学研究的目的在于揭示文学的深层意蕴及其内在规律，造福于人类"，主张"欲语唯真，非真不语，非全真不语"，以此作为严谨治学的底线和原则，甘于清贫寂寞，成为中国现代文学史料学研究和教学的拓荒者。主编或与人合编《鲁迅在广州》（载《鲁迅生平史料汇编》第四辑，天津人民出版社1983年版）、《创造社资料》（福建人民出版社1985年，国家"六五"规划科研项目，获广东省科研成果二等奖）、《大海》（洪灵菲选集）、《重新起来!》（冯铿文集）、《冯乃超文集》、《冯乃超研究资料》（国家"六五"规划科研项目）以及《创造社16家评传》（与人合著）等。遗著《鲁迅粤港时期史实考述》由岳麓书社2007年出版。他生前与陈厚诚合编的《李金发诗全编》2020年由四川文艺出版社出版。

王晋民（1936—2008），广东兴宁人。1955年9月就读于广州中山大学中文系，1959年毕业后留校，任教于中山大学中文系，先后担任"中国现代文学""文艺理论""台湾文学"等本科课程。1988年开始招收中国现代文学台湾文学方向的研究生。开设的研究生课程有"台湾文学史""台湾文艺思潮史""西方现代派文学""香港文学"等。曾先后担任中国新文学会副会长，中国当代文学学会秘书长，世界华文文学研究会筹委会常务理事、顾问。80年代，承担"七五"计划国家重点科研项目《台湾文学发展史》和国家教委重点科研项目《台湾小说史》。主要著作有《台湾当代文学史》（广西人民出版社、广西教育出版社 1994 年）、《台湾当代文学》（广西人民出版社 1986 年）、《台湾文学家辞典》（广西教育出版社 1991 年）、《台湾与海外华人作家小传》（合著，福建人民出版社 1983 年）、《白先勇传》（香港华汉文化事业公司 1992 年，台北幼狮出版有限公司 1994 年）多种。此外，还编选台湾文学作品选和研究资料十余部，并承担山东文艺出版社出版的《世界华文文学大系》16 卷中的 4 卷编选和撰写导言的工作。《台湾当代文学史》先后获国家教委和中山大学优秀教材奖。《台湾当代文学》一书分别获得中国当代文学研究会和中国新文学会颁发的科研评论奖和学术著作奖。《台湾文学家辞典》曾获得 1992 年中南六省优秀教育读物评选委员会颁发的优秀读物三等奖。

陈衡（1938—2014），广西合浦人。1963 年 7 月毕业于中山大学中文系，被分配到广东省高等教育局，担任人事干部和刊物的编辑工作。1970 年调回中山大学中文系任教。曾任中国作家协会会员、国际儒商学会和中国当代文学研究会理事、广东现代革命作家研究会和广东省民间文艺家协会常务理事、秦牧创作研究会副会长。曾出版专著《秦牧创作论》（花城出版社 1991 年）、《文海寻踪》（中山大学出版社 1994 年），发表《论秦牧散文的美学追求》（《当代作家评论》1984 年第 5 期）、《欧阳山的典型观初探》（《创作与评论 1990 年第 3 期》）等论文；先后为本科生和研究生讲授过"中国当代文学史""中国当代小说史""中国当代文学思潮""新时期文学流派"等课程。

王剑丛（1939—2021），广东汕尾人。1966 年 6 月毕业于中山大学中文系，主要从事中国现当代文学和香港台湾文学研究，著有《香港文学史》（百花洲文艺出版社 1995 年版）、《20 世纪香港文学》（山东教育出版社 1996 年版）、《香港作家传略》（广西人民出版社 1989 版）、《中华新文学史》（上下卷）（广东高教出版社 1998 年版）、《台湾香港文学研究述论》（天津教育出版社 1991 年版）。

吴定宇（1944—2017），四川岳池县人，博士生导师，曾任《中山大学学报》（社会科学版）主编。学术专长为中国传统文化与中国文学、20 世纪中国文化与中国文学。吴定宇以研究巴金步入现代文学领域。1982 年，他的硕士学位论文《论巴金小说的艺术风格》以观点的独到和论述的详审引起文学研究界瞩目。吴定宇比较古希腊文学和中国先秦文学两种不同的传统，分析西方忏悔意识与儒家内省意识的差异：忏悔意识是以个体为本位的宗教观念，内省意识是以群体为本位的伦理观念，认为中国古代文学缺乏忏悔意识，现代文学则受到西方忏悔意识的影响和启发。忏悔意识的发展，使西方文学家焕发出新的自我创造力量；内省意识的僵化，使中国历代作家的创造力受到束缚。中国现代作家受西方忏悔意识的影响，形成中国式的忏悔意识。新的反省机制的确立，使中国现代文学的文化特质发生变化，出现了题材、形式的革新，推动中国文学从传统向现代的发展。恩斯特·卡西尔《人论》指出："人被宣称为应当是不断探究他自身的存在物——一个在他生存的每时每刻都必须查问和审视他的生存状况的存在物。人类生活的真正价值，恰恰就存在于这种审视中，存在于这种对人类生活的批判态度中。"① 忏悔意识很重要，人类（包括个人）应该而且必然具有这种"不断探究他自身"的忏悔意识，因为它是"人类生活的真正价值"的体现。20世纪80年代，关于忏悔意识的探究成为一时之显。吴定宇的论述高屋建瓴，中西融会，既有理论阐发，也有文本分析，深刻独到，是当时最为重要的论述之一。

  20世纪90年代社会转型，学术研究进入一个反思的年代。在重估80年代学风之际，以陈寅恪为代表的一些新中国成立前即已成名的学者，沉寂40年后，到90年代初得到学术界的重新定位和尊崇，构成"知识精英"的想象性图景，中间经历了多重意义的解读和转换。读懂了陈寅恪，就读懂了20世纪中国学术文化史。1996年，吴定宇专著《学人魂·陈寅恪传》于上海文艺出版社出版，是国内较早关于史学大师陈寅恪的传记著作。鉴于吴定宇在陈寅恪研究领域的巨大影响，2001年中央电视台"百家讲坛"特邀他主讲"一代宗师陈寅恪"。2014年，在《学人魂·陈寅恪传》的基础上，经过10多年的搜阅、积淀和潜心研究，退休多年的吴定宇补充增加了近一倍的文献材料，由中国社会科学出版社推出皇皇巨著《守望：陈寅恪往事》。该书近40万言，获评"中国社会科学出版社年度好书"。吴定宇坚持"论从史出"的理念和方法，发掘了很多鲜为人知的珍贵史料，如档案、书信、日记等，从大量的历史细节中，还原出一个真实的陈寅恪，以第一手资料揭秘显隐，澄清坊间一些似是而非、可爱不可信的传闻，将被象征化、符号化和神化的陈寅恪还原为真实的存在。该书回溯陈寅恪往事，展现他非同寻常的求学经历、艰苦的治学生涯、独特的治学方法、终身守望"独立之精神，自由之思想"的嶙嶙风骨和辉煌学术成就，并从陈寅恪一代人的遭遇展示20世纪中国学术文化发展的艰难历程和中国学人的命运。

  郭沫若是20世纪的文化巨人，在历史学、考古学、古文字学、古器物

---

① 恩斯特·卡西尔著：《人论》，上海译文出版社1985年版，第8页。

学、文学、艺术等方面都有很高造诣。吴定宇的《抉择与扬弃：郭沫若与中外文化》从独到的文化史角度，探讨郭沫若文学创作和学术成果的特质与文化价值，针对郭沫若对中外文化的"抉择"与"扬弃"进行了富有学理性的深入论述。他阐释陈寅恪侧重心传，而探讨郭沫若侧重学述。譬如，郭沫若何以能够从"中西合璧"的泛神论自觉而又复杂地发展到"儒马对接"的人民本位观，吴定宇首先梳理和挖掘泛神论的来源和构成，认为郭沫若的泛神论不仅受到西方斯宾诺莎泛神论（通过歌德）和古印度《奥义书》，以及中世纪印度教虔诚派伽毕尔"梵我如一"思想（通过泰戈尔）的影响，而且经过王阳明心学导引，深受孔子、庄子等儒家、道家思想启发。郭沫若1924年回国后，翻译日本经济学家河上肇《社会组织与社会革命》，转向马克思主义，"虽然不再把泛神论奉为圭臬，但也没有将之扫地出门，只不过将其从思想意识中心，挤向边缘"。泛神论与马克思主义有"弱联系"，儒家思想与马克思主义有"强联系"，因而郭沫若从"中西合璧"的泛神论自觉发展到"儒马对接"的人民本位观。吴定宇的论述"尽量不先入为主、不带感情，以免影响价值判断，力图勾勒出郭沫若的文学作品和学术成果的文化风貌，总结其在中外文化整合中的经验教训"，无疑大大推进了郭沫若研究，既有重要学术价值，也有深刻现实意义。在中国现代文学研究领域，由于专业划分和学科壁垒，很少有古今贯通、中西融会式的学者，吴定宇没有局限于狭小领地，是殊为难得的通才学者。温儒敦厚的吴定宇将人本与文本结合，文史打通，文学研究与教育史、学术史融会——他编撰有《中山大学校史（1924—2004）》，注重中国现代文学与传统文化的关系研究，视野宏阔，学养深厚，嘉惠学林。

  邓国伟（1944—2013），广东广州人。曾任中国现代文学教研室主任。学术专长为中国现代文学史、岭南现代文学、鲁迅研究。1963年9月—1967年7月，就读于华南师大历史系本科；1979年9月—1982年7月，攻读中山大学中文系中国现代文学专业，获硕士学位；1982年7月任教中山大学中文系。曾任中国鲁迅学会理事、广东鲁迅研究学会副会长、《鲁迅世界》副主编、广东珠江文化研究会副会长、广东文艺批评家协会副秘书长。主要著作有《中华新文学史（上）》（合著）、《回到故乡的荒野》、《鲁迅散文系列研究》（合著）、《南国诗潮》（合编）等，主要论文有《中国现代文学的个性主义问题》（《中国现代文学研究丛刊》1990年第4期）、《谈近期鲁迅研究界的论争》（《鲁迅研究月刊》1988年第6期）、《中国抗战文学史上重要的一页——抗战初期广州文学活动的一个轮廓》（《学术研究》1995年第5

期)。邓国伟学术专长为中国现代文学史、鲁迅研究。他功底扎实,探究深入,在这些领域产生一定影响。

中山大学中国现当代文学学科追求朴实严谨、锐进拓新的学风,文史兼治,注重实证,关注前沿,在全国现当代文学研究领域显示出鲜明独特的治学风格。多年来,本学科逐步凝聚形成了一些相对集中、具有学术特色的研究方向。

(1)以鲁迅研究为特色的现当代作家作品研究。本学科有坚实的研究基础,主持过《鲁迅全集》中《而已集》的注释工作和创造社作家研究,除吴宏聪、陈则光、饶鸿竞之外,金钦俊、黄伟宗、李伟江、陈衡、吴定宇、邓国伟等的鲁迅研究、郭沫若研究、李金发研究、巴金研究、欧阳山研究、秦牧研究等,在全国产生较大影响。

(2)当代文艺思潮与批评。黄伟宗、陈衡等的当代文艺思潮、小说评论,立足岭南,放眼全国,代表性著作有《当代中国文艺思潮论》《创作方法论》《秦牧创作论》。

(3)港台和海外华文文学研究。广州毗邻港澳,中山大学与海外交往密切,研究港澳台文学得天独厚。王晋民《台湾文学史》、王剑丛《香港文学史》等是我国大陆较早的论著,是华文文学研究的重镇。

四、新起点、高品质

中山大学现代文学学科创建于1952年,学风朴实严谨而创新,注重论从史出,以现代作家作品研究、文学思潮而享誉学界,鲁迅研究取得突出成果。1960年获得硕士研究生招生权;1978年学位制恢复后,即获得首批硕士学位授予权。但是,长期未获得博士学位授予权,严重制约了学科发展。1990年前后,先后引进黄修己和程文超、艾晓明,厚积薄发,锐意创新,开辟了一些新的学术生长点,学术研究取得了新的进展。本学科于1998年获得博士学位授予权。

新的研究方向既强调本学科点科学实证的传统,也注重不同学科之间的交叉融合,已经形成了较为鲜明的学术特色。

(一)中国现代文学研究史与学科史、学术史研究方向

本研究方向包含中国现当代文学编纂史及中国现当代文学研究史、学科史的研究。学科是在科学的基础上发展起来的相对独立的知识体系。学科的

形成不是静态的知识分类，而是历史化的产物。中国现代文学作为学科，产生和发展有其自主性和历史动因，但有特殊的契机和背景，显示与众不同的走向和特点。现代文学学科建构内容，主要包括新文学史的编纂、教学大纲的制定、课程设置、教材建设和研究对象（主要是作家作品和文学现象）的研究，涉及现代学术史发展和教育制度嬗变、时代社会变迁。众所周知，朱自清1929年在清华大学开设新文学研究课程，但早在1921年10月，北京大学中文系课程指导书的"本系待设及暂缺各科要目"就有"新诗之研究""新戏剧之研究""新小说之研究"等。目前国内关于现代文学学科研究的突出成果：一是黄修己《中国新文学史编纂史》（北京大学出版社1995年）和《中国现代文学研究史》（广东人民出版社2008年）、《中国现代文学研究通史》（广东人民出版社2020年）；一是陈平原《中国现代学术之建立》（北京大学出版社1998年）、《作为学科的文学史》（北京大学出版社2011年）和《现代中国的述学文体》（北京大学出版社2020年）。另有冯光廉、谭桂林、徐瑞岳、温儒敏、邵宁宁、张传敏、王瑜、张富贵、王翠艳、刘勇、李怡、沈卫威等的论著影响较大。黄修己的贯通研究、陈平原的专题论述，让从业者对本学科的发展历程、学风变迁和文学史论著的新变获得亲切的感印，为研究者们做了很好的现代文学学科史的补课工作。

以往的探讨，或专论史著，或综合论述，或辨章学术，或考镜源流，各有建树，有力地丰富和提升了现代文学研究的品格，但都是关于文学史编写或者晚清学制变革问题，而不是现代文学学科史的直接和专门研究，也很少从学科建构角度论述文学史编纂，对现代文学学科的产生演变、面貌脉络、学术理念、研究方法、课程设置、教材建设、教学效果等重视不够。黄修己《中国新文学史编纂史》是第一部总结中国现代文学史编写的专著，《中国现代文学研究史》《中国现代文学研究通史》是该领域领先的重要成果，为学界瞩目。

中国现代文学作为一门学科，发轫于五四新文学批评，产生于新中国成立后高等教育改革大潮中，先后有五代学人在学科园地耕耘，历经艰辛曲折，取得长足发展和突出成就，形成学术体系和特质，但长期处于即时评论的潜学科状态。论者根据自己的兴趣和时代风气，对有关作家、作品进行评论，大多率尔操觚而已。即使20世纪50年代诞生了"中国现代文学"这个学科，广受重视，但多是编写应用性的教材，真正认真深入的学术性研究不足，学术的独立性和方法的自觉也很淡薄。对于更广大的学术传统，如近现代以来对中国文学的研究以至整个人文历史研究从古典到现代的转化进程，中国现代文学界更是置若罔闻,很少关注。迨至 80 年代中后期,一方面,现代文学研究成为各种新思潮、新观念、新方法的学术试验场,像走马灯一样让人应接不暇、莫知所从;另一方面,这个学科"已经不再年轻而又尚未成熟"的状况、在光鲜热闹之下难以为继的学术困局,也不能不引人反省。90 年代社会转型和学术理性回归,催生了对中国现代文学研究史的探究,涌现出可观成果;但是很少从学科高度系统深入论述现代文学史写作,勾勒教学和研究的脉络和走向,总结成就与不足。本研究方向立足学术前沿,体现学科发展的新要求和学术创新意义。

本学科方向以黄修己为担纲,骨干有刘卫国、陈希等。成果有黄修己《中国新文学史编纂史》、《黄修己自选集》(中山大学出版社 2017 年)和《中国现代文学研究史》、《中国现代文学研究通史》,刘卫国《中国新文学研究史》(社会科学文献出版社 2019 年),陈希等《一个人与一门学科》(中山大学出版社 2015 年)等。

黄修己(1935—),福建福州人。1955 年考入北京大学中文系,1957 年开始发表文学作品。1960 年毕业后留校任教,从事中国现当代文学批评和研究。1986 年加入中国作家协会。1987 年到中山大学中文系任教。历任北京大学、中山大学教授,中国现代文学研究会副会长。代表性著作有《中国现代文学发展史》《中国新文学史编纂史》《赵树理评传》《中国现代文学研究通史》等,并有散文集《我的"三角地"》。多次获得国家社会科学基金优秀成果奖、教育部优秀社会科学成果奖、广东省优秀社会科学成果奖、王瑶学术奖等。

1987 年,52 岁的黄修己从北京大学中文系调任中山大学中文系。来到中山大学后,得益于广东改革开放的思想气氛,他开始进入学术"爆发期",先后出版了《中国现代文学发展史》《中国新文学史编纂史》《不平坦的路》等广为流传的学术著作,主编了《中国现代文学研究史》《中国现代文学研究方法论集》《20 世纪中国文学史》《百年中华文学史话》和《中国现代文学研究通史》等著作。

黄修己是我国著名的文学史家。1960 年初,应主讲教授的要求讲了一堂赵树理,成就了他的处女作《赵树理的小说》(北京出版社 1964 年版,署名方欲晓),他从此在现代文学研究中崭露头角。但黄修己取得突出的成就,是在"文革"结束后,当时撰写多篇引起很大反响的"重评"和"翻案"文章,其中《鲁迅的"并存"论最正确》(《文学评论》1978 年第 5 期)、《在论争中结束和没有结束的论争》(《北京大学学报》1981 年第 3 期)等在现代文学研究的"拨乱反正"和思想解放中起过较大作用,也是其成名之作。此后,黄修己不断推出现代文学方面高水平的论著。迄今他在海内外出版著作20余种,发表论文100多篇。

20世纪七八十年代之交,黄修己致力于赵树理研究,连续出版了《赵树理评传》《赵树理研究》《不平坦的路》三部专著。这些论著特色鲜明,广受赞誉,代表了当时赵树理研究和作家研究的新水平。《赵树理评传》(江苏人民出版社1981年版)是我国第一部关于赵树理的评传,知人论世,既怀激情,又能客观冷静,可谓别开生面。《赵树理研究》(山西人民出版社1985年出版)独树一帜,采用多种分析方法,通过传记批评、发生学批评、审美批评、社会历史批评、整体批评、比较批评等,多角度地剖析同一作家,开拓赵树理研究新境界。《不平坦的路》(天津教育出版社1990年版)是赵树理研究的唯一的学术史,也是较早出现的作家研究史。

1984年中国青年出版社出版的《中国现代文学简史》,是中断近30年后出现的第一部个人编著的中国新文学史著作。在同期出版的同类著作中,黄修己的这部著作最具个性化,最具"重写"的性质,因而影响最大,被认为在新文学史编纂过程中起了继往开来的作用。① 之后的《20世纪中国文学史》(中山大学出版社1998年版,2004年重写再版)解构启蒙论,尝试以文学史"双线论"(白话新文体和传统旧形式)来重构"完整"的现代文学史,任重道远。

《中国现代文学发展史》(第三版)则以"人的文学"的文学史观来阐释和建构现代文学史,论述独到,是"立"起来的有灵魂的文学史。以全人类认同的价值标准,研究中国现代文学在特定的时代背景下,如何以艺术形式表现现代中国人对美好人性的追求、对反人性的批判,必将提升和凸现中国现代文学的特质和世界性意义,也有利于世界对于中国现代文学的理解。《中国现代文学发展史》(第三版)超越并将促进整个中国文学史写作。

《中国新文学史编纂史》(北京大学出版社1995年版,2007年第2版)是第一部中国现代文学研究史,该书取材宏富,对从1922年胡适的论著到1993年该书定稿的70余年间的成果做系统检阅,除综合性的文学通史外,还评述各体文学史、阶段性文学史、地区性文学史、港台版文学史,以及儿童文学史、少数民族文学史、翻译文学史等,同时注意时代背景和精神氛围

---

① 许志英:《继往开来:评黄修己著〈中国现代文学简史〉》,《中国现代文学研究丛刊》1985年第3期。

的描述，从多方位立体展现现代文学学术发展历程，并从编纂实践的历史中总结理论上的问题。该书荣获首届国家社会科学基金优秀成果奖。

黄修己主编的《中国现代文学研究史》全书共 100 万字，上下两册，分五卷，是第一部试图全面、系统地论述现代文学批评和研究发展历程的专史。该书用史的编纂法，寻源追终，分别时期，记载了从 1917 年到 2007 年间中国现代文学批评和研究的发展进程，勾勒了现代文学研究的历史脉络和走向，展现了几代研究者的业绩和学术风貌，建立起了中国现代文学学科史的框架，也初步总结了现代文学研究的经验和教训。该书荣获第六届全国高校优秀社会科学成果二等奖。

2020 年，黄修己主编的《中国现代文学研究通史》由广东人民出版社出版。这是首部现代文学研究通史，填补了我国现代文学研究领域的一项空白。黄修己是我国现代文学研究第二代学人的代表之一，率领中山大学陈希、刘卫国等教授，攻克了这一现代文学研究的重大课题。《中国现代文学研究通史》从构想到撰写、完成，历时 10 年，资料准备更是长达 20 年之久。全书以学术发展进程为纲，采用史的编纂法，探源溯流，分别时期，记载和检视百年年中国现代文学批评和研究的成果，勾勒现代文学研究的脉络和走向，描绘艰辛与坎坷，展示业绩与风采，总结成就与不足，既宏观把握学术态势，又深入剖析典型学案，史论结合，取材宏富，探究精深，具有开拓性和集大成意义，堪称现代文学研究史和学科史、学术史研究的一座高峰。

从赵树理研究到文学史编纂，再进而学科史研究，显示了文学史家黄修己抓住机遇、迎难拓进的学术历程。黄修己经历了中国现代文学学科的政治化建构，目睹了"文革"的破坏和颠覆，参与了学科的拨乱反正，亲历了学科的突破、发展，探讨了学科的新的路径和生长点，推动了学科的科学化、规范化建设。

以理性点亮历史，奉行"论从史出"的治学理路和方法，注重实证，求实创新，深刻的理论分析与独到的审美感悟结合，深邃的史家眼光和丰沛的人文情怀圆融，是黄修己从事中国现代文学研究的品格和特征。社会历史批评与艺术批评结合，是第二代学人惯用的方法和坚持的理念。黄修己具有第二代学人的治学特点，但是又有独特性。他谙熟西方现代理论，却不是为西方理论寻求完美的阐释和注脚，而是切合中国经验和审美现实，追求融会贯通。黄修己一直站在时代前列，不断创新，永葆青春，充满活力，从不故步自封，裹足不前，至今仍笔耕不辍，以不竭的创造力实现高远的学术追求，不断奉献高水平新成果，这在同代人中是不多见的。而这既是黄修己的学术个性和亮点，也是中山大学中国现代文学学科的魅力与特色。

（二）中国现当代文学史与文学批评方向

程文超（1955—2004），湖北大悟人，中山大学教授、博士生导师，曾任中国新文学学会副会长、广东省作协副主席、广东省批评家协会副会长、《学术研究》杂志编委等职。程文超是我国现当代文学研究领域广具影响的中青年专家之一。1987年程文超考入北京大学攻读中国现当代文学专业博士学位。1990年赴加州伯克利大学比较文学系留学两年。1993年于北京大学获文学博士学位，同年起任教于中山大学中文系。1999年被遴选为中山大学中国现当代文学专业首批博士研究生导师之一。程文超自20世纪80年代思想解放时期从事中国现当代文学研究，成就斐然，是该领域深有影响的中青年学者。他的学术成就主要集中在以个人创构的现代性阐释体系对20世纪中国文学的历史流变进行整体研究，对20世纪初中国知识阶层的复杂文化心理给予多层次观照，对80年代以来中国文学批评话语的内在转型进行系统考量，对20世纪下半叶中国文学的叙事演变进行细致析辨等诸多方面。尤其是在当代文学批评史和世纪初知识群体文化心理的探察方面，方法独到，成果突出，一些研究具有开拓性。著有学术专著《意义的诱惑》（时代文艺出版社1993年）、《欲望的重新叙述》（广西师范大学出版社2005年）、《1903：前夜的涌动》（山东教育出版社1998年），以及《寻找一种谈论方式》《1903：前夜的涌动》《反叛之路》《百年追寻》。程文超获得过多种学术荣誉，其中主要有中国作协第二届鲁迅文学奖（理论奖，2001年）、中宣部"五个一工程奖"（1999年）、首届龙文化金奖（2000年）、广东省第六届鲁迅文艺奖（2000年）、中国当代文学研究表彰奖（1993年）。作为一位学风扎实、思想锐利的学者，程文超对新时期以来的中国现当代文学研究做出了重要的学术贡献。

艾晓明（1953— ），湖北武汉人，1985年在北京师范大学中文系攻读中国现代文学专业博士学位。1987年底毕业，获博士学位，是"文革"后第一位文学女博士。1988—1994年，任教于中国青年政治学院。1980年代末和1990年底中期，曾先后在香港中文大学英文系、岭南大学中文系访问研究。艾晓明1994年任教于中山大学中文系。艾晓明中西贯通，学养深厚，朴实、严谨而视野开阔，富有创新精神。1987年《中国社会科学》第3期、第4期刊载艾晓明的论文《二十年代苏俄文艺论战与中国"革命文学"论争（上）》《二十年代苏俄文艺论战与中国"革命文学"论争（下）》。艾晓明发表了百篇高质量学术论文，出版主要著作有《青年巴金及其文学视界》（四川文艺出版社 1989 年)、《中国左翼文学思潮探源》(湖南文艺出版社 1991 年)、《小说的智慧：认识米兰·昆德拉》(时代文艺出版社 1992 年)、《论戏剧与戏剧性》(昆仑出版社 1992 年)，翻译《古典主义》、《表现主义》、《女性主义思潮导论》、《语言与社会性别导论》、《激情的疏离：女性主义电影理论导论》等。

五、奋进新时代，任重而道远

近五年来，中山大学中国现当代文学学科先后主持国家社会科学基金重大项目、教育部中攻关招标项目、国家社会科学基金重点项目和一般项目、国家社会科学基金重大项目子课题、省级社会科学项目、教育部项目和教育部重大项目子课题等多项，在《中国社会科学》《文学评论》《中国现代文学研究丛刊》《文艺争鸣》《南方文坛》《当代文坛》等国内外刊物发表学术论文百余篇，其中多篇文章被《新华文摘》《中国社会科学文摘》《中国现代、当代文学研究》转载；在国家级出版社出版学术专著 80 余部，多次获得省部级科研奖励。

目前中山大学中国现当代文学学科共有林岗、陈希、刘卫国、谢有顺、张均、胡传吉、郭冰茹、吴晓佳、林峥等 9 名成员。

林岗（1957— ），广东潮州人。1980 年 3 月从中山大学汉语言文学专业毕业后，先后辗转于中国社会科学院文学所、广东省社会科学院文学所、深圳大学文学院供职。1996 年毕业于暨南大学中文系，获得文学博士学位，主攻现当代文学史以及文艺学。2001 年任教于中山大学中文系。兼任中国现代文学研究会理事、广东省文艺评论家协会主席。林岗的中国现当代文学研究集中在两个方面：一是关于晚清、现代的文学和思想的方面，二是关于当代作家作品和文学现象的批评。属于前者内容的，出版过《传统与中国人》(合著，生活·读书·新知三联书店 1987 年)、《罪与文学》(合著，香港牛津大学出版社 2002 年)，论文有《海外经验与新诗的兴起》《论文学演变中的自然与人为》《论"抉心自食"——写于新思潮百年之际》等；属于后者内容的，多载于《林岗集》一书（广东人民出版社 2020 年）。另有《明清之际小说评点学之研究》(北京大学出版社 1999 年)、《边缘解读》(香港天地图书有限公司 1998 年)、《文史论集》(中山大学出版社 2024 年)等论著。

陈希（1968— ），湖北鄂州人。2002 年 6 月毕业于中山大学中文系中国现当代文学专业，获得文学博士学位，主要从事中国现当代文学与比较文学研究，同时从事新诗批评。兼任中国现代文学研究会理事、广东现代作家研究会会长。具体研究方向和特长为中西诗学比较、中国现代文学学术史、戏剧演出史、岭南文学与文化、新诗评论等。发表《学衡派与西方现代诗歌》《〈雷雨〉：未完成的演出》等论文百篇，主持并完成国家社会科学基金项目"中国现代诗学范畴"等4项，出版《中国现代诗学范畴》（中山大学出版社2009年）、《非常的建构》（广东人民出版社2020年）、《西方象征主义的中国化》（中山大学出版社2018年）等专著5部，主编《现代汉语诗歌》、《中国现代散文精萃》（花城出版社2011年）、《广东文学通史·现代卷》（人民文学出版社2023年）等，担任多种全国文学大奖赛评委。曾获第六届全国高校社会科学优秀成果二等奖（集体）、第九届全国高校优秀社会科学成果一等奖（集体）、第九届广东省社会科学优秀成果二等奖（独立）、第十届广东省社会科学优秀成果一等奖（集体）等。目前主持国家社会科学基金重点项目"意象派与中国新诗"的研究。另有《岭南诗宗黄节》（广东人民出版社2008年）。

刘卫国（1970—　），1992年毕业于南开大学社会学系，获法学学士学位；1992年就读于中山大学中文系，师从黄修己，研究中国现当代文学，1995年获文学硕士学位；2005年6月获文学博士学位。2000年3月至今，在中山大学中文系工作，历任助教、讲师、副教授、教授。

刘卫国主要从事中国现代文学批评史和学术史研究，对中国现代文学批评史与学术史中的有关思潮、理论、人物、学风等问题进行过较为系统和深入的研究。参与黄修己主持的国家社会科学基金重点项目"'五四'后中国新文学研究史"，独立主持国家社会科学基金一般项目"'中国新文学研究'学术谱系论"，目前正承担教育部重大课题攻关项目"中国现代文学批评史料编年研究"。

在思潮研究方面，刘卫国发表过论文《新文学批评三大思潮比较论》（《学术研究》2017年第1期）、《新文学研究中的文化保守主义思潮》（《广东社会科学》2017年第1期），出版过著作《中国现代人道主义文学思潮研究》（岳麓书社2007年）；在理论研究方面，发表过《"巴尔扎克难题"与中国左翼文学批评中的世界观论述》（《文学评论》2008年第2期）、《当代中国的"启蒙论述"与"现代文学研究"》（《中山大学学报》2009年第2期）、《论"人的文学"文论体系的内在特征》（《晋阳学刊》2007年第1期）等论文；在批评史人物研究方面，发表过《唐弢文学批评新论》（《文学评论》2003年青年学者专号）、《论郭沫若个人主义思想的知识谱系与意义——兼论郭沫若思想转折的原因》(《郭沫若学刊》2007 年第 4 期)、《苏雪林的两篇郭沫若评论》(《现代中文学刊》2018 年第 2 期)、《论季羡林的新文学批评》(《中山大学学报》2015 年第 2 期)、《朱自清日记中的细节与真实》(《新文学史料》2020 年第 4 期)、《鲁迅、郭沫若"笔墨相讥"原因再探》(《鲁迅研究月刊》2016 年第 11 期) 等论文;在学术史人物研究方面,发表过《雄辩与实证的交融——黄修己先生的治学特色》(《中国现代文学研究丛刊》2015 年第 3 期)、《史学视野里的〈中国新文学史编纂史〉——兼论黄修己先生的治学风范》(《晋阳学刊》2019 年第 1 期)、《愚公与智叟——论程文超的学术理路》(《南方文坛》2010 年第 4 期) 等论文;在学风问题研究方面,发表过《民国时期新文学研究中的古典学术传统》(《中山大学学报》2018 年第 1 期)、《实证学风在中国现代文学研究中的兴衰》(《中山大学学报》2011 年第 1 期) 等论文。

刘卫国还与黄修己共同主编《中国现代文学研究史》(广东人民出版社 2008 年),独立撰写了著作《中国现代文学研究通史》第一卷 (1917—1927)、《中国现代文学研究通史》第五卷 (1977—2000) (广东人民出版社 2020 年)。

在批评史、学术史之外,刘卫国还从事中国现当代作家研究,对赵树理、丘东平、刘斯奋有一定积累和心得,发表过《跟不上方向的方向作家——论赵树理的当代境遇》(《中山大学学报》2007 年第 5 期)、《赵树理作品中的"算账书写"与经济观念》(《山东师范大学学报》2020 年第 6 期)、《丘东平"战争叙事"特征新论》(《文学评论》2013 年第 3 期)、《革命与宗教的纠葛——丘东平作品新解》(《文艺争鸣》2014 年第 12 期)、《"一个新的世代的先影"——丘东平新论》(《粤港澳大湾区文学评论》2021 年第 3 期) 等论文,出版著作《〈白门柳〉的历史原型与文学想象》(广西师范大学出版社 2020 年)。刘卫国还对现当代通俗小说抱有兴趣,为《20 世纪中国文学史》教材撰写过"张恨水的小说""金庸的武侠小说"章节。

刘卫国抱着"淡泊明志、宁静致远"的态度治学,只问耕耘,不求闻达。论文《唐湜文学批评新论》曾获得广东省作家协会颁发的第三届广东省文学评论奖,与黄修己教授合作主编的《中国现代文学研究史》曾获得教育部颁发的第六届高等学校人文社会科学研究成果著作类二等奖。

谢有顺 (1972—),福建省长汀人。1994 年毕业于福建师范大学中文系,后就读于复旦大学中文系中国现当代文学专业,获文学博士学位。历任《南方都市报》副刊部编辑、副主任,广东省作家协会创研部副主任、一级作家。2006年起，任中山大学中文系教授、博士生导师。

大学本科期间，便在《文学评论》《当代作家评论》《文艺争鸣》等刊发表学术论文20多篇，随后在《小说评论》杂志开设专栏近10年时间。迄今在《文学评论》《文艺研究》等刊发表学术论文近300篇，约300万字；40多篇论文被人大复印资料全文转载，10篇论文被《新华文摘》转载，5篇论文被《中国社会科学文摘》转载，超过80篇论文被全文收入各种理论选本和大学教材。

已出版《先锋就是自由》《文学及其所创造的》《散文的常道》《小说中的心事》《成为小说家》等学术著作20部，主编有《中国当代作家评传》丛书多套。

论文《重构中国小说的叙事伦理》获第九届中国文联文艺评论奖一等奖，《当代小说的叙事前景》获广东省哲学社会科学优秀成果二等奖；著作《小说的路标》《散文的常道》分获第九届、第十届广东省鲁迅文艺奖，《小说中的心事》获2016年度中国文联优秀文艺评论作品奖；另还获得冯牧文学奖、庄重文文学奖、人民文学奖等多个奖项。发起和创办"华语文学传媒大奖"，并连续担任十九届终评会召集人。多次担任茅盾文学奖、鲁迅文学奖、中宣部五个一工程奖等重要奖项的终审评委。

专著《文学的常道》《散文的常道》《写作的常道》分别入选"国家'十一五'规划重点工程项目"、国家出版基金项目和中国作家协会2017年度重点扶持项目。另主持中宣部全国文化名家暨"四个一批"人才工程基金项目、国家社会科学基金重点项目等多个学术课题。

先后入选国家重大人才工程（2023年）、中宣部文化名家暨"四个一批"人才（2009年）、国务院政府特殊津贴专家（2011年）、国家重大人才工程青年项目（2016年）、广东省"珠江学者"特聘教授（2015年）、教育部"新世纪优秀人才"（2011年）。当选中国作家协会文学理论批评委员会副主任（2021年）、中国小说学会副会长（2015年）、广东省作家协会副主席（2014年）、广东省文艺评论家协会副主席（2005年）等。

近年提出的"重构中国小说的叙事伦理""文学的常道""先锋就是自由""散文的常道""成为小说家"等学术观点广受关注，多本重要学术期刊（《文艺争鸣》《当代作家评论》《小说评论》《南方文坛》等）对这些学术观点做过评论专辑研究。北京大学中文系陈晓明教授称之为"少数能对中国当代作家产生影响的重要批评家"，复旦大学中文系陈思和教授称之为国内"青年学子中最为拔尖的部分，学术路径自成一体，学术前景异常广大"。

张均（1972—　），湖北随州人。从事中国当代文学史研究，出版《中国当代文学制度研究（1949—1976）》（北京大学出版社 2011 年）、《张爱玲十五讲》（广西师范大学出版社 2022 年）、《张爱玲传》（花城出版社 2001 年）等著作，发表学术论文 140 余篇。新世纪以来学术工作主要包括三个方面：

（1）中国当代文学制度研究（1949—1976 年）。本研究采用"博弈论"视角。如果说此前研究将制度的意识形态干预功能过度本质化，本研究则将文学制度理解成一个各种文学势力诉求博弈的场域，国家意识形态虽居优势，但也只是这个场域特定的一部分（且常遭到未必易于察觉的抵制、歪曲或挪用）。因此，文学制度的发生与运作不仅表现为"一体化"的意识形态规训，而更多地体现为包括国家在内的多重观念和利益之间的相互冲突与"妥协"。此外，本项研究还突破"体制"概念，将"制度"内涵拓展到"成规"与"惯例"之上，形成了"有形的文学制度"与"无形的文学制度"之区分。

（2）中国当代文学报刊研究（1949—1976 年）。这项研究较系统地考察了新中国文学报刊与文学生产之关联（选取 17 种报刊个案），借以讨论"当代文学"是在怎样的"多种文化成分、力量互相渗透、摩擦、调整、转换、冲突"的过程中发生和发展的，如"老解放区文艺"、自由主义、国统区左翼、鸳蝴传统、民间通俗文艺以及学界不大重视的人事纠葛等各类异质文学成分都参与了此种竞争，并有意利用报刊争夺文坛"正宗"地位、控制生存和发展空间，通过建构"正确的"文学"知识"重新配置文学利益。广泛扎实的一手史料，"台前""幕后"的细微考辨，与宏观文学史问题的勾连，尤其是博弈论视角的"运作"，使此项研究同样不同于新启蒙主义研究模式。

（3）中国当代文学本事研究（1949—1976 年）。本事研究方法是从古代文学研究转换而来，重在"内""外"结合、"考""释"并举，在"文史对话"中发掘特定时代的"实践叙事学"的形式内涵。从本事到故事，不但是事实的移动与改易，其后还存在当代文学处理经验事实的故事策略；从故事到情节，更深地涉及主导话语以特定因果机制重组"合法"故事经验的问题。其间存在叙述机制的介入，体现在作家对正面人物、反面人物、事件矛盾、解决程序以及象征空间等叙事元素的精心安排之上。此项研究涉及近 20 种"红色经典"，包含对当代文学史研究新领域和新方法的探索。

此外，张均还涉及重估社会主义文学研究，希望在新启蒙主义阐释框架之外，重新理解社会主义文学/文化自身的叙述理解与文化系统。

胡传吉（1972—　），湖北恩施人，历史学学士，文学博士，2009 年毕业于中山大学中文系,获得博士学位;2008—2010年为复旦大学中文系博士后。2010年开始在中山大学中文系任教。胡传吉重视经典及原始文献的研读,开设"中国近现代经典研读""晚清思想史文献研读""如何讲述传统""二十世纪中国文学史""中国现当代文学史料研究"等课程。研究领域为中国近现代学术史与文艺思想史等,著有《未完成的现代性——二十世纪中国文学思想史论》(中山大学出版社2019年)、《自由主义文学理想的终结》(秀威资讯科技股份有限公司2012年)、《中国文化思想录》(河南文艺出版社2018年)、《红楼四论》(东方出版中心2019年)、《文学的不忍之心》(北岳文艺出版社2017年)等,在学术期刊发表论文若干,在《南方都市报》等报刊发表文学及文化评论百万余字。

  胡传吉的治学理念及特点是历史研究与文学研究并重。《未完成的现代性——二十世纪中国文学思想史论》《自由主义文学理想的终结》《中国文化思想录》等论著重历史研究。《未完成的现代性——二十世纪中国文学思想史论》,在讨论现代性时,注意到中西话语之间的共通与错位,作者既看到中国语境中的"现代性"对西方现代价值的摹仿和承袭,也看到"不可剥夺的本土经验与思维"。在文献整理与考证的基础上,《自由主义文学理想的终结》从文学史及思想史的角度入手,探讨中国传统道术的现代裂变,有学者认为,这本专著"是一部今后讨论这时期文学史无法绕过去的重要论著"。《中国文化思想录》是胡传吉为《南方都市报·阅读周刊》所撰每月"期刊观察"之未删节的原稿合集(2004—2015年),共50万余字。有学者认为,"这是一场历史的救赎","十二年期刊观察对记忆和历史的追索,并不只是一种本雅明式的'辨认',还有更传统的、狄尔泰式的'体验'",这是历史学家与哲学家的不同所在;《中国文化思想录》见证了一段历史的变迁,12年"期刊观察"与中国报业的黄金时期共荣衰、同时在;胡传吉以时间索引的方式,捕捉并留存在时空里漫天飞舞的历史碎片,不仅"将历史还原为寓言",也承担了"新天使复归历史"的使命,假以时日,这本书必成为相关文史研究的重要线索。《红楼四论》《文学的不忍之心》《中国小说的情与罪》等论著,立足于中国古典审美传统,顺延探究中国现当代文学思想史,其中,关于小说的不忍之心、羞感之于内心、心灵暗处的自罪、诉苦新传统与怨恨情结、'力'之文学变道、小说群治理想的之荣衰、意义的负重、论同情、性饶舌的困与罪等文学思想史论,在学界有一定的反响,有学者认为,作者对相关的文学史有"独特发现",对文学研究的文体有一定的开拓性。胡传吉近年对"胡适学案"的研究,有一定的实质性进展。

郭冰茹（1974— ），陕西米脂人。1997年毕业于北京大学中文系，2000年、2004年先后在中山大学获得文学硕士和文学博士学位。专业方向为中国现当代文学，研究领域包括20世纪中国小说史、社会性别研究和中国当代文学与文化。近年来，郭冰茹对20世纪中国小说史进行了集中研究，在相互关联而有所侧重的学术路径中形成了相对开阔的研究格局，由此形成了鲜明的学术特色。她在既往学术积累基础上，从两个方面展开对20世纪中国小说的研究。一是从小说文体入手，探讨当代小说与文学传统的关系。这是国内学界较早围绕该选题展开的系统研究。二是以性别和革命为切入点，讨论小说中的思想文化及现代性问题，从性别角度讨论现代民族国家建构以及宏大叙事与女性意识的关系，在一定程度上改变了性别研究的单一视角和女性文学研究的既有范式。从性别问题进入革命叙事，延续了她以文献进入语境、重视文本背后的思想文化问题这一研究思路，尊重革命叙事的叙述机制和美学特征，丰富了革命叙事的研究路径。

郭冰茹对20世纪中国小说史的研究，尝试将小说文体形式的发展变化与小说背后的思想文化问题有机结合，既关注形式的意识形态性，也关注内容的现代性指涉，在中国文化与文学内在的整体脉络中考察当代小说与叙事传统的关系。该研究从文学观念、叙事形态、审美追求等层面重新处理了当代小说与文学传统的关系，从而深化了20世纪30年代以来关于新文学与文学遗产关系问题的讨论和研究。论文《传统叙事资源的压抑、激活与再造》获广东省哲学社会科学优秀成果三等奖（2013年）；论文《赵树理的话本实践与民族形式探索》获第六届唐弢青年文学研究奖（2016年）；论文《"新文学"与"旧传统"》被《新华文摘》全文转载，获广东省哲学社会科学优秀成果一等奖（2021年）。专著《中国当代小说与叙事传统》（广东高等教育出版社2018年）作为"文化自信与中国现当代文学丛书"之一，获得国家出版基金项目和"百部好书"扶持项目立项资助。在性别研究方面，郭冰茹立足于现代性相关理论，讨论现代小说在建构现代民族国家以及确立人的主体性和性别认同方面所做的努力、产生的影响，并借此展开相关思想文化问题的讨论，从而避免二元对立的思考模式，呈现性别和革命之于20世纪中国小说生产的复杂性。专著《20世纪中国小说史中的性别建构》获第四届女性文学研究优秀成果表彰奖（2015年）。

郭冰茹已在《文学评论》《文艺研究》《文艺理论研究》《中国现代文学研究丛刊》等重要学术期刊上发表论文60余篇，出版专著4部，译著1部。主持并完成国家社会科学基金项目1项、广东省规划项目1项。目前主持国家社会科学基金重点项目"中国当代文学革命叙事研究"（2018年），以及国家社会科学基金重大项目"《中国女性文学大系》（先秦至今）及女性文学史研究"子课题"《中国女性文学大系·小说卷（四）》编选及研究"（2017年）。

吴晓佳（1982— ），广东潮州人，2011年毕业于清华大学中文系中国现当代文学专业，获得文学博士学位。2011年7月进入中山大学中文系做师资博士后，先后任教于中山大学中文系比较文学与世界文学教研室和中国现当代文学教研室，现为中山大学中文系副教授，硕士生导师，研究领域为中国现当代文学、比较文学与世界文学。吴晓佳比较关注抗日战争时期的民族、阶级和性别问题。代表性成果为：《革命实践与女性话语：分裂抑或缝合？——以丁玲〈在医院中〉为个案研究》（《中国现代文学研究丛刊》2011年第5期），《"被强暴的女性"：丁玲有关性别与革命的叙事和隐喻——再解读〈我在霞村的时候〉及〈新的信念〉》（《中山大学学报》2013年第1期），《民族战争与女性身体的隐喻——以东北作家群为主要考察对象》（《中国现代文学研究丛刊》2014年第5期），《反"身体政治"的身体——张爱玲〈色，戒〉中的双重解构》（《中国现代文学研究丛刊》2016年第5期），《"算账"书写："翻身"的性别政治——从赵树理〈传家宝〉看革命的性别与阶级问题》（《中山大学学报》2018年第6期）。

林峥（1986— ），福建福州人。2004—2015年就读于北京大学中文系，获文学学士、博士学位，为北京大学中文系现代文学专业首位直升博士生。求学期间，曾先后赴新竹"清华大学"、英国剑桥大学、德国柏林洪堡大学、美国哈佛大学等海外学府访学。2015年博士毕业后，就职于香港中文大学（深圳）人文学院，任讲师；2019年至今，就职于中山大学中文系，任副教授，硕士生导师。

林峥多年来致力于中国现当代文学研究、城市文化研究，尤其在中国现当代文学与城市文化的交叉学科研究上颇有创见。曾在《文学评论》《中国现代文学研究丛刊》《中华文史论丛》《文艺争鸣》《探索与争鸣》《中山大学学报》《励耘学刊》《北京社会科学》《文化研究》《中国学术》《鲁迅研究月刊》《艺术评论》等核心期刊发表20余篇学术文章，并获得《人大复印报刊资料》等转载。代表性论文有：《从〈旧京琐记〉到〈城南旧事〉——两代"遗/移民"的北京叙事》（《中国现代文学研究丛刊》2012年第1期），《北京公园的先声——作为游赏场所与文化空间的万牲园》（《中华文史论丛》2015年第3期），《"到北海去"——民国时期新青年的美育乌托邦》（《北京社会科学》2015年第4期），《表演"新女性"——石评梅的文学书写与文化实践》（《文学评论》2018年第1期），《招魂、革命与恋爱——"五四"

与陶然亭风景的流变》（《探索与争鸣》2019年第5期），《公园：民国西方旅行者的北京想象》（《中山大学学报》2020年第1期，《人大复印报刊资料·文化研究》2020年第6期转载），《通俗小说、社会新闻与游艺园——民国北京城南的市民消费文化》（《文艺争鸣》2021年第3期）等，并多次在海内外学术会议上做报告，深获同行好评。博士学位论文《北京公园：现代性的空间投射（1860—1937）》荣获北京大学2015年优秀博士学位论文。科研项目"北京公园研究：文化实践与文学表现（1860—1937）"获得教育部人文社会科学青年基金项目（17YJC751018，2017—2019年）资助。"当代中国的城市叙事与社会主义现代性想象研究（1949—2019）"获得国家社会科学一般项目（21BZW，2021—2025年）资助。未来将把研究对象进一步拓展到当代中国的城市，进行跨学科、跨文化视野的研究，探索中国社会主义城市现代性的独特范式。

古代文体学学科史

中山大学中文系古代文体学学科由陈中凡、方孝岳、詹安泰、黄海章等老一辈学者奠定坚实的基础，现以国家的高层次人才吴承学、彭玉平为学术带头人，以刘湘兰、戚世隽、李南晖、李晓红、王卫星、张奕琳、李冠兰、赵宏祥、莫崇毅为学术骨干，形成了一个年龄结构合理、创新能力强的教学和研究团队。在文体学研究上，本团队注重文体形态的综合考察，从文体角度对中国古代文学及其所承载的文化内涵进行深度研究，更为切实地梳理中国古代文学的发展轨迹和演变规律；同时注重从文体理论和文体批评切入中国文学批评史研究。经团队成员30多年的不懈努力，中山大学的文体学与批评史研究已经成为国内外有重要影响的学术重镇，代表着新时期古代文体学与文学批评研究的前沿水平。

一、学术队伍建设

中山大学中国古代文学学科是首批（1987年）与现有的国家二级重点学科，"中国各体文学"为全国首批博士学位授予点（1981年），"中国古代文学"课程为"国家精品课程"（2004年）。中国文体学研究中心以此为依托，领军人物卓有成就，骨干教师实力雄厚，年轻教师后劲十足，老中青三代学人共同支撑起一个强大的学术团队。

中文系文体学研究学术积累丰厚，陈中凡（著有《中国文学批评史》，中华书局1927年版）、方孝岳（著有《中国文学批评》，世界书局1944年版）、黄海章（著有《中国文学批评简史》，广东人民出版社1962年版）等老一辈学者在古代文学批评方面都颇有建树，为作为古代文学批评重要组成部分的文体学研究奠定了基础。20世纪80年代以来，在新的学术意识的推动下，文体学研究成为古代文学研究的新视角。吴承学是这一时期最早进入文体学研究领域的重要人物，他把文体学作为一个独立学科来研究，撰写多篇文章论述文体学的重要地位，致力于建设具有现代意义的中国文体学，在文体风格研究、文体史研究、文体形态研究等方面导夫先路，成为新时期文体学研究的领军人物。在吴承学的带领下，中文系文体学研究形成了强大的学术队伍，他们各自在不同的领域深耕，为文体学的发展做出了重要贡献。20世纪80—90年代，开始进行文体学研究的前辈有张海鸥（宋代文体学）、孙立（日本文体文献）、杨权（岭南诗歌文献）、许云和（六朝文体）、彭玉平（词学）等，他们在各自研究领域卓有成绩，颇具开拓之功。进入21世纪，文体学研究团队不断培养与吸引优秀的年轻学者加入，何诗海（明清文体学)、刘湘兰(文体史料学与小说文体)、李南晖(文体史资料)、李晓红(六朝文体与诗歌文体学)在各自领域都取得了突出成就,他们是中文系文体学研究的中坚力量。近年来,文体学团队以培养后备力量、进一步扩大学术影响为主要目标,培养吸纳了多位优秀人才,王卫星(词学理论)、李冠兰(出土文献与早期文体)、张奕琳(诗学理论)、赵宏祥(批评文体形态)、莫崇毅(词学)等先后加入文体学研究队伍,成为文体学研究的重要力量。成立于2003年的中山大学中国文体学研究中心,经过近20年的建设和发展,目前有24位成员,其中国家重大人才工程入选者3位(包含1位国家重大人才工程青年项目入选者),教授和博士生导师15位,副教授9位,已经形成一个学术梯队较为健全、成熟,在学界颇有知名度的文体学研究团队。

二、以项目推动学术研究

本学科重视通过项目培养青年教师,推动学术研究。自20世纪90年代以来,已完成和在研国家社会科学基金重大招标项目4项,国家社会科学基金一般项目和青年项目近30项,教育部社会科学基金项目近20项,另有多项省级与校级社会科学基金项目。这些项目多数与文体学直接相关,如吴承学主持的国家社会科学基金项目"中国古代文体学发展史""中国古代文体学的基本理念"与国家社会科学基金重大招标项目"中国古代文体学发展史",彭玉平主持的国家社会科学基金重大招标项目"中国词学通史"等,张海鸥主持的教育部社会科学基金项目"宋代文章形态与形态学",孙立主持的国家社会科学基金项目"中国古代文章学在日本的传播及影响研究",何诗海主持的国家社会科学基金项目"明清文体史料与文体学研究""古书凡例与文学批评——以明清集部著作为考察中心""明清别集编纂体例与文学观念研究"以及国家社会科学基金重大招标项目"历代别集编纂及其文学观念研究",刘湘兰主持的国家社会科学基金项目"中古杂传与古代传记文体演变研究""古代传记文体的发展与文史观念之演变",李晓红主持的教育部人文社会科学青年基金项目"南北朝文体新变的知识背景研究"与国家社会科学基金后期资助项目"中国古代诗歌文体史料集释",李冠兰主持的教育部人文社会科学青年基金项目"先秦礼制与文体学研究"与国家社会科学基金项目"出土文献与先秦文体学新证",赵宏祥主持的教育部人文社会科学一般项目"石刻文献与古代文体图证"与国家社会科学基金青年项目"古代文书式与文体学研究",刘春现主持的教育部人文社会科学一般项目"清末民初报章与近代文体之变研究"。这些项目立意深刻、角度新颖,从不同侧面推动了中国古代文体学研究的纵深发展。这些项目不仅丰富了团队的学术研究成果,更增强了教师的专业水平与科研能力,是培养青年教师独立开展学术研究能力的重要途径。

吴承学主持的国家社会科学基金重大招标项目"中国古代文体学发展史"(2010—2015年)集结了一批优秀学者作为子课题的负责人,以中国古代文体学史料和文体学学术史的梳理、研究为基础,撰写了多卷本《中国古代文体学发展史》。彭玉平主持的重大项目"中国词学通史"(2017年开始)以梳理词学发生、发展的历史为基本线索,以词学理论、词学范畴、词学批评(含评点)、词集选本、地域词派、词体创作为考察重点,兼及词乐、词谱,着重在文学与音乐的关系中考量词学发展的内在机制和外在形貌,从而建构新的词学体系。杨权主持的重大项目"岭南诗歌文献整理与诗派研究"(2015—2020年)对历代岭南诗人创作的诗歌作品、诗学著述与诗人传记数据进行了全面、系统的整理,完成了大型丛书《全粤诗》(25册)的编纂,对保存与展示本地区诗歌创作成果与诗学理论成果具有重要作用;同时,在梳理、分析现存作品及相关文献数据的基础上,对岭南诗派的发展轨迹与创作活动进行了探究,为探讨岭南诗派的诗学渊源、诗风特点、创作成就与历史影响等提供了借鉴。何诗海主持的重大项目"历代别集编纂及其文学观念研究"(2021年开始)力图通过对历代编集现象的深入考察,以文学研究为基点,融合历史学、文献学、图书编纂学,全面、系统、深入地考量了古代别集编纂体例与文学思潮、文体观念的关系。这四个国家社会科学基金重大招标项目中,"中国古代文体学发展史"与"历代别集编纂及其文学观念研究"以古代文体学为直接研究对象,二者前后呼应,在文体学研究史上具有重要地位。

以上项目的推进产生了丰硕的学术成果。学科成员在《中国社会科学》《文学评论》《文学遗产》《文艺研究》四大重要刊物上发表学术论文100余篇,出版多部学术专著,相关成果多次获国家级和省部级奖励。如吴承学《中国古代文体学研究》(人民出版社2011年)、彭玉平《王国维词学与学缘研究》(中华书局2015年)、彭玉平《况周颐与晚清民国词学》(中华书局2019年)入选"国家哲学社会科学成果文库";吴承学《中国古代文体学研究》获第七届高等学校科学研究优秀成果奖(人文社会科学)一等奖、第五届"思勉原创奖",《中国古代文体形态研究》(中山大学出版社2006年)获

"全国高校人文社会科学研究优秀成果奖"二等奖；彭玉平《王国维词学与学缘研究》获第七届高等学校科学研究优秀成果奖（人文社会科学）一等奖；吴承学《〈过秦论〉：一个文学经典的形成》（《文学评论》2005 年第 3 期）、《宋代文章总集的文体学意义》（《中国社会科学》2009 年第 2 期）、《命篇与命体——兼论中国古代文体观念的发生》（《中国社会科学》2015 年第 1 期），何诗海《作为副文本的明清文集凡例》（《文学评论》2016 年第 3 期）获"广东省哲学社会科学优秀成果奖"一等奖，其他多项成果获广东省优秀社会科学成果一、二等奖，此不一一列举。

  2011 年以来，以国家社会科学基金重大项目"中国古代文体学发展史"为契机，团队逐步推进了"中国古代文体学研究丛书"的出版。该丛书由吴承学、彭玉平主编，北京大学出版社出版，已出版 4 辑 16 种著作，收录了当下中国古代文体学研究的代表性著作，反映了这一学术领域内学者的探索及最新研究成果。其中，第一辑（2011 年）包括吴承学《中国古典文学风格学》、林岗《口述与案头》、何诗海《汉魏六朝文体与文化研究》、刘湘兰《中古叙事文学研究》，第二辑（2012 年）包括彭玉平《诗文评的体性》、许云和《乐府推故》、林岗《明清小说评点》、孙立《日本诗话中的中国古代诗学研究》、唐雪莹《民国初期上海戏剧转型研究》，第三辑（2013 年）包括吴承学《中国古代文体形态研究》、戚世隽《中国古代剧本形态论稿》，第四辑（2016 年）包括蔡宗齐《汉魏晋五言诗的演变》、吴晟《中国古代诗歌与戏剧互为体用研究》、余意《明代词史》、李南晖等《中国古代文体学论著集目》、李光摩《明代八股文形态研究》。该丛书体现了文体学研究中心成员在多年研究基础上对中国古代文体学研究分类的总体设想，所列论著并非数据罗列，而是在甄别内容后，按照研究内容、主题分别部居，更能切实反映学科的整体格局和趋势，体现了高水平的学术价值。吴承学、何诗海合编《中国文体学与文体史研究》（凤凰出版社 2011 年）、《中国文学的文体选择与记忆》（凤凰出版社 2015 年）二书也是文体学研究领域有重要影响的论著。

  此外，文体学研究中心正在筹备出版《历代文体学要籍汇刊》与《域外汉文体学文献整理与研究》系列丛书，并推进《中国词学通史》《中国文体学史料集成与研究》等重要成果的编纂工作。

三、举办学术会议，加强合作交流

  文体学研究中心注重学术交流，举办学术活动，不断扩大学术影响。自

2004年举办"中国古代文体史与文体学"国际学术研讨会开始，本学科已经与《文学遗产》编辑部、北京大学中文系等联合举办了六届"中国古代文体学学术研讨会"，广邀海内外著名学者参与讨论。这是高水平、高层次的学术盛会，与会者众多、论题广泛、内容丰富，学术观点、视角、方法都有很大创新，为古代文体学提供了很多前沿性的成果，已成为中山大学中文系乃至古代文学学术界的品牌会议。通过交流与讨论，不仅团队成员及时了解学术前沿，开拓了科研思路，中文系中国文体学研究中心的影响力也得到了进一步提升。

除这些大规模学术会议之外，文体学研究中心还多次举办了文体学相关的小型高端学术研讨会。如2017年11月，由何诗海、李晓红召集，主办了"文体、文本与文章经国"文体学青年学者研讨会。此次会议为年轻学者提供了交流切磋的学术平台，会议突出体现了"文史结合"的研究视野与方法，拓展了文体学研究的版图，展现了新一代学者的学术眼界与气魄。2021年4月，李晓红与浙江大学人文高等研究院刘成国联合召集的第二届中国文体学青年学者研讨会在浙江大学举办，本系吴承学、刘湘兰、李晓红、王卫星、赵宏祥等参加了研讨会。

为加强青年学者交流，拓展研究视野，建设有现代意义的中国文体学，文体学中心于2016—2017年共举办了10期"中山大学文体学青年学者沙龙"，每期邀请一位主讲人报告其新近研究，并邀请同行学者作为嘉宾与谈，为青年学者与学子提供了交流切磋的平台。这10期学术报告，内容涉及文、史、哲等多领域的学术前沿问题，青年学者从个人的学术实践和研究兴趣出发，从具体问题入手，以小见大，进一步观照中国文体学、文学史、思想史等方面的学术问题，其研究视野的启发性和研究方法的创新性令听众获益匪浅，获得了热烈反响。

四、研究成果与学术贡献

20世纪80年代以来，在新的学术意识推动下，文体学这门古老的学科获得了全面复兴，重新焕发出生机和活力，中国文体学获得了长足发展，成果荟萃。在吴承学的带领下，中文系文体学团队的中青年学者，在古代文体学学科建设、文体分类与文体观念研究、文体形态与文体发展史研究、文体学文献整理与研究等方面均取得了一系列高水平的研究成果。

（一）古代文体学学科建设

吴承学自20世纪80年代进入文体学研究领域，一直把文体学作为一个独立的学科来研究，致力于建构具有现代学术意义的中国文体学。他与沙红兵合著《中国古代文体学学科论纲》（《文学遗产》2005年第1期）一文，提出了"中国文体学学科"这一概念，认为应该予以中国文体学独立的地位，并开展学理性的、有体系的研究，建构现代意义的中国文体学体系。同年，吴承学又发表《中国古代文体学研究展望》（《中山大学学报》2005年第3期），指出古代文体学是一门传统悠久的学术，随着时代的推移和学术的发展，亟须从文学研究的一种手段和视角发展为一门现代学科。中国古代文体学研究应该立足本土的特殊性，同时要适当引入其他学科以资比较、参照，以期在与古代文学史、古代文学批评史的互动之中，获得自身应有的学科身份，在与西方文体学的互动之中，彰显自身鲜明的民族特色。《中国文体学：回归本土与本体的研究》（《学术研究》2010年第5期）一文在新时期中国文体学研究兴盛的学术背景下，再次强调文体学的重要学科地位："文体学不仅仅是文学的体裁问题，而是古代文学的核心问题，也是本性问题。"针对新时期以来中国文体学兴盛这一学术现象，他认为这标志着古代文学学术界的两个回归：一个是对中国本土文学理论传统的回归，一个是对古代文学本体的回归。这一论断使文体学的学科定位更加清晰和明确。

吴承学与何诗海合著的《古代文体学研究漫议》（《古典文学知识》2014年第6期）对文体内涵的复杂性与中国古代文体学研究的方法等学科问题进行了论述。文章认为中国古代的"文体"是一个外延宽泛、内涵丰富的立体的学科概念，与中国古代政治、礼乐制度密切相关，在体貌、题材之外，古代文体学研究应该包含更为广泛的内容。古代文体学的研究要回归中国古代文体学研究的传统语境，结合古代文体的政治、教化与社会功用来考察，尽可能消解现代学人与古代文体学原始语境的隔膜，"在此基础上，充分发挥现代学人所特有的学术条件、眼光，'鉴之以西学，助之以科技，考之以制度，证之以实物'①，建设富有时代特点和学术高度的中国古代文体学学科"。该文在文体内涵辨析的基础上提出古代文体学学科研究的方法，具有理论指导意义。后来吴承学又在《文学评论》（2015年第2期）发表《建设具有现代意义的中国文体学》一文，更为系统地论述自己对当代中国文体学研究的

---

① 吴承学著：《中国古代文体学研究》，人民文学出版社2011年版，绪论第4—5页。

想法：建设具有现代意义的中国文体学是这一代学人的学术责任，提倡文体学研究"现代意义"的目的是获得古今中外之间的平衡与对话。在当今学术研究情景下，要平衡学术自信与学术自知、科学技术与人文价值的关系，要超越纸文本形态，重视对文体的实物形态与非物质形态研究。建设现代意义的中国文体学，要不断开掘与拓展文体学研究疆域，如文体史源学、文体观念发生学、文体分类学、文化文体学以及历史文体学等，才能在继承传统文体学的基础上有所超越。2021 年，吴承学撰写《追寻中国文体学的向上一路》（《中山大学学报》2021 年第 1 期）一文，系统探讨了古代文体学的研究方法。他依然主张继承传统的经典研究模式，然后"鉴之以西学，助之以科技，考之以制度，证之以实物"。在此基础上他详细论述了古代文体学研究要遵循的原则与方法，主要包括四个方面：一是必须建立在扎实可靠的文献收集与文献阐释基础上，在具体语境中把握文体的复杂性与丰富性；二是要注意考察和梳理文体产生与运用的礼乐、政治制度背景，还原其制度、仪式、程序等历史语境；三是以文章学为本位，不断打破学科边界，促进学科间相互渗透、交叉和互动；四是立足本土而借鉴外来文化，吸收海外学者中国文体学研究的成果，借鉴其研究范式、方法、理念等。文章体现了吴承学建构文体学现代学术体系的努力。

《中国古代文体学研究》是一部系统研究中国古代文体学理论和古代文体学发展史的学术专著，是吴承学数十年来建设现代意义的中国文体学尝试的初步总结，代表了近年来中国古代文体学研究前沿水平的优秀成果。胡大雷认为该书"是当前古代文体学研究最有代表性的著作"[①]。彭玉平指出此书"首次以外缘与内缘结合的方式，建构了具有当代形态的文体学学科体系，具有重要的范式意义"[②]。该书以古代文体学理论的具体语境及丰富细节为基础，针对辨体与破体、文体发生学、文体批评学、文化文体学、文体风格学以及古代文体学体系建构等重要理论问题，做出了既具有学理性又不悖于历史的阐释，旨在从阐释中梳理出古代文体学的理论体系，从而实现古代文体学的学科建构。该书对古代文体学研究中的许多重要问题提出了精到见解，促进了古代文体学学科体系的成熟，较大程度地推动了古代文体学研究的学科化发展。

---

① 胡大雷：《中国古代文体学研究的现代视阈》，《学术研究》2012 年第 4 期。
② 彭玉平：《中国古代文体学的学科意义与研究范式——兼评吴承学教授的中国古代文体学研究》，《求是学刊》2014 年第 4 期。

吴承学对古代文体学学科范围、学科理念、研究方法以及如何维持学科自身的独立性等问题都进行了论述。他对文体学学科的设想是建立在此前大量研究实践的基础上的，又登高望远，憧憬出文体学应有的广阔空间，为此后文体学学科的研究与发展指明了道路。

（二）文体分类与文体观念研究

文体分类在古代文体学研究中占有举足轻重的地位。中国古代文体的类别繁复多样，文体分类标准不一，加之古人的文体分类观念产生于文学创作和文集编纂的实践之中，且在不同的历史时期表现出不同特点，因此从古代文章学著作和古代文集编纂体例等方面入手，来探究古人的文体分类理论和方法，进而分析不同分类方法和理论中蕴含的文体观念就显得尤为重要。文体学团队此方面的研究成果颇为多，如吴承学的《明代文章总集与文体学：以〈文章辨体〉等三部总集为中心》（《文学遗产》2008年第6期）论述了明代文章总集中文体分类所反映的明人"辨体"思想。《宋代文章总集的文体学意义》（《中国社会科学》2009年第2期）论述了宋代文章总集所反映的宋人的文体观念以及相关的文学观念，诸如一些文体的边缘化、演变、增殖以及文体内涵的变化，宋人以散体文为主但不特别排斥骈体文与辞赋的"古文"观念，推崇唐宋尤其是宋代古文所体现的强烈文学自信、将子部和史部加以分体并纳入文章总集对文章文体重新分类的意义等。何诗海的《从文章总集看清人的文体分类思想》（《中山大学学报》2012年第1期）以清代文章总集为切入点，论述了清代文体分类趋繁与趋简并行的文体分类思想，及其体现的清人明确的文体归类观。

按体编次、类聚区分的编纂方式，使古代文集成为研究文体分类思想的重要文献。其他相关文章有吴承学《〈文体通释〉的文体学思想》（《古典文学知识》2007年第5期），吴承学、何诗海《文章总集与文体学研究》（《古典文学知识》2013年第4期）、《〈古文辞类纂〉编纂体例之文体学意义》（《北京大学学报》2015年第3期），张海鸥《宋人自编集的文体分类编次意义——以欧、苏、周、陆别集为例》（《河北师范大学学报》2013年第2期），何诗海《〈文通〉与明代文体学》（《苏州大学学报》2013年第3期）等。刘湘兰《尊经与重文：中国古代文体分类的两个思想维度》（《文学评论》2021年第5期）一文全面考察古代纷繁复杂的文体分类思想，以"经""文"关系为基点，梳理文体分类思想的流变过程，探析文体辨析与文体分类之间的关系，论述了中国古代特有的，以"道"为体、以"经""文"为用的文体分类体系。可见，中国古代文体的分类，是在长期的历史过程中层累产生的，它自身是一套约定俗成、集体认同的系统。研究古代文体分类的主要目的是分析不同分类方法和理论中蕴含的文体观念，以揭示中国古代文体发展的基本规律和古人文体观念的变迁。

文体观念及其变迁也是文体学研究的一个重要内容，何诗海对此问题的论述颇多。《"六经皆史"与章学诚的文体观》（《中山大学学报》2013年第3期）、《说部入集的文体学考察》（《中山大学学报》2015年第4期）、《"文章莫难于叙事"说及其文章学意义》（《文学遗产》2017年第1期）、《清代骈文正名与辨体》（《文艺研究》2018年第2期）、《明清时期诗文难易之辨》（《文学遗产》2018年第3期）、《"赋者古诗之流"说在明清的嬗变》（《武汉大学学报》2020年第2期）、《从别集编纂看"文""学"关系的嬗变》（《华南师范大学学报》2020年第3期）、《明清八股与史传》（《文学评论》2020年第4期）、《史传入集的文章学考察》（《文艺理论研究》2020年第4期）、《清代诗文相通说》（《浙江大学学报》2021年第1期）等文都是他在研究明清文学时对于明清时期文体观念变迁的独特见解。

集部以外其他文献所体现的文体观念也受到了广泛关注，充分体现了中文系文体学研究者研究古代文体时开阔的视野与灵活的思维，是对吴承学建构的现代意义的文体学理论的实践。相关文章如吴承学、何诗海《论〈四库全书总目〉的文体学思想》（《北京大学学报》2004年第2期）、《明代诗话中的文体史料与文体批评》（《文艺理论研究》2008年第4期）、《儒家经典中的文体与文体观念》（《古典文学知识》2013年第5期）、《早期字书与文体学》（《古典文学知识》2014年第2期）、《类书与文体学研究》（《古典文学知识》2014年第1期），何诗海《明代类书与文体学》（《安徽大学学报》2015年第1期），吴承学《中国早期文字与文体观念》（《文学评论》2016年第6期）。

早期文体观念研究必然涉及文体发生研究，如上述吴承学《中国早期文字与文体观念》从一些古文字的构形与渊源流变入手，考察文体的原始状态、形象与意义，进而发现古代文体形成的一些规律。吴承学、李冠兰《论中国早期文体观念的发生》（《文艺理论研究》2016年第6期）从文体运用、制度设置、礼制等角度对文体观念发生的原因、途径进行了探讨。中国早期文体谱系观念的发生是基于礼仪、政治与制度建构之上的，许多文体功能、文体类别从文体使用者的身份与职责延伸而来，与之共同构成文体谱系。因此，从礼仪、政治制度入手考察早期文体观念的发生是文体学研究的重要内容之一。吴承学、李冠兰《命篇与命体——兼论中国古代文体观念的发生》(《中国社会科学》2015 年第 1 期)，李冠兰《先秦礼学与文体批评》(《南京大学学报》2015 年第 5 期)，吴承学、李冠兰《文辞称引与文体观念的发生——中国早期文体观念发生研究》(《北京大学学报》2016 年第 4 期)，吴承学、张润中《秦汉的职官与文体》(《北京大学学报》2018 年第 3 期) 等文章从不同角度探讨了古代文体观念的发生。早期文体观念的发生是在有限的史料中，发挥必要的学术想象，进行合理推测与阐释，难度较大。中文系文体学团队在此方面取得了相当可观的成果，可见学者们的洞察力与学术魄力。

文体观念与文学理论、文体学理论水乳交融，相辅相成。吴承学《中国古典文学风格学》(花城出版社 1993 年，北京大学出版社 2011 年) 对传统文学风格学做了较为系统的研究，对其理论渊源、理论体系、理论特色及批评方式、体性论、人品文品论、时代风格论、文体风格论、语言风格论及地域风格论等方面，都做了追源溯流的考察和实事求是的评析，是一部具有很高学术价值的文学批评专著。其中第六章至第九章专门论述文体批评，对文体风格学的发展、辨体与破体等文体批评理论进行了深入而系统的探讨。此外，孙立《明末清初诗论研究》(广东高等教育出版社 1999 年)、张海鸥《北宋诗学》(河南大学出版社 2007 年)、彭玉平《诗文评的体性》(北京大学出版社 2012 年) 等，都在不同层面深化了古代文体学理论研究。

(三) 文体形态与文体发展史研究

中国古代文体是建立在政治、礼乐制度和实用基础之上的杂文学谱系，其类型、功用和形态都异常复杂，而文体自身发展过程中的演变和文体之间的相互渗透，更加剧了文体形态的复杂性和多样性。因此，梳理文体发展的脉络，把握文体的源流正变，分析文体的体式特征，揭示文体之间相互渗透、相互影响的复杂关系，并从中总结出文体发展的一般规律，是文体学研究的前提和基础。

文体学团队在文体形态研究方面成果丰硕，无论是学术专著还是在重要刊物上发表的专题论文，其数量都相当可观。吴承学的《中国古代文体形态研究》，出版后获得了学术界的高度评价，被认为"是一部在研究方法和理念上具有鲜明学术个性、代表目前古代文体学研究水平的专著"①。他从先秦至明清一些具有重要文体史意义而在文学史研究中未受到足够重视的文体入手,对文体形态的语言形式、体制、渊源、流变及文体形态之间相互影响与融合等问题做历史的考察,在此基础上研究文体形态所反映出来的人类的感受方式、审美心理以及文化心态和文学史意义,为考察中国古代文学的发展演变提供了独特的视角。张海鸥的《宋代文章学与文体形态研究》(2018年)是他关于宋代文体学研究成果的总结,其中第五章至第十二章分别研究了八种文体,并对每一种文体的缘起、功用与流变进行了探讨。李晓红《文体新变与南朝学术文化》(中华书局 2017 年)、李南晖《唐修国史研究》(中山大学出版社 2022 年)等论著在文体形态研究方面也卓有成效。

  文体形态的个案研究成果更是几近遍涉各类文体,主要围绕文体特征与文体演变的展开。如张海鸥《悼祭文的文体源流和文体形态》(《深圳大学学报》2010 年第 2 期)、李晓红《绝句文体批评考论》(《学术研究》2011 年第 6 期)、吴承学《论"序题"——对中国古代一种文体批评形式的定名与考察》(《文艺理论研究》2012 年第 6 期)等。吴承学和刘湘兰自 2008 年以来在《古典文学知识》上连续发表了 19 篇文章,每篇论述一类文体的特征、功用与流变,如诏令类文体、书牍类文体、奏议类文体、论说类文体等,是目前为止对古代文体进行详尽论述的系统研究成果。

  关于文体形态的研究成果更多集中在对特定时期某些文体的研究。如吴承学《唐代判文文体及源流研究》(《文学遗产》1999 年第 6 期)、《明代八股文文体散论》(《中山大学学报》2000 年第 6 期)、《先秦盟誓及其文化意蕴》(《文学评论》2001 年第 1 期)、《汉魏六朝挽歌考论》(《文学评论》2002 年第 3 期)、《"八脚词"与宋代文章学》(《中山大学学报》2005 年第 4 期),张海鸥《先秦古歌的叙事性和文体形态》(兰州大学学报 2010 年第 5 期)、《宋代铭文的文体形态和文化蕴含》(《暨南学报》2014 年第 2 期)、《宋代谢表文化和谢表文体形态研究》(《学术研究》2014 年第 5 期),刘湘兰《先秦祭礼与祝祷文体》(《社会科学研究》2013 年第 3 期),何诗海《明清戏曲著作凡例论略》(《文学遗产》2014 年第 2 期)、《作为副文本的明清文集凡例》(《文学评论》2016 年第 3 期),李冠兰《西周册命文体的文本生成》(《中山大学学报》2019 年第 6 期),赵宏祥《自注与子注——兼论六朝

---

① 党圣元、陈志扬:《读吴承学〈中国古代文体形态研究〉》,《文学评论》2004 年第 5 期。

赋的自注》(《文学遗产》2016年第2期)。这类研究主要梳理了文体发展的源流变化，考察各类文体形态的基本特征，分析特定历史时期文化背景与文体观念对文体发展的影响，结合古代文学史的发展对文体形态的演变做全方位的观照，显示出了清晰的文体学意识。

古代文体形态研究不仅要注意归纳"有常"的基本文体特点，还要分析文体形态在自身发展演变中突破常貌的"无方"变化。文体是文化的载体，文体形态的演变与社会历史文化的发展息息相关。对特定时期文体形态特征的研究，就是要在还原文体发展演变的历史轨迹基础上，考察这一时期文体受时代文风与社会文化影响所呈现的特殊性，并探寻出影响其变化的诸文化因素，如官方礼乐制度、宗教制度、民俗信仰等。

随着对古代"文体"内涵的理解不断清晰，学者们已经逐渐认识到中国古代文体谱系是一个容纳性相当广泛的体系，它包含文学审美文体与实用文体、主流文体与边缘文体、官方文体与民间文体等多种文体系统，一些边缘化的具有特定文化内涵的实用文体也受到了关注。如张海鸥《唐宋青词的文体形态和文学性》(《文学遗产》2009年第2期)，刘湘兰《论明代的幛词》(《学术研究》2009年第7期)、《南朝梵呗与清商乐》(《中山大学学报》2013年第6期)、《唐宋"口号"诗考论》(《文史哲》2015年第4期)等。这些边缘化的文体，在文体形态与功能方面具有特殊的文体学价值，对其关注与研究，对丰富古代文体谱系，揭示文体与社会礼仪、民俗信仰的关系具有重要作用。

（四）文体学文献整理与研究

文体学研究必须建立在扎实可靠的文献基础之上。文体学团队也注重文献的收集与整理。吴承学与何诗海于2014年在《古典文学知识》上连续发表了三篇《古代文体学要籍叙录》，简要介绍了古代文体学重要的基本典籍，分为总集类要籍、诗文评类要籍与集部之外的要籍，为有志于文体学研究的学者提供了入门的参考书目。李南晖等《中国古代文体学论著集目》（北京大学出版社2016年）是目前研究中国文体学学术史最重要的工具书。全书分七编，收录1900—2014年中国（含台湾、香港、澳门地区）出版的关于中国古代文体学研究的著作和论文（包括期刊论文、会议论文、论文集中的单篇论文、硕士学位论文、博士学位论文、博士后出站报告），全面反映了百余年间文体学研究的发展状况。李晓红的《中国古代诗歌文体史料集释》（即将出版）一书，全面深入爬梳了现存文献，汇编古人评论诗歌和古辞、乐府歌行杂言、齐言诗、绝句、近体诗、杂体诗等诗体形态源流、体制规范、文体互渗等方面史料,尽量回归古人评论诗歌文体时的语境,考察他们的诗歌文体观念与理论建构意图;并联系实际的诗歌创作情况及历代分体编纂的文集、总集的分类,来辨析文体名目的内涵与特色,较为系统、全面地呈现了中国古代诗歌文体的发展面貌和理论存在。此外,孙立的《中国文学批评文献学》(广东人民出版社2000年)以时代为序,分章叙录古代文学批评文献,其中也涉及了很多文体学相关文献。

自20世纪80年代以来,本学科在文体学理论、古今文体演变、跨文体研究、文体学文献等方向上实力齐整、成效卓著。学科研究注重回归本土文学理论传统与古代文学本体,继承"原始以表末,释名以章义,选文以定篇,敷理以举统"的经典研究模式,倡导"鉴之以西学、助之以科技、考之以制度、证之以实物"的新方法,融合文艺学与现当代文学的研究视角,努力建设有时代特点和学术高度的中国文体学,保持了学术领域、学术观念和学术成果的前沿性。

附 录

附录一：2009—2023 年入选国家级科研项目一览表

立项年度	项目名称	项目类别	项目负责人	总经费（万元）	计划编号
2009	楚简与秦简的古文字学比较研究	国家社会科学基金一般项目	陈伟武	10	09BYY038
2009	古代文论奇范畴及其周边等问题研究	国家社会科学基金青年项目	陈玉强	8	09CZW002
2009	中国当代小说与本土叙事资源关系研究	国家社会科学基金青年项目	郭冰茹	8	09CZW057
2009	西南傩戏文本的调研与整理	教育部重点研究基地重大项目	庹修明	20	1
2009	中、日、韩非物质文化遗产保护的比较与研究	教育部重点研究基地重大项目	康保成	20	2009JJD850004
2009	西风东渐下的中国都市听觉文化：从晚清到现代	教育部青年项目	王敦	5	09YJC751088
2009	法国巴黎外方传教会对中国西南地区少数民族文化的研究（立项单位：中山大学外国语学院）	教育部	郭丽娜	5	09YJC850021

· 295 ·

（续上表）

立项年度	项目名称	项目类别	项目负责人	总经费（万元）	计划编号
2010	中国古代文体学发展史	国家社会科学基金重大招标项目	吴承学	40	10&ZD102
2010	《全明戏曲》编纂及明代戏曲文献研究	国家社会科学基金重大招标项目	黄天骥	140	10&ZD105
2010	西方象征主义的中国化研究	国家社会科学基金一般项目	陈希	12	10BWW029
2010	中国传统戏曲生态研究	国家社会科学基金一般项目	宋俊华	12	10BZW070
2010	中国早期文论的发生研究	国家社会科学基金一般项目	林岗	12	10BZW018
2010	宋代乐语研究	国家社会科学基金一般项目	彭玉平	12	10BZW043
2010	秦至汉初简帛异写字与异构字研究	国家社会科学基金一般项目	黄文杰	12	10BYY052
2010	"中国新文学研究"学术谱系论	国家社会科学基金一般项目	刘卫国	12	10BZW077
2010	汉字偏误标注的留学生汉语连续性中介语语料库建设	国家社会科学基金青年项目	张瑞朋	10	10CYY020
2010	加拿大当代英语小说研究	国家社会科学基金青年项目	柯倩婷	9	10CWW020
2010	乐府推故	国家社会科学基金后期资助项目	许云和	6	10FZW022
2010	非物质文化遗产保护法制建设研究	教育部重点研究基地重大项目	欧阳光	20	10JJDZONGHE004
2010	晚清政治小说的修辞与政治伦理	教育部一般项目	魏朝勇	9	10YJA751083
2010	出土诗赋文献研究	教育部一般项目	许云和	9	10YJA870027
2010	郑玄注今古异文综合整理与新证	教育部青年项目	范常喜	7	09J-08

（续上表）

立项年度	项目名称	项目类别	项目负责人	总经费（万元）	计划编号
2010	审美现代性视野中的公民社会想象	教育部青年项目	罗成	7	10YJCZH103
2010	十七年文学杂志与文学生产	教育部青年项目	张均	7	10YJC751118
2010	基于出土文献的上古汉语常用词记录形式演变研究	教育部青年项目	陈斯鹏	7	10YJC740012
2011	海外藏珍稀戏曲俗曲文献汇萃与研究	国家社会科学基金重大项目	黄仕忠	125	11&ZD108
2011	清蒙古车王府藏曲本研究	国家社会科学基金一般项目	黄仕忠	15	11BZW062
2011	王国维词学与学缘研究	国家社会科学基金后期资助项目	彭玉平	8	11FZW024
2011	非物质文化遗产生产性保护和产业化问题研究	教育部重点研究基地重大项目	刘晓春	20	11JJD780004
2011	中国非物质文化遗产保护发展报告	教育部哲学社会科学发展报告培育项目	康保成	30	11JBGP051（1102053）
2011	道德训喻的文学修辞——塞涅卡《道德书简》研究	教育部人文社会科学研究青年基金项目	肖剑	7	11YJCZH196
2011	类别学习的双机制及阻碍效应	教育部人文社会科学研究青年基金项目	陈琳	7	11YJC190005
2011	汉唐戏剧新考	教育部人文社会科学研究规划基金项目	黎国韬	15	11YJA751032

（续上表）

立项年度	项目名称	项目类别	项目负责人	总经费（万元）	计划编号
2011	元代文体学研究	教育部人文社会科学研究青年基金项目	夏令伟	7	11YJC751091
2011	类别学习的双机制研究	全国教育科学规划教育部青年项目	陈琳	2	EBA110327
2012	海外珍藏汉语文献与南方明清汉语研究	国家社会科学基金重大项目	李炜	90	12&ZD178
2012	古书凡例与文学批评——以明清集部著作为考察中心	国家社会科学基金一般项目	何诗海	15	12BZW044
2012	汉唐戏剧新考	国家社会科学基金青年项目	黎国韬	15	11YJA751032
2012	明传奇佚曲辑录、整理与研究	国家社会科学基金青年项目	陈志勇	15	12CZW055
2012	粤西粤方言的多功能语法形式	国家社会科学基金青年项目	林华勇	15	12CYY007
2012	上古汉语无标记指称化现象研究	国家社会科学基金青年项目	孙洪伟	15	12CYY041
2012	悦城龙母诞	国家社会科学基金特别委托项目《中国节日志》子课题	蒋明智	5	JRZ2012002
2012	非物质文化遗产保护与民间信仰	教育部重点研究基地重大项目	王霄冰	20	12JJD780007
2012	明清文集凡例与文学批评研究	教育部人文社会科学研究规划基金项目	何诗海	9	12YJA751020
2012	汉语方言声调的感知研究	教育部人文社会科学研究青年基金项目	金健	7	12YJC740040

（续上表）

立项年度	项目名称	项目类别	项目负责人	总经费（万元）	计划编号
2012	清代科举文体与选才观念	教育部人文社会科学研究青年基金项目	安东强	7	12YJC751001
2012	南北朝文体新变的知识背景研究（立项单位：中山大学历史学系）	教育部人文社会科学研究青年基金项目	李晓红	7	12YJC751043
2013	当代文论与"去黑格尔化"研究	国家社会科学基金一般项目	王坤	18	13BZW004
2013	先锋小说与当代文学史之关系研究	国家社会科学基金一般项目	谢有顺	18	13BZW039
2013	中古杂传与古代传记文体演变研究	国家社会科学基金一般项目	刘湘兰	18	13BZW058
2013	秦至西汉简帛文献中字形与音义关系研究	国家社会科学基金一般项目	陈斯鹏	18	13BYY104
2013	明末以来西方人创制的汉语罗马字拼音方案研究	国家社会科学基金一般项目	庄初升	18	13BYY103
2013	明代的杂剧辑刊与戏曲文学发展研究	国家社会科学基金青年项目	罗旭舟	18	13CZW043
2013	粤剧表演艺术的数字化研究	教育部重点研究基地重大项目	董上德	20	13JJD760003
2013	日本中国文章学研究	教育部人文社会科学研究规划基金项目	孙立	10	13YJA751041
2013	留学生汉语习得过程中的"二次成长"：文化适应性的形成与影响	教育部人文社会科学研究青年基金项目	伍秋萍	8	13YJCZH203
2013	外国留学生汉语词汇认知发展模式研究	教育部人文社会科学研究青年基金项目	洪炜	8	13wkpy19

（续上表）

立项年度	项目名称	项目类别	项目负责人	总经费（万元）	计划编号
2013	宗教仪轨、民俗信仰与传统戏剧的关系研究	教育部人文社会科学研究青年基金项目	倪彩霞	8	13YJC751040
2013	名词本体研究和名词组的语义结构模型	教育部人文社会科学研究青年基金项目	陆烁	8	13YJC740063
2014	海内外客家方言的语料库建设和综合比较研究	国家社会科学基金重大项目	庄初升	80	14ZDB103
2014	新加坡藏"外江戏"剧本的搜集与研究	国家社会科学基金重点项目	康保成	35	14AZW009
2014	二十世纪旧体诗词大事编年	国家社会科学基金一般项目	张海鸥	20	14BZW094
2014	名词短语句法—语义互动模型研究	国家社会科学基金青年项目	陆烁	20	14CYY048
2014	中国当代文学本事文献的整理与研究（1949—1976）	国家社会科学基金一般项目	张均	20	14BZW128
2014	基于语料库的汉语教材词汇多角度研究	国家社会科学基金一般项目	周小兵	20	14BYY089
2014	西周金文考证歧见汇释与相关语法研究	国家社会科学基金一般项目	朱其智	20	14BYY108
2014	多模态汉语二语教学模式的认知机制及教学实践研究	国家社会科学基金青年项目	洪炜	20	14CYY054
2014	《千顷堂书目》研究	教育部人文社会科学研究青年基金项目	王宣标	8	14YJC870022
2014	非遗保护与文化生态保护区建设研究	教育部重点研究基地重大项目	宋俊华	20	14JJD850002

（续上表）

立项年度	项目名称	项目类别	项目负责人	总经费（万元）	计划编号
2015	岭南诗歌文献整理与诗派研究	国家社会科学基金重大项目（第二批）	杨权	80	15ZDB076
2015	中华文化基因与中华民族伟大复兴	2015年度国家社会科学基金特别委托项目	谢有顺	30	15@ZH004
2015	面向学习者的对外汉语学习词典释义模式的优化研究	国家社会科学基金一般项目	李英	20	15BYY091
2015	出土文献中上古汉语方言语料汇考	国家社会科学基金一般项目	范常喜	20	15BYY111
2015	文本与表演视角下的中国古代戏剧史研究	国家社会科学基金一般项目	戚世隽	20	15BZW074
2015	修昔底德著作的翻译、注解与研究	国家社会科学基金一般项目	魏朝勇	20	15BWW058
2015	近代法国汉学主义研究（1840—1914）（立项单位：中山大学外国语学院）	国家社会科学基金一般项目	郭丽娜	20	15BWW016
2015	汉语二语者拼音加工机制的实证研究	国家社会科学基金青年项目	陈琳	20	15CYY020
2015	两汉方言词与汉语史研究	国家社会科学基金青年项目	吴吉煌	20	15CYY029
2015	诗注要义	国家社会科学基金后期资助项目	陈永正	20	15FTQ004
2015	中国古代诗歌文体史料集释	国家社会科学基金后期资助项目	李晓红	20	15FZW003
2015	广东地区传统舞蹈研究	教育部重点研究基地重大项目	黎国韬	20	15JJDZONGHE025

（续上表）

立项年度	项目名称	项目类别	项目负责人	总经费（万元）	计划编号
2015	晚清《圣谕》《圣经》和方言文学的兴起	教育部人文社科研究青年基金项目	姚达兑	8	14YJC751045
2015	闽台歌仔册编目与研究	教育部人文社会科学青年基金项目	潘培忠	8	15YJC751034
2016	海外藏珍稀中国民俗文献与文物资料整理、研究暨数据库建设	2016年度国家社会科学基金重大项目	王霄冰	160	16ZDA163
2016	殷墟甲骨文与战国文字结构性质的比较研究	2016年国家社会科学基金重点项目	杨泽生	35	16AYY011
2016	留学生全程性中介字字库建设及汉字习得研究	2016年国家社会科学基金一般项目	张瑞朋	20	16BYY106
2016	中国古代文章学在日本的传播及影响研究	2016年国家社会科学基金一般项目	孙立	20	16BZW041
2016	基于海外市场动态数据库的中国电影竞争力研究（1980—2015）	2016年国家社会科学基金一般项目	陈林侠	20	16BZW158
2016	"胡适思想批判"学案研究	2016年国家社会科学基金一般项目	胡传吉	20	16BZW134
2016	海内外所藏闽南语歌仔册文献的整理及研究	2016年国家社会科学基金青年项目	潘培忠	20	16CZW062
2016	粤语声调的社会语音学研究	2016年国家社会科学基金青年项目	金健	20	16CYY052
2016	词体正变观研究	2016年国家社会科学基金后期资助项目	王卫星	20	16FZW004

（续上表）

立项年度	项目名称	项目类别	项目负责人	总经费（万元）	计划编号
2016	南宋四明史氏家族及其文学研究	2016年国家社会科学基金后期资助项目	夏令伟	20	16FZW020
2016	非遗数字化保护与传播研究	2016年度教育部人文社会科学重点研究基地重大项目	黄永林	60	16JJD860009
2016	非物质文化遗产保护与粤港澳文化认同研究	2016年度教育部人文社会科学重点研究基地重大项目	蒋明智	40	16JJDGAT007
2016	非遗保护的中国标准研究	2016年度教育部人文社会科学重点研究基地重大项目	王霄冰	40	16JJD850016
2016	非物质文化遗产与民族地区城乡协调发展	2016年度教育部人文社会科学重点研究基地重大项目	刘晓春	30	16JJD850017
2016	先秦礼制与文体学研究	教育部人文社会科学青年基金项目	李冠兰	8	16YJC751013
2016	日本近现代汉诗学文献整理及研究	教育部人文社会科学研究青年基金项目	张奕琳	8	15YJC751061
2016	琉球官话课本整理与研究	教育部哲学社会科学研究后期资助一般项目	范常喜	10	16JHQ042
2017	非遗代表性项目名录和代表性传承人制度改进设计研究	2017年度国家社会科学基金重大项目	宋俊华	60	17ZDA168
2017	中国词学通史	2017年度国家社会科学基金重大项目	彭玉平	80	17ZDA239
2017	战国文字诂林及数据库建设	2017年度国家社会科学基金重大项目	陈伟武	160	17ZDA300

（续上表）

立项年度	项目名称	项目类别	项目负责人	总经费（万元）	计划编号
2017	历代教坊史料辑录与研究	2017年度国家社会科学基金重大转重点项目	黎国韬	35	17AZD029
2017	汉魏六朝总集编撰与文学批评	2017年国家社会科学基金一般项目	许云和	20	17BZW005
2017	明清别集编纂体例与文学观念研究	2017年国家社会科学基金一般项目	何诗海	20	17BZW010
2017	出土文献与先秦文体学新证	2017年国家社会科学基金一般项目	李冠兰	20	17BZW196
2017	中国古代神怪小说的近代英译和域外影响研究	2017年国家社会科学基金青年项目	姚达兑	20	17CZW036
2017	明清白话小说字词考释	2017年国家社会科学基金后期资助项目	李伟大	20	17FYY001
2017	非遗保护的中国经验研究	2017年度教育部人文社会科学重点研究基地重大项目	宋俊华	60	17JJD850005
2017	秦和西汉早期简帛文献的断代问题研究	2017年度教育部一般项目规划基金项目	田炜	10	17YJA740049
2017	楚系简帛中战国至西汉语音演变研究	2017年度教育部一般项目青年基金项目	马坤	8	17YJC740066
2017	石刻文献与古代文体图证	2017年度教育部一般项目青年基金项目	赵宏祥	8	17YJC751053
2017	戏曲与俗文学文献校勘研究	2017年度教育部一般项目青年基金项目	冯先思	8	17YJC870005

（续上表）

立项年度	项目名称	项目类别	项目负责人	总经费（万元）	计划编号
2017	现存戏曲工尺谱著录与研究	2017年度教育部一般项目青年基金项目	毋丹	8	17YJC751041
2018	中国当代文学"革命叙事"研究	2018年国家社会科学基金重点项目	郭冰茹	35	18AZW023
2018	意象派与中国新诗	2018年国家社会科学基金重点项目	陈希	35	18AWW002
2018	明治至昭和前期日本所刊中国文人诗文集叙录与研究	2018年国家社会科学基金一般项目	张奕琳	20	18BZW073
2018	古代文书式与文体学研究	2018年国家社会科学基金青年项目	赵宏祥	20	18CZW009
2018	传统古声纽学之类型、分期及应用研究	2018年国家社会科学基金青年项目	马坤	20	18CYY032
2018	中国古代戏曲格律与音乐关系研究	2018年国家社会科学基金青年项目	毋丹	20	18CZW022
2018	宋代经学变古及其诠释学思想研究（立项单位：中山大学外国语学院）	2018年度国家社会科学基金后期资助项目	梁丹丹	20	18FZX013
2018	清代梆子皮黄戏源流考论	2018年度国家社会科学基金后期资助项目	陈志勇	20	18FYS004
2018	清代戏曲"花雅同本"现象及相关问题研究	2018年度教育部一般项目规划基金项目	陈志勇	10	18YJA760007
2018	清代王府戏剧观演与曲本收藏研究	2018年度教育部一般项目规划基金项目	龙赛州	8	18YJA751023

（续上表）

立项年度	项目名称	项目类别	项目负责人	总经费（万元）	计划编号
2018	19世纪罗马字文献与潮州方言语法演变研究	2018年度教育部一般项目青年基金项目	黄燕旋	8	18YJC740028
2018	清末民初报章与近代文体之变研究	2018年度教育部一般项目青年基金项目	刘春现	8	18YJC751029
2018	康门弟子经学新变与中国近代文学转型关系研究	2018年度教育部一般项目青年基金项目	邓苑崚	8	18YJC751007
2018	文化遗产保护的中国立场	"研究阐释党的十九大精神"教育部人文社会科学研究专项任务项目	宋俊华	2	18JF179
2019	法国收藏中国西南文献的整理与研究（1840—1949）	2019年度国家社会科学基金重大项目	郭丽娜	80	19ZDA221
2019	中国电影文化竞争力与海外市场动态数据库建设	2019年度国家社会科学基金重大项目	陈林侠	60	19ZDA271
2019	中国现代文学批评史料编年整理与研究	2019年度教育部重大攻关项目	刘卫国	48	19JZD037
2019	元明戏曲剧本形态研究	2019年国家社会科学基金青年基金项目	龙赛州	20	19CZW036
2019	粤方言句末助词的"三域"研究	2019年度教育部规划基金项目	林华勇	10	19YJA740032
2019	民国大学旧体诗词结社研究	2019年度教育部青年基金项目	彭敏哲	8	19YJC751032
2019	20世纪清词选本研究	2019年度教育部青年基金项目	彭建楠	8	1

（续上表）

立项年度	项目名称	项目类别	项目负责人	总经费（万元）	计划编号
2019	"意义中心"视角下粤北瑶族民俗医疗研究	2019年度教育部青年基金项目	王琴	8	19YJC850018
2019	近代日记文献所存戏曲史料辑录与研究	2019年度教育部青年基金项目	李越	8	19YJC760052
2019	外国留学生习得不同语义透明度合成词的实证研究	2019年度教育部青年基金项目	宋贝贝	8	19YJC740066
2020	中国早期戏剧史料辑录与研究	国家社会科学基金重大项目	黎国韬	80	20&ZD271
2020	《全明戏曲》编纂与俗文学编目整理研究	国家社会科学基金冷门绝学项目团队项目	黄仕忠	80	20VJXT006
2020	闽南方言语音史研究	国家社会科学基金冷门绝学项目个人项目	曾南逸	35	20VJXG039
2020	主体介入与现实主义发展新阶段研究	国家社会科学基金项目一般项目	刘昕亭	20	20BZW007
2020	古代传记文体的发展与文史观念之演变	国家社会科学基金项目一般项目	刘湘兰	20	20BZW078
2020	出土战国至西汉早期文献书写特点研究	国家社会科学基金项目一般项目	田炜	20	20BYY182
2020	英国藏中国戏曲文献的著录与研究（立项单位：中山大学历史学系）	国家社会科学基金项目青年项目	徐巧越	20	20CZW019
2020	瑶族传统医学的疾病叙事研究	国家社会科学基金项目青年项目	王琴	20	20CMZ021
2020	清初岭南寺院与地域社会互动关系研究	国家社会科学基金项目青年项目	李杰	20	20CZS066
2020	曹操故事的文本流变及其文化意蕴	国家社会科学基金项目后期资助项目	李万营	25	20FZWB048

（续上表）

立项年度	项目名称	项目类别	项目负责人	总经费（万元）	计划编号
2020	19世纪以来潮州方言语法演变研究	国家社会科学基金项目后期资助项目	黄燕旋	25	20FYYB008
2020	海内外藏晚清民国秦腔剧目序录	教育部人文社科项目一般项目	张志峰	8	20YJCZH238
2021	历代别集编纂及其文学观念研究	2021年国家社会科学基金重大项目	何诗海	80	21&ZD254
2021	红色文艺与百年中国研究	2021年国家社会科学基金重大项目	张均	60	21&ZD259
2021	战国文字研究大数据云平台建设	2021年国家社会科学基金重大项目	范常喜	80	21&ZD307
2021	改革开放40年小说本事资料的发掘、整理与综合研究	2021年国家社会科学基金重点项目	张均	35	21AZW020
2021	当代中国的城市叙事与社会主义现代性想象研究（1949—2019）	2021年国家社会科学基金一般项目	林峥	20	21BZW144
2021	古罗马书信体文学研究	2021年国家社会科学基金一般项目	肖剑	20	21BWW009
2021	日藏《文选》古钞本整理与研究	2021年国家社会科学基金青年项目	高薇	20	21CZW016
2021	唐宋"新子书"与古文运动研究	2021年国家社会科学基金青年项目	王芊	20	21CZW021
2021	中西文化交融下的古剧生成研究	2021年国家社会科学基金后期资助一般项目	张志峰	25	21FZWB021
2021	普鲁斯特作品的存在论与伦理学研究	2021年国家社会科学基金后期资助一般项目	郭晓蕾	25	21FWWB026

（续上表）

立项年度	项目名称	项目类别	项目负责人	总经费（万元）	计划编号
2021	现代汉语情态动词语义分析	2021年国家社会科学基金后期资助一般项目	吴芸莉	25	21FYYB023
2021	基于汉语的儿童语言障碍研究与矫正	2021年国家社会科学基金后期资助一般项目	陆烁	25	21FYYB032
2022	清末民国汉语五大方言比较研究及数据库建设	国家社会科学基金重大项目	林华勇	80	22&ZD297
2022	上古汉语字词关系史研究	国家社会科学基金重大项目	陈斯鹏	80	22&ZD300
2022	中国当代小说叙事伦理的类型及变革研究	国家社会科学基金年度项目重点	谢有顺	35	22AZW020
2022	西方文论本体阐释的学理研究	国家社会科学基金年度项目	王坤	20	22BZW029
2022	明代戏曲选本叙录与编刻形态研究	国家社会科学基金年度项目	陈志勇	20	22BZW095
2022	汉语量化手段和机制的深度调查与比较研究	国家社会科学基金年度项目	黄瓒辉	20	22BYY136
2022	美国华人学者中国现代文学研究的批评伦理反思	国家社会科学基金青年项目	李石	20	22CZW002
2022	敦煌古藏文语法研究	国家社会科学基金冷门绝学专项	邵明园	35	22VJXG042
2022	"饮流斋"钞本明清传奇整理与研究	国家社会科学基金后期资助项目	潘培忠	25	22FZWB048
2022	连动特征和汉语的使动表达研究	国家社会科学基金后期资助项目	刘街生	25	22FYYB010

（续上表）

立项年度	项目名称	项目类别	项目负责人	总经费（万元）	计划编号
2022	多模态理论视域下的汉语二语词汇学习研究	国家社会科学基金后期资助项目	洪炜	25	22FYYB045
2022	清代北方曲本俗字考释与研究	国家社会科学基金后期资助项目	李伟大	25	22FYYB054
2022	西北汉简簿籍分类整理与名物词研究	2022年度教育部人文社会科学研究一般项目青年基金项目	王锦城	8	22YJC740076
2022	汉语二语理解的具身模拟机制与教学实证研究	2022年度教育部人文社会科学研究一般项目青年基金项目	洪炜	8	22YJC740019
2022	晚明清初苏诗学研究	2022年度教育部人文社会科学研究一般项目青年基金项目	刘亚文	8	22YJC751017
2023	明清戏曲选本叙录与珍稀版本集成研究	2023年国家社会科学基金重大项目	陈志勇	80	23&ZD283
2023	古代汉语复合式异形词用字综合研究	2023年国家社会科学基金年度项目	吴吉煌	20	23BYY016
2023	清代苏诗学研究	2023年国家社会科学基金青年项目	刘亚文	20	23CZW025
2023	记忆的政治："阿本之争"的历史境域与当代延伸	2023年国家社会科学基金后期资助项目	丁文俊	25	23FZWB089

附录二：2009—2023 年发表一类论文一览表

论文名	作者	发表期刊	期刊等级
古代文学研究的历史想象	吴承学	文学评论，2009 年第 6 期	一 A
论王国维"隔"与"不隔"说的四种结构形态及周边问题	彭玉平	文学评论，2009 年第 6 期	一 A
论中国现代派诗对意象主义的接受	陈希	文学评论，2009 年第 5 期	一 A
从边缘位置考问现代性：读周蕾的《妇女与中国现代性》	柯倩婷	文艺研究，2009 年第 9 期	一 A
论解诗——儒家诗学的兴起	林岗	文学评论，2009 年第 4 期	一 A
如何批评，怎样说话？——谈当代文学批评的现状与出路	谢有顺	文艺研究，2009 年第 8 期	一 A
"新家庭"想像与女性的性别认同	郭冰茹	文学评论，2009 年第 3 期	一 A
宋代文章总集的文体学意义	吴承学	中国社会科学，2009 年第 2 期	一 A
当代小说的叙事前景	谢有顺	文学评论，2009 年第 1 期	一 A
丁玲与中国当代文学的发生和转型	郭冰茹	文学评论，2009 年第 4 期	一 A
于无声处觅弦音——从《沙堡》看艾丽丝·默多克的另一种自由	许健	外国文学评论，2009 年第 3 期	一 A
"诗能穷人"与"诗能达人"——中国古代对于诗人的集体认同	吴承学	中国社会科学，2009 年第 4 期	一 A
"文体备于战国"说评议	何诗海	文学评论，2010 年第 4 期	一 A
廉江粤语"来/去"的语法化与功能趋近现象	林华勇	中国语文，2010 年第 6 期	一 A
汕头谷饶方言多个降调的声学分析和感知研究	金健	中国语文，2010 年第 6 期	一 A

（续上表）

论文名	作者	发表期刊	期刊等级
佛经中的"谤佛"故事与大足"谤佛不孝"石刻——兼说变文、变相与戏剧之关系	康保成	文史，2010年第2期	
楚系简帛中字形的习用读法和词的习用字形	陈斯鹏	文史，2010年第2期	
评（八卷本）《程文超文存》	张均	文学评论，2010年第2期	一A
从英汉比较看汉语的名物化结构	陆烁	外语教学与研究，2013年第5期	一A
列奥·施特劳斯的文本解释理论的姿态和困难	魏朝勇	文艺研究，2011年第12期	一A
琉球写本《人中画》的与事介词及其相关问题———兼论南北与事介词的类型差异	李炜	中国语文，2011年第5期	一A
廉江粤语的两种短语重叠式	林华勇	中国语文，2011年第4期	一A
流动在文化空间里的听觉：历史性和社会性	王敦	文艺研究，2011年第5期	一A
传统叙事资源的压抑、激活与再造	郭冰茹	文艺研究，2011年第4期	一A
中国文章学成立与古文之学的兴起	吴承学	中国社会科学，2012年第12期	一A
小说《暴风骤雨》的史实考释	张均	文学评论，2012年第5期	一A
明代庶吉士与台阁体	何诗海	文学评论，2012年第4期	一A
论《古今图书集成》的文学与文体观念——以《文学典》为中心	吴承学	文学评论，2012年第3期	一A
词学史上的"潜气内转"说	彭玉平	文学评论，2012年第2期	一A
"70后"写作与抒情传统的再造	谢有顺	文学评论，2013年第5期	一A

（续上表）

论文名	作者	发表期刊	期刊等级
湘西乡话中古知组读如端组的类型和性质	庄初升	中国语文，2013年第5期	一A
"十七年"文学报刊研究的方法论反思	张均	文艺研究，2013年第7期	一A
汉语作为第二语言的近义词教学实验研究	赵新	世界汉语教学，2013年第3期	一B
丘东平"战争叙事"特征新论	刘卫国	文学评论，2013年第3期	一A
有我、无我之境说与王国维之语境系统	彭玉平	文学评论，2013年第3期	一A
琉球官话课本的使役标记"叫"、"给"及其相关问题	李炜	中国语文，2013年第2期	一A
空间转换在记叙文阅读情境模型建构中的作用	陈琳	心理学报，2013年第2期	一A
拼音自动加工和语义加工中汉字字形的激活	陈琳	心理学报，2014年第11期	一A
资源的交换价值和工资性质对其分配公平感的影响	陈琳	心理学报，2014年第9期	一A
廉江粤语"头先"和"正"多功能性的来源	林华勇	中国语文，2014年第4期	一A
明文"极于弘治"说刍议	何诗海	文学评论，2014年第2期	一A
新内容与旧形式——论"十七年"长篇小说对章回体传统的吸收和改造	郭冰茹	文艺研究，2014年第2期	一A
《永乐大典戏文三种》的再发现与海峡两岸学术交流	康保成	文艺研究，2014年第1期	一A
现实预期与意愿预期在文本阅读中的保持	陈琳	心理学报，2014年第1期	一A
琉球演剧与明清中国戏曲之东渐	陈志勇	文艺研究，2014年第1期	一A

(续上表)

论文名	作者	发表期刊	期刊等级
日本江户时代对中国戏曲之接受	黄仕忠	文学遗产，2014年第3期	一B
说"今""舍"——从商代甲骨文与西周金文中的"阴"说起	田炜	文史，2014年第2期	一类
"舌"字古读考	陈斯鹏	文史，2014年第2辑	一类
入门阶段全汉字输入教学模式实验研究——以美国加州班宁市中心小学汉语教学实验为例	邓小宁	国际汉语教育，2014年第2期	一类
中国性与"台湾经验"——评詹姆斯·乌登《无人是孤岛：侯孝贤的电影世界》	陈林侠	文艺研究，2015年第11期	一A
西南官话的"跟"——从《华西官话汉法词典》说起	李炜	中国语文，2015年第4期	一A
"忽忽不暇草书"新义	田炜	文艺研究，2015年第6期	一A
王国维的"忧世"说及其词之政治隐喻	彭玉平	文艺研究，2015年第4期	一A
建设具有现代意义的中国文体学	吴承学	文学评论，2015年第2期	一A
"一剧之本"的生成过程与"表演中心"的历史演进	康保成	文艺研究，2015年第3期	一A
上古汉语"者"的所谓自指标记功能再议	孙洪伟	中国语文，2015年第2期	一A
论纬书《河图》与《山海经》之关系——兼谈《河图》的地学与文学价值	刘湘兰	文艺研究，2015年第2期	一A
《太平经》与中国早期道教文学观念	刘湘兰	文学评论，2015年第1期	一A
晚清楚辞学新变与王国维文学观念	彭玉平	文学评论，2015年第1期	一A
乡土的哀歌——关于《老生》及贾平凹的乡土文学精神	谢有顺	文学评论，2015年第1期	一A

(续上表)

论文名	作者	发表期刊	期刊等级
命篇与命体——兼论中国古代文体观念的发生	吴承学	中国社会科学，2015年第1期	一A
晚清"庄学"新变与王国维文艺观之关系	彭玉平	文学遗产，2015年第1期	一B
《弇州四部稿》"说部"发微	何诗海	文学遗产，2015年第5期	一B
浪漫主义与德国民俗学	王霄冰	广西民族大学学报（哲学社会科学版），2015年第5期	一B
经典建构：《隋书.经籍志》总集的范式意义	许云和	文学遗产，2015年第4期	一B
历代教坊制度沿革考——兼论其对戏剧之影响	黎国韬	文学遗产，2015年第1期	一B
论出土秦和西汉早期文献中的"生"和"产"	田炜	中国语文，2016年第2期	一A
四川资中方言"来"的多功能性及其语法化	林华勇	中国语文，2016年第2期	一A
作为副文本的明清文集凡例	何诗海	文学评论，2016年第3期	一A
赵树理的话本实践与"民族形式"探索	郭冰茹	文艺研究，2016年第3期	一A
论词之"松秀"说	彭玉平	文学评论，2016年第5期	一A
重估社会主义文学"遗产"	张均	文学评论，2016年第5期	一A
中国早期文字与文体观念	吴承学	文学评论，2016年第6期	一A
"中国文艺复兴"晶石上的西方异彩——胡适白话文运动与但丁《论俗语》之相似鹄的	肖剑	文学评论，2016年第6期	一A

(续上表)

论文名	作者	发表期刊	期刊等级
论《牡丹亭》的创新精神	黄天骥	文艺研究，2016年第7期	一A
"虚下"与杂剧、传奇表演形态的演进	康保成	文艺研究，2016年第1期	一A
六朝释子创作艳情诗的佛学观照	许云和	文艺研究，2016年第6期	一A
揭阳方言言说动词"呾"的语法化	黄燕旋	中国语文，2016年第6期	一A
自注与子注——兼论六朝赋的自注	赵宏祥	文学遗产，2016年第2期	一B
苏轼推尊词体说献疑	王卫星	广西民族大学学报（哲学社会科学版），2016年第2期	一B
"九能"综释	吴承学	文学遗产，2016年第3期	一B
《历代词人考略》及相关问题考论	彭玉平	文学遗产，2016年第4期	一B
小说家的省察之心：东西论	苏沙丽	广西民族大学学报（哲学社会科学版），2016年第6期	一B
上党古赛写卷新探——队戏考	黎国韬	文学遗产，2016年第2期	一B
Focus on Form 和 Focus on Forms 种教学法对汉语二语词汇学习的影响	洪炜	世界汉语教学，2016年第2期	一B
东莞大井头女子龙舞文化探析	蒋明智	广西民族大学学报（哲学社会科学版），2016年第2期	一B

（续上表）

论文名	作者	发表期刊	期刊等级
"芙蓉出水"与"错彩镂金"——关于汤惠休与颜延之的一段公案	许云和	文学遗产，2016年第3期	一B
凡文以意趣神色为主——再论汤沈之争的戏曲史意义	黄仕忠	文学遗产，2016年第4期	一B
"非遗"生产性保护的实践与思考	刘晓春	《广西民族大学学报》，2016年第4期	一B
历史比较下的上古汉语构拟——白一平－沙加尔（2014）体系述评	马坤	中国语文，2017年第4期	一A
非熟练的韩国汉语学习者合成词加工中词优效应的特点	陈琳	心理学报，2017年第10期	一A
《道德经》最早英译本（1859）及其译者初探	姚达兑	外语教学与研究，2017年第1期	一A
感觉的象征世界——《檀香刑》之后的莫言小说	谢有顺	文学评论，2017年第1期	一A
汉语定中结构中"的"的句法语义功能——兼谈词和词组的界限	陆烁	中国语文，2017年第1期	一A
西周金文第一人称代词"余""朕"和"我"的区别与混用	朱其智	中国语文，2017年第2期	一A
南方方言古晓组合口字唇化的动因再探	庄初升	中国语文，2017年第3期	一A
说"同生""同产"	田炜	中国语文，2017年第4期	一A
与旧传统及新传统的和解——论毕飞宇小说写作的文体自觉与乡土意识	胡传吉	文学评论，2017年第5期	一A
《跨语言变异与效能》述评	卢笑予	外语教学与研究，2017年第6期	一A
从给予句S2、S3的选择看汉语语法地域类型差异	李炜	中国语文，2017年第6期	一A
论"九叶"诗人对"政治的感伤性"的批评——兼谈现代主义中国化	胡传吉	文艺研究，2017年第7期	一A

（续上表）

论文名	作者	发表期刊	期刊等级
传统戏曲研究的新态势	宋俊华	文艺研究，2017年第8期	一A
否定性存在、优雅与王家卫电影的文化竞争力——以北美外语片市场为样本	陈林侠	文艺研究，2017年第9期	一A
论先秦的文体并称与文体观念	李冠兰	文学遗产，2017年第3期	一B
明清时期诗文难易之辨	何诗海	文学遗产，2017年第3期	一B
汉字认读在汉语二语者入学分班测试中的应用——建构简易汉语能力鉴别指标的实证研究	伍秋萍	世界汉语教学，2017年第3期	一B
鱼龙幻化新考及其戏剧史意义发微	黎国韬	文学遗产，2017年第4期	一B
纪念王季思董每戡诞辰110周年暨传统戏曲的历史现状与未来研讨会召开	黎国韬	文学遗产，2017年第5期	一B
晚清民国词学的明流与暗流——以"重拙大"说的源流与结构谱系为考察中心	彭玉平	文学遗产，2017年第6期	一B
《周易参同契》的文本形态与隐喻手法	刘湘兰	文学遗产，2017年第6期	一B
Word-to-text integration: ERP evidence for semantic and orthographic effects in Chinese	陈琳	*Journal of Neurolinguistics*, 2017, No. 42	SSCI A & HCI
论反面人物的叙述机制及其当代承传	张均	文学评论，2018年第2期	一A
王世贞与吴中文坛之离合	何诗海	文学评论，2018年第4期	一A
饶宗颐的中国文学研究	吴承学	文学评论，2018年第4期	一A
词坛"三李"说考论	王卫星	文艺研究，2018年第2期	一A

（续上表）

论文名	作者	发表期刊	期刊等级
文本挪用与强行阐释——评齐泽克《享受你的症状——好莱坞内外的拉康》	陈林侠	文艺研究，2018年第4期	一A
清代骈文正名与辨体	何诗海	文艺研究，2018年第4期	一A
论曲牌体到板腔体的戏曲改编	龙赛州	文艺研究，2018年第7期	一A
"日"字读"密"新论	程羽黑	中国语文，2018年第5期	一A
明清戏曲小说疑难字考释三则	李伟大	中国语文，2018年第6期	一A
"显性编码"与"快速映射"对汉语二语词汇学习的影响	洪炜	外语教学与研究，2018年第6期	一A
我们的工人主义运动	吴晓佳	马克思主义与现实，2018年第2期	一B
任务的模态配置对汉语二语文本理解词汇和句法学习的影响	洪炜、吴安婷、伍秋萍	世界汉语教学，2018年第3期	一B
"文章莫难于叙事"说及其文章学意义	何诗海	文学遗产，2018年第1期	一B
明"教坊编演"杂剧中的院本插演	黎国韬	文学遗产，2018年第5期	一B
从《邺中集》到《拟魏太子邺中集》——曹丕书写建安文学史的历史意义	许云和	文学遗产，2018年第6期	一B
清华简《越公其事》与《国语》外交辞令对读札记一则	范常喜	中国史研究，2018年第1期	一B
尼撒的格里高利论"灵魂的飞升"——卡帕多西亚教父对柏拉图哲学之化用举隅	肖剑	《道风：基督教文化评论》（香港），2018年第45A期	一B

（续上表）

论文名	作者	发表期刊	期刊等级
论秦"书同文字"政策的内涵及影响——兼论判断出土秦文献文本年代的重要标尺	田炜	"中央研究院"历史语言研究所集刊，2018年第八十九本第三分	一B
Ethnograhische Forschung von SVD-Missionaren in Qīnghǎi and Gānsù（China）	王霄冰	*Anthropos*，2018，Vol. 113	SSCI
任务的模态配置对汉语二语文本理解、词汇和句法学习的影响	洪炜	世界汉语教学，2018年第3期	一B
贾樟柯的影像与文字：从契合到扞格	陈林侠	文艺研究，2019年第7期	一A
清中叶梆子戏的宫内演出与宫外禁令——从内廷档案中的"侉戏"史料谈起	陈志勇	文艺研究，2019年第9期	一A
"明文第一"之争	何诗海	文艺研究，2019年第8期	一A
截句论	李晓红	文学评论，2019年第1期	一A
从廉江方言看粤语"佢"字处置句	林华勇	中国语文，2019年第1期	一A
"清疏"：王国维与况周颐相通的审美范式	彭玉平	文艺研究，2019年第10期	一A
明清诗文研究七十年	吴承学	文学遗产，2019年第5期	一B
汉代符命类文章与王命书写	张奕琳	文学遗产，2019年第4期	一B
先唐别集序与传体之关系	赵宏祥	文学遗产，2019年第3期	一B
清代非韩论及其对"文以载道"的冲击	何诗海	文学遗产，2019年第1期	一B
"早期戏剧史料"新探——以隋唐至两宋类书为中心	黎国韬	文学遗产，2019年第5期	一B

（续上表）

论文名	作者	发表期刊	期刊等级
论词体与其他文体之关系——以况周颐为中心	彭玉平	文学遗产，2019年第2期	一B
古藏文的系动词（邵明园）	邵明园	语言暨语言学，2019年第3期	SSCI、AHCI
Shakespeare in Chinese as Christian Literature: Isaac Mason and Ha Zhidao's Translation of Tales from Shakespeare	姚达兑	Religions，2019，No. 8	AHCI
此欲望，非彼欲望——齐泽克的欲望理论及其电影批评反思	陈林侠	文艺研究，2020年第8期	一A
"乱弹"释义与清代戏曲"乱弹时代"的再认识	陈志勇	文艺研究，2020年第6期	一A
阿多诺美学的自然记忆与"感性共同体"的生成	丁文俊	文学评论，2020年第5期	一A
马王堆帛书《十六经》"圂者？者也"解诂	范常喜	中国语文，2020年第1期	一A
君子观于铭——两周铜器铭文的阅读方式与文体观念之变	李冠兰	文学评论，2020年第6期	一A
论中国文艺批评标准的正偏结构	林岗	文艺研究，2020年第1期	一A
论近代词学史上的"声调之学"	彭建楠、	文艺研究，2020年第6期	一A
晚清传教士如何翻译和理解《神仙通鉴》及其中的耶稣传	姚达兑	世界宗教研究，2020年第3期	一A
凡尔纳东游记：《十五小豪杰》的政治书写	姚达兑	文学评论，2020年第1期	一A
"第六届中国文体学学术研讨会"召开	何诗海	文学遗产，2020年第2期	一B
汉语集合性谓词累积指称性质考察	黄瓒辉	世界汉语教学，2020年第4期	一B
前行赞词：不应被忽视的说唱资料	黎国韬	文学遗产，2020年第6期	一B

(续上表)

论文名	作者	发表期刊	期刊等级
Similar arche types and different narratives: a comparative study of Chinese "Yeh Hsien" and European Cinderella stories	胡传吉	*Neohelicon*, 2020, No. 11	AHCI
Fast screening for children's developmental language disorders via comprehensive speech ability evaluation—using a novel deep learning framework	陆烁、ZHANG Xing	*Annals of Translational Medicine*, 2020, Vol. 8, No. 11	SCI
明清八股与史传	何诗海	文学评论, 2021年第4期	一A
贵港客方言的修正重行和非修正重行	刘玲、林华勇	中国语文, 2021年第5期	一A
尊经与重文:中国古代文体分类的两个思想维度	刘湘兰	文学评论, 2021年第5期	一A
论"黾"及相关诸字之古读及形体演变	马坤	中国语文, 2021年第1期	一A
陈寅恪《王观堂先生挽词并序》考论	彭玉平	文艺研究, 2021年第4期	一A
转换与运用:本事批评与中国现当代文学	张均	中国社会科学, 2021年第1期	一A
清代弋阳腔的"正统化"及其雅俗的官民分野	陈志勇	广西民族大学学报, 2021年第4期	一B
"鸡璧"新证	范常喜	文学遗产, 2021年第1期	一B
不同水平汉语二语者句子阅读加工中的语义整合研究	洪炜、张晓敏、冯聪	世界汉语教学, 2021年第1期	一B
吴王光编钟铭"入成不赓"新考	林焕泽	中国史研究, 2021年第3期	一B

(续上表)

论文名	作者	发表期刊	期刊等级
唤醒、共享与意义再生产——黔桂边界返乡青年"回归地方"的实践	刘晓春，贺翊昕	广西民族大学学报，2021年第2期	一B
词学批评学的现代发生与"三大体系"建设	彭玉平	文学遗产，2021年第1期	一B
论画像记	赵宏祥	文学遗产，2021年第3期	一B
不定小量量范畴词语的原型性与中介语研究——以法语背景者为例	周小兵，赵婵	世界汉语教学，2021年第2期	一B
Book Review: Seng, Eva-Maria: Museum-Exibition-Cultural Heritage. Museum-Ausstellung-Kulturelles Erbe—Changing Perspectives from China to Europe. Blickwechsel zwischen China und Europa.	王霄冰	*Anthropos*, 2021, No. 1	SSCI
十九世纪以来潮州方言蒙受句的演变（The development of the affective construction in the Chaozhou dialect since the 19th century）	黄燕旋	*Journal of Chinese Linguistics*, 2021, Vol. 49, No. 2	SSCI/A&HCI
论清人"一声之转"的声纽审音标准	马坤，王苗	*Journal of Chinese Linguistics*, 2021, No. 2	SSCI/A&HCI
原始闽语*tš-组声母字在闽南方言中的两类洪细对应	曾南逸	中国语文，2022年第6期	一A
麦格芬、移情机制与推拉镜头——客体小a及齐泽克电影批评反思	陈林侠、	文艺研究，2022年第6期	一A
影卷疑难字词考释	李伟大、	中国语文，2022年第3期	一A
王国维《颐和园词》考论	彭玉平	文学评论，2022年第5期	一A
以一人之思摄一时之思——王国维《壬子三诗》稿本考论	彭玉平	文艺研究，2022年第7期	一A

(续上表)

论文名	作者	发表期刊	期刊等级
戏房考	戚世隽	文艺研究,2022年第7期	一A
法制与习俗的融合：粤北瑶族丧葬仪式的再造	王琴	世界宗教研究,2022年第9期	一A
《沧浪诗话》与宋代理学	吴承学、	文学评论,2022年第1期	一A
若无新变,不能代雄——中国文体学研究三人谈	吴承学、钱志熙、何诗海	文艺研究,2022年第9期	一A
"富艳"的史学和文学批评意义	许云和	文学评论,2022年第3期	一A
日藏《文选》白文古钞引《文选集注》考论	高薇	文学遗产,2022年第3期	一B
史料发掘与早期戏剧史研究之拓新	黎国韬	文学遗产,2022年第5期	一B
接续"自然之链"——在人类纪追问民俗学的"现代"	刘晓春	广西民族大学学报（哲学社会科学版）,2022年第2期	一B
王国维藏书之来源与批校之书考论	彭玉平	文学遗产,2022年第6期	一B
明末清初"诸子入八股"考论	王涵	文学遗产,2022年第4期	一B
个性、灵感和体验：中国民族博物馆"家庭模式"的个人叙事研究	王琴	广西民族大学学报,2022年第4期	一B
宋词新风：柳永长调论析	王卫星	文学遗产,2022年第3期	一B
线上信息差与意见差任务中的协商互动及对口语输出的影响	伍秋萍、向娜	世界汉语教学,2022年第3期	一B
揭阳方言"着"的多功能性及其语法化——兼论粤东闽客接触现象	黄燕旋、温东芳	语言暨语言学,2022-7-1	A & HCI

（续上表）

论文名	作者	发表期刊	期刊等级
A Centennial Overview of Folklore Studies at Sun Yat-sen University	刘晓春	*Western Folklore*，2022－5－20	A & HCI
藏语的小句链和副动词	邵明园	*Journal of Chinese Linguistics*，2022，No. 2	A & HCI、SSCI
描写与比较：廉江粤语的惯常体	林华勇、李华琛、钟子维.	*Journal of Chinese Linguistics*，2022，No. 3	A & HCI、SSCI
《香囊记》作者新考	黄仕忠	文学遗产，2022年第5期	一B
意象美学：当下中国电影美学重建的理论	陈林侠	文艺研究，2023年第4期	一A
士商便览、旅行类书与晚明闽刻曲选读者定位——书籍史视域下闽刻戏曲选本的考察	陈志勇	文艺研究，2023/2/10	一A
日藏汉籍古钞本师说注记辨证	高薇	文学评论，2023/1/15	一A
铃木虎雄、缪荃孙与王国维京都酬唱考论	彭玉平	文艺研究，2023年第8期	一A
著述形态与文本阐释：苏轼制科进卷新解	王芊	文艺研究，2023年第6期	一A
语境简化对中高级汉语二语者伴随性词汇习得的影响	洪炜、赖丽琴	世界汉语教学，2023年第3期	一B
国际二语搭配研究回顾与展望（2000—2022）	洪炜、马乐	外语界，2023年第4期	一B
非物质文化遗产的日常化与"城中村"的可持续发展——以广州"车陂龙舟景"为例	刘晓春	广西民族大学学报（哲学社会科学版），2023/7/15	一B
努力赓续和复兴中国传统文学的创造方式	彭玉平	文学遗产，2023年第4期	一B
朱彝尊《蕃锦集》的用调特色与技法论析——兼论集句词的创研方式	王卫星	文学遗产，2023年第5期	一B

(续上表)

论文名	作者	发表期刊	期刊等级
Converbs of Sinitic varieties in Qinghai-Gansù linguistic area	邵明园、林旭娜	*Journal of Pidgin and Creole Languages*,2023/8/1	A & HCI

附录三：2009—2023 年出版重要著作一览表

书名	作者	出版社、出版时间
中国古代戏剧形态研究	黄天骥	河南人民出版社 2009 年
文学的常道	谢有顺	作家出版社出版 2009 年
海上红楼：张爱玲图传	张均	广东教育出版社 2009 年
身体、创伤与性别：中国新时期小说的身体书写	柯倩婷	广东人民出版社 2009 年
中国现代诗学范畴	陈希	中山大学出版社 2009 年
两宋雅韵	张海鸥	北京师范大学出版社 2009 年
被忽视的精神：中国当代长篇小说的一种读法	谢有顺	吉林出版集团有限责任公司 2009 年
文学的路标：1985 年后中国小说的一种读法	谢有顺	广东人民出版社 2009 年
战国竹书研究	杨泽生	中山大学出版社 2009 年
广东汉剧研究	陈志勇	中山大学出版社 2009 年
从密室到旷野——中国当代文学的精神转型	谢有顺	海峡文艺出版社 2010 年
自然与神圣——修昔底德的修辞政治	魏朝勇	华东师范大学出版社 2010 年
自由的存在　存在的信念：艾丽丝·默多克哲学思想的类存在主义研究	许健	暨南大学出版社 2010 年
客家山歌的当代传播与影响	高小康	北京大学出版社 2010 年
层叠的现代——《现代》杂志研究	颜湘茹	中山大学出版社 2011 年
楚系简帛中字形与音义关系研究	陈斯鹏	中国社会科学出版社 2011 年
中国古代文体学研究	吴承学	人民出版社 2011 年
现代汉语的语料库语言学	郑刚	汕头大学出版社 2011 年
基于语义分析的科学计量学	郑刚	汕头大学出版社 2011 年
日本所藏中国戏曲文献研究	黄仕忠	高等教育出版社 2011 年
人间词话疏证	彭玉平	中华书局 2011 年
中国当代文学制度研究（1949—1976）	张均	北京大学出版社 2011 年

（续上表）

书名	作者	出版社、出版时间
明代杂剧研究	戚世隽	广东高等教育出版社 2011 年
汉魏六朝文体与文化研究	何诗海	北京大学出版社 2011 年
地方文化的守望	谢有顺	中国戏剧出版社 2011 年
中国古典文学风格学	吴承学	北京大学出版社 2011 年
口述与案头	林岗	北京大学出版社 2011 年
张爱玲传（第三版）	张均	文化艺术出版社 2011 年
中古叙事文学研究	刘湘兰	北京大学出版社 2011 年
明末清初诗论研究（修订版）	孙立	广东高等教育出版社 2011 年
两汉方言词研究——以《方言》《说文》为基础	吴吉煌	高等教育出版社 2011 年
基督教与西方文学	夏茵英	中山大学出版社 2012 年
张爱玲十五讲	张均	文化艺术出版社 2012 年
汉语作为二语的"得"字句习得研究	邓小宁	世界图书出版公司 2012 年
新见金文字编	陈斯鹏	福建人民出版社 2012 年
乐府推故	许云和	北京大学出版社 2012 年
日本诗话中的中国古代诗学研究	孙立	北京大学出版社 2012 年
诗文评的体性	彭玉平	北京大学出版社 2012 年
甲骨文与商代礼制	谭步云	花木兰文化出版社 2012 年
自由主义文学理想的终结（1945.08~1949.10）	胡传吉	秀威资讯科技股份有限公司 2012 年
跌宕在历史的漩涡——赵孟頫生命表情的解读与还原	邓淑兰	中山大学出版社 2012 年
二十世纪中国小说史中的性别建构	郭冰茹	华东师范大学出版社 2013 年
中国分体文学学史·词学卷（上下册）	彭玉平	山西教育出版社 2013 年

（续上表）

书名	作者	出版社、出版时间
现代汉语书面语中跨标点句句法关系约束条件的研究	张瑞朋	中国社会科学出版社 2013 年
中国古代剧本形态论稿	戚世隽	北京大学出版社 2013 年
中国古代文体形态研究（第三版）	吴承学	北京大学出版社 2013 年
中国当代文学制度研究（1949—1976）（增订本）	张均	秀威资讯科技股份有限公司 2013 年
19 世纪香港新界的客家方言	庄初升	广东人民出版社 2014 年
散文的常道	谢有顺	广东人民出版社 2014 年
廉江粤语语法研究	林华勇	北京大学出版社 2014 年
汉语近义词研究与教学	洪炜	商务印书馆 2014 年
岭南新语——一个老广州人的文化随笔	黄天骥	花城出版社出版 2014 年
中国新文学研究史	刘卫国	社会科学文献出版社 2014 年
王国维词学与学缘研究（全二册）	彭玉平	中华书局 2015 年
清代琉球官话课本语法研究	李炜	北京大学出版社 2015 年
中国新文学研究史	刘卫国	社会科学文献出版社 2015 年
小说中的心事	谢有顺	作家出版社 2016 年
西周金文字词关系研究	田炜	上海古籍出版社 2016 年
简帛探微——简帛字词考释与文献新证	范常喜	中西书局 2016 年
回心与转意——新时期中国美学的复苏（1978—1985）	罗成	北京师范大学出版社 2016 年
"70 后"批评家文丛——谢有顺	谢有顺	云南人民出版社 2016 年
《琅玕馆修史图题咏笺释》	杨权	广东人民出版社 2016 年
文学及其所创作的	谢有顺	海峡文艺出版社 2016 年
耶鲁藏《道德经》英译稿（1859）整理与研究	姚达兑	中国社会科学出版社 2016 年
文学的不忍之心	胡传吉	北岳文艺出版社 2017 年

（续上表）

书名	作者	出版社、出版时间
诗歌中的心事	谢有顺	福建人民出版社2017年
专业基础医学汉语——解剖与组胚篇	莫秀英	北京大学出版社2017年
当代小说十论	谢有顺	山东文艺出版社2017年
晚明小品研究（修订本）	吴承学	北京大学出版社2017年
秦征南越论稿	林岗	广东人民出版社2017年
宋代隐士居士文化与文学	张海鸥	社会科学文献出版社2017年
番禺民俗	刘晓春	中山大学出版社2017年
红楼四论	胡传吉	秀威资讯科技股份有限公司2017年
文体新变与南朝学术文化	李晓红	中华书局2017年
汉语教学名家文选·周小兵卷	周小兵	北京语言大学出版社2017年
粤北土话音韵研究（修订本）	庄初升	金琅学术出版社2017年
成为小说家	谢有顺	北岳文艺出版社2018年
中国文化思想录	胡传吉	河南文艺出版社2018年
卓庐古文字学丛稿	陈斯鹏	中西书局2018年
愈愚斋磨牙二集：古文字与古文献研究丛稿	陈伟武	中西书局2018年
近代文化交涉与比较文学	姚达兑	中国社会科学出版社2018年
戏外集（中国语言文学文库·荣库文库）	康保成	中山大学出版社2018年
詹安泰词学论稿（中国语言文学文库·典藏文库）	詹安泰著，汤擎民整理	中山大学出版社2018年
文艺心理学（中国语言文学文库·典藏文库）	陆一帆	中山大学出版社2018年
古代戏曲与潮剧论集（中国语言文学文库·学人文库）	吴国钦	中山大学出版社2018年
现代的先声：晚清汉语基督教文学（中国语言文学文库·学人文库）	姚达兑	中山大学出版社2018年

（续上表）

书名	作者	出版社、出版时间
宋元文体与文体学论稿（中国语言文学文库·学人文库）	夏令伟	中山大学出版社 2018 年
南宋四明史氏家族研究	夏令伟	科学出版社 2018 年
红楼寻味（中国语言文学文库·典藏文库）	曾扬华	中山大学出版社 2018 年
河西走廊濒危藏语东纳话研究（中国语言文学文库·学人文库）	邵明园	中山大学出版社 2018 年
潘允中汉语史论集（中国语言文学文库·典藏文库）	潘允中	中山大学出版社 2018 年
训诂学与古汉语论集（中国语言文学文库·学人文库）	陈焕良	中山大学出版社 2018 年
宋代文章学与文体形态研究（中国语言文学文库·学人文库）	张海鸥	中山大学出版社 2018 年
方孝岳中国文学论集（中国语言文学文库·典藏文库）	方孝岳著，冯先思选编	中山大学出版社 2018 年
顾颉刚中山大学时期民俗学论集（中国语言文学文库·典藏文库）	顾颉刚著，王霄冰、黄媛选编	中山大学出版社 2018 年
西方象征主义的中国化（中国语言文学文库·学人文库）	陈希	中山大学出版社 2018 年
高华年汉藏语论稿（中国语言文学文库·典藏文库）	高华年	中山大学出版社 2018 年
《邱世友词学论集》（中国语言文学文库·典藏文库）	邱世友	中山大学出版社 2018 年
甲骨文田猎刻辞研究（中国语言文学文库·典藏文库）	陈炜湛	中山大学出版社 2018 年
喜剧心理学（中国语言文学文库·典藏文库）	潘智彪	中山大学出版社 2018 年
《中国文学批评简史》（中国语言文学文库·典藏文库）	黄海章	中山大学出版社 2018 年
中国当代小说与叙事传统	郭冰茹	广东高等教育出版社 2018 年

(续上表)

书名	作者	出版社、出版时间
岭南文学艺术	董上德	广东人民出版社2019年
中国现代小说文体的发生	郭冰茹	广东高等教育出版社2019年
未完成的现代性	胡传吉	中山大学出版社2019年
红楼四论	胡传吉	东方出版中心2019年
岭南民俗与技艺	蒋明智	南方出版社、广东人民出版社2019年
诗志四论	林岗	东方出版中心2019年
中国早期文体观念的发生	吴承学	三联书店（香港）2019年
旨远神遥明小品	吴承学	天津人民出版社2019年
丹灶文化解密	吴劲雄	知识产权出版社2019年
广东连南石蛤塘土话	庄初升	商务印书馆2019年
日本关西大学长泽规矩也文库藏稀见中国戏曲俗曲汇刊	黄仕忠、（日）内田庆市	广西师范大学出版社2019年
Joe Bousquet：Correspondances Amoureuses，Espace d'identité et d'altérité	别致	L. Harmattan，2020
中国现代文学研究通史·第四卷（1949—1976）：非常的建构	陈希	广东人民出版社2020年
汉剧与汉派文化	陈志勇	江苏人民出版社2020年
思想者的人文探索	林岗	中华书局（香港）2020年
中国现代文学研究通史·第一卷（1917—1927）：喧闹中的开辟	刘卫国	广东人民出版社2020年
中国现代文学研究通史·第五卷（1977—2000）：突破与创新	刘卫国	广东人民出版社2020年
《白门柳》的历史原型与文学想象	刘卫国、陈淑梅	广西师范大学出版社2020年
近古文章与文体学研究	吴承学	广东高等教育出版社2020年

(续上表)

书名	作者	出版社、出版时间
文学的通见	谢有顺	海峡文艺出版社2020年
沁庐序跋	杨权	中山大学出版社2020年
古代戏曲研究丛稿	罗斯宁	中山大学出版社2020年
中国戏曲纵横谈	吴国钦	中山大学出版社2020年
水云轩诗词学自选集	张海鸥	中山大学出版社2020年
《广韵》与广州话论集	罗伟豪	中山大学出版社2020年
幽谷小集	石育良	中山大学出版社2020年
李炜汉语语言学论集	李炜	中山大学出版社2020年
第二语言汉语阅读能力发展研究	吴门吉	中山大学出版社2020年
信息状态视角下的存在句研究	刘街生	中山大学出版社2020年
文艺辩证学	黄伟宗	中山大学出版社2020年
古诗·古剧·古乐·古文化新探——黎国韬学术文选	黎国韬	广东省高等教育出版社2021年
词体正变观研究	王卫星	上海人民出版社2021年
西方进步叙事的前现代足迹	郭晓蕾	中国社会科学出版社2021年
明传奇佚曲全编（全三册）	陈志勇	中华书局2021年
出土文献名物考	范常喜	中华书局2022年
清代梆子皮黄戏源流考论	陈志勇	中山大学出版社2022年
王国维的两个世界	彭玉平	文化艺术出版社2022年
中国当代文学报刊研究（1949—1976）专著	张均	北京大学出版社2022年
中国早期戏剧形态考论	黎国韬	南方日报出版社2022年
唐修国史研究	李南晖	中山大学出版社2022年
明清白话小说字词考释	李伟大	中山大学出版社2022年
西方文论生成的学理研究	王坤	中山大学出版社2022年
公园北京：文化生产与文学想象（1860—1937）	林峥	北京大学出版社2022年

（续上表）

书名	作者	出版社、出版时间
词史与词境	詹安泰著，彭玉平编	生活·读书·新知三联书店2022年
散文中的心事	谢有顺	海峡文艺出版社2022年
愈愚斋杂俎	陈伟武	中西书局2023年
琉球官话课本考论	范常喜	中华书局2023年
先秦两汉宗教文学史	刘湘兰	北方文艺出版社2023年
闽台歌仔册全编（初编）	潘培忠	社会科学文献出版社2023年

附录四：2009—2024 年学术成果获奖一览表

获奖年份	成果名称	成果形式	主要作者/获奖者	奖励名称、等级
2009	古文字与出土文献丛考（中山大学出版社 2005 年）	著作	曾宪通	高等学校科学研究优秀成果奖（人文社会科学）二等奖
2009	民国时期的词体观念（《文学遗产》2007 年第 11 期）	论文	彭玉平	广东省 2006—2007 年度哲学社会科学优秀成果奖二等奖
2009	简帛文献与文学考论（中山大学出版社 2007 年）	著作	陈斯鹏	广东省 2006—2007 年度哲学社会科学优秀成果奖三等奖
2009	文艺生态与文艺理论的非经典转向（《文艺理论》2007 年第 4 期）	论文	高小康	广东省 2006—2007 年度哲学社会科学优秀成果奖三等奖
2011	五十年的追问：什么是戏剧？什么是中国戏剧史？（《文艺研究》2009 年第 5 期）	论文	康保成	广东省 2008—2009 年度哲学社会科学优秀成果奖一等奖
2011	宋代文章总集的文体学意义（《中国社会科学》2009 年第 2 期）	论文	吴承学	广东省 2008—2009 年度哲学社会科学优秀成果奖一等奖
2011	秦至汉初简帛文字研究（商务印书馆 2008 年）	著作	黄文杰	广东省 2008—2009 年度哲学社会科学优秀成果奖一等奖
2011	当代小说的叙事前景（《文学评论》2009 年第 1 期）	论文	谢有顺	广东省 2008—2009 年度哲学社会科学优秀成果奖二等奖
2011	楚简中的一字形表多词现象（《出土文献与古文字研究》第二辑，复旦大学出版社 2008 年）	论文	陈斯鹏	广东省 2008—2009 年度哲学社会科学优秀成果奖二等奖

（续上表）

获奖年份	成果名称	成果形式	主要作者/获奖者	奖励名称、等级
2011	中国现代文学研究史（广东人民出版社2008年）	著作	黄修己	广东省2008—2009年度哲学社会科学优秀成果奖三等奖
2013	"诗能穷人"与"诗能达人"——中国古代对于诗人的集体认同（《中国社会科学》2010年第4期）	论文	吴承学	第六届高等学校科学研究优秀成果奖（人文社会科学）二等奖
2013	中国现代文学研究史（广东人民出版社2008年）	著作	黄修己 等	第六届高等学校科学研究优秀成果奖（人文社会科学）二等奖
2013	中国古代文体学研究（人民出版社2011年）	著作	吴承学	广东省2010—2011年度哲学社会科学优秀成果奖一等奖
2013	楚系简帛中字形与音义关系研究（中国社会科学出版社2011年）	著作	陈斯鹏	广东省2010—2011年度哲学社会科学优秀成果奖一等奖
2013	西方思维与文学教育的理论基点批判（《学术研究》2011年第5期）	论文	王坤	广东省2010—2011年度哲学社会科学优秀成果奖二等奖
2013	现代汉语中的分裂不及物性现象（《当代语言学》2010年第3期）	论文	刘街生	广东省2010—2011年度哲学社会科学优秀成果奖二等奖
2013	释"怒"（《中山大学学报》2010年第6期）	论文	杨泽生	广东省2010—2011年度哲学社会科学优秀成果奖二等奖
2013	日藏中国戏曲文献综录（广西师范大学出版社2010年）	著作	黄仕忠	广东省2010—2011年度哲学社会科学优秀成果奖三等奖
2013	传统叙事资源的压抑、激活与再造（《文艺研究》2011年第4期）	论文	郭冰茹	广东省2010—2011年度哲学社会科学优秀成果奖三等奖

(续上表)

获奖年份	成果名称	成果形式	主要作者/获奖者	奖励名称、等级
2015	中国古代文体学研究（人民出版社 2011 年）	著作	吴承学	第七届高等学校科学研究优秀成果奖（人文社会科学）一等奖
2015	清车王府藏戏曲全编（广东人民出版社 2013 年）	著作	黄仕忠	第七届高等学校科学研究优秀成果奖（人文社会科学）二等奖
2015	中国分体文学史·词学卷（山西教育出版社 2013 年）	著作	彭玉平	第七届高等学校科学研究优秀成果奖（人文社会科学）三等奖、广东省哲学社会科学优秀成果奖一等奖
2015	湘西乡话中古知组读如端组的类型和性质（《中国语文》2013 年第 5 期）	论文	庄初升	广东省哲学社会科学优秀成果奖一等奖
2015	新见金文字编（福建人民出版社 2012 年）	著作	陈斯鹏	广东省哲学社会科学优秀成果奖二等奖
2015	"十七年"文学报刊研究的方法论反思（《文艺研究》2013 年第 7 期）	论文	张均	广东省哲学社会科学优秀成果奖二等奖
2015	子弟书全集（社会科学文献出版社 2012 年）	著作	黄仕忠	广东省哲学社会科学优秀成果奖三等奖
2015	明代庶吉士与台阁体（《文学评论》2012 年第 4 期）	论文	何诗海	广东省哲学社会科学优秀成果奖三等奖
2017	王国维词学与学缘研究（中华书局 2015 年）	著作	彭玉平	广东省第七届哲学社会科学优秀成果奖一等奖
2017	命篇与命体——兼论中国古代文体观念的发生（《中国社会科学》2015 年第 1 期）	论文	吴承学 等	广东省第七届哲学社会科学优秀成果奖一等奖

（续上表）

获奖年份	成果名称	成果形式	主要作者/获奖者	奖励名称、等级
2017	岭南新语——一个老广州人的文化随笔（花城出版社2014年）	人文社科普及读物	黄天骥	广东省第七届哲学社会科学优秀成果奖一等奖
2017	清代琉球官话课本语法研究（北京大学出版社2015年）	著作	李炜 等	广东省第七届哲学社会科学优秀成果奖二等奖
2017	明文"极于弘治"说刍议（《文学评论》2014年第2期）	论文	何诗海	广东省第七届哲学社会科学优秀成果奖二等奖
2017	非物质文化遗产保护研究（中山大学出版社2013年）	著作	宋俊华 等	广东省第七届哲学社会科学优秀成果奖三等奖
2017	19世纪香港新界的客家方言（广东人民出版社2014年）	著作	庄初升 等	广东省第七届哲学社会科学优秀成果奖三等奖
2019	作为副文本的明清文集凡例（《文学评论》2016年第3期）	论文	何诗海	广东省第八届哲学社会科学优秀成果奖一等奖
2019	文体新变与南朝学术文化（中华书局2017年）	著作	李晓红	广东省第八届哲学社会科学优秀成果奖二等奖
2019	重估社会主义文学"遗产"（《文学评论》2016年第5期）	论文	张均	广东省第八届哲学社会科学优秀成果奖二等奖
2019	从给予句S2、S3的选择看汉语语法地域类型差异（《中国语文》2017年第6期）	论文	李炜 等	广东省第八届哲学社会科学优秀成果奖二等奖
2020	王国维词学与学缘研究（中华书局2015年）	专著	彭玉平	第八届高等学校科学研究优秀成果奖（人文社会科学）一等奖

（续上表）

获奖年份	成果名称	成果形式	主要作者/获奖者	奖励名称、等级
2020	清代琉球官话课本语法研究（北京大学出版社2015年）	专著	李炜 等	第八届高等学校科学研究优秀成果奖（人文社会科学）二等奖
2020	愈愚斋磨牙集——古文字与汉语史研究丛稿（中西书局2014年）	专著	陈伟武	第八届高等学校科学研究优秀成果奖（人文社会科学）三等奖
2021	"新文学"与"旧传统"——以现代小说与"章回体小说"的互动关系为线索（《文艺理论研究》2019年第4期）	论文	郭冰茹	广东省第九届哲学社会科学优秀成果奖一等奖
2021	西方象征主义的中国化（中山大学出版社2018年）	著作	陈希	广东省第九届哲学社会科学优秀成果奖二等奖
2021	出土战国文献字词集释（中华书局2018年）	著作	曾宪通 等	广东省第九届哲学社会科学优秀成果奖二等奖
2021	截句论（《文学评论》2019年第1期）	论文	李晓红	广东省第九届哲学社会科学优秀成果奖二等奖
2021	从廉江方言看粤语"佢"字处置句（《中国语文》2019年第1期）	论文	林华勇 等	广东省第九届哲学社会科学优秀成果奖二等奖
2024	中国现代文学研究通史（广东人民出版社2020年）	著作	黄修己 等	第十届广东省哲学社会科学优秀成果奖一等奖、第九届高等学校科学研究优秀成果奖（人文社会科学）一等奖
2024	况周颐与晚清民国词学（中华书局2021年）	著作	彭玉平	第十届广东省哲学社会科学优秀成果奖一等奖、第九届高等学校科学研究优秀成果奖（人文社会科学）二等奖

（续上表）

获奖年份	成果名称	成果形式	主要作者/获奖者	奖励名称、等级
2024	转换与运用：本事批评与中国现当代文学（《中国社会科学》2021年第1期）	论文	张均	第十届广东省哲学社会科学优秀成果奖一等奖
2024	词体正变观研究（上海人民出版社2021年）	著作	王卫星	第十届广东省哲学社会科学优秀成果奖二等奖
2024	尊经与重文：中国古代文体分类的两个思想维度（《文学评论》2021年第5期）	论文	刘湘兰	第十届广东省哲学社会科学优秀成果奖二等奖
2024	君子观于铭——两周铜器铭文的阅读方式与文体观念之变（《文学评论》2020年第6期）	论文	李冠兰	第十届广东省哲学社会科学优秀成果奖二等奖
2024	粤语的持续体貌系统（《方言》2021年第4期）	论文	林华勇 等	第十届广东省哲学社会科学优秀成果奖二等奖
2024	论"甼"及相关诸字之古读及形体演变（《中国语文》2021年第1期）	论文	马坤	第十届广东省哲学社会科学优秀成果奖二等奖
2024	马王堆帛书《十六经》"圂者？者也"解诂（《中国语文》2020年第1期）	论文	范常喜	第十届广东省哲学社会科学优秀成果奖三等奖
2024	出土战国文献字词集释（中华书局2018年）	著作	曾宪通	第九届高等学校科学研究优秀成果奖（人文社会科学）二等奖
2024	"新文学"与"旧传统"：以现代小说与"章回体小说"的互动关系为线索	论文	郭冰茹	第九届高等学校科学研究优秀成果奖（人文社会科学）三等奖

附录五：2007—2024 年入选国家重大人才工程、国家"万人计划"、
广东省珠江学者特聘教授一览表

项目名称	姓名	入选年份
国家重大人才工程入选者	吴承学	2007
国家重大人才工程入选者	黄仕忠	2013
国家重大人才工程入选者	彭玉平	2016
国家重大人才工程入选者	程相占	2018
国家重大人才工程入选者	陈伟武	2019
国家重大人才工程入选者	谢有顺	2023
国家"万人计划"领军人才	黄仕忠	2016
国家"万人计划"领军人才	彭玉平	2018
国家重大人才工程青年项目入选者	陈斯鹏	2016
国家重大人才工程青年项目入选者	谢有顺	2016
国家重大人才工程青年项目入选者	张均	2018
国家重大人才工程青年项目入选者	范劲	2019
国家重大人才工程青年项目入选者	林华勇	2023
国家重大人才工程青年项目入选者	范常喜	2024
国家"万人计划"青年拔尖人才	陈斯鹏	2013
国家"万人计划"青年拔尖人才	邵明园	2023
广东省珠江学者特聘教授	彭玉平	2012
广东省珠江学者特聘教授	谢有顺	2015
广东省珠江学者特聘教授	庄初升	2016
广东省珠江学者特聘教授	陈林侠	2018

后　记

经过两年多持续不断的撰写、修订，《中山大学中国语言文学百年学科史》终于要付梓了。这本学科史的编写当然是出于为百年系庆献礼的目的，也是为了借助学科百年这一契机，总结过往、面向未来。学科发展的每一步都需要兼有回头看与向前看两种视域，不知学科根底，则无法了解学科发展的基点；不能精准地前瞻未来，则确定学科方向也可能出现偏差。我们先做的主要是"回头看"这一部分。

本书分十个部分，除了"文艺学""比较文学与世界文学""中国现当代文学"三个二级学科之外，其他并非完全以现在中文一级学科之下的二级学科来划分。如"中国文学批评史"虽然一度成为中文二级学科，但现在已归入文艺学或中国古代文学学科之内；"古文字学"为汉语言文字学学科所辖三级学科；"戏曲学""词学""古代文体学"为中国古代文学学科属下的三级学科；"民俗学"则生存在人类学、社会学与中国语言文学三种学科之间；等等。本书如此安排，用意在突出本学科真正的亮点，彰显此间中文学科的特殊地位。因为中文学科诸多二级学科，要全面平衡高质量发展显然是困难的。但在诸多二级学科之下，择其具有历史底蕴的三级学科予以重点发展，却是学科发展的常态特征。学科之间的排序大体以成熟时间为先后，但也只是大体而已。

现将各部分执笔人、审订人分列于下：

中国文学批评学科史（执笔人、审订人：彭玉平）

民俗学学科史（执笔人：张磊；审订人：刘晓春）

古文字学学科史（执笔人：贺张凡；审订人：陈伟武）

词学学科史（执笔人、审订人：王卫星）

戏曲学学科史（执笔人：黄仕忠、徐巧越；审订人：潘培忠）

语言学学科史（执笔人：张达轩；审订人：刘街生、林华勇、邵明园、洪炜、金健、黄燕旋）

文艺学学科史（执笔人：王坤；审订人：罗成）

比较文学与世界文学学科史（执笔人：肖剑、罗梓鸿；审订人：范劲）

现当代文学学科史（执笔人、审订人：陈希）

古代文体学学科史（执笔人：何诗海；审订人：刘湘兰）

需要说明的是：由于各学科发展历史和特点各有不同，所以在写法上也略有差异，本书没有硬性统一，而是尊重各位撰写者的写作特点。百年学科发展，需要统理的问题十分丰富而且复杂，我们在这里只是从一个或几个角度展现学科发展的基本状况，有所缺失几乎是必然的；即便被述及的情况，恐也存在材料是否核心、论断是否精审等问题。所以，本书修改、完善和提高的空间还是很大的，只能留待以后时机成熟，再行修订。

对各位执笔人、审订人，我们在这里一并表示感谢。也欢迎关注本书的读者多提宝贵意见。

彭玉平

2024 年 9 月 18 日